입시·사교육 없는 대학 체제

대학 개혁의 방향과 쟁점

이 도서의 국립중앙도서관 출판예정도서목록(CIP)은 서지정보유통지원시스템 홈페이지(http://seoji.nl.go.kr)와 국가자료공동목록시스템(http://www.nl.go.kr/kolisnet)에서 이용하실 수 있습니다. (CIP제어번호: 2014035041)

입시·사교육 없는 대학 체제

대학 개혁의 방향과 쟁점

민주화를위한전국교수협의회 엮음

강내희·박배균·박정원·손우정·심광현·이도흠
임순광·임재홍·정경훈·정대화·홍성학 지음

한울
아카데미

차례

제2부 대학 개혁의 각론적 과제

서문

새로운 국민적 개혁 프로젝트로서 '대안 대학 체제'를 구상하며

'2018년 체제'의 대안을 향하여

한국사회는 '진보의 잃어버린 10년'의 시대를 거쳐 '보수의 긴 10년'의 시대를 경과하고 있다. 한국의 반독재 민주 세력은 긴 독재의 시기와 '변형 권위주의 정부' 시기인 노태우 정부와 김영삼 정부 내내 '희망의 대안 세력'이었다. 민주 정부 10년을 경과하면서 한편에서는 많은 민주개혁의 의제들을 실현했지만, 다른 한편에서는 '희망의 대안 세력'으로서의 위상을 상실해갔다. 진보개혁 세력의 핵심 정체성으로서의 민주주의는 대중의 많은 삶의 문제들을 해결하는 희망의 언어이기를 멈추었다. 그 자리에 '신보수'를 자처하는 이명박 세력이 '선진화'라는 '허구의 희망'으로 대중을 현혹하면서 정권 담당 세력으로서 들어섰다.

보수의 긴 10년의 시기를 경과하고 있는 지금 한국의 반독재 세력, 진보 개혁 세력은 다시금 '희망의 대안 세력'으로서의 지위를 회복해야 하고, 그러기 위해서는 대안의 내용들을 구성하고 대중화해야 한다. 전략 전술적 고민에서 어떻게 다음 선거를 이길 것인가 하는 미시적 고민을 뛰어넘어, 대중의 광범

위한 분노와 좌절, 절망을 역동적인 희망으로 전환시켜낼 수 있는 대안들을 구체화해야 한다. 혹자가 이야기한 대로 "큰 서원(誓願)을 세운 사람일수록 이소성대(以小成大)의 실행에 정성을 다하게 마련인 것이다".

우리의 진보적 서원이 실현되어 만일 '2018년 체제'가 성립한다면, 그 '진보적 2018년 체제'는 다양한 의제 영역에서 반독재 민주 정부가 실현하지 못했던, 혹은 반독재 민주 정부가 실패하고 악화시킨 의제들을 새롭게 재구성할 수 있어야 할 것이다. 87년 체제하에서 쟁취했고 97년 체제하에서 왜곡되었던 한국 민주주의의 한 단계 높은 진보적·급진적 전환을 가능하게 하는 것이어야 한다. 이것은 당연히 무분별한 세계화와 시장 만능주의를 넘어서는 '반(反)신자유주의적 사회경제 정책과 다양한 급진 민주주의적 개혁 정책의 실현으로 이어져야 할 것이다. 예컨대 비정규직, 청년실업, 정리해고 등으로 상징되는 사회경제적 모순에 대응하는 급진적 사회정책, 그것의 일부로서 무상급식, 무상보육, 무상의료, 주거복지를 포함한 보편적 복지국가 정책, 재벌과 대기업의 천민적 독점을 규제하는 급진적인 '반독점' 정책, 대기업 위주 정책에서 중소기업-중산층-서민 중시 정책으로의 전환, 재벌 체제의 해체적 개혁, 4대강 사업과 같은 토건 중심 정책의 전환, FTA 폐기 혹은 독소 조항의 전면 폐기, '포용 정책 2.0'이자 낮은 수준의 통일로 가는 남북국가연합의 추구, 대학 서열화와 학벌 철폐를 극복하기 위한 급진적 교육정책, 서울 중심의 경제를 넘어 지방 경제의 상생을 가능케 하는 급진적 지방 회생 정책 등 주요한 공공성 정책들이 2018년 체제의 구성적 내용이 되어야 한다고 생각한다.

진보적 2018년 체제가 성립하더라도 그것이 제대로 작동하기 위해서는 그 내용성을 구성하는 대안적인 '부분 체제'들을 구축하기 위한 노력이 진행되어야 한다. 총론적 프레임 외에 각론적 프레임도 필요하다. 즉, 대안 정치체제, 대안 사법 체제, 대안 남북평화공존 체제, 대안 경제체제, 대안 복지 체제, 대안 교육 체제, 대안 대학 체제 등 다양한 대안적 부분 체제에 대한 구상을 구체화해가야 한다고 생각된다.

대학 체제의 혁파 없이 교육 정상화는 없다

우리는 교수 연구자로서 이러한 대안 체제를 구성하는 내용의 핵심으로 대안 대학 체제를 꼽지 않을 수 없다. 그동안 진보적 교육감들의 초·중·고등교육 정상화를 위한 다양한 노력들이 경주되었다. 혁신학교, 학생인권조례, 무상급식 등 새로운 진보적 정책들은 초·중등교육의 패러다임적 전환을 위한 계기들을 제공했다. 그러나 그러한 노력들이 궁극적으로 '완전'하지 못한 것은 바로 대학 서열에 의해 작동하는 학벌 체제가 엄존하고, 심지어 강화되고 있기 때문이라고 판단하는 바이다. 우리는 현존하는 대학 체제가 혁파되지 않고는 초·중등교육이 정상화할 수 없다고 생각한다.

우리가 현존하는 대학 체제의 혁파에 관심을 가져야 하는 이유는, 교육을 둘러싼 경쟁이 이제 '과잉 경쟁'이 되어서 경쟁이 갖는 고유한 합리성을 파괴하는 단계에 이르렀기 때문이다. 합리적 경쟁이 아니라 거의 미친 경쟁에 가까운 한국의 현 교육 상황은 – 진정한 경쟁력의 원천이 되는 – 풍부한 상상력과 다양한 경험, 사고 훈련을 낳는 것이 아니라, 좋은 대학에 들어가기 위한 비생산적인 '입시전쟁'을 양산하고 있다. 그 과정에서 사교육의 비대화, 공교육의 황폐화, 학교폭력과 자살에 이르는 인성 파괴들이 출현한다. 이른바 스카이(SKY) 대학 입학이 – 열심히 공부하는 학생들에게 주어지는 합리적 보상의 차원을 넘어서서 – 전 생애를 관통하는 사회적 특권이자 자격증이 되고, 입학에 실패한 이들에게는 영원한 멍에가 되는 이 구조를 바꿔야 한다. 이는 보수와 진보의 경계를 넘어서는 국민적 과제라고 할 수 있다.

우리가 이 책에서 이야기하고자 하는 대학 체제 개혁을 위한 과제들은 단지 진보 진영에게만 속하는 것이 아니다. 이것은 진보적 정책 대안이지만 동시에 한국사회 발전의 질곡을 해결하는 '국민적 과제'이다.

신자유주의적 대학 개혁과 공공적 대학 개혁의 각축

한국사회의 총론적·각론적 개혁을 둘러싸고 전면에서 두 가지 개혁 방안이 각축한다. 그 하나는 신자유주의적 방향이고, 다른 하나는 공공적 방향이다. 대학 체제 개혁을 둘러싸고도 정확히 이 두 가지 방향이 각축하고 있다. 이명박 정부와 박근혜 정부를 관통하여 정부와 교육부가 추동하고 있는 방향이 바로 전자이다. 이는 다양한 얼굴로 나타난다. 서울대를 비롯한 국립대학이 경쟁력이 취약하다는 이유로 법인화나 '국립대학 선진화'의 추동 대상이 된다. 주인이 없어 책임 있는 개혁이 어렵다는 이유로 각종 부패사학, 비리사학을 이른바 '원래 주인'에게 돌려주는 정책이 나타난다. '철밥통' 교수들 간의 경쟁을 촉진한다며 연구 실적 강화 정책, '약탈적 연봉제' 정책 등이 실시된다. 1980년대 이후 대학 민주화 과정에서 확산되었던 총장직선제는 비효율적이라는 이름으로 폐기된다. '대학 구조조정'이라는 이름 아래 (교육부가 바라는 방향으로의) 대학 구조개혁 정책이 나타나기도 한다. 우리는 이러한 정책들을 모두 거부하지는 않는다. 변화하는 시대에 맞추어 대학이 변해야 한다는 것도 인정한다. 그러나 우리는 이러한 변화들이 대학의 공공성을 제고하고 공공 대학 체제를 형성해가며 대학의 자율적인 개혁하에 이루어져야 한다고 생각한다. 이른바 신자유주의적 이데올로기가 적시하는 것처럼, 무조건 시장화하고 사영화하고, '소유 주체'가 분명해진다고 세계화 시대에 부응하는 대학의 변화가 이루어지는 것은 아니라고 생각한다. 오히려 한국사회에서는 박정희 시대부터 추진되어온 '사익 추구적인 근대화' 정책을 전면적으로 재검토하면서 경제적 변화에 상응하는 공공적 변화가 이루어져야만 여러 갈등들을 해결할 수 있고, 세계화 시대에 부응하는 창의성과 자발성, 역동성이 제고될 수 있다고 본다. 우리는 오히려 이명박 정부와 박근혜 정부가 추진하는 (박정희 정부 이래의) 발전 전략이 '후진국'적이며 진정으로 '선진국'적 전략이 아니라고 믿는다. 한국사회는 국민의 권리 의식, 주체 의식의 상승과 경제적 변화에 상응하는 사회 공공성의 결여로 고통받고 있다. 우리가 생각하는 공공적 대학 개혁은 바로 이러한 시대적 요구에 부응하는 것이다.

새롭게 부상한 대학 개혁 의제

교육 운동이 한국의 진보 운동에서 중요한 위상을 차지하며 사회변동에 큰 영향을 끼친 것은 어느덧 사반세기가 되었지만, 대학 개혁, 특히 공공적 대학 체제를 향한 대학 개혁이 교육 운동에서 핵심 사안으로 떠오르기 시작한 것은 비교적 최근의 일이다. 입시지옥, 사교육비, 교육 현장 붕괴, 사학비리, 등록금 인상 등의 문제가 중대한 사회적 쟁점으로 떠올랐다는 데서 교육 운동이 진보 운동의 중요한 축을 구성한 것은 충분히 이해가 된다 하겠다. 그러나 그동안 한국 교육 문제의 원흉이 대학입시였다는 게 상식이었음을 생각하면 대학 문제가 오랫동안 교육 운동의 관심 밖에 놓여 있었다는 것은 의외가 아닐 수 없다. 근래 한국의 진보 운동에서 교육 운동의 중요성은 1990년대 중반 민주노총(전국민주노동조합총연맹)을 결성해 주로 통일 운동에 매진하던 학생 운동 대신 진보 운동의 중심으로 떠오른 노동운동의 중요한 한 축을 교사들이 결성한 전교조(전국교직원노동조합)가 구성하고 있다는 사실에서도 잘 드러난다. 전교조는 한국 최대의 단일 노조로서 노동운동의 핵을 형성하며 교육개혁을 진보 운동의 주요 과제로 부상시키는 데 중요한 역할을 담당해왔다. 그러나 교육 운동이 이처럼 노동운동, 나아가서 진보 운동 전반에서 중요한 위상을 차지한 것과는 별도로 대학 개혁은 교육 운동의 핵심 사안으로서의 중요성을 제대로 인정받지 못했다고 할 수 있다.

대학 문제가 진보 교육 운동의 시야에서 아예 벗어나 있었다는 말은 물론 아니다. 사실 대학 문제의 심각성은 지식인 운동의 새로운 장을 열었다 할 수 있는 민교협(민주화를위한전국교수협의회) 소속 교수들이나 학술단체협의회, 교수노조(전국교수노동조합), 비정규직교수운동 소속의 교수와 연구자들 모두가 느끼는 바이다.

1987년 6월 항쟁의 열기 속에서 (전교조보다 2년 먼저 출범한) 민교협에 주도적으로 참여했던 이들은 당시 30대 후반의 젊은 교수들로서, 소수 명망가 중심으로 교수 운동을 전개했던 이전 교수들과는 질적으로 다른 지식인 운동을 전개했던 것으로 평가된다. 젊은 교수들은 민교협을 교수 대중 조직으로 만들었고, 출범 선언문에서 '사회 민주화'와 함께 '교육 민주화'를 양대 과제로 포함시켰다. 군부독재를 타도하기 위한 정치적 민주화 운동을 중시했던 선배 교수들과는 달리 민교협 교수들이 '교육 민주화'를 주된 활동의 목표 중 하나로 설정한 것은 한국 지식인 운동이 새로운 정체성을 형성해 교육 문제에 주목하기 시작했다는 말일 것이다. 그렇다고 민교협이 '사회 민주화'를 등한시했다는 말은 아니다. 출범 이후 지금까지 한국사회의 정치경제적 문제 전반에 개입하며 민주화를 위해 헌신해 마지않았던 조직이 민교협이다. 하지만 민교협이 '교육 민주화'를 중대한 조직 활동의 목표로 내세운 점을 따로 강조할 필요가 있는 것은 그로 인해 비로소 지식인 운동으로서의 교수 운동이 교수들 자신이 속한 대학 현장을 진보적 실천의 장으로 설정하고, 대학 문제를 중대한 사회문제로 간주하는 인식 전환을 이룬 것으로 보이기 때문이다.

대학 민주화를 넘는 대학 개혁의 새로운 차원

민교협이 '교육 민주화'를 교수 운동의 주요 과제로 설정한 일은 이후 교수 사회에 적잖은 파급력을 불러일으켰던 것 같다. 민교협 출범 뒤 1987년 사교련(한국사립대학교수회연합회), 1989년 전강노(전국대학강사노동조합), 1994년 국교련(전국국공립대학교수회연합회), 2001년 교수노조, 2002년 비정규교수노조(한국비정규교수노동조합, 전강노의 후신) 등 대학 문제를 주된 의제로 다루는 교수 조직이 잇달아 등장한 것이 그 증거이다. 그런데 민교협을 포함한 이들 단체가 그동안 대학 현장에서 전개해온 교육 운동은 기본적으로 '대학 민주화' 운동이었던 것 같다. 대학에서의 민주화 운동은 대학 내 권력관계를 새롭게 만들려는 운동으로서, 1987년 개헌을 통한 '민주화 체제' 성립 이후 대학 사회 곳곳에 잔존해 있던 비민주적·반민주적 관행을 철폐하려는 것이 주된 목표였다. 재단의 비리 척결, 사립학교법 개악 반대, 부당해고 반대와 대학 교원의 신분 보장 요구, 학내 민주화 운동, 비정규 교원에 대한 차별 철폐 등 지난 사반세기에 걸쳐 교수 조직들이 전개해온 운동의 대부분은 대학의 권력 구도를 개혁하기 위한 투쟁이었던 것이다. 대학 차원의 교육 운동이 이런 노력에만 국한되었던 것은 물론 아니다. 1995년 도입된 '5·31교육개혁'안으로 대학 교육의 신자유주의화가 강화됨에 따라 갈수록 위축되는 대학의 공공성을 지키려는 노력도 꾸준히 이루어졌다.

그런데 최근에 '대학 개혁'이 교육 운동의 새로운 과제로 떠오르면서 '대학 민주화'와는 결이 다른 교육 운동의 의제가 설정된 것으로 보인다. 이런 점은 그동안 전개된 대학 민주화 운동이 대학 개혁 운동 전체를 대변한 것은 아님을 말해준다. 대학 민주화가 대학 개혁에 중요하다는 것은 두말이 필요 없다. 대학 교원의 신분을 보장하고, 사학비리를 없애고, 대학 행정이나 교육, 연구에 대한 국가권력의 부당한 탄압을 저지하고, 서로 다른 학내 구성원들의 권리를 존중하고, 나아가서 대학의 공공성을 강화하지 못하면 대학 개혁은 요원할 수밖에 없다. 민교협과 교수노조, 비정규교수노조 등을 중심으로 한 대학 사회의 운동이 주로 학내 민주화 투쟁, 부당해고 반대, 사학비리 고발 등에 집중되고 있다는 점이 말해주듯이 대학 민주화는 여전히 미완의 상태이다. 대학 민주화 운동이 사반세기 전에 시작되어 지금까지 줄기차게 진행 중인데도 '대학 개혁'이라는 의제가 새삼 제기되는 데는 이유가 있을 것이다. 사실 대학 개혁은 대학 민주화만으로 완성되지 않는다. 대학 민주화는 대학 개혁을 위한 필요조건이긴 하지만 충분조건은 아닌 것이다. 사회로부터 부여받은 대학의 핵심 임무는 뭐니 뭐니 해도 '교육'과 '연구'에 있다. 대학 개혁은 따라서 이 교육과 연구를 주된 관심 대상으로 삼아야 하며 양자의 '민주적 운영'과 함께 그 '질적 제고'에 이바지해야 한다. 대학 개혁이 '민주화' 외에 '발전 전략'이라는 또 다른 관점의 접근을 필요로 하고, 대학 개혁을 추구할 때 '평등의 원칙'과 함께 '발전의 원칙'을 작동시켜야 하는 것은 그 때문이다. 물론 이때 '발전'은 자본의 축적을 위해 사회 전반에 강요되고 있는 개발주의적 발전이 아니라 인간적 역능 계발이라는 의미의 발전이어야 하겠지만 말이다.

대학 개혁을 향한 교수 운동의 인식 전환

다행스럽게도 최근에 들어와서 교육 운동에서 대학 개혁이 중요하다는 인식, 아울러 대학 개혁을 위해서는 대학 민주화와 함께 교육과 연구의 발전이 필요하다는 인식이 형성되고 있는 것으로 보인다. 이것은 한편으로는 교육 운동 진영의 전반에서 이루어진 인식 전환의 일환이고, 다른 한편으로는 교수 운동 진영에서 나타난 인식 전환의 일환이다. 먼저 교육 운동 진영의 인식 전환을 살펴보면 7~8년 전부터 교육 운동 진영이 운동의 진전을 위해 '대학 체제' 문제를 중요한 쟁점으로 다루기 시작했음을 알 수 있다. '국공립대학 통합네트워크' 또는 '공동학위제', 또는 '통합국립대학'안이 제시된 것이 단적인 예이다. 이 안은 한국사회의 최대 문제 중 하나로 떠오른 교육 문제가 대학입시를 중심으로 형성되고 있고, 입시 문제는 근본적으로는 우리 사회의 전반적 불평등 구조와 관련되어 있지만 일차적으로는 대학의 서열 구도에서 유래하기 때문에 이 문제를 풀려면 국공립대학을 중심으로 단일한 대학 체제를 구축해야만 된다는 판단을 담고 있다. 대학 개혁을 통해 한국의 교육 문제를 풀고자 하는 교육 운동 진영의 노력은 더 최근에 들어와서는 '국립교양대학' 설립 제안의 형태를 띠고 나타나기도 했다. 국립교양대학안은 학부모에게 천문학적인 사교육비를 강요하는 입시 문제를 풀려면 대학 진학 희망자 전체를 대상으로 고등교육 수준의 교양교육을 실시하는 대학 제도를 도입하자는 것으로, 그래야만 입시 문제를 일거에 해소할 수 있다는 입장이다. 이처럼 한편으로는 공동학위제를, 다른 한편으로는 국립교양대학을 도입하고자 새로운 대학 체제에 대한 논의가 진지하게 진행되고 있다는 것은 한국의 교육 문제가 대학 개혁 없이는 풀릴 수 없다는 인식이 공유되기 시작했다는 표시일 것이다.

공동학위제안과 국립교양대학안은 일견 서로 다른 대학 체제를 상정하고 있는 것으로 보인다. 공동학위제안이 대학의 서열을 타파함으로써 입시 문제를 풀어가자는 것으로 '평등의 원칙'에 입각한 교육 운동 방향이라고 할 수 있다면, 국립교양대학안은 교양대학의 운영은 입학 희망자 전체를 수용하는 식으로 철저하게 평등의 원칙에 따르되 이후 일반대학의 운영에서는 특성화 모색 등을 통한 대학 간 경쟁도 일부 허용할 수 있다는 입장이라는 점에서 발전의 원칙에 의거한다. 평등과 발전이라는 각기 다른 교육 운영의 노선을 따르는 이 두 제안을 어떻게 수용할 것인가는 그래서 쟁점이 될 수 있다. 어느 하나가 다른 하나보다 더 설득력이 있을 것이니 양자택일을 해야 할 듯도 한데, 그동안 교육 운동 진영은 다양한 경로로 진행된 대화를 통해 다행히 지혜로운 결론에 도달했다. 두 안이 서로 배타적인 관계라기보다는 상호 전제적인 관계를 맺는 것으로 이해하고 '국공립대학 공동학위제/국립교양대학'안이라는 하나의 동일 안을 채택한 것이다. 이것은 교육 운동 진영이 대학 체제와 관련하여 중요한 합의점을 도출한 셈으로, 이제 교육 운동은 만인에게 평등하면서도 동시에 그 질적 발전을 목표로 하는 복합적 성격의, 평등의 원칙과 발전의 원칙을 함께 따르는 대학 개혁 운동을 추진할 수 있게 되었다.

교육 운동의 새로운 의제로 등장한 대학 개혁 문제를 먼저 다루기 시작한 쪽은 뜻밖에도 교사 운동 진영이다. 전교조 교사 일부가 입시 교육으로 황폐해지는 교육 현장을 바로잡기 위한 방편으로 국공립대학 통합네트워크안을 수용하며 대학 체제 논의를 시작한 것이다. 이 논의의 시작은 그동안 초·중등교육의 문제를 중심으로 전개되어온 교육 운동의 담론 지형을 크게 바꾼 것으로 판단된다. 물론 민교협, 교수노조, 비정규교수노조가 계속 활동해온 만큼 대학 문제가 교육 운동의 관심에서 벗어났다고 할 수는 없으나 전교조의 중심적 위치가 작용했기 때문인지 한국 교육 운동의 무게 중심은 아무래도 초·중등교육에 쏠렸던 편이다. 그러나 최근에 들어와서 고질적인 대학의 서열 구도가 입시 문제를 낳고 이 문제가 초·중등교육을 황폐화한다는 점이 분명해지자 '대학 개혁 없는 초·중등교육 개혁 없다'는 인식이 확산되면서 초·중등교육에 일차적 관심을 지닌 교사 운동 진영이 교수 운동 진영보다 오히려 먼저 대학 개혁의 중요성을 실감하게 된 것으로 보인다. 이때 대학 개혁이 '대학 체제' 개혁으로 다가온 것은 초·중등교육을 지배하는 입시 문제가 근본적으로 대학의 서열 구도에서 기인한다는 인식 때문일 것이다.

반면에 교수 운동 진영이 대학 체제 문제에 관심을 갖게 된 것은 두어 해밖에 되지 않는다. 교수들이 자신들의 고유한 문제라 할 대학 체제에 대해 무관심했던 것은 대학 문제를 교육 체제보다는 민주화 문제로 인식한 점과 다른 한편으로는 입시 문제가 제기하는 심각성을 오히려 잘 깨닫지 못한 점 때문일 것이다. 대학 교육에 책임이 있는 교수들이 자신의 일상적 실천 현장이 야기하는 문제에 눈을 감고 있었던 점은 크게 반성해야 할 일이 아닐 수 없다.

『입시·사교육 없는 대학 체제: 대학 개혁의 방향과 쟁점』의 출간이 반가운 것도 그 때문이다. 이런 책이 나왔다는 것은 대학교수들이 이제 드디어 대학

개혁 문제를 '전면적으로' 다루기 시작했다는 표시이다. 그동안 진보 진영 교수들이 대학 문제를 다룰 때는 앞서 지적한 대로 대학 민주화 문제에 주로 집중했던 편이고, 그것을 교육과 연구의 질적 제고나 대학 체제의 문제와 연계하여 다루었던 경우는 별로 없었다. 물론 그렇다고 교수들이 대학의 교육, 학문, 연구 문제를 다루지 않았다는 말은 아니지만, 이때도 교육과 학문, 연구 문제를 대학 민주화 문제와 연계하여 다룬 경우는 드물었던 편이다. 반면 이 책에 실린 글들은 개별적으로는 대학 개혁의 단일 사안들을 논의하고 있지만 함께 묶은 글들의 전체 맥락으로 보면 대학 개혁에 대한 총체적 접근을 시도하고 있다는 것을 알 수 있다. 박근혜 정부가 추동하는 대학 구조조정, 국공립대학 정책, 사학비리 문제, 반값등록금 실현, 사립대학의 정부책임형 대학으로의 전환, 대학 재정, 대학평가, 대학 입학정원 조정, 비정규 교수 문제, 개방대학과 전문대학 정책, 국립교양대학과 대학통합네트워크 설립, 대학 개혁 로드맵 등 다루고 있는 주제도 다양하다. 필자마다 관점이 있어서 모든 글이 일관된 틀을 따른다고 할 수는 없겠지만 대부분이 민교협, 교수노조, 비정규교수노조 등에서 오랫동안 활동하며 대학 개혁 운동에 참여해왔기 때문에 문제의식을 공유하고 있는 측면도 많다. 이 책은 대학 개혁이 교육 운동의 핵심적 의제로 떠오른 시점에 교수 운동 진영이 현재 한국의 대학이 당면하고 있는 문제점들을 살피고 새로운 발전 방향을 제시하는 지혜를 모은 것으로 교수들의 집단지성이 발로된 경우라고 할 수 있다.

대학 개혁이 한동안 교육 운동의 관심의 초점에서 비껴 있었던 것은 그동안 대학 교육에 문제가 없었기 때문이라기보다는 초·중등교육 문제가 더 절박하게 다가와서 교육 운동의 역량이 거기에 집중된 탓일 것이다. 하지만 이제 대학교수는 물론이고 교사와 학부모들까지 대학 개혁을 교육 운동의 주요 의제로 설정하고 나선 것으로 보인다. 지난 1~2년 동안 소수이기는 하지만 학부모 단체, 교사 단체, 교수 단체 소속 개인과 집단들이 모여 대학 체제 문제를 놓고 의견을 개진하고 이견을 조율하는 논의가 잦아졌다. 이는 대학 문제가 더 이상 외면할 수 없는 한국의 교육 문제요, 나아가 사회문제의 핵이 되었음을 말해주는 것이다. 대학 교육은 대중에게 희망이 아니라 절망의 원인으로 전락했다. 대학 진학률이 80%를 넘어선 지 오래여서 집집마다 대학에 가지 않는 자녀가 없는 실정이지만 미국 다음으로 높은 등록금을 내고도 졸업 후 취업에 도움을 주지 못하는 것이 오늘날 한국 대학 교육의 모습이다. 최근 대학생 다수가 반값등록금을 요구하고, 소수는 대학 교육을 아예 거부해야 한다고 나선 이유도 여기에 있을 것이다. 대학 문제는 그만큼 심각해졌고, 대학 개혁은 더 이상 늦출 수 없는 중대한 교육 운동의 과제이자 사회적 문제가 되었다.

앞으로 대학 개혁 운동이 해야 할 일은 많다. 교육 운동, 나아가 진보 운동의 의제로 설정된 지 얼마 되지 않은 만큼 대학 개혁의 문제, 과제, 방향 등에 대한 연구와 논의도 지금부터 본격적으로 이루어져야 한다. 대학 개혁의 진전을 위해서는 그동안 교수 운동이 전개해온 노력을 더욱 강화하는 것이 필요하다. 민교협, 교수노조, 비정규교수노조가 주력해온 '대학 민주화'는 대학 개혁의 의제 전체를 대변할 수는 없을지라도 한층 더 발전해가야 한다. 사학 비리를 척결하지 않고, 대학 교원의 신분을 보장하지 않고, 학내 민주화를 달성하지 않고는 대학 개혁을 기대할 수 없다. 대학의 교육과 학문의 발전에 기여할 수 있는 제도적 틀을 확립하는 것도 대학 개혁에 필수적이다. 작금의 사회가 요구하는 대학 제도가 어떤 모습이어야 할지 수준 높은 연구와 토론이 필요하다. 알다시피 한국의 대학은 사립대학이 절대다수를 차지하지만 대학 재정의 대부분을 등록금과 정부의 지원금에 의존하고 있는 형편이다. 이런 사실은 대학 교육이 국민 대중에 대한 수탈 체제로 작동하고 있음을 보여주며 대학의 공공성을 높여야 할 필요성을 강조한다. 이는 '87년 체제' 성립 이후 진행된 민주화가 신자유주의의 영향을 받아 시장화 또는 자유화 경향을 띠게 된 저간의 사정과 무관하지 않겠지만, 대학 개혁의 관점에서 보면 대학 교육의 공공성을 어떻게 회복할 것인가가 중요한 문제로 떠올랐다고 할 수 있다.

대학 개혁을 제대로 하려면 대학 교육의 제도적 측면과 함께 교육 내용의 측면도 짚어야 한다. 최근에 떠오른 대학 체제 논의에서는 다행히 대학 개혁을 제도 차원에서뿐 아니라 내용 차원에서도 바라보는 시각이 뚜렷해 보인다. 이미 언급한 대로 대학 개혁은 평등의 원칙과 함께 발전의 원칙을 필요로 하는바, 이는 대학 개혁이 제도 개혁과 함께 교육과 학문의 측면에서도 이루어져야 함을 의미한다. 유감스럽게도 그동안 대학 개혁 논의는 이 내용적 차원의 개혁과 발전에 대한 관심이 크게 결여된 채로 진행되어온 편이다. 하지만 신자유주의 자체도 위기에 빠진 지금 새로운 인간을 창조하는 사회적 실천으로서의 교육, 그리고 이 교육의 가장 높은 지점에서 이루어지는 대학 교육은 완전히 새로운 모습을 갖출 필요가 있다. 이때 요구되는 개혁은 한편으로는 평등의 원칙을 되찾아 대학 교육의 공공성을 회복하면서도, 다른 한편으로는 지금까지 신자유주의 교육이 망가뜨려 놓은 교육 내용들을 재정비하여 교육과 학문의 새로운 길을 열어야만 한다. 그동안의 교육이 경쟁을 통해 타자를 지배하려는 교육 이념을 추종했다면 이제는 협력을 통해 서로 더 나은 인간 주체가 되게 하는 새로운 모형이 필요한 것이다. 대학 개혁이 학문과 교육의 질적 발전에 기여하는 방향으로 이루어져야 할 이유도 여기에 있다. 이 책의 출간이 이 같은 희망을 펼치는 데 중요한 디딤돌이 될 것으로 기대한다.

이 책은 크게 2부로 나뉘어져 있다. 제1부에서는 대학 체제 개편의 총체적인 상을 보여주며, 제2부에서는 대학 개혁의 여러 가지 각론적 과제와 대안들을 서술한다. 앞서 서술했듯이 대학통합네트워크라는 이름으로 정식화한 대학 체제 개편의 총괄적인 상에 대해 심광현 교수가 서술한다. 심광현은 통합국립대학/대학통합네트워크/국립교양대학/대학평준화 등으로 이루어지는 대안 대학 체제 개혁의 골격에 대해서 총괄적인 그림을 제시한다. 이어지는 글들은 이런 골격 아래, 그 골격을 이루는 개혁 과제들을 다룬다. 먼저 정경훈과 강내희는 교양교육에 초점을 맞춘다. 정경훈은 '국립교양대학'의 필요성을 외국 교양교육의 사례들과 비교하면서 제시한다. 정경훈의 글이 제도 개혁에 대한 것이라면, 강내희는 교양교육의 '내용'적 혁신을 다룬다. 다음으로 손우정은 공동학위제 혹은 통합국립대학으로 불리는 국립대학 체제 개편의 문제를 다룬다. 이도흠은 박근혜 정부의 교육정책을 평가하면서 대학통합네트워크의 상위 개혁 과제라고 할 수 있는 대학평준화 과제와 입시 철폐의 문제를 다룬다. 임재홍은 사립대학 개혁 문제를 다룬다. 대학통합네트워크안에서 사립대학 개혁의 핵심 기반은 사립대학이지만 공공적 성격을 갖는 공영 사립대학 혹은 정부책임형 사립대학이다.

제2부에서는 대학 체제 개편과 함께 가야 하는 대학 개혁의 다양한 주제들을 다룬다. 먼저 우리가 구상하고 추진하고자 하는 공공적 대학 체제 개혁과는 정반대로 이명박 정부와 박근혜 정부의 교육부는 이른바 신자유주의적 대학 구조조정을 추동하고 있으며, 2010년대 말부터 시작된 대학 진학 인구의 감소를 명분으로 자의적인 대학 정원 감축과 그를 통한 대학의 시장화를 전면적으로 밀어붙이고 있다. 박정원은 대학 구조조정 정책을 비판적으로 다룬다. 박배균은 이명박 정부에서 추진된 '서울대 법인화' 정책을 비판하면서 국공립대학의 개혁 의제들을 다룬다. 정대화는 비리사학 문제를 다룬다. 부패사학, 비리사학의 개혁과 공공화는 대학 개혁의 핵심 의제 중 하나이다. 이명박 정부에서 진행된 사분위(사학분쟁조정위원회)의 여러 파행적 사례들, 비리사학의 복귀 등과 함께 향후 비리사학 개혁 과제들을 제시한다. 홍성학은 대학 개혁의 한 축인 전문대학의 개혁 과제를 다룬다. 그는 전문대학의 정책을 비판적으로 검토하면서 전문대학의 진정한 존재 가치를 제고하기 위한 방안들을 제시한다. 마지막으로 임순광은 한국 대학 체제의 위계 구조 최하단에

서 고통받고 있는 시간강사 혹은 비정규 교수의 문제를 다룬다. 현재의 기만적인 교원 확보율 산정 방식을 폐기하고 궁극적으로 국가연구교수제 및 연구강의교수제를 도입해야 한다고 주장한다.

이 책에서 각각의 글 사이에는 일정한 시각과 강조점의 차이가 존재한다는 점을 밝혀야 할 것이다. 대안 대학 체제를 구성하는 데는 학벌 철폐 등을 중시하면서 통합국립대학이나 대학통합네트워크를 강조하는 흐름과 전국적인 단일 국립교양과정·대학평준화 등을 강조하는 흐름 간의 차이가 존재했다. 이 두 흐름이 종합되면서 여전히 강조점의 차이도 있고, 갖가지 구성 요소 간에 정치하게 연결시켜야 할 과제들도 존재한다. 그리고 이런 거시적인 대안 대학 체제안에서 현재의 다양한 대학 제도들 — 예컨대 전문대학원의 위상 — 의 혁신과 정치한 상호 연결을 어떻게 마련할 것인가 하는 과제들도 남아 있다. 이 책에서 제시하는 대안은 종합적인 것으로서는 아직 부족한 점도 많다. 이 책의 발간을 계기로 다양한 논의가 촉발되고 부족한 점들에 대한 보완책이 이루어지기를 소망한다. 또한 대안이라는 것이 단지 '대안의 콘텐츠'뿐만 아니라 그 대안을 실현하는 사회적 힘, 특히 그것을 뒷받침하는 대중의 지지가 있을 때 실현 가능하다고 할 때, 박근혜 정부에서 우리의 대안 대학 체제의 구상이 더욱 정치해지고 나아가 대중적인 대안으로 발전해나가기를 바란다. 필자들도 그러한 발전의 과정에 작은 힘을 보태고자 한다.

2014년 12월

강내희

제1부

대학 체제 개편

제1장 ‘입시 폐지-국립교양대학 통합네트워크’ 구성을 통한 교육혁명의 마스터플랜 개요

제2장 국립교양대학과 대학통합네트워크

제3장 교양교육 혁신과 학문 체제 개편의 방향

제4장 서울대 전국 대학화 전략?: 권역별 계열 특성화 공공네트워크 모델

제5장 입시 철폐와 대학평준화 방안: 박근혜 정권의 교육정책 비판 및 근본적 대안 제시

제6장 정부책임형 사립대학(준국공립화) 방안의 설계

제1장

'입시 폐지-국립교양대학 통합네트워크' 구성을 통한 교육혁명의 마스터플랜 개요*

심광현 ‖ 한국예술종합학교 교수

1. 서론

입시 위주의 사교육과 경쟁 교육의 패러다임이 공교육을 전면적으로 지배하고, 수직적으로 서열화한 대학 체제와 취업 위주의 대학 운영으로 교육의 본말이 뒤집히고, 기초학문과 응용학문의 균형이 완전히 파괴된 작금의 참담한 현실에 비추어 보면, 경쟁 교육을 넘어선 협력 교육, 학생들의 발달 단계에 적합한 창의적 문화 교육, 탈서열화한 대학 체제와 학문의 다양성 촉진 및 균형 발전 같은 교육적 이상은 종이 위에서나 빛을 발할 뿐, 한국사회에서는 결코 실현될 수 없는 '그림의 떡'처럼 보일 수 있다. 2010년 여러 지역에서 진보교육감 당선을 계기로 혁신학교 운동이 활성화하고, 무상급식에 대한 대중적 호응이 높아지면서 변화를 앞당기려는 다양한 노력들이 활발하게 전개되기

* 이 글은 심광현 등이 쓴 「보론: 창의적 문화교육과 대학교육개혁의 연계를 위한 '교육혁명'의 마스터플랜 개요」(2012: 311~359)를 발췌해 부분 수정한 것이다.

도 했지만, 2012년 대선 이후 시간의 방향을 역전시키려는 보수 정권의 정치적 압력이 더욱 거세져 아래로부터 변화의 흐름이 전일적으로 무산되고 있는 현 상황에서는 더욱 그렇다.

하지만 급할수록 돌아가라는 말이 있다. 교육은 미래 사회의 향방을 좌우하는 결정적 요인이므로 어떤 경우보다 신중하고도 근본적이며 (상관관계를 고려해) 중·장기적이고도 입체적인 시각으로 살펴야 한다. 지난 15년간 어느 정권이든 현실적인 이유를 내세우며 '조삼모사'식으로 교육정책을 '땜질'하여 문제를 더욱 악화시켜왔던 그간의 정황을 고려할 때 단기적 성패에 '일희일비'하는 태도를 지양할 필요가 있다. 앞으로는 자본주의 세계 체계의 요동이 더욱 커질 것이라는 점을 고려할 때 미래의 '어느 시점'에 나타날 수밖에 없는 근본적인 구조 변화를 위한 준비 자세가 그 어느 때보다 요구된다. 이런 시대적 변화를 염두에 두면서, 여기서는 이제까지 여러 다른 경로를 통해 제기되었던 진보적 교육정책들 간의 유기적이고 입체적인 연관 관계를 **초·중등교육-대학 교육-학문 정책**의 수준별로 재구성하고, 이런 정책들이 현실화하기 위해 어떤 노력들이 요구되며, 그 정책적 실효성이 사회 변화와 어떤 관계가 있는지를 총괄적으로 사고하는, 일종의 **사고실험**을 제안한다.

이 사고실험은 분리된 세 수준과 각 정책 과제들을 거시-미시, 단기-중기-장기로 구분하고, 각 과제들 간의 상호 연관성을 종합적으로 사고하는 데서부터 시작할 필요가 있다. 상관관계를 따져보면 상대평가로 전국 서열을 가리는 수능 중심의 입시 제도야말로 초·중등교육과 대학 교육의 정상화 및 질적 향상을 동시에 가로막아 온 핵심 고리임을 쉽게 알 수 있다. 물론 현행 수능시험 위주의 입시 제도를 폐지하기만 하면 초·중등교육과 대학 교육의 질적 향상이 저절로 가능하다는 것은 아니다. 이를 위해서는 별도의 제도적 노력이 필요하다. 초·중등학교의 전면적 평준화 및 교육과정의 전면 개편, 대학 서열 체제 타파를 위한 대학통합네트워크의 시행, 국립교양대학의 설치 및 기초학

〈표 1-1〉 단기별·중기별·장기별 교육혁명의 주요 과제

기간 수준	준비(단기)	시행(중기)	효과(장기)
고등교육 ② (질적 향상과 운영 민주화)	대학통합네트워크 시행 방안 연구	대학통합네트워크 시행	·국공립대학 상향 평준화 ·대학 서열 체제 타파
▲ ▲	·교양과정 개편 연구 ·대학 체제 개편 연구	·국립교양대학 시행 ·대학 체제 개편	·대학 교육의 질적 향상 ·대학 운영의 민주화
입학시험 ③	새 자격시험 연구	입시 폐지+자격고사 시행	공교육 정상화
▼ ▼	학제 개편안 연구	학제 개편: 현재의 6-6-4를 2-5-5-2-3으로 전환	유아교육 2년 의무화 및 대학 교육 1년 증가
초·중등교육 ① (정상화와 운영 민주화)	새 교육과정 연구 (혁신학교 개선/확대 방안 포함)	새 교육과정(창의적 문화교육 과정) 시행	·공교육의 질적 향상 ·학생들의 전인적 발달 촉진

문 육성을 위한 특별 제도 마련, 정부 교육예산의 대대적인 증액 등이 그것이다. 이런 과제들을 종합하여 나타내면 〈표 1-1〉과 같다.

〈표 1-1〉을 통해 알 수 있듯이, 세 가지 과제(①, ②, ③)는 별개의 고립된 정책 과제가 아니라 ③에 의해 매개되어 있고, 어느 하나가 없이는 제대로 효과를 볼 수 없게 상호 연관되어 있다. 초·중등교육의 정상화를 위해서는 고등교육의 정상화를 논하지 않을 수 없고, 모든 수준에 걸친 '교육혁명'이 있어야 각 단계에서의 교육 정상화와 질적 발전도 현실화할 수 있다. 물론 이런 주장은 교육 문제의 뿌리가 사회적 불평등에 기인하기 때문에 총체적인 사회혁명 없이는 교육 문제의 근본적 해결이 불가능하다는 회의론에 부딪치기 쉽다. 이런 회의론 때문에 복잡해진 입시의 단순화, 교육재정 증대나 교장공모제 등 부분적인 개량 조치가 현실적으로 시급하다는 견해가 대세를 이루어온 것도 사실이다. 불평등한 사회 시스템이 안정화해 영구불변할 수밖에 없다면 그

한계 내에서 부분적 개량 조치라도 감지덕지할 수밖에 없을 것이다.

하지만 불평등한 사회 시스템 자체가 요동치고 위기에 처할 경우 사정은 달라진다. 카오스 이론에서 입증되었듯이, 요동이 커져 임계점에 가까워질수록 부분들의 미세한 운동 자체가 시스템 전체의 향방을 좌우하는 사태가 나타나기 때문이다. 특히 교육은 10~20년 후의 사회를 이끌 미래 세대를 육성한다는 점에서, 한 개인이 초등교육에서 고등교육까지 거쳐가는 데 16~20년이 소요된다는 점에서 다른 부문의 정책과는 근본적으로 성격이 다르다는 점을 주목해야 한다. 이런 관점에서 보면 사회 시스템 전체가 변동할 경우 그 변화가 바람직한 방향으로 나아가도록 하기 위해서는 무엇보다 장기간에 걸친 지속적인 교육 변화가 요구된다는 결론이 도출될 수밖에 없다.

장기적인 교육혁명을 추진하는 일이야말로 사회변혁의 첫 단추이자 마지막 결과를 아우르는 장기적인 이행 과정의 중추라는 것이다. 장기적이고 입체적인 교육혁명의 관점을 올바로 세우고 구체적인 실천의 경로를 설계하는 일이 지금 당장 필요한 이유가 여기에 있다.

2. 교육혁명의 중장기 마스터플랜 골격

여기서 제시하려는 교육혁명의 마스터플랜은, 그동안 서로 다른 경로를 거쳐 형성된 채 경합해오던 두 가지 진보적 교육개혁 방안인 **국공립대학 통합네트워크안**(정진상, 2004)과 **국립교양대학안**(주경복, 2011; 김세균, 2011, 2012; 강남훈, 2011)을 2011년 하나의 통합안으로 재구성한 것(강남훈·김학한, 2011; 심광현 외, 2011a)에 최근의 논의들을 반영하여 다시 수정 보완한 것이다(이하 입시폐지-국립교양대학 통합네트워크안). 2011년 통합안을 재수정하려는 이유는 이 통합 과정에 참여했던 이들 다수가 참여한 **교육혁명공동행동**이 2012년 3월 말

〈표 1-2〉 통합안에 대한 비판적 질의, 그리고 답변

문제점 유형		현실적인 욕구와의 연관성(현재)	사회체제 변동과의 연관성(미래)
1	통합네트워크안	대학평준화 요구의 비현실성	고등교육의 상향 평준화
2	국립교양대학안	왜 지금 굳이 보편적 교양과정이 필요한가	혁신대학의 미래: 창의 지성을 갖춘 민주 시민 육성
3	사회체제 변동과의 연관성	교육개혁과 사회체제 개혁의 연결망이 부재, 현실성이 없어 보임	직업 평준화와 같은 근본적 사회 변화와의 체계적 연관성을 보여야 함
4	이해관계 반영	국민 전반/비정규직 강사	협력 사회의 미래
5	교육학적 타당성	경쟁 교육의 오랜 관행과 장벽	협력 교육의 미래

자료: 심광현 외(2012).

발족하면서 펴낸 『대한민국 교육혁명: 교육 패러다임의 혁명적 전환, 미룰 수 없다』에 2011년 통합안의 기본 취지가 올바로 반영되어 있지 못하다는 판단에서이다. 이런 차이는 2011년의 통합안의 기본 취지가 교육 운동 단체들 사이에서 충분히 공유되지 못하고 있는 데서 기인한다고 본다. 통합안이 마련되어 발표된 이후 교육 운동 단체들 내부에서 이 통합안에 대해 여러 질문들이 제기된 바 있는데, 핵심 질문을 요약하면 〈표 1-2〉와 같다.

실제로 대중의 현실적인 욕구 수준이나 경쟁 교육의 오랜 관습과 같은 장벽에 초점을 맞출 경우 국공립대학 통합네트워크/공동학위제라든가 입시 폐지-국립교양대학 설립안은 터무니없이 비현실적인 요구처럼 보일 수밖에 없다. 대중의 욕구 수준에 맞추어 현실적인 개혁안을 마련하자는 것은 사회체제나 교육 체제가 나름대로 안정되어 있는 경우에는 타당성이 있지만, 현재와 같이 세계적 차원에서 자본주의 체계 전체, 특히 서구의 선진 자본주의 체계 자체가 요동치면서 임계점에 근접하고 있는 상황에서는 오히려 더 비현실적인 이야기일 수 있다는 점에 주목할 필요가 있다. 체계가 해체되고 있는 현시점에서는 이미 과거 그 체계에서 배태된 교육-직업의 순환 회로 역시 붕괴되

〈그림 1-1〉 사회 체계-교육체계의 변동 과정

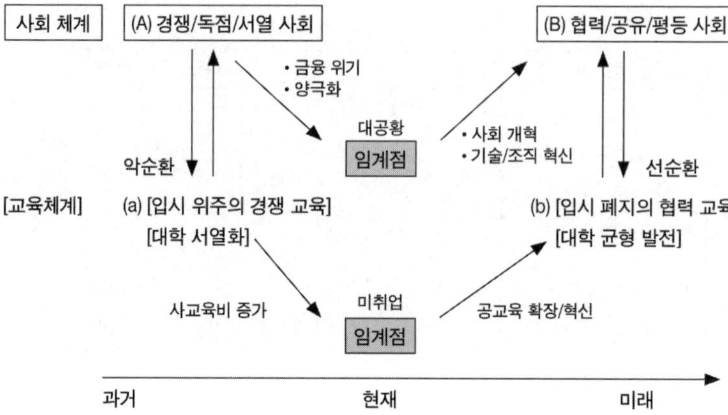

자료: 심광현 외(2012: 320)에서 도표 수정.

고 있어, 기존의 경쟁적 입시 교육과 학벌 사회가 대중에게 유효한 의미를 가질 수 있는 범위가 급격하게 좁아지고 있다는 점을 누구나 체감하고 있기 때문이다. 이런 맥락에서 보자면 기존의 경쟁 교육-학벌 사회의 순환 고리의 유효성이 급격히 해체되고 있는 현실에 더 주목할 필요가 있으며, 그와 동시에 급속한 과학기술 혁신과 조직 혁신 등으로 변화하고 있는 2010년대의 새로운 흐름과 진보적으로 연결될 수 있는, 이제까지와는 전혀 다른 교육-사회의 순환 고리를 설계하여 설득력 있게 보여주는 일이 시급하다고 본다. 이 순환 고리를 도식화하면 〈그림 1-1〉과 같다.

현재 미국과 유럽, 그리고 한국사회의 주요 지표들은 A가 임계점에 이르렀다는 사실을 보여주고 있는 데 반해, 한국사회의 대다수 사람들은 이를 반신반의하고 있다. 하지만 a가 임계점에 이르고 있다는 사실은 해당 연령기의 84%가 대학을 졸업하지만 정규직 취직률은 그 절반에도 미치지 못한다는 현실에 직면하면서 대체로 체감하고 있는 듯하다. 그런데 A가 임계점에 이를 경우 사회 시스템의 재편은 불가피해질 것이며 그에 따른 기존 교육체계 a의 재편도 불가피해질 것임은 분명하다. 미국과 유럽 등지에서 빠르게 확산되고 있는 금융·재정 위기의 흐름과 후쿠시마 원전 폭발과 같은 생태·에너지 위기의 흐름에 비추어 볼 때 이 같은 변화를 결코 먼 미래의 일로만 여기기는 어렵다. 이런 상황에서 진보적인 교육 운동과 사회운동이 당면한 시급한 과제는 A/a가 오늘 우리의 현실이므로 미래의 변화를 제안하는 것은 비현실적이라는 과거의 주장을 반복하면서 현실 변화를 수동적으로 기다릴 게 아니라 AàB로의 전환과 그에 걸맞은 aàb로의 전환을 동시에 제안하면서 능동적으로 사회와 교육의 변화를 추진해가는 일일 것이다(심광현 외, 2012). 이러한 관점에서 2011년 통합안의 기본 취지를 되돌아보고, 이를 더욱 적극적으로 발전시킬 필요가 있다고 본다.

1) '입시 폐지-국립교양대학 통합네트워크'안의 기본 취지

2011년 중반 통합안이 마련되었던 기본 취지는 그동안 교육 운동 단체가 추진해온 두 가지 대학 교육개혁안이 한쪽에서는 평등을, 다른 쪽에서는 발전을 강조하는 식으로 전체적인 목표가 양분되어 있어, 교육의 본질을 훼손할 우려가 있을 뿐 아니라 사회적으로도 설득력을 갖기 어렵다는 점에 대해 두 개혁안을 추진해온 이들 간에 공감이 이루어졌기 때문이다. 이에 따라 공동학위제를 통해 대학 서열화 폐지와 수도권대학-지방대학 간 격차 극복에 역점을 두었던 평등주의적 관점(국공립대학 통합네트워크안)과 대학입시 폐지와 교양대학을 통해 대학 교육의 질적 발전을 이루자는 관점(국립교양대학안)을 하나로 통합하여 **평등+발전**을 동시에 추구하는 단일한 **교양과정 후 공동학위제**라는 통합안이 만들어졌다(〈그림 1-2〉 참조).

여기서 A축은 국공립대학 모두에서 공동학위를 부여하는 단일 통합네트워

〈그림 1-2〉 국립교양대학 통합네트워크안의 형성 경로

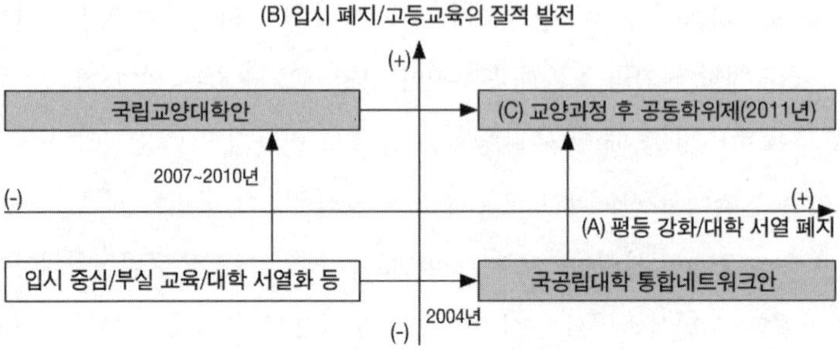

자료: 심광현 외(2012: 322)에서 도표 수정.

크를 출범시키는 것으로 시작해, 장기적으로는 대다수 사립대학을 이 네트워크에 흡수해나감으로써 전국적 대학 서열 체제를 해체하여 대학·지역 간 격차를 해소하면서 대학 교육의 평등을 도모하는 데 역점을 둔 방향이다. B축은 수능/내신 형태의 입시를 전면 폐지하고 입학자격고사로 대체하여 초·중등교육을 정상화하고 2년 과정의 전국 단일 국립교양대학을 설치하여 새로운 통합적 교양교육을 받은 후 교양과정의 성적과 별도 시험을 통해 전공과정에 입학하도록 하여 대학 교육의 질을 높이자는 데 역점을 둔 방안이다. C안은 이 둘을 결합하려는 방안으로 입시 폐지와 대학·지역 간 평등을 촉진하면서 그와 동시에 대학 교육의 질적 발전을 이루려는 통합안이다. 그런데 2011년 C안을 만들기로 잠정 합의하긴 했지만, A안과 B안을 주장해온 교육 운동 단체들 간에 서로의 안에 대한 관심과 이해가 미흡하거나 회의적인 의견이 상당수여서 두 안이 충실하게 내적으로 연결되어 보완된 실질적인 C안으로 발전하지 못하고 있는 형편이다. 하지만 필자가 C안의 중요성과 필요성을 강조하는 이유는 다음과 같다.

(1) 평등의 축

초·중등교육에서만 평등이 중요한 게 아니라, 고등교육에서도 학문의 다양성과 균형 발전은 대학 교육 체제의 평등과 함께 동시에 구현되어야만 한다. 이는 사회적 차원에서 사회 구성원들의 삶의 다양성이 보장되는 자유로운 발전(자아실현)이 정치경제적·사회문화적 평등과 함께 구현되어야만 실질적 민주주의가 이루어질 수 있는 것과 같은 이치에서이다. 자유로운 학문 발전(차이와 다양성)과 평등한 교육 여건의 제공을 동시에 이루는 일이 쉽지 않음은 물론이다. 하지만 현실적으로 자유(발전)와 평등의 동시적인 구현이 이루어지지 않았다고 해서 미래에도 이것이 불가능할 것이라고 단정해서는 안 된다. 실제로 핀란드에서는 초·중등교육 전체 프레임을 서열화한 경쟁 교육에서 평등한 협력 교육으로 전환하면서도 전체 학생 교육의 질적 수준을 상향 발전시켜 2000년대에 시행된 국제학업성취도평가(PISA)에서 3회 연속 1위를 차지함으로써 자유로운 발전과 평등의 동시 구현이 현실적으로 가능함을 입증한 바 있기 때문이다.[1] 물론 초·중등교육과 대학 교육은 다르다는 반론이 있을 수 있다. 하지만 대학 교육에서 평등한 협력 교육과 전체 학생들 간의 편차가 적은 학습 수준의 상향 발전이 불가능하다고 단정할 이유는 없다. 이런 단정을 내리는 이유는 기형적인 학벌 사회가 대학의 서열화를 요구하고 있기 때문이지만, 앞서 말한 이유로 대학 교육의 변화가 이 같은 사회 시스템의 변화

---

1) PISA는 학생들이 의무교육을 마치고 나서 얼마나 지식과 기술(독해, 수학, 과학)을 획득했는지 측정하는 국제학업성취도평가이다. 2000년 이후 세 번 치러졌는데 OECD 국가 중에서 늘 일등은 핀란드가 차지했다. 독일에서 학생의 사회경제적 배경이 PISA 결과에 영향을 미친다는 것이 발견되었다. 핀란드는 다른 나라와 달리 학생, 학교 간 편차가 적었다. 이렇게 상향 평준화한 교육 배경으로, 협력적 통합교육, 연구 중심적 교사교육, 교사들의 창의성과 열정, 지속적인 리더십, 신뢰의 문화 형성 등이 거론되고 있다(한국교육네트워크 총서기획팀, 2010: 109~111).

에 원동력을 제공할 수 있다는 점도 고려해야 한다.

국공립대학 통합네트워크에서 공동선발과 함께 공동학위를 부여할 경우 여러 지역의 대학 교육의 질적 저하와 더불어 학생들의 학습 결과의 질적 차이를 판별하기 어려운 사태가 ─ 고교평준화의 내신 성적에 대한 불신처럼 ─ 나타나지 않을까 하는 의문이 들 수 있다.[2)] 이 의문은 학부 졸업 시 반드시 엄격한 절차와 요건을 갖춘 학사학위논문을 쓰게 함으로써 해소될 수 있다. 학위논문은 학점과 더불어 기업 취직이나 석·박사 과정 입학 시 중요한 선별 기준이 될 수 있을 것이다. 이는 곧 어느 지역의 대학을 나왔는가가 아니라 각 개인이 교육과정을 통해서 어떤 질적 성취를 이루었으며, 향후 어떤 독자적인 계획 아래 직업 활동이나 연구 활동을 할 것인지 판단하는 데 가장 좋은 평가 기준이 될 것이라고 본다.

---

2) 최근 김명환은 「2013년 체제를 위한 대학 개혁의 첫 단추」(≪창작과 비평≫, 2012년 가을호)에서 민주통합당에서 당 정책으로 진지하게 검토 중인 '국립대학연합체제'를 지지하면서, 서울대를 빼고 국립대학연합체제를 실행하자는 이필렬, 김종엽 등의 제안은 수도권은 물론 지역 학생들에게 매력도 없고, 사립화의 길을 걷고 있는 서울대를 방치하여 고등교육의 공공성을 파괴하는 쪽으로 더 기울어지도록 하기 때문에 치명적인 결함을 안게 된다고 정당하게 비판한다. 그는 어떤 경우에도 국립대학연합체제에는 서울대를 포함해야 대학입시의 폐단을 줄일 수 있고 대학 서열 체제도 무너뜨릴 수 있다고 주장한다. 그런데 그는 공동선발에는 찬성하면서 공동학위는 곤란하다고 보는데, 후자가 곤란한 구체적인 이유는 밝히지 않는다. 아마도 공동학위가 대학 교육의 질을 높이는 데 장애가 될 것이라고 생각하는 게 아닐까 싶지만, 필자는 엄격한 학사논문 관리를 통해 대학 교육의 질적 향상이 가능하고 학사학위논문(필요하다면 학부과정에서 작성한 리포트를 포트폴리오 형태로 제출하는 형식 등)이 대학원 입학이나 기업 취직에서도 개인의 실력과 향후 계획에 대한 실질적인 평가 기준이 될 수 있다고 본다.

(2) 발전의 축

그동안 교육 운동 단체들은 사회의 불평등과 맞물린 교육의 불평등 구조를 개선하는 것이 가장 우선적인 과제라고 생각해온 경향이 있다. 하지만 불평등 구조가 개선된다고 해서 교육의 질이 저절로 높아지는 것은 아니다. 그동안 정부와 보수 언론 등에서는 이런 이유를 내세워 고교평준화를 반대하면서 고교서열화를 추진해왔다. 하지만 교육에서 유의미한 발전은 학교의 발전이 아니라 학생들의 발달 단계에 따른 신체-감성-인성-지성의 균형적 발달에 있고, 개인들의 개성에 맞는 발달이 이루어진 후에 창의적이고 비판적인 민주시민으로 성장할 수 있는 풍부한 지식과 경험을 습득하고, 학문 연구 또는 직업 활동으로 자신의 경로를 선택하게 하는 데 있을 것이다. 이런 관점에서 보면 평등 체제를 구현하는 것 못지않게, 암기식 지식 교육과 스펙 쌓기 위주로 구성된 현재의 초·중등 교육과정과 대학 교육과정 전체를 질적으로 혁신하는 일이 중요하다. 평등한 형식에 더해 풍부한 내용이 갖추어질 때 비로소 교육의 본질이 구현된다고 할 수 있기 때문이다. 그러나 이제까지 교육 운동 단체들 내에서 초·중·고등교육의 교육과정과 내용의 혁신을 위한 연구나 노력은 극히 미진한 상태에 머물러 있다. 이런 상황을 고려할 때 국립교양대학 설치를 통한 대학 교양교육의 질적 향상과, 이를 통한 기초학문-응용학문의 균형 회복이라는 새로운 정책 과제의 제안은 교육 내용상 답보 상태를 혁신하기 위한 참신한 제안이 아닐 수 없다.

(3) 평등과 발전의 선순환 구조

개인의 자유로운 발전과 사회적 평등을 처음부터 나누어 생각하면 이 문제는 우선순위의 문제로 간주되기 쉽고, 이런 우선순위 때문에 양자는 처음부터 충돌할 수밖에 없다. 이 같은 딜레마를 벗어나는 길은 처음부터 양자를 상호의존적인 선순환 피드백 구조의 관점에서 파악하는 것이다. 사회적 평등을

〈그림 1-3〉 잠재력 발현과 학생 수의 관계 그래프

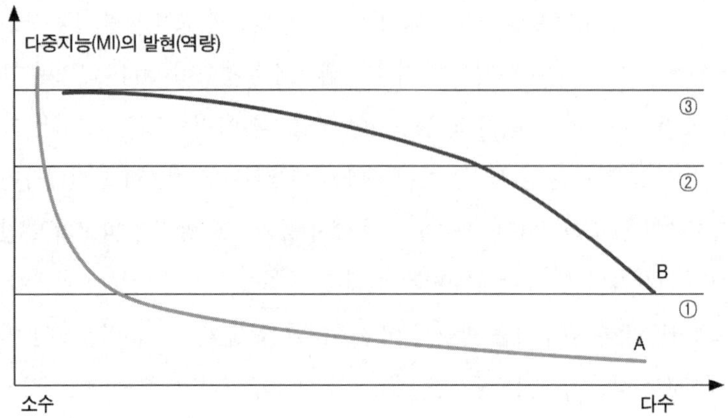

자료: 심광현 외(2012: 326).

다수의 자유로운 발전의 조건으로, 다수의 자유로운 발전(다중지능의 발현)을 사회적 평등의 목표이자 가치로 전제할 경우, 〈그림 1-3〉과 같은 변화를 생각할 수 있다.

현재 우리 교육은 A의 형태로 잠재력의 발현과 학생 수의 관계가 멱함수 분포(롱테일 곡선)를 이룬다. 이상적인 사회에서의 교육은 B 형태가 되어야 할 것이다(핀란드 교육이 이런 형태를 취한다). 이는 곧 다수가 ①의 열악한 상태에 처한 대신, ③의 상태로 상향 평준화하고, 소수가 ②의 상태에 처하는 경우일 것이다. 이는 사회적 차원에서 ①의 낮은 수준이 소멸된다는 의미이다. 교육적으로 훌륭한 시설과 교수진, 그리고 창의적·협력적 교육과정을 통해서 충분한 학습 동기가 촉진될 경우 B가 실현 가능하다는 것을 논리적으로 부인하기는 어렵다고 본다. 다만 이를 위해서는 충분한 교육재정이 뒷받침되어야 한다. 이는 교육과 학문 발전을 사회 발전을 위한 최우선의 투자로 여기는 사회적 합의가 이루어진다면 얼마든지 가능한 일이라고 본다(이런 논리는 기본소득이 보장될 경우 사회 구성원들의 자유로운 개성과 다중지능의 발현이 가능할 수 있다는 주장과도 상통한다). 이런 형태로 서울대를 포함한 국공립대학 통합네트워크에 대해 충분한 교육적 투자와 연구가 제공될 경우 이 네트워크에 속한 교수와 학생들은 충분한 자존감과 학습-교육-연구의 동기를 가짐으로써 명문 사립대학들의 교육·연구 수준을 능가할 수 있다고 본다(국가적 투자+자율적 교육과정+수능을 대신하는 자유로운 입시라는 조건에서 출발하여 교수-학생들이 충분한 자존감과 학습-교육-연구의 동기를 협력적으로 상호 촉진하여 10년이 안 되는 짧은 기간 내에 세계적인 명문 예술대학으로 성장한 한국예술종합학교의 사례를 참고할 수 있을 것이다).

2) 입시 폐지-국립교양대학 통합네트워크안의 기본 골격

이런 전제 아래 2011년 안을 수정 보완한 입시 폐지-국립교양대학 통합네트워크안의 골자를 요약해보면 다음과 같다.

(1) 입시 폐지와 초·중등교육 정상화

현행 수능 형태의 대학입시를 폐지하고 내신을 포함한 대학입시자격고사로 전환하여 초·중등교육을 사교육으로부터 해방시키고 공교육을 정상화한다. 입시 위주 경쟁 교육의 이념에 따라 개별 교과 지식 교육 중심으로 편성된 현재의 교육과정을 협력 교육의 이념에 따라 — 발달 단계에 따른 감성-인성-지성의 균형 발달을 목표로 하는 — 창의적 문화교육 과정으로 전면 재편한다. 현행 6-6 학년별 학제를 유치원을 포함한 2-5-5의 무학년 학제로 개편한다(장기적으로는 유치원 2년을 3년으로 늘릴 수 있다)(교육혁명공동행동 연구위원회, 2012 참고). 유치원-초·중등교육은 전면 무상교육과 무상급식을 실시한다. 전국적으로 특목고와 자사고를 폐지하고 초·중등교육의 전면 평준화를 실시한다.

(2) 국립교양대학 설치

대학입시자격고사에 합격한 학생들을 통합학문적 성격의 새로운 교양과정으로 구성된 전국 단일 국립교양대학에 2년 동안 수강토록 한 후, 일반대학(3년)의 계열별 전공과정으로 진학하게 하여 대학 교육의 질을 향상시킨다. 이것이 가능하려면 국립교양대학의 수준 높은 교양교육 및 그와 연계된 기초학문 육성을 위해 국가의 적극적 재정 지원이 이루어져야 한다.

(3) 국공립대학 공동학위 통합네트워크

전국의 국공립대학을 하나의 공동학위 통합네트워크로 묶는다. 또한 단기적으로는 재정 상황이 부실한 사립대학을, 장기적으로는 대다수의 사립대학을 공동학위를 부여하는 단일한 대학통합네트워크에 포함시키고(정부책임형 사립대학), 정부의 지원을 대폭 강화하여 국공립대학의 상향 평준화를 이끌어냄으로써 중·장기적으로 수도권대학-지방대학의 격차 및 대학 서열화를 해소해간다.

이와 같은 통합적 교육혁명의 구상은 아직 초기 단계이므로 모든 교육적 과제들이 포괄되어 있지 않다. 특히 초·중등교육 학제 개편에서 인문계고와 실업계고의 분리를 유지할 것인가 없앨 것인가의 문제가 남아 있다. 그리고 이 문제는 대학 교육에서 현행의 전문대학 체제를 어떻게 개선할 것인가의 문제와 연관이 깊다. 이는 결국 전통적으로 직업의 층위를 화이트칼라와 블루칼라로 구분해온 직업 분류의 사회적 관계를 어떻게 재편할 것인가의 문제와 맞닿아 있다. 장기적으로 보면 세계경제 위기가 가속화하는 가운데 자동기술화의 진전에 따른 화이트칼라와 블루칼라의 경계선 희박화, 사회적 경제의 확산에 따른 새로운 직업 유형의 등장 등으로 2010년대 중후반이 되면 현재와는 매우 다르게 가변적이고 복합적인 직업군이 등장할 가능성이 높다. 또한 급속한 노령화와 평균수명의 증가, 저출산과 높은 이혼율, 복합 가족화 등의 가족 구조 변동에 따라 평생교육의 수요가 늘 것이며, 유비쿼터스화의 진전에 따른 지식의 생산과 수용 방식의 급속한 변화, 집단지성과 학문의 관계 변화 등으로 학문적 교육과 직업교육 경로, 대학 교육의 위상과 기능 역시 현재와는 크게 달라질 것으로 예상된다. 따라서 학제와 교육 체제의 변화는 이런 사회적 변동 과정에 대한 충분한 연구와 맞물려 진행되지 않으면 안 될 것이기에 여기서 모든 문제를 예단하기는 어렵다. 하지만 적어도 두 가지 사항은 예측 가능하다고 할 수 있다.

첫째, 과거와 같이 국민국가의 경계 내에서 안정된 형태의 분과학문적·장르적 지식과 기술에 기반을 둔 직업적 생애 경로가 줄어들고, 트랜스-내셔널한 시각에서 통합적·복합적 문제의 해결 능력이 요구되는, 새로운 지식과 기술을 필요로 하는 복합적인 직업적 생애 경로가 예상된다. 분과학문적·장르적 기술 체제에 기반을 둔 낡은 교양교육과 직업교육의 전면적 혁신이 요구되는 것은 이 때문이다. 이런 관점에서 보자면 조기에 인문교육과 실업교육을 구분하기보다는 교양대학에 이르는 장기간에 걸쳐 통합적·협력적·창의적 문화 교육이 전면적으로 시행된 후에 학문과 직업의 진로를 선택하는 것이 어느 쪽이든 도움이 될 것이라고 본다.

둘째, 그동안 일반대학 교육은 학벌 사회의 과중한 압력으로 해당 학령의 80%가 넘게 대학을 졸업하는, 세계적으로 유례없는 과잉 포화 상태에 처해 있다. 장기적으로 볼 때 이런 과잉 교육을 해소하는 것이 사회적 비용의 낭비를 방지하기 위해서나 개인의 삶의 질을 높이기 위해서나 필요할 것이다. 이럴 경우 현재보다 직업 전문교육의 중요성이 상대적으로 더 커질 것이며, 당장의 취업만이 아니라 복합적이고 유동적인 형태로 변화하는 미래의 직업에 대비하기 위한 수준 높고 창의적인 직업교육 과정이 요구될 것이라고 본다. 직업교육에서도 창의성이 요구될 경우 직업 전문대학에 입학하기 전에 창의성의 토대가 될 수준 높은 교양교육을 받는 것이 바람직하다고 본다.

〈그림 1-4〉 입시 폐지 및 국립교양대학-통합네트워크의 복합적 계획안

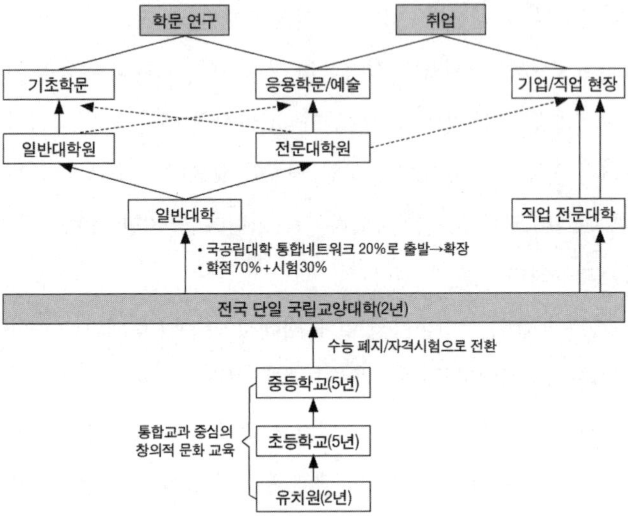

자료: 심광현 외(2012: 330).

이런 전제하에 초·중·고등교육-대학 교육-직업교육의 전체 체제를 전면 개편한 상태를 〈그림 1-4〉와 같이 나타낼 수 있다.

이 경우 허리 역할을 하게 될 **국립교양대학**의 핵심 내용은 다음과 같이 요약될 수 있다[이는 김세균(2012)의 제안을 부분적으로 수정 보완한 것이다].

① 중등교육과정과 고등교육과정의 연한을 각각 1년 줄여 학생들의 기초 실력을 테스트하는 '자격고사'만으로 입학할 수 있는 2년제 단일 '전국 국립교양대학'을 설립한다. 이 경우 중학교와 고등학교를 합쳐 중등교육 기간은 5년이 되고, 상급 대학인 일반대학/특수대학의 교육 기간은 3년이 된다. 그리고 설립 후 교양대학 운영을 위해 1명의 총장과 권역별 교양대학 교육을 관장하는 10명 이내의 부총장 및 전국 각지에 소재하는 (캠퍼스별 교육을 관장하는) 학장을 둔다. 캠퍼스·권역별 행정 업무는 최소화하고 행정 업무를 가능

한 한 중앙으로 집중한다.

② 교양대학 개설 과목과 교육 내용은 캠퍼스·권역별로 일정한 편차를 둘 수 있지만 기본적으로 같은 것이어야 한다. 이 교육 내용을 구성하기 위해 국립교양교육개발원을 설립한다.

③ 교양대학에 들어와 소정의 교양과목들을 이수한 학생들에게 상급 대학에 진학할 자격을 부여한다.

④ 인문사회·이공·예체능·직업 전문 계열 등 계열별로 학생들이 이수해야 할 교양과목의 필수군과 선택군 사이의 비율 차이를 둔다. 그리고 상급 대학입시는 교양대학에서 학생들이 이수한 과목들의 학점 성적과 교양대학 전 학생을 대상으로 하는 논술고사 성적과 면접 등으로 정한다.

⑤ 초·중등교육과 마찬가지로, 교양대학 교육도 대부분의 모든 교과 과목 교육에서 글의 내용을 압축 요약하는 능력을 키우는 교육과 자신의 의견을 체계적으로 진술할 능력을 키우는 '글쓰기' 교육이 기본이 되도록 해야 한다.

⑥ 교양대학 학생들의 수업료 수준은 현재 고등학교 학생들의 수준과 동일하게 한다. 따라서 고등학교 수업료를 무상으로 하면 교양대학 수업료도 무상으로 한다. 이는 대학 기초 교양교육을 받을 권리를 전 국민의 보편적 권리로 만들기 위한 것이다. 그 밖에도 이 계획에는 그동안 제기된 진보적 교육개혁의 다양한 과제들 중 다음의 주요 내용이 포함되어야 할 것이다.

⑦ 국공립대학의 비중 확대와 정부의 지원 확대를 통해 현재 20~80%인 국립대학-사립대학의 비율을 역전시켜 대학 교육의 공공성을 확장한다.

⑧ (서울대를 포함한) 국공립대학 통합네트워크로 묶인 대학들의 공동선발 및 공동학위제를 통해 수도권 집중을 억제하고 지역 간 교육적 균형 발전의 기반이 될 수 있도록 한다.

⑨ 교육 기회의 평등만이 아니라 학문과 교육의 질적 발전을 동시에 모색하려는 것은 이미 극도로 '산성화'된 학문적 토양 자체를 새롭게 일구어 미래 사회의

지속 가능한 발전의 자립적 토대를 구축해가는 일이 무엇보다 시급하기 때문이다. 통합적 기초학문에 기반을 둔 교양교육의 전면적 확대를 통해, 3년 과정 이후 수학할 전공 기반을 튼튼히 하여 대학 교육의 질을 향상시킬 수 있다면 요동치는 세계 체계의 혼란기에 맞서 능동적으로 헤쳐나갈 수 있는 미래세대를 육성할 수 있을 것이다.

여기서 ⑦과 ⑧의 과제는 국공립대학에 대한 정부의 재정 지원 정도와 연속성 여부에 달려 있다. 이때 왜 국공립대학 교육에 정부가 그토록 많은 재원을 투자해야 하는가 하는 의문이 제기될 수 있다. 경쟁 사회에서 협력 사회로의 전환이 시급하게 요구되는 시대적 흐름에 비추어 보았을 때, 생태 위기를 극복할 새로운 기술혁신 및 사회경제적 민주화에 필요한 모든 부문의 조직혁신을 위해서는 질 높은 대학 교육이 필요하다는 데 원론적인 합의가 있을 수 있다고 본다. 그러나 그렇다고 해도 왜 굳이 모든 학생이 2년간 교양교육을 받아야 하는가에 대해서는 여전히 의문이 남는다. 특히 이제까지 대학 교육에서 교양교육이 차지하는 형식적인 지위와 그 부실한 내용을 떠올려보면 이런 의문은 더욱 커질 수밖에 없다. 이하에서는 이 의문에 대답하는 것과 동시에 왜 ⑨의 과제가 ⑦과 ⑧의 과제를 실현하기 위한 필요조건인지를 함께 설명하기로 한다.

3) 현대적 교양교육의 중요성

리버럴 아츠(liberal arts)의 본래 의미는 오늘날의 흔히 말하는 교양학, 교양교육이 아니라, 자립적이고 창의적인 인간으로 성장하여 자유로운 자아실현을 하도록 하는 데 필수적인 지식과 지혜를 쌓고, 대화와 협력의 자세를 확고하게 갖춘 민주 시민을 육성하기 위한 토론식 교육이다. 이는 분과학문적 지식을 입문식으로 개략 소개하거나, 형식적인 시간 때우기로 전락한 현행 교양교육과는 근본적으로 다른 것이다. 20세기의 분과학문 체제가 효력을 다하고 학문 간 융복합이 대세로 부상한 21세기 들어와 하버드 대학과 스탠퍼드 대학 등 세계적인 대학들도 교양교육의 본래 의미를 되찾기 위해 새로운 노력을 기울이고 있다. 그래야만 창의력이 신장될 수 있다는 것을 다양한 연구 결과가 확증하고 있기 때문이다. 최근 창의적 민주 시민 육성을 목표로 **후마니타스 칼리지**를 설립하여 교양교육 혁신의 선두 주자로 부상하고 있는 경희대의 사례는 한국사회에서도 정책 방향만 바꾸면 양질의 새로운 교양교육이 얼마든지 가능함을 보여준다.

유비쿼터스 시대의 도래에 따라 **창의적이고 민주적인 집단지성**의 촉진이 정치, 경제, 사회, 문화의 모든 영역에서 혁신의 관건으로 부상하고 있다. 또 인지과학이 풍부한 경험적 사례를 통해 밝혀주고 있듯이 창의력은 IQ를 넘어 EQ, 그리고 사회적 지능 간의 다중지능적 시너지, 다양한 개인들 간의 협력의 산물이다. 그런데 현재의 대학 교육은 전공별로 극도로 세분화한 분과학문의 가지치기에 집중하고 있어 학생들의 잠재된 다중지능적 창의력 발현을 원천적으로 봉쇄하고 있다. 그리고 이 같은 지식 생산의 방식을 통해서는 초·중등교육의 정상화에서 필수적인 과다한 지식의 양을 줄이는 것 자체가 불가능하다. 분야와 영역을 가로질러 재구성된 통합적 형태의 **새로운 교양교육과 기초학문**의 강화가 새롭게 필요한 이유가 여기에 있다. 새로운 교양교육의 통합적 교육과정을 만들기 위하여 학문 간 융복합과 통섭이 활발하게 촉진된다면, 지식의 양은 줄이고 질은 높여줄 통합교과 중심으로 초·중등교육과정 전면 개편의 학문적 근거가 새롭게 마련될 수 있을 것이다.

3. 기초학문의 발전과 창의적 교양교육의 선순환 구조

주지하는 바와 같이 현재 한국의 대학 교육과 학문 연구는 기초학문과 교양교육의 붕괴, 편중된 응용학문으로의 집중, 인구수에 비해 과도하게 증폭된 대학의 수적 규모와 전체 대학의 80%가 넘는 사립대학들의 무차별한 이윤 추구 등으로 양적·질적인 면에서 모두 위기에 처해 있다. 또한 취업을 위한 스펙 쌓기 기관으로 전락한 오늘날 대학이 전 세계적으로 긴급한 화두인 창의성 교육에 완전히 역행하고 있다는 사실을 확인하기는 어렵지 않다. 그럼에도 정부나 대학 당국, 그리고 교육 운동 단체 모두가 문제 해결의 실마리를 찾지 못하고 있는 것은 대학 교육과 학문 연구의 발전에서 핵심 관건이 무엇인지를 인식하고 있지 못하기 때문일 것이다.

여기서 우리는 기초학문의 발전과 창의적 교양교육의 선순환 구조를 만들어낼 수 있는 가능성에 주목할 필요가 있다. 오늘날 대학에 그 어느 때보다 절실히 필요한 것은 지식과 사회적 활동의 역동적인 상호작용에 대한 통찰, 복잡한 현실을 분석하고 다양한 해결책을 창의적으로 찾아낼 수 있는 경험을 체화해나가는 새로운 교육이다. 이런 교육을 위해서는 기초학문이 강화되어야 한다. 특히 요동치는 세계 체계에서 미래 사회의 불확실한 발전 방향을 제대로 가늠하고 집단적 차원에서 창의적 해결책을 찾아낼 수 있는 길은 대학 교육과 학문 연구 이외에서는 찾기 어렵다.

시장 논리에 목을 매고 있는 정부나 기업은 이런 혁신을 단지 응용학문의 발전에서 찾으려고 하지만, 이는 낡은 부대에서 새 술이 우러나기를 기대하는 것과 같이 어리석은 일이 아닐 수 없다. 물론 응용학문이 불필요하거나 중요하지 않다는 게 아니다. 응용을 위해 필요한 인간과 자연의 다양성에 대한 폭넓은 이해와 창의적 사고의 원천을 제공하지 않은 채 기술혁신을 요구하는 근시안적인 접근이 문제라는 것이다. 요동치는 세계 체계의 상황에서 미래

사회의 발전을 준비하려면 기초학문+교양교육의 혁신에 기초하여 기초학문+응용학문+직업학문 간의 균형 회복이라는 전망을 다시 세워야 한다.

1) 교양교육과 기초학문 간의 순환성

기초학문과 교양교육은 공급과 수요의 관계처럼 밀접하게 상호 의존한다. 교양교육의 약화나 장식화는 기초학문의 약화를 초래하는 반면, 교양교육의 강화나 내실화는 기초학문의 강화와 장기적 발전을 촉진하기 때문이다. 교양교육의 양적·질적 약화는 그 공급을 담당하는 기초학문 분야의 양적·질적 약화를 동반하여 결과적으로는 사회 구성원들의 자립적이고 창의적인 역량을 점진적으로 해체할 뿐 아니라, 학문적 기반 자체의 산성화를 촉진하게 된다는 구조적 문제점을 안고 있다. 만약 기초학문의 토대가 튼튼하여 장기적 발전의 전망이 높아진다면 우수한 잠재력을 가진 학생들이 이 분야에 더욱 많이 유입될 수 있으며 기초학문의 학문적 성과 역시 높아질 수 있을 것이다. 또한 교양교육의 질적 발전이 담보된다면 대학생들의 지성-감성-인성의 통합적 균형 발전 및 창의적이고 민주적인 자세의 함양을 기대할 수 있을 것이다. 그리고 창의력과 문화적 감수성이 더욱 강조되는 미래의 창의적 지식 경제-문화경제의 발전으로까지 나아갈 수 있을 것이다. 그렇다면 장식적인 수준으로 전락한 대학의 교양교육을 어떻게 강화할 수 있을까? 이에 대해서는 영국의 헤게모니가 해체되면서 세계 체계 전체가 격동하던 1910~1920년대에 철학적·문명사적 관점에서 교육의 대대적 혁신을 강조했던 알프레드 노스 화이트헤드(Alfred North Whitehead)를 참고할 수 있다(이하 심광현 외, 2012).

화이트헤드는 대학의 기능을 "원리를 우선시키고 사소한 것을 버릴 수 있는 능력을 기르는 데 있다"(화이트헤드, 2004: 86)고 주장하데, 이는 매우 시사하는 바가 많다. 그는 이 능력을 "일반화의 정신", 즉 "국면 전체를 내다보는 안목이며, 하나의 관념 체계와 다른 관념 체계와의 연관성을 포착하는 안목"(화이트헤드, 2004: 58)이라고 말한다. 그는 나무를 넘어 숲 전체를 내다보는 안목, 활기찬 삶 전체를 관통하는 진-선-미 가치들 간의 상관관계 전체를 굽어보는 안목을 강조하는데, 바로 교양이 그런 능력과 관련되어 있다.

> 교양이란 사고력의 활동이며, 아름다움과 인도적 감정에 민감한 감수성이다. 단편적인 지식은 교양과 아무런 관계가 없다. 단지 박식에 그치는 사람은 이 지상에서 가장 쓸모없는 인간이다. 우리는 교양과 특수 영역의 전문 지식을 겸비한 인간을 육성해야 한다. 전문 지식은 교양으로부터 출발하는 데 필요한 무대를 제공하며, 교양은 그들을 철학의 깊이와 예술의 높이로까지 이끌어줄 것이다. 우리가 잊지 말아야 할 가장 소중한 지적 개발은 자기(능력) 개발(self-development)이다. 이는 대체로 열여섯 살에서 서른 살에 걸쳐 일어난다는 것이다(화이트헤드, 2004: 37).

이런 맥락에서 보면 대학에서의 교양교육은 "전체를 내다보는 사고력, 아름다움과 인도적 감정에 민감한 감수성"을 기르는 교육이며, 이를 통해 학생 각자가 향후 전공과정에서 어떤 전공 지식을 쌓더라도 "철학의 깊이와 예술의 높이"를 지닐 수 있도록 하여, 평생 스스로 "자기 능력을 발전"시킬 수 있도록 하는 토대라고 할 수 있다.

대학 교육의 기초를 이루는 교양교육은 "전체를 내다보는 안목"과 "생기 있는 관념"에 의해 지적 활력이 넘치는 "위대한 것을 향해 인간성을 각성시키게 한 지적 혁명"에 해당한다고 할 수 있다. 이런 의미의 교양교육은 우리가 알고 있는 (부패해버린) 현재의 교양교육과는 얼마나 거리가 먼 것인가? 오늘과 같은 상황에서 과목 수와 교육 내용을 줄이되 "생기 있는 관념"과 "전체를 내다보는 안목"을 기르기 위해서 "철저하게" 가르치는 교양교육은 어떻게 가능할 수 있을까? 그가 제시하는 방법을 요약하면 다음과 같다.

첫째, 학생들로 하여금 "생기 있는 관념을 체화"하도록 하기 위해서는 "상상력과 지식을 굳게 결합"시켜야 한다.

> 대학은 교육기관이자 연구 기관이기도 하다. 그러나 대학의 주요 존재 이유는 단지 학생들에게 지식을 전달하거나 교수들에게 연구 기회를 부여하는 데만 있다고 생각해서는 안 된다. 이 두 기능이라면 반드시 막대한 재정을 필요로 하는 시설 없이도 더 저렴하게 수행할 수 있을 것이다. …… 대학을 필요로 하는 정당한 이유는 학문이라는 상상적 사색에서 젊은이와 늙은이의 시대를 통합시켜 지식과 인생의 향기의 연관성을 보존하는 것이다. 대학은 전수한 지식을 풍부한 상상력으로 전수한다. 이 점에서 실패하는 대학은 존재의 이유를 잃어버리는 셈이다. 상상력이 풍부한 사색에서 솟아 나오는 격양된 분위기가 지식을 변형시킨다. …… 청년은 상상력이 풍부하고, 훈련을 통해 상상력이 강화되었을 때, 이 상상력의 에너지가 한평생 상당한 수준에서 보존된다. 상상력이 풍부한 사람에게는 인생의 경험이 부족하고, 경험을 거친 사람들에게는 빈약한 상상력밖에 없는 것이 이 세상의 비극이다. 어리석은 자는 지식 없이 상상에 모든 것을 맡긴 채 행동한다. 현학자는 상상력 없이 지식에만 의존해서 행동한다. 대학의 과제는 상상력과 지식을 굳게 결합시키는 것이다(화이트헤드, 2004: 199~201).

둘째, 상상력과 지식의 굳건한 결합을 가능하게 하는 열쇠는 "상상력으로 점화된 교수단을 확보하는" 데 있다.

> 상상력은 오직 풍부한 상상력을 가지고 학구적으로 노력해온 교수들에 의해서만 전달될 수 있다. …… 하나의 대학을 조직하는 데 가장 중요한 요체는 그들의 학문이 상상력으로 점화된 교수단을 확보하는 것이다. 이것이야말로 대학 교육

> 에서 가장 중요한 문제 중 하나이다. …… 여러분은 어떤 오래된 진실성을 갖는 고전적인 지식을 다룰 수도 있겠는데, 그런 경우에도 여러분은 학생들에게 그 지식이 마치 지금 막 바다에서 잡아 올린 물고기인 것처럼, 직접적인 중요성의 신선함을 느끼도록 해주어야 한다. 학자의 사명은 삶의 지혜와 아름다움을 일깨워주는 것이며, 그것들은 학자의 마법을 별개로 한다면 과거 속으로 묻혀버리고 말 것이다(화이트헤드, 2004: 207~209).

물론 이 두 가지 과제를 실현시키기는 매우 어렵고, 현재까지의 관행만을 생각하면 불가능한 것처럼 보일 수 있다. 그러나 앞서 살핀 바와 같이 세계 체계의 급격한 요동과 빠른 변화는 오히려 이런 과제의 실현이 시대적 화두임을 알게 해준다.

국립교양대학 통합네트워크안은 대학입시 폐지와 교양교육 강화를 통해서 첫 번째 과제를 해결하는 데 기여할 것이며, 현재 6만 명에 이르는 비정규 교수들을 일정한 절차를 거쳐 국립교양대학에 소속시켜 교양교육을 연구하고 시행할 국가연구교수로 전환하고, 중장기적으로는 박사학위의 질을 높일 수 있도록 국가박사학위제를 시행한다면, 두 번째 과제를 빠른 시일 내에 해결하는 데도 기여할 것이다

2) 대학에서 통합교과적 교양교육의 실시

대학에서 통합교과적 성격의 교양교육을 실시한다는 것은 아직 분과학문으로 잘게 쪼개져 있는 기초학문들 간의 적극적인 통섭을 전제로 하는 것이다. 이런 형태의 혁신적인 교양교육 프로그램의 개발은 초·중등교육에서 새롭게 시행될 창의적 문화 교육을 위한 통합교과의 내용을 마련하는 데도 적극 기여할 것이다. 초·중등교육과정을 지성-감성-인성-신체의 균형적 발달과

창의성 함양을 위한 **창의적 문화 교육**으로 전환하기 위해서는 현재 분과학문의 갈래에 따라 편성된 **입시 위주 지식 교육**의 방대한 양을 줄이고 협력 교육적인 통합교과 중심으로 재편하기 위한 기초학문적인 토대가 탄탄하게 마련되어야 하기 때문이다. 특히, 신자유주의의 위기 및 해체와 더불어 유비쿼터스 시대로의 전환이 가속화함에 따라 경쟁 사회에서 협력 사회로의 전환을 위해 지식의 생산과 수용 방식에서 많은 양의 지식 주입과 암기가 아닌 지식의 가치에 대한 평가가 중요해지고, 다중지능 간의 네트워킹과 협력을 통한 사회적 지능의 증진이 무엇보다 중요해지기 때문이다(〈그림 1-5〉 참조).

〈그림 1-5〉 경쟁 교육에서 협력 교육으로

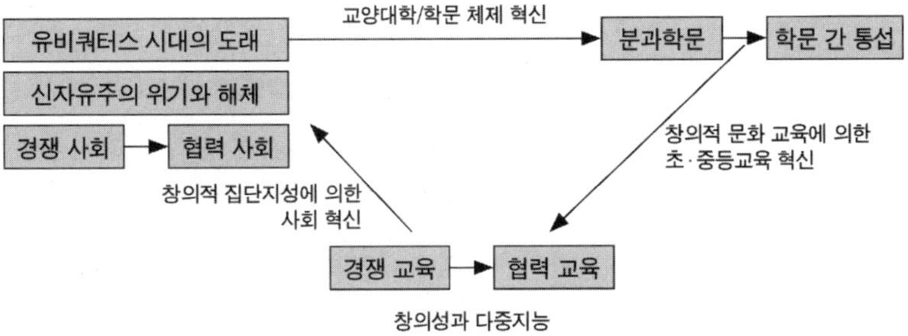

자료: 심광현 외(2012: 340).

〈표 2-3〉 시대 변화에 따른 새로운 교육 시스템

구분	이전	이후
지식의 선별 방법	지식의 역사적 누적	진화론적 선택(배제)
정보 검색의 방법	분과학문적 학습	통합학문적·생태학적 지도와 인지과학적 지도
	상호 무관한 정보의 홍수	정보의 상호 연결망 확인
정보 생성의 방법	분과학문 내에서 가능	복잡계적인 현실과 연결 및 순환되면서, 살아 있는 경험으로서의 지식 창조
	현실의 복잡하고 역동적인 생활과는 무관한 추상적 정보의 생산	

자료: 심광현 외(2012: 341).

〈그림 1-6〉 복잡 적응계의 선택과 행동의 인터페이스

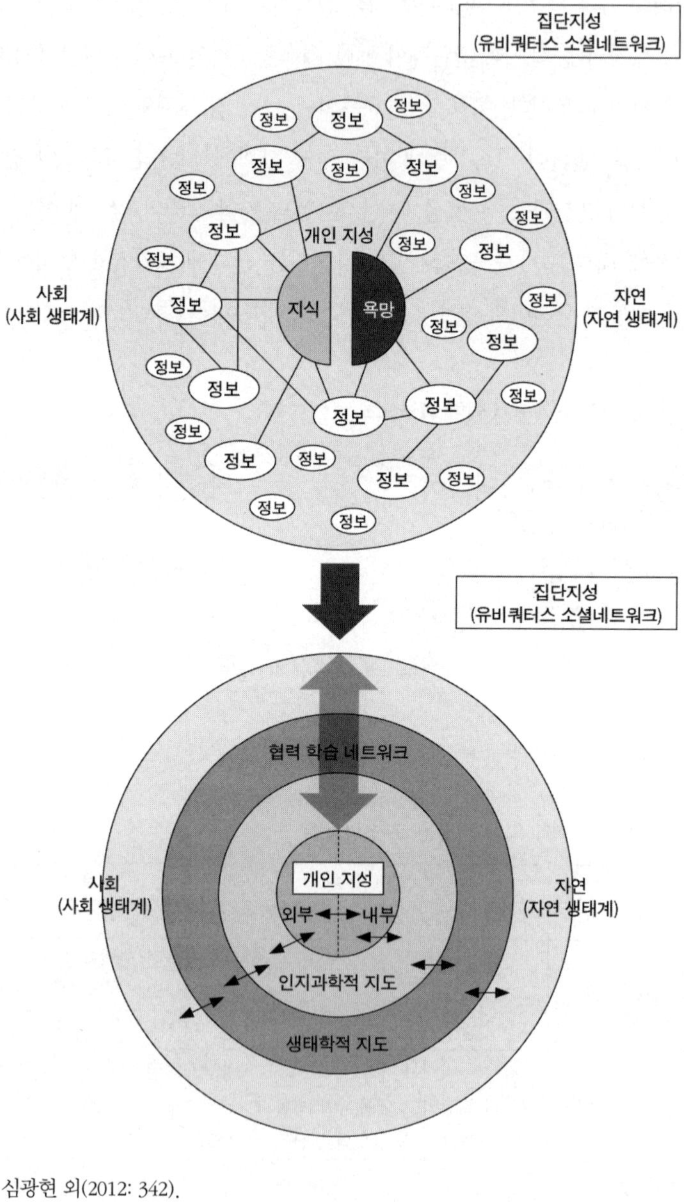

자료: 심광현 외(2012: 342).

과거의 교육 시스템에서는 암기해야 할 지식을 선별하는 기준으로 분과학문적인 체계 아래 누적되어 발전해온 지식의 역사를 학습하는 방법을 택했으나, 오늘날에는 진화론적 관점에서 불필요한 지식을 배제하고 필요한 지식만을 선별하는 적응 진화의 관점이 필요하다. 특히 오늘날에는 통합학문적인 생태학적 지도와 인지과학적인 지도에 입각하여 주제 중심으로 분과학문을 횡단하고 통섭하는 방법으로 정보의 상호 연결망을 확인하는 일이 중요해지고 있다. 또한 정보 생성의 측면에서도, 과거의 분과학문적 틀에서 생성된 새로운 정보들이 복잡하게 변화하는 현실과 무관한 추상적인 지식인 경우가 허다하다면, 새로운 교육 시스템에서는 복잡한 현실과 연결되고 순환할 수 있는 살아 있는 경험으로서의 복잡계적인 지식이 필요한 상황이라고 할 수 있다. 이런 변화를 알기 쉽게 나타내면 〈표 2-3〉과 같다(심광현 외, 2011a: 264).

자연과학에서는 **복잡계 과학**이 일종의 통합학문적 인식 지도 역할을 맡아 분과학문 성과들의 선별과 수정, 보완을 주도해나가고 있다고 할 수 있다. 인문학과 사회과학 분야에서는 이런 통합적 인식 지도를 만드는 일이 쉽지 않다. 그러나 그동안 인문학과 사회과학을 연결하는 작업은 문화 연구와 여성 연구에서, 그리고 사회과학과 자연과학을 연결하는 작업은 과학사회학 분야에서 상당한 연구 성과를 축적해왔기에 불가능한 일은 아니다(〈그림 1-6〉 참조).

4. 대학 개혁의 주요 과제

이와 같은 혁신 구도를 실현해나가기 위해서는 전체적인 교육혁명의 지도에 대한 좀 더 명확한 개념화와 더불어 사회적 합의 도출의 과정과 현실적인 경로 설계, 정책 전환 과정에 대한 분석, 방대한 재정 투입의 사회적 효과에 대한 예측, 대학 교육과 직업 간 관계 재구성 등의 구체적 연구가 필요할 것이다. 정책 및 재정 형성 과정에 대한 분석은 추후 과제로 미루고 여기서는 몇 가지 주요 골자를 대학 개혁의 10대 과제로 제시한다[이 안은 김세균(2012)의 최근 연구 중 ⑦항을 수정 보완한 것이다].

① 현재의 입시 제도를 폐지해 초·중등교육을 완전히 정상화하고, 취업 학원으로 전락한 대학을 참다운 대학 교육의 장으로 만들기 위해 교육개혁의 최우선적 과제로 5년간의 중등교육과정과 상급 대학 교육과정(일반대학과 특수대학의 3년 과정 및 직업 전문대학의 2년 과정) 중간에 '2년간 대학 기초교양 교육과정'을 신설하고, 이 교육과정을 수행할 단일한 '전국 국립교양대학'을 설립한다.

② 직업 전문대학 교육과정을 대학 교육과정의 확고한 한 축으로 발전시키기 위해 직업 전문대학 교육과정을 전면적으로 쇄신하고, 직업 전문대학에 대한 지원을 대폭 확충한다. 이와 동시에 사립대학에 있는 직업 관련 학과와 과목을 직업 전문대학으로 이전하고, 많은 사립대학은 직업 전문대학으로 전환시킨다. 원하는 사립대학의 경우 일반대학 과정과 직업 전문대학 과정을 확실하게 분리시키는 전제하에서 두 과정을 모두 개설할 수 있게 한다.

③ 일반대학 3년 교육과정을 '대학원(일반대학원과 전문대학원) 진학을 위한 예비 교육과정'으로 만듦으로써 일반대학 교육과 특수대학 교육을 정상화한다. 또 이를 위해 일반대학 학생의 정원을 대폭 감축한다. 일반대학은 인문대/사회대/자연대/공대/의대/약대/치대/농대/예대/체대 등으로 계열화한다[지역별로 종합대학은 1곳, 나머지는 특수대학(한국예술종합학교나 과학기술대학교 등)으로 구분한다].

④ 법학, 경영학, 행정학 등의 사회적 응용학문 분야는 법학 전문대학원의 경우처럼 학부를 폐지하고 모두 전문대학원 과정에 포함시킨다. 사범대는 교육학과만 사회대나 인문대로 옮기고 폐교하여 교육 전문대학원을 신설한다. 이

같은 조치는 기초학문과 응용학문의 상생과 균형적 발전을 위해 반드시 필요하다.

⑤ 국립대학과 사립대학의 균형 발전을 위해 국립대학은 교육 공공성 확보의 확고한 진지이자 '기초학문·기초과학·기초 응용기술 중심 대학'으로, 사립대학은 '응용학문 중심 대학'으로 발전시킨다.

⑥ 사립대학·직업 전문대학 교육의 공공성과 사회적 책임을 높이기 위해 등록금 인하 등을 위한 정부의 대학 지원금 확충을 통해 모든 사립대학 및 전문대학을 '준국립대학화'(내지 '정부책임형 사립대학화')한다.

⑦ 서울대와 전국의 국공립대학을 공동학위를 수여하는 대학통합네트워크에 포함시켜 지역 간 격차를 극복하고, 장기적으로는 사립대학들도 이 네트워크에 포함시켜나간다. 국공립대학이 부족한 서울 지역에는 권역별 학생 총수를 고려해 대학을 신설한다.

⑧ 권역별로 국공립대학을 특성화하여 지방대학들을 독자적인 학문 연구와 교육의 거점으로 발전시키고 국립·사립대학들 간의 협력을 증진시키기 위해 '거점 국립대학 중심 권역별 대학 협력 네트워크 체제'를 구축한다.

⑨ '대학평준화'를 달성하기 위해 사회과학 계열 전문대학원을 우선 대상으로 하는 '동일 전공 전문대학원들의 세부 특성화'를 추진한다.

⑩ 모든 국민의 보편적 평생교육 보장을 위한 개방대학 체제를 구축한다.

대학 개혁 10대 과제에 따라 대학 개혁이 이루어지기 위해서는 대학 운영 체제를 민주적·효율적으로 개혁하는 작업이 동반되어야 한다(김세균, 2012). 대학 운영 체제의 개혁에는 ① 대학에 대한 사회적·공적 규제와 대학 운영의 자율성 보장, ② 대학 자치 및 대학 민주주의의 구현, ③ 교수평가제와 대학평가제의 개선, ④ 학문의 자생적 발전과 학문 후속 세대를 양성하기 위한 대안, ⑤ 국가박사제 도입, ⑥ 국립기초학문연구원 설립, ⑦ 전 국민의 평생교육을 뒷받침하는 개방대학 체제 구축, ⑧ 특수한 예외를 제외하고 전 교직원의 정규직화와 지속적인 교육 기회 부여 등이 포함되어야 할 것이다.

5. 결론

혹자는 여기서 제시한 교육혁명 방안이 비현실적인 꿈에 지나지 않는다고 단정할지도 모르겠다. 하지만 이제까지 단편적으로 실행해왔던 부분적 개선안을 반복하면서 얽히고설킨 우리 교육의 총체적 난맥상을 해결하려는 태도야말로 오히려 더 비현실적인 것이다. 이제는 전 국민을 태우고 대학입시와 대기업 취직을 향해 돌진 중인 한국 교육의 폭주 기관차를 급정거시키기 위한 혁명적 방안을 마련해야 한다. 고르기아스(Gorgias)의 매듭을 단칼에 끊어버렸던 알렉산드로스(Alexandros)와 같이 충격적이고 새로운 발상의 전환이 필요하다는 말이다.

낡은 매듭을 자르고 새로운 매듭을 준비하기 위한 총체적 교육혁명을 실현하려면 교육계를 넘어서 모든 부문을 아우르는 전 사회적인 합의와 노력이 필요하다. 이를 위해서는 우선 교육계 내부에서부터 발상의 전환에 따른 종합적인 연구-토론-합의의 과정이 진행되어야 한다. 그리고 정치적 차원에서도 밀고 당기는 지리하고도 복잡한 과정이 필요할 것이다. **초·중등교육 과정 혁신과 고등교육/학문 체제 혁신 간의 선순환 구조** 마련이라는 핵심 내용을 중심으로 이 복잡한 과정을 요약하면 〈그림 1-7〉처럼 나타낼 수 있을 것이다.

〈그림 1-7〉에서 현재와 같이 과제 A와 B, 그리고 세부적으로는 ①, ②, ③, ④가 분리된 상태로 있는 한 과제 C는 설득력 있고 현실성 있는 마스터플랜으로 구체화하기 어려울 것이다. 과제 C가 구체적 내용을 갖추게끔 설계되어 다양한 경로를 거쳐 전반적인 사회적 합의를 얻어내는 데 이르기까지는 아무리

〈그림 1-7〉 교육혁명의 마스터플랜 연구 흐름

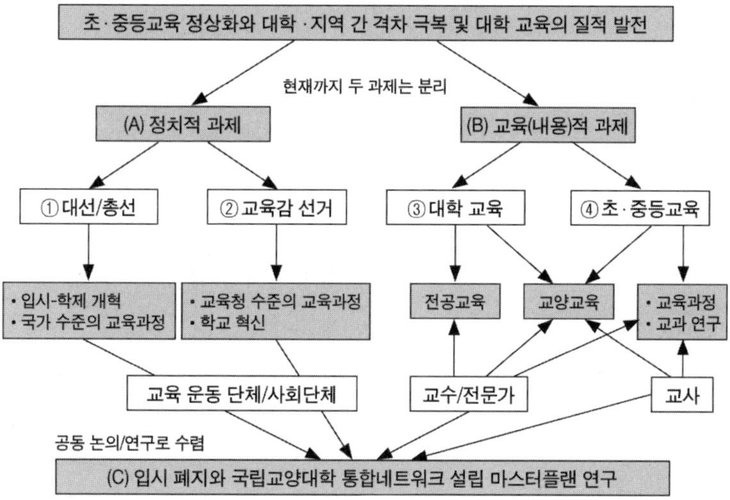

자료: 심광현 외(2012: 357).

서둘러도 4~5년이 소요될 것이다. 그리고 〈그림 1-7〉은 과제 C의 내용을 채우려면 반드시 교육계의 각 단위가 함께 머리를 맞대고 공동으로 논의해나가야 한다는 점을 보여준다. 그러나 2004년 정진상이 국공립대학 통합네트워크안을 제시한 지 10여 년이 지났음에도, 교육 운동 관련 단체들은 이런 종합적 과제 해결을 위해서 지속적이고 체계적인 공동 연구가 반드시 필요하다는 사실을 절감하지 못한 것 같다. 선거 때만 반짝하다가 선거가 지나가면 복잡한 교육과정에 대한 논의가 단절되곤 했기 때문이다. 그러나 이제는 더 이상 총체적 과제 C의 구체화를 미룰 수 없다.

필자가 여기서 제안한 마스터플랜의 전체 그림은 교육 내용의 차원에서 혁명적 변화에 역점을 두었기 때문에, 초·중등교육 혁신과 대학 체제 혁신을 위한 재정계획, 사립대학법 개혁과 같은 법제 개혁 등의 제도적인 개혁안은 포함하고 있지 않다. 여기서 교육 내용에 대한 논의에 집중한 것은 그동안 교육계나 교육 운동 단체들 간에 교육 내용의 혁신에 대한 논의가 활성화하지 못했음은 물론, 장기적인 시간이 소요될 교육 내용상의 혁명적 변화 목표에 대한 학계와 교육 운동 단체들 간의 기본적 합의와 인식 공유가 이루어져야만 현실적인 경로 설계에서 시행착오를 줄일 수 있고, 또 제도 개혁과 재정 증대의 중·장기적 설계가 현실적인 효력을 나타낼 수 있다고 보기 때문이다. 하지만 필자가 여기서 제안한 마스터플랜 개요에는 아직 여러 부분에서 전망과 근거가 부족하고 이와 관련된 쟁점들에 대해 명확한 합의가 어려운 몇 가지 지점들이 있다. 그중 핵심적인 몇 가지만 열거하면 다음과 같다.

① 전국 단일 2년제 국립교양대학의 설치 필요성과 전일적 교양교육의 실시 타당성에 관한 쟁점.
② 서울대를 포함한 국공립대학 통합네트워크에서 공동학위 수여의 타당성에 관한 쟁점.
③ 초·중등교육의 학제 개편 시 인문계고와 실업계고의 관계 구성 및 직업 전문대학의 혁신 방향에 관한 쟁점.

이상의 쟁점을 타결하기 위해서라도 과제 C와 같은 마스터플랜 연구에 교수-교사-관련 전문가들의 지속적인 공동 연구가 필수적이다. 이런 논의가 매번 대선 공약을 둘러싼 쟁점 토론으로 그치지 않고 대선 이후에도 지속적으로 심화되어, 빠른 시일 내에 진보 학계와 진보적 교육 운동 단체들 사이에서 통일된 마스터플랜(C)이 마련되고 이후 다양한 공론장을 거쳐 이에 대한 사회적 공감대가 형성될 때 교육혁명의 본격적인 전개가 현실화할 것이라고 본다. 이 글이 이러한 장기적이고 복합적인 교육혁명의 과정을 다차원적으로 촉발하는 데 기여하게 되기를 바랄 따름이다.

참고문헌

가드너, 하워드(Howard Gardner). 2007. 『다중지능』. 문용린·유경재 옮김. 웅진지식하우스.

강남훈. 2011. 대학교육 혁신을 위한 대학체제 개편안: 교양과정 후 공동학위제. 홍사단 토론회(2011.10).

강남훈·김학한. 2011. 민주진보진영의 공공적 대학체제개편 방안: 초중등-대학교육의 종합발전을 위한 '대학통합네트워크 방안'. 홍사단 토론회(2011.10).

교육혁명공동행동 연구위원회. 2012. 『대한민국 교육혁명: 교육 패러다임의 혁명적 전환, 미룰 수 없다』. 살림터.

김명환. 2012. 「2013년체제를 위한 대학개혁의 첫 단추: 이기정의 중등교육 개혁론에 덧붙여」. ≪창작과 비평≫, 제40권 제3호 통권 제157호.

김세균. 2011. 한국교육의 공공성 강화 및 창조적 발전을 위한 서울대 및 한국대학체제 개편의 대안. 한국교육 위기 극복을 위한 서울대 개혁 방안 토론회(2011.5.4).

______. 2012. 진보적 대학개혁을 위한 10대 정책적 과제. 노나메기재단 설립추진위원회 내부 워크숍(2012.8.4).

심광현 외. 2011a. 21세기 한국 대학교육체제 개혁의 기본 방향: 〈국립대학통합네트워크(안)〉과 〈국립교양대학(안)〉의 통합에 의한 초중등-대학교육의 종합발전계획을 중심으로. 전교조 본부 대학개혁 토론회(2011.7.22).

______. 2011b. 창의적 문화교육의 새 프레임 구성 방안. 서울시교육청 정책연구보고서(2011.8)(심광현·노명우·강정석. 2012. 『미래교육의 열쇠, 창의적 문화교육』. 살림터).

______. 2012. 미래사회/미래교육을 위한 〈국립교양(과정)대학통합네트워크〉 방안. 민교협 총회(2012.2.24).

정진상. 2004.『국립대 통합네트워크: 입시지옥과 학벌 사회를 넘어』. 책세상.
주경복. 2011. 한국 교육의 창조적 진보를 위한 구조개혁: 고등교육 및 학술 체제 개편 중심으로. 대학개혁 모임 발제문.
초등교육과정연구모임. 2011.『행복한 혁신학교 만들기: 비고츠키 교육철학으로 본 혁신학교 지침서』. 살림터.
한국교육네트워크 총서기획팀. 2010.『핀란드 교육혁명: 왜 핀란드 교육인가?』. 살림터.
화이트헤드, 알프레드 노스(Alfred North Whitehead). 2004.『교육의 목적』. 오영환 옮김. 궁리출판.

제2장

국립교양대학과 대학통합네트워크

정경훈 ‖ 아주대 교수

1. 서론

한국 교육이 중병을 앓은 지 오래되었음을 익히 알고 있지만 이곳저곳에서 고름과 비명과 혈관이 터지는 것을 차마 눈뜨고 보기가 힘들다. 피라미드식 대학 서열화, 출신 대학에 따른 학벌 카스트, 대학입시 결과에 따른 학생, 교사, 학교의 서열화, 학생의 개성과 재능과 창의성을 잘라버리는 주입식 교육, 전인교육은 물론 예체능 수업마저 사라진 학교 교과과정, 학급 학생의 반이 엎드려 자는 수업 현장, 학생들 간의 왕따/집단폭력, 그리고 자살, 사교육비 때문에 등골이 휘어져 노후 준비는 그림의 떡인 학부모들, 교육비 부담으로 인한 저출산, GDP 대비 세계에서 가장 비싼 대학 등록금, 사립대학이 전체 대학 수의 80% 이상으로 고등교육을 개인에게 떠맡기는 교육 시스템, 인격 수양과 세계에 대한 성찰 없이 무늬만 있는 대학 교양교육, 취업 경쟁과 스펙 쌓기로 왜곡되는 대학 수업, 통합적·협력적·창의적 교육과 연구를 요구하는 문명 전환기에 여전히 분과적·수직적·경쟁적·서열적 방식에 젖어 있는 대학

교육 체제와 정책, 대학 졸업 후 열패감에 시달리는 수백만의 젊은 영혼들!

이들을 보며 우리는 무엇을 느끼는가? 학생들이 서로서로 그리고 스승과 소통하고 공감하고, 각자 자신의 다양한 능력을 탐색하고 개성을 계발하고 사회에 필요한 능력을 키우고, 훗날 삶의 굴곡 앞에 절망하지 않고 행복하게 살 수 있도록 하는 근기를 심어주는 참된 교육은 불가능한가? 가능하다면 그 길은 무엇인가? 교육의 모든 문제를 해결하고 참된 교육을 실현하는 '신의 손길'은 아니더라도 현재의 심각한 문제들을 낳는 근본 원인을 제거하거나 해체할 방법을 찾아야 한다. 좀 더 구체적으로 말해서, 수직적 대학 서열화, 실력 양성보다는 학벌에 의존하는 대학 체제, 대학입시 중심 교육으로 왜곡된 초중고 교육, 학생의 전인성과 인권, 감성을 억압하는 교과 체제와 내용, 고등교육의 지나친 사립대학 의존성, 대학 교육에 대한 정부의 재정 지원 부족, 대학의 근시안적인 신자유주의 정책 같은 문제들의 상호 연결된 고리를 끊어내야 한다. 이 길을 제시하는 이는 한국의 교육부나 교육학 전문학자가 아니라 교수 4단체를 비롯한 진보적인 교육 운동 단체들이다. 이들은 한국 교육의 핵심 문제를 해결하는 방안으로 '국립대학 공동학위제'와 '국립교양대학'을 오랫동안 주장했고, 최근 몇 년 전에는 이 둘을 합친 '교양대학공동학위네트워크'를 제시했다. 이 안들은 진보적 교육 운동 진영 내에서 대체로 수용되고 있지만 이들 중 어느 것에 더 무게를 두는가, 즉 국립대학 공동학위제와 국립교양대학 중 어느 쪽을 우선 실시해야 하는가, 그리고 이 둘을 합친 교양대학공동학위네트워크를 일시에 전면적으로 실시하는가 아니면 단계적으로 해야 하는가 등에 대해 이견들이 있다. 또한 국립대학 공동학위제나 국립교양대학안의 명칭, 그리고 구체적인 실천 각론에서도 이견이 많다.

이 글에서 필자는 국립대학 공동학위제와 국립교양대학안 중 어느 하나만으로는 오랫동안 축적된 한국 교육의 문제를 해결할 수 없음은 물론, 산업 문명에서 디지털 문명으로의 전환기에 있는 작금의 세계에서 미래 고등교육을 위한 준비를 제대로 할 수 없다고 생각한다. 대학 개혁은 지금까지의 초·중등 교육의 파행을 해결하기 위해서뿐만 아니라, 사실 더 중요하게는 한국사회의 미래를 제대로 준비하기 위해 꼭 필요한 것이다. 한국의 교육 문제는 수많은 요인들이 중층적으로 작용하는 대단히 복잡하고 복합적인 것이지만 필자는 교육 문제 전체를 관통하는 핵심 이슈들을 ① 대학의 수직적 서열화, ② 대학 입시 중심의 초·중등교육 파행, ③ 대학 교육의 부실로 압축한다.

학벌 카스트를 만드는 주요 원인인 대학의 서열화를 해체하는 하나의 방법은 우수대학을 많이 양성하여 서열의 수직성을 해체하고 그럼으로써 서열성도 일정 정도 완화하는 것이다. 진보적인 교육 운동 단체들에서 오랫동안 논의되어오다가 2012년 7월 민주통합당 이용섭 정책위의장이 주장함으로써 대중에 널리 알려지게 된 '국립대학 공동학위제'는 이를 목표로 한다. 그러나 국립대학 공동학위제가 성공해서 지방에 거점을 둔 대학들이 서울대 수준으로 성장한다 하더라도, 국립대학 공동학위제는 초·중등교육과정에서 대학입시 교육의 파행성, 엄청난 사교육 문제를 해결하지 못한다. 이 문제를 해결하고 미래를 위한 대학 교육을 제대로 실현하는 데는 국립교양대학이 바람직하다. 그러나 일부가 주장하는 것처럼 국립교양대학만 실시하고 국립대학 공동학위제를 거부한다면, 대학의 수직적 서열화는 계속될 것이며 이는 교양교육 자체를 파행시킬 것이다. 따라서 국립교양대학 실시와 대학네트워크에 의한 우수 거점대학 육성은 수직적 대학 서열의 해체, 부실한 고등교육의 양질화, 초·중등교육의 정상화를 위해 함께 실현되어야만 한다. 이 글에서는 국립대학 공동학위제를 국립대학뿐만 아니라 사립대학도 포함하는 대학통합네트워크제로 왜, 어떻게 바뀌어야 하는지를 간단히 살펴보고, 국립교양대학이 미래를 위한 양질의 고등교육을 실현하기 위해 어떻게 구성되어야 하는지를 상세히 논하며, 대학통합네트워크와 국립교양대학이 효과적으로 함께 실시되기 위해서는 어떤 로드맵이 필요한지를 제안하고자 한다.

2. 국립대학 공동학위제(국공립대학 통합네트워크)와 대학통합 네트워크

2012년 대선을 이틀 앞둔 12월 17일 민주통합당 문재인 후보는 대학 개혁 10대 공약을 발표하면서 "대학 연합 체제를 만들어 불합리한 대학 서열을 타파하고 사교육비를 획기적으로 줄이겠다. 대학 연합 체제에 포함된 대학들은 중·장기적으로 입시, 교과과정, 학위를 공동으로 관리하여 보편적 고등교육을 실천하는 핵심적 대학으로 발전하게 될 것"이라고 말했다.[1] 이는 민주통합당의 대선 공약집에는 "대학 간 상생 협력과 대학 서열화 완화를 위해 국공립대학 통합네트워크 구축 및 '특성화 혁신대학' 육성"이라고 발표되었다.[2] 진보 교육 단체들에서 많이 논의된 국립대학 공동학위제가 "국공립대학 통합네트워크"라는 이름으로 민주통합당 대선 공약에 명시된 것이다.

민주통합당의 대선 공약이 된 "국공립대학 통합네트워크"안의 정립에 크게 기여한 학자들 중 한 사람은 반상진 교수이다. 2012년 7월 18일 민주통합당은 교수 4단체와 더불어 토론회(국립대학 공동학위제 어떻게 실현할 것인가?)를 개최하고 반상진 교수가 논문 「한국형 국립대학 연합 체제(Affiliated National University System) 구축 방안: 국립대학 공동학위제 실현을 위한 단계적·입체적 접근」을 발표했다. "한국형 국립대학 연합 체제"안의 핵심은 1단계에서 "고등교육재정교부금법"을 제정하여 반값등록금을 국공립대학 및 사립대학에 실현하고, 국가교육위원회를 구성 운영하며, 2단계에서는 지역 거점 국립대학을 중심으로 연구 명문 국립대학 10개 내외를 육성하여 이들 간에 강의 개방, 학점 교류, 교수 교류하는 연합 체제를 구축하고, 상대적으로 경쟁력이

1) http://www.newscj.com/news/articleView.html?idxno=163334

2) http://minjoo.kr/archives/37466

부족한 지역 국립대학이나 직업 전문대학은 각기 다른 연합 체제를 만들고, 3단계에서는 지역 거점 국립대학들이 공동의 선발 기준을 갖고 공동학위를 수여하고, 연합 체제 가입 여부를 사립대학에게도 개방한다는 것이다(반상진, 2012: 10). 반상진 교수의 '한국형 국립대학 연합 체제'안은 캘리포니아 주립대학을 비롯한 미국의 주립대학과 프랑스 파리 대학의 통합 시스템을 참고한 것이다. 서울대를 포함하는 국립대학들의 공동학위제에 반대하는 입장도 있지만, 필자는 반상진 교수의 서울대를 포함하는 국립대학 공동학위제안이 장점이 많다고 생각한다. 이 안이 실현되면, 서울대 지원 수준 이상의 대폭적인 국가 지원으로 국립대학 10개 거점대학이 발전하여 연세대, 고려대 등의 명문 사립대학과 세력 균형을 이루게 될 것이며, 서울대-연세대·고려대 중심의 수직적 서열화를 상당 부분 와해시킬 것이다. 그뿐만 아니라 10개 연구 중심 거점 국립대학들은 국가의 지원과 교수와 학생 간 교류로 대학원 연구와 교육이 활성화해 국가의 우수인재들을 양성하는 데 크게 일조할 것이다. 그리고 나중에 보게 되겠지만 세계 대학평가에서 대학 전체 평가 부분이 그다지 인상적이지 못한 파리4대학이 인문학 분야에서 세계적 우수성을 보여주듯이, 각 거점대학이 나름의 전통과 지역적 특성을 잘 살려 특성화한다면 분야에 따라 한국의 최고 우수대학으로 발전할 것이며, 따라서 기존의 수직적 대학 서열화를 해체하는 데 크게 기여할 것이다.

반상진 교수의 '한국형 국립대학 연합 체제'안은 한국의 교육 문제를 해결하는 데 분명히 중요한 강점을 갖고 있다. 하지만 여전히 심각한 단점도 갖고 있는 게 사실이다. 첫째, 대학 서열화를 와해시키는 것을 목표로 하는 국립대학 공동학위제는 자체적으로 서열화를 포함한다. 이 안에 따르면 전라남도, 경상북도 등 권역별 거점대학을 집중 육성하지만, 각 권역에 존재하는 작은 지역대학들은 교육 중심 대학으로 기능상 특성화하여 분리 운영하고 이들 간에 공동학위제를 실시한다는 것인데, 이들 지역대학과 거점대학과의 관계가 서열화할 가능성이 높다. 그리고 이에 대한 구체적 해결이 모호하다. 둘째, 이것은 매우 심각한 문제인데, "한국형 국립대학 연합 체제"는 한국 대학의 80%를 차지하는 사립대학에 대한 대책에 매우 소극적이거나 미미하다. "궁극적으로 국립대학 연합 체제 진입을 사립대학에게도 개방"(반상진, 2012: 14)한다는 짧은 언급이 있지만, 사립대학의 공공성 제고와 양질화 없이는 한국 대학의 의미 있는 개혁이 불가능한 현실에서 "한국형 국립대학 연합 체제"안은 심각한 문제를 안고 있다. 이 안의 "국립대학 연합 체제"라는 이름부터가 사립대학에 대한 대책을 배제하는 것으로 보인다. '국립대학 연합 체제'는 국립대학과 사립대학을 포괄하는 이름인 "대학통합네트워크"로 바뀌어야 한다.

문재인 후보의 대선 공약에 "정부책임형 사립대학" 등 진보 교육 단체들의 정책안이 반영되게 하는 데 기여한 것으로 알려진 강남훈 교수는 「대학 교육 혁신을 위한 대학 체제 개편안: 통합국립대학(교양대학·공동학위·대학네트워크)」에서 "서울대를 포함한 국공립대학과 원하는 사립대학을 묶어서 공동학위를 부여"하는 "통합국립대학"을 주창하고, 여기에 "장기적으로는 소수의 독립 사립대학을 제외하고는 대부분의 사립대학도 공동학위제안으로 들어오도록 유도한다"(강남훈, 2012: 6)는 사립대학 정책도 포함시키고 있다. 필자는 강남훈 교수의 국립대학과 사립대학의 통합 체제안이 매우 중요하며 설득력이 있다고 생각한다. 다만, 그 명칭을 국립대학만을 포함시키는 인상을 주는 "통합국립대학"보다는 국립대학과 사립대학 모두를 포괄할 수 있는 "대학통합네트워크"로 변경하는 것이 바람직하다고 본다. 대학통합네트워크에는 공동학위를 수여하는 국립공동학위대학과 사립대학의 정체성을 유지하지만 정부의 지원을 받는 사립대학들이 포함된다. 대학통합네트워크의 국립공동학위대학 개념은 반상진 교수의 국립대학 연합 체제와 비슷하지만 10대 거점 국립공동학위대학과 지역교육중심대학이 어느 시점에서는 공동학위제를 실시하는 것을 강조할 뿐이다. 대학통합네트워크안은 한국 고등교육의 80%를 차지하는 사립대학이 적극 참여하는 길을 열어준다는 점에서 반상진 교수의 안과 확연히 다르다. 필자는 정부의 지원을 받는 사립대학을 "정부책임형 사립대학"과 "정부지원형 사립대학"이라는 두 개의 유형으로 구별하고자 한다. 강남훈 교수는 정부의 지원을 받는 사립대학으로 "정부책임형 사립대학"만을 언급하고 있는데, "정부책임형 사립대학은 한편으로는 법인의 구조를 유지하고 사립대학의 명칭을 사용하며 건학 이념을 존중하여 자율적으로 교육한다는 점에서 사립대학의 성격을 갖지만, 다른 한편으로는 정부에서 재정과 운영을 책임진다는 점에서 준국공립대학이라고 할 수 있다. 정부책임형 사립대학의 등록금은 국공립대학 수준"(강남훈, 2012: 6)이라고 정의하고 있다. 사립대학이 정부책임형 사립대학이 되는 경로는 비리사학이나 경영 위기를 맞이한 한계사학이 정부의 결정에 의해 전환되거나, 비리사학이나 한계사학이 아닌 사학이 스스로의 선택에 의해서 전환하는 것이다(강남훈, 2012: 6). 필자는 정부책임형 사립대학에 더해 "정부지원형 사립대학" 개념을 제안하는데, 정부지원형 사립대학은 정부책임형 사립대학처럼 사립대학의 명칭을 사용하고 건학 이념에 따른 교육을 실시하지만 등록금이 정부책임형 사립대학처럼 국공립대학 수준이 아니라 사립대학의 반값등록금 수준에 머물며, 정부가 반값등록금/장학금 등의 재정 지원을 하지만 재정과 운영을 정부가 '책임'지는 것이 아니며 이사회의 구성에서 대학 교육의 공공성과 사립재단의 사립성이 적절하게 균형을 이루는 사립대학을 지칭한다. 정부지원형 사립대학 개념은 반값등록금이라는 엄청난 정부의 지원을 받는 사립대학의 공공적인 성격을 분명히 하고, 학사 운영이 나쁘지 않은 사립대학들도 학교 운영의 책임과 권리를 빼앗긴다는 느낌 없이 정부의 지원을 받을 수 있게 하기 위함이다. 정부로부터 반값등록금 등의 재정 지원을 받지 않고 재정과 운영의 독립성을 추구하는 사립대학이 있을 수 있는데 이를 독립 사립대학이라 한다. 사립대학이 반값등록금을 받는다면 학교 재정의 상당 부분을 정부에 의존하는 것이기 때문에 이 사

〈표 2-1〉 대학 유형

<table>
<tr><td colspan="4">일반 대학</td></tr>
<tr><td colspan="3">대학통합네트워크</td><td rowspan="2">독립 사립대학</td></tr>
<tr><td>국립공동학위대학</td><td>정부책임형 사립대학</td><td>정부지원형 사립대학</td></tr>
</table>

립대학은 독립 사립대학이 아니라 정부지원형 사립대학이다. 필자가 아는 한 등록금의 절반을 국가로부터 지원받는 사립대학은 세계에 없다. 이상의 대학 유형을 정리하면 직업대학이 아닌 일반대학에는 네 가지 유형, 즉 국립공동학위대학, 정부책임형 사립대학, 정부지원형 사립대학, 독립 사립대학이 있다.

정부의 지원을 적극적으로 받는 국립공동학위대학, 정부책임형 사립대학, 정부지원형 사립대학은 대학통합네트워크에 포함되며 이들 간에는 강의 개방, 학점 교류, 교수 교류가 적극적으로 이루어지고, 공동학위제는 국립공동학위대학을 중심으로 시작하되 정부가 운영과 재정을 책임지는 정부책임형 대학들에게로 확대하는 것이 필요할 것이다. 대학통합네트워크의 대학들은 모두 정부의 지원을 받게 되기 때문에 현재 20 대 80의 국공립대학/사립대학 비율이 실질적으로 상당 수준 개선되어 고등교육의 공공성이 현저하게 높아질 것이다. 반값등록금제는 독립 사립대학을 제외한 대학통합네트워크의 정부지원형 사립대학, 정부책임형 사립대학, 국립공동학위대학에 모두 실시되어야 한다. 국립교양대학을 설립·운영하는 데도 독립 사립대학과 대학통합네트워크(정부지원형 사립대학, 정부책임형 사립대학, 국립공동학위대학)의 구분은 매우 중요하다.

대학통합네트워크가 성공적으로 실현되면 국립공동학위대학의 10대 거점 대학뿐만 아니라 정부의 지원을 많이 받는 사립대학들이 크게 발전하여 지금의 수직적 대학 서열화는 상당 수준 약화될 것이다. 그런데 대학 서열의 해체와 더불어 한국 고등교육의 양질화에 가장 중요한 것은 대학 교양교육의 개혁이다. 민교협(민주화를위한전국교수협의회)을 위시한 진보적 교육 운동 진영이 내놓은 대학교양교육안은 '국립교양대학'을 설립·운영하자는 것이다. 대학교양교육안을 소개하기 전에 어째서 대학에서 교양교육이 중요한지를 세계 대학의 사례를 통해 알아보자.

3. 교양교육을 중시하는 세계 대학의 사례

왜 대학의 교양교육이 중요한가? 산업 문명에서 새 문명으로의 거대한 전환기에 놓인 오늘날에는 대학 교육도 그에 걸맞게 전환되어야 하는데 그 변화의 핵심이 교양교육이다. 세계가 유비쿼터스, SNS, 유전/나노/로봇공학 등으로 특징지어지는 새로운 기술 문명으로 빠르게 변화하면서, 지식 정보가 넘쳐나고, 오늘의 지식이 1년 후면 낡은 것이 되어버리고 있다. "오늘날 대학에서는 단순한 지식의 암기가 아니라 지식과 사회적 활동의 상호관계에 대한 통찰과, 현실적인 복잡한 문제를 분석하고 다양한 해결책을 창의적으로 찾아낼 수 있는 경험을 체화해나가는 일"이 "절실하게 요구되고 있다"(심광현, 2012: 21). 전통적인 분과학문적 지식을 쌓는 것도 중요하지만 이제는 여러 분야의 지식을 통섭하고 창의적으로 새 지식을 창조할 수 있는 능력을 갖춘 인재를 육성하는 것이 대학에 필요하다. 분과학문을 제대로 이해하고 분과적 경계를 넘어 창의적·통섭적 지식을 창발하는 데 필수적인 것이 폭넓은 분야를 섭렵하며 기존의 것에 비판적·창조적으로 접근하게 만드는 교양교육이다.

세계는 기술 문명에서만이 아니라 사회체제와 문화에서도 근본적인 변화의 조짐을 보이고 있다. 2011년 전 세계에 들불처럼 타오르기 시작한 "점령하라" 시위에서 알 수 있듯이, 1980년대 이후 미국을 비롯하여 전 세계의 자본주의 국가들을 지배한 신자유주의가 민중의 강력한 도전을 받고 있다. 누구나 노력하면 성공할 수 있으며, 성공과 실패는 오직 당사자의 능력과 노력에 달려 있다고 선전하지만 사실은 구조적으로 극소수만이 성공할 수 있고 대다수는 실패자가 될 수밖에 없는 신자유주의 체제의 진실이 드러나면서 경제에서는 물론 교육에서도 경쟁보다는 협력, 탐욕보다는 배려, 배척보다는 공감, 수직적 사고보다는 수평적 사고가 건강한 사회, 더 나은 사회를 만드는 데 절대적으로 필요하다는 목소리가 높아지고 있다. 세계는 이미 우리가 일국의 시민이 아닌 세계의 시민으로 생활하고, 다른 국가의 시민들과 일상적으로 관계를 맺는 공간으로 변했다. 이러한 세계와 사회의 변화에 대응하는 대학 교양교육이 절대적으로 필요하다. 우리가 참고할 만한 세계의 대학들은 어떻게 교양교육을 하는지 살펴보자.

1) 하버드 대학의 교양교육

하버드 대학은 2009년부터 오랜 전통을 가진 핵심 교과 중심의 교양과정(core curriculum)을 폐지하고 새로운 교양교육과정(general education)을 학부생의 수강 필수 과정으로 실시하고 있다. "종래의 핵심 교양은 '앎의 접근 과정(ways of knowing)'에 초점을 맞추었고 학문 분야(academic disciplinary)에 관련된 기초 지식을 강조"했지만 "새로운 교양과정은 '해석적 이해(interpretative understanding)'에 중점을 두며 하버드의 학부교육이 하버드를 떠난 후 학생의 사회생활에 지속적으로 영향을 줄 수 있는지를 강조"한다(신의항, 2008: 82~83). "교양교육의 사명은 실용이나 예비 전문교육이 결코 아니다"(신의항, 2008: 82). 교수의 지식 전수보다는 학생의 "'활동에 근거한 학습(activity-based learning)', '쌍방향적인 학습 환경'을 제공하여 교양교육에서 학생의 참여와 역할의 강도"를 크게 하고 있다(신의항, 2008: 83).

새 교양교육과정에는 8분야의 코스가 있고 각 분야의 코스에는 많은 교과

〈표 2-2〉 하버드 대학의 교양교육 8분야

	분야	수업 목표
1	미학과 해석학 이해 (Aesthetic and Interpretive Understanding)	다양한 심미적·문화적 표현을 적절히 이해하고 분석하고 반응하는 능력 배양
2	문화와 신앙 (Culture and Belief)	문화, 예술, 종교의 전통과 텍스트를 다양한 맥락에서 이해하고 분석하는 능력 배양
3	실증적 수학적 추론 (Empirical and Mathematical Reasoning)	경험적·수학적 추론의 개념과 이론을 배우고 이를 세상일과 연결시키는 능력 배양
4	윤리적 추론 (Ethical Reasoning)	윤리적·정치적 신념과 관행의 근거를 분석하고 이를 일상의 구체적 문제와 연결시키는 능력 배양
5	생명과학 (Science of Living Systems)	생명 시스템의 개념, 이론을 실제 문제와 연결시키고 타 학문과의 통합적 시각으로 보는 능력 배양
6	물질세계의 과학 (Science of the Physical Universe)	물질세계의 개념, 이론을 실제 문제와 연결시키고 타 학문과의 통합적 시각으로 보는 능력 배양
7	세계의 다양한 사회 (Societies of the World)	다양한 사회를 그 사회의 내적 그리고 세계적 맥락에서 이해
8	세계 속의 미국 (United States in the World)	타국과의 연관 속에서 미국을 이해

목들이 제공된다. 학부생들은 8개 분야에서 적어도 1과목을 이수해야만 한다. 8분야는 〈표 2-2〉와 같다.[3)]

2) 애머스트 대학의 교양교육

총 재학생이 1795명뿐인 작은 학교지만 미국 동부의 명문 리버럴 아츠 칼

3) http://www.generaleducation.fas.harvard.edu/icb/icb.do(2012.8.1)

리지(Liberal Arts College)로 널리 알려진 애머스트는 모든 신입생을 대상으로 1년 필수 과정의 교양교육(First Year Seminar Program)을 강도 높게 실시하고 있다. 각 과목들을 통해 인문학에 혁신적이고 학제적인 방식으로 접근하게 된다. 각 과목의 수강 인원은 15명 이하로 제한되며, 토론 중심의 세미나 수업이다. 토론과 발표가 주가 되는 수업이지만 강도 높은 읽기와 쓰기 과제가 함께 주어진다. 수업 목표는 학생들이 비판적 사유와 주도적 학습을 훈련하는 것이다.

매 학기 다양한 과목이 제공되는데, 2011년 가을학기 교양과정 과목으로 자연의 가치(The Value of Nature), 비밀과 거짓말(Secrets and Lies), 우정(Friendship), 행복론(Happiness), 아프리카: 파워와 재현(Africa: Power and Representation), 진화와 지적 혁명(Evolution and Intellectual Revolution), 물리학의 사상 실험(Thought-Experiments in Physics), 유전자·게놈·사회(Genes, Genomes and Society), 정치 리더십(Political Leadership) 등 28개 과목이 열렸다.[4)]

3) 프랑스 국립대학의 교양대학

널리 알려진 바와 같이 프랑스에서는 고등학교 졸업자가 바칼로레아(Baccalauréat, 대학입학자격시험)에 합격하면 대학에 들어갈 수 있고 대학 유형에는 정부가 책임 운영하는 일반 국립대학과 그랑제꼴(grandes école, 엘리트 국립대학)이 있고 독립적인 소수의 사립대학이 있다. 유럽연합이 유럽 교육의 통합과 유럽 대학의 경쟁력 제고를 목표로 실시한 신자유주의적 정책인 '볼로냐 프로세스(Bologna Process)'가 1999년 시작된 이후, 2010년 900개 유럽 대

---

4) https://www.amherst.edu/academiclife/departments/first_year_seminars/courses/1112F (2012.8.1)

학의 80% 이상이 이를 받아들이고 있는데(김신애, 2010: 1),[5] 볼로냐 프로세스에 따라 프랑스 대학들도 기존 학제를 개편했다. 기존 체제에서 바칼로레아 합격자는 원하는 대부분의 국립대학(입학 경쟁률이 심한 그랑제꼴은 예외)에 입학할 수 있고 국립대학의 학부과정은 교양대학 과정(DEUG: Diplôme d'études universitaires générales) 2년과 전공 학사과정(Licence) 1년으로 구성되었다.

대학 입학자는 2년의 교양과정을 이수해야 하는데 이는 "전공 분야를 선택하기 위한 탐색의 기회"이다(김명윤, 2005: 11). 교양과정에서 학생들은 학부(UFR: Unité de Formation et de Recherche)에 소속되고 "신입생은 특정 학과에 소속되지 않고 그 학부에서 개설한 어떤 과목이라도 마음대로 수강할 수 있[었]다"(김명윤, 2005: 11). 교양대학 과정은 학부의 소수 필수과목과 다수 선택과목을 이수한 후 졸업 시험에 합격해야 졸업이 가능하다. 교양대학에 입학해 2년 후 바로 졸업하는 비율은 30% 정도이고 50%는 중도 탈락하며 20%는 유급 과정 후 졸업하는 것이 보통이다. 많은 비판의 대상이 되고 있지만 프랑스 대학의 오랜 전통은 (바칼로레아 합격자는) 누구나 입학하지만 졸업하기는 매우 어렵다는 것이다. 교양대학 졸업자는 원하는 전공을 선택해 1년 과정을 마치고 졸업 시험에 합격해야 학사과정을 수여받는다.

볼로냐 프로세스가 유럽의 국가마다 다른 고등교육 체제를 학사, 석사, 박사 세 과정으로 통일할 것을 요구했기 때문에 이를 받아들인 프랑스 대학 체제도 기존의 2년 교양대학 과정과 1년 전공과정이 통합된 학부 3년 체제가 되었다.[6]

---

5) http://oge.snu.ac.kr/site/func/view.htm?num=35&cate=policy#(2012.8.1)

6) "프랑스에서는 대학 입학부터 박사학위 취득까지를 대학 과정이라 부르"고(원윤수·류진현, 2002: 86), 대학 교육과정은 1기(DEUG 2년), 2기(학사 1년, 석사 1년), 3기(DEA/DESS 1년, 박사 3년)로 나누어진다(원윤수·류진현, 2002: 87).

현재의 대학 체제를 약술하면, 바칼로레아 합격자(현재 합격률은 80% 정도)는 원하는 대학의 학부에 들어가 자기 전공을 선택하여 전공을 중심으로 공부한다. 실용성을 강조하는 신자유주의적 볼로냐 프로세스 개혁 이후 프랑스 대학에서는 폭넓은 교양교육을 강조하는 미국 대학에 비해 교양교육이 약화되고 전공교육이 강화되었다.

4) 도쿄 대학의 2년 교양학부

도쿄 대학은 "입학 후 약 2년간 문과계, 이과계를 가리지 않고 전 학생을 교양학부에 소속시켜 교양교육을 집중적으로 받게 하고 있다"(고희탁, 2008: 7). 도쿄 대학은 "교양교육을 전담할 독자적인 교양학부를 두고, 거기서 교양학부 소속의 전임교원(280여 명)을 통해 한시적이지만 대학의 전체 학생에게 교양교육을 집중적으로 실시하고 있다"(고희탁, 2008: 7). 1949년에 설립된 교양학부는 도쿄 도심에서 멀지 않은 곳에 자리 잡은 고마바 캠퍼스[7]에 독립되어 있다. 대부분의 일본 국립대학들은 입학 시점부터 학부학과가 정해지지만, 도쿄 대학은 입학 후 2년간 교양과정에서 여러 가지 학문을 접하고 학생의 적성 및 관심에 걸맞는 전공 분야를 선택할 수 있는 체제를 가지고 있다(고희탁, 2008: 8).

입학자 전원이 이수하는 교양학부의 2년 교양과정은 1년 반의 과류(科類) 과정과 반년의 전공기초 과정으로 나누어진다. 입학 후 1년 반 동안 6개의 과류(문과1류, 문과2류, 문과3류, 이과1류, 이과2류, 이과3류)로 나누어 '리버럴 아츠' 교육 이념에 의거하여 폭넓은 교양 학습과 함께 전문교육에 필요한 기초적인 지식과 방법을 배운다(고희탁, 2008: 10). 그 후 반년 동안은 "진학배분제", 즉

---

7) 도쿄 대학 캠퍼스는 5개(고마바, 홍고, 가시와, 시로가네, 나카노)이다(고희탁, 2008: 8).

〈그림 2-1〉 도쿄 대학 교양학부 진로 과정

교양학부 과류 과정	▶	전공할 진학 결정	▶	교양학부 전공기초 과정	▶	전공
1년 반				반년		2년

〈표 2-3〉 도쿄 대학 교양과정 6과류

문과1류	법과 정치를 중심으로 한 사회과학 전반의 기초학습과 관련 인문과학 및 자연과학 제 분야의 이해를 통해 인간과 사회에 관한 넓은 견식 형성
문과2류	경제를 중심으로 한 사회과학 전반의 기초학습과 관련 인문과학 및 자연과학 제 분야의 이해를 통해 인간과 조직에 관한 넓은 견식 형성
문과3류	언어, 사상, 역사를 중심으로 한 인문과학 전반의 기초학습과 관련 사회과학 및 자연과학 제 분야의 이해를 통해 인간과 문화적·사회적 영위에 관한 넓은 견식 형성
이과1류	수학, 물리학, 화학을 중심으로 한 수리과학·물질과학·생명과학의 기초학습과 자연의 기본 법칙에 대한 탐구심 배양을 통해 과학·기술과 사회와의 관계에 대한 이해 심화
이과2류	생물학, 화학, 물리학을 중심으로 한 생명과학·물질과학·수리과학의 기초 학습과 자연의 제 법칙에 대한 탐구심 배양을 통해 과학·기술과 사회와의 관계에 대한 이해 심화
이과3류	생물학, 화학, 물리학을 중심으로 한 생명과학·물질과학·수리과학의 기초 학습과 인간에 대한 탐구심 배양을 통해 생명과 사회와의 관계에 대한 이해 심화

〈표 2-4〉 과류 후 진학 분야

문과1류	법학부(사법·공법·정치), 교양학부 후기과정
문과2류	경제학부(경제·경영·금융), 교양학부 후기과정
문과3류	문학부(사상문화·역사문화·언어문화·행동문화), 교육학부, 교양학부 후기과정
이과1류	공학부, 이학부, 약학부, 농학부, 교양학부 후기과정
이과2류	농학부, 이학부, 약학부, 공학부, 의학부, 교양학부 후기과정
이과3류	의학부 의학과

전공 선택 과정에 의해 정해진 학부학과의 전공기초와 같은 전문교육 과목을 학습한다(고희탁, 2008: 10). 전공할 학부학과로의 진학은 2학년 1학기 종료 시,

즉 과류 과정 이수 시 학생의 지망과 성적에 따라 결정된다(고희탁, 2008: 11)(〈그림 2-1〉 참조).

1년 반의 교양학부 교양과정은 6개 과류로 구성되어 있는데, 대학 입학자가 입학원서를 제출할 때 각 과류를 지정해서 지원하게 되어 있고, 입학 후 소속 과류를 변경하는 것은 불가능하다. 6개 과류의 특징은 〈표 2-3〉과 같다(고희탁, 2008: 10).

교양학부 2학년 1학기 종료 시 학생의 지망과 성적에 근거하여 전공 학부학과가 결정되는데, 학과 정원이 정해져 있어 지원자가 많은 학과에 진학하려면 1년 반의 이수 성적에 의해 선발 결정된다(고희탁, 2008: 12). 이러한 '진학배분'은 성적 경쟁을 유발하고 학과 서열주의를 조장한다는 비판을 받기도 한다(고희탁, 2008: 12). 과류 과정을 이수한 후 진학 가능한 학부학과는 〈표 2-4〉와 같이 대체로 정해져 있다.

문과1류의 교양과정을 이수한 학생은 법학부의 사법·공법·정치 전공으로만 진학해야 하고, 다른 과류의 이수자도 진학할 수 있는 학부, 전공이 대체로 정해져 있다. 하지만 교양학부의 후기 과정으로 진학하고자 하면, 이과3류를 제외한 대부분의 과류에서 가능하다. 도쿄 대학의 교양학부는 나름의 전공학과를 가지고 있는데 '교양학부 후기 과정'은 이를 가리킨다. 교양학부 2년 이수 후에 대부분의 과류 출신 학생은 교양학부 후기 과정에 있는 전공학과로 진학할 수 있다. 교양학부 후기 과정에는 초역문화과학과, 지역문화연구학과, 종합사회학과, 기초과학과, 광역과학과, 생명인지과학과가 있다.

4. 국립교양대학: 한국형 교양교육 체제

앞서 살펴본 바와 같이 하버드 대학, 애머스트 대학, 프랑스 국립대학, 도쿄 대학 등 세계의 명문대학들은 교양교육을 매우 중시하고 있다. 그런데 한국의 대학에서 이루어지는 강의는 상당 부분이 교양과목인데도 대부분의 교양교육이 몹시 부실하다. 가장 큰 이유는 교양교육을 전공으로 가기 전에 익히는 단순 소양 교육쯤으로 여겨 "급할 때는 건너뛰어도 무방한 것"(고희탁, 2008: 7)으로 생각하고, 따라서 대학에 교양교육을 전담하거나 전문화하는 교수가 턱없이 모자랄 뿐 아니라, 불안정한 위치에 놓인 시간강사들에게 교양교육을 거의 내맡기고 있기 때문이다. 대학의 교양교육을 부실하게 만드는 더 중요한 요인은 대학입시를 위해 주입식으로 이루어지는 초중고 교육의 파행성이다. 이른바 일류대학인 '스카이(SKY)'에 입학하는 학생들조차 고전 텍스트를 통권으로 읽는 훈련이 제대로 되어 있지 않고 공감적·창의적·비판적·통합적으로 생각하고 느끼는 능력이 매우 빈약하다.

파행적 초중고 교육을 정상화하고 사교육을 없애면서 문명 전환기에 미래사회를 준비하는 고등교육의 역할과 사명에 걸맞는 백년대계 교양교육이 필요하다. 한국사회가 안고 있는 이러한 문제들을 상당 부분 해결할 수 있는 한국형 교양교육 체제는 민교협을 비롯한 진보적 교육 진영에서 주창하는 '국립교양대학'[8)]이다. '국립교양대학'안은 주창자마다 각론에서 약간의 이견이 있기 때문에, 필자는 이 글에서 이들 간의 차이를 분석하기보다는 필자의 안을 제시하는 데 집중하고자 한다. 필자는 진보적 교육 운동 진영에서 이야기되어온 국립교양대학안이 구체적이지 못하고 실현성이 부족하다는 많은 비판을 명심하면서 안의 각론을 가능한 한 구체적으로 그려내고 세계 대학의 구

---

8) 김상곤 경기도 교육감은 2012년 7월 25일 "통합고등기초대학"의 설립을 주장했는데(http://www.pressian.com/article/article.asp?article_num=60120725163459&section=03), 이 내용은 "국립교양대학"안과 동일하다. 김 교육감이 용어를 바꾼 것은 대학에서의 "교양"교육에 대한 일반인의 오해나 거부감을 의식한 결과이다.

〈그림 2-2〉 국립교양대학과 대학의 체제

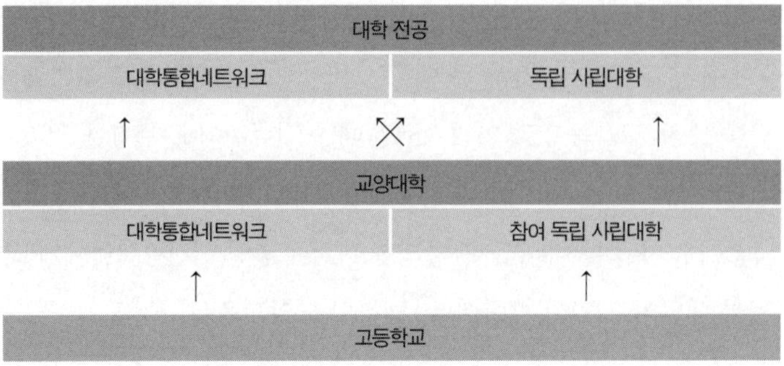

체적인 교양교육 사례를 참고하여 안의 내용을 재구성함으로써 대중의 눈에도 이 안이 실현 가능성이 높다는 확신을 갖게 만들고자 노력하려 한다.

국립교양대학안은 복잡하지 않다. 그 핵심 내용은 박사급 교양교육 국가교수가 주축이 되는 교양교육 담당교수진이 양질의 다양한 강의를 제공하는 국립교양대학 프로그램을 대학통합네트워크(국립공동학위대학, 정부책임형 사립대학, 정부지원형 사립대학)와 원하는 독립 사립대학에 동시에 설립·운영하여, 고등학교 졸업자는 졸업장과 대학입학자격시험만으로 자신이 사는(또는 원하는) 권역의 대학의 교양대학에 진학하고 1년 반 동안의 교양대학 과정 이수 후 교양대학 성적을 중심으로 자신이 원하는 대학과 전공을 택할 수 있게 한다는 것이다(〈그림 2-2〉 참조).

국립교양대학의 행정관리는 국가교육위원회 같은 정부 기관이 총괄하고 이를 실시하는 대학들(국립공동학위대학, 정부책임형 사립대학, 정부지원형 사립대학, 원하는 독립 사립대학)은 동일한 교양교육체계와 프로그램을 실시하며, 각 권역(경남권, 수도권 등)의 대학들은 학생 선발과 배치를 효과적으로 하기 위해 권역별 교양대학운영위원회를 운영할 수 있다. 각 대학은 학교별 교양교육운영위원회를 두고 이를 중심으로 구체적인 교육 프로그램을 운영해야

〈그림 2-3〉 국립교양대학 학부와 대학 전공

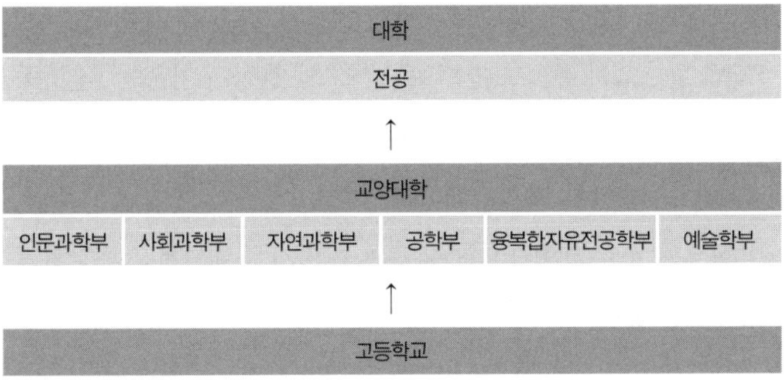

한다. 각 대학의 교양대학은 전공, 학과가 아니라 분야별 큰 범주에 따라 인문과학부, 사회과학부, 자연과학부, 공학부, 융복합자유전공학부, 예술학부로 구성된다(〈그림 2-3〉 참조).

국립교양대학의 체제와 교과과정을 구체적으로 살펴보자. 왜 6개의 학부로 구성되는 것이 바람직한가? 하버드 대학의 교양과정은 학생을 자체에 소속시킬 필요가 없다. 신입생들은 기숙 대학에 소속되어 그곳에서 소속감을 얻을 수 있기 때문이다. 교양교육 수업을 통해서는 통섭적인 사고와 감성을 키우면 된다. 체계적이고 역사 깊은 교양대학을 운영하는 도쿄 대학의 경우, 입학한 신입생은 반드시 문과1, 2, 3류, 이과1, 2, 3류 중 어느 하나에 소속되어야 하며, 전공 선택도 교양대학의 소속에 의해 대부분 제한된다. 하버드 대학 교양교육에서는 분과학문의 경계를 넘는 통섭적 수업이 많이 강조되지만, 도쿄 대학은 아직 분과 중심적이다. 한국의 국립교양대학에서는 신입생들이 도쿄 대학에서처럼 인문과학부, 사회과학부, 자연과학부, 공학부, 융복합자유전공학부, 예술학부 중 어느 한 학부에 소속되어 안정감을 갖게 하되, 교과과정 운영 면에서는 도쿄 대학과 달리 학문의 통섭을 강조하는 미국 교양교육 경향과 비슷하게 모든 학부의 학생들이 자기가 소속된 — 인문과학부와 사회과학부는 인문사회 계열이라 하고, 자연과학부와 공학부는 이공 계열, 그리고 예술학부는 예술 계열이라 하자 — 계열 이외에서 학기마다 적어도 1과목 이상의 강의를 수강하게 함으로써 폭넓고 창의적인 사고와 감성을 키운다. 예를 들면, 공학부 소속 학생은 매 학기 인문과학이나 사회과학 수업을 1개 이상 수강하고 사회과학부 소속 학생은 자연과학이나 공학 수업을 매 학기 1개 이상 들어야 한다. 각 학부는 소수의 학부 필수과목과 다수의 선택과목을 수강하게 한다. 융복합자유전공학부는 아직 자기 진로를 인문학, 사회과학, 자연과학, 공학, 예술 중 어느 하나로 정하지 않고 다양한 수업을 섭렵하고 싶어 하는 학생을 위한 것인데, 요즘처럼 학문 통섭을 강조하는 시대에 적합한 것이다. 물론 이 전공에도 필수과목과 선택과목 체계가 있어야 한다.

한국의 교양대학 과정이 성공하려면 이루어져야 할 중요한 것이 하나 더 있다. 미국이나 프랑스의 대부분 주요 대학에는 경영학, 의학, 약학, 교육학 분야에서 학부에 전공이 없거나 매우 약하고, 대학원이나 대학원 수준에서 중점적으로 운영되고 있다. 이들이 학문의 성격상 전문대학원에 맞기 때문이다. 현재 한국 대학에서 학부과정에 존재하며 인기 과잉으로 학부교육을 왜곡시키는 이들 전공은 현 법학 전문대학원처럼 학부를 폐지하고 전문대학원만 운영하거나 학부전공 정원을 소수로 제한하고 전문대학원을 중점적으로 육성하는 전문대학원 체제로 변경되어야 한다.

이처럼 국립교양대학이 실시되면, 대학입시 경쟁이 사라지고 사교육이 상당히 소멸되어 대학입시 위주의 파행적 초중고 교육이 전인성, 개성, 인성, 창의성을 키우는 참된 교육으로 개선될 것이며, 대학 교육에서 반드시 이루어져야 할 교양교육과 기초학문 연구가 튼실해지는 토대가 마련되며, 전문대학원의 발전으로 대학들의 학문 연구의 수월성이 현격히 향상될 것이다.

이제 국립교양대학안에 대한 수많은 의문이 일어날 수 있을 텐데, 쟁점이 될 수 있는 핵심 이슈를 문답 형태를 통해 구체적으로 살펴보자.

Q. 국립교양대학에는 어느 대학이 참여하는가? 사립대학도 참여해야 하는가? 의무인가 선택인가?

A. 국립교양대학은 반값등록금 등 정부로부터 상당한 지원을 받는 대학통합네트워크의 대학들, 즉 국립공동학위대학, 정부책임형 사립대학, 정부지원형 사립대학에서 실시되어야 하며, 반값등록금을 받지 않고 재정적 독립을 추구하는 독립 사립대학도 원하면 운영할 수 있다. 국립교양대학을 받아들인 독립 사립대학은 교양대학을 운영하는 데 소요되는 인건비, 시설 이용료 등은 물론 대학통합네트워크 대학들이 받는 수준의 장학금, 연구비 등을 정부로부터 지원받을 수 있다.

Q. 하버드 대학, 도쿄 대학 등의 세계 대학들이 교양교육을 비중 있게 실시하고 있지만 이들 대학에는 각각의 신입생 선발 기준이 있다. 그런데 '국립교양대학'안은 한국의 거의 모든 대학에서 교양교육을 동시에 실시하는 제도인데 이것이 실현 가능한가? 외국에 이런 사례가 있는가?

A. 한국의 국립교양대학안은 학제와 교과과정 운영 관점에서는 도쿄 대학, 하버드 대학의 교양교육 특성과 비슷하지만, 신입생 선발 관점에서는 볼로냐 프로세스 이전 프랑스 국립대학들이 실시한 교양대학(DEUG) 시스템과 비슷하다. 프랑스의 고등학교 졸업자는 바칼로레아 대학입학자격시험에 합격하면 자신이 원하는 대학의 교양대학에서 2년 공부하고 여기서 졸업한 후에 전공을 선택한다. 한국형 교양교육 체제인 국립교양대학은 프랑스 국립대학뿐 아니라 도쿄 대학, 하버드 대학, 애머스트 대학의 교양 체계를 고루 참고하면서 한국의 교육, 사회 현실, 역사에 맞게 만든 것이라는 점을 강조하고 싶다.

Q. 프랑스 국립대학이 볼로냐 프로세스 개혁을 실시한 것은 경쟁력이 없기 때문이 아닌가? 이는 세계 대학평가가 증명하고 있지 않은가? 프랑스 국립대학의 교양

대학 시스템을 한국의 모델로 삼을 수 있는가?

A. 프랑스 국립대학이 기존의 교양대학 시스템을 폐지한 것은 교양대학이 프랑스 국립대학의 경쟁력을 떨어뜨렸기 때문이 아니라 유럽연합이 볼로냐 프로세스를 실시했기 때문이다. 볼로냐 프로세스는 프랑스뿐만 아니라 유럽연합 전체의 900여 개 대학을 대상으로 각 나라와 대학마다 달랐던 교육 시스템을 학사·석사·박사과정이라는 3단계로 통일하여 학생과 교수의 교류는 물론 학점과 학위도 공동으로 인정하는 통합 대학 시스템을 만들어 유럽연합 대학들의 효율성과 경쟁력을 높이기 위해 실행된 것이다. 이러한 교육 통합 정책에 따라 프랑스 국립대학의 교양대학 2년, 학사 1년이 단일한 학사 3년으로 통합되어 교양대학이 폐지된 것이다.

프랑스 국립대학에 단점이 있는 것은 사실이다. 그중 하나는 입학은 개방하고 졸업은 어려워서 입학자의 50%가 중도 탈락하는 사태가 발생하고, 입학 인원은 늘어나는 데 비해 양질의 교육을 만드는 데 꼭 필요한 교수진 확보와 시설 지원이 부족하다는 것이다. 파리 대학의 학교 시설이 낙후되어 있고, 콩나물시루 같은 대단위 강의가 많다는 것은 널리 알려져 있다. 우리가 프랑스 국립대학의 교양대학 시스템을 참고한다고 해서 입학정원, 대학 운영 방식, 교수진 확보와 시설 관리 등에서 프랑스 국립대학들과 다른 우리 대학들이 그들이 겪는 문제를 자동적으로 갖게 된다고 생각하는 것은 논리적인 비약이다.

세계 대학평가는 그 자체에 문제가 많을 뿐 아니라 개별 대학을 평가하는 것이지 각 나라의 대학 교육을 총체적으로 평가하는 것이 아니다. 평가순위에서 톱10에 드는 대학이 대부분 미국 대학이라는 것을 근거로 대학평준화가 잘 되어 있는, 예를 들면 독일의 대학 시스템이 대학 간 층차가 심한 미국의 대학 시스템보다 현격히 열등하며 독일이 우수인재를 양성하지 못한다고 결론짓는 것은 합리적이지 못하다.

그럼에도 세계 대학평가가 이 같은 문제를 안고 있는 점은 무시하자. 그리고 현재 프랑스 국립대학이 열등하다고 비판하는 사람들이 근거로 삼는 세계 대학평가를 일단 받아들여 보자.

2012 QS 세계 대학평가(2012 QS World University Rankings)에 의하면 대학별 전체 평가에서 서울대, 연세대, 고려대처럼 엘리트만 뽑아서 교육하는 에콜노르말쉬페리외르(École Normale Supérieure, 그랑제꼴 명문대학)가 23위, 에콜폴리테크니크(École Polytechnique, 또 다른 그랑제꼴 명문대학) 36위, 서울대 42위, 연세대 129위, 고려대 190위, 평준화한 국립대학인 소르본 파리4대학(Université Paris Sorbonne, Paris IV)이 206위였다.[9] 하지만 철학 등 인문학 평가에서는 소르본 파리4대학이 26위, 에콜노르말쉬페리외르 51~100위, 에콜폴리테크니크와 다른 수많은 그랑제꼴, 그리고 서울대, 연세대, 고려대 등이 모두 200위 밖이었다. 대학별 전체 평가에서는 "후진" 파리4대학이 인문학 분야에서는 세계 최고 명문 중 하나로 평가된 것이다. 파리 대학을 비롯해 프랑스의 국립대학들이 통합적 평준화를 실시하면서 각 대학별 전통에 따른 특성화를 통해 우수성을 지키고 있는 점은 우리에게 시사하는 바가 크다.

프랑스 국립대학에 대한 평가를 더 보자. ≪타임스(Times)≫가 실시한 2011-2012 세계 대학평가(THE World University Rankings 2011-2012)[10]에서는 에콜노르말쉬페리외르가 59위, 에콜폴리테크니크 63위, 서울대 124위, 대학 평준화로 수준이 떨어졌다는 파리7대학(Université Paris Diderot, Paris VII)

---

9) http://www.topuniversities.com/university-rankings/world-university-rankings (2012.8.1)

10) 평가 기준은 교육 환경(30%), 연구(30%), 인용지수(30%), 산업 수입(2.5%), 세계 명성도(7.5%)이다(http://www.timeshighereducation.co.uk/world-university-rankings/2011-2012/226-250.html).

이 169위였으며, 연세대와 고려대가 나란히 226~250위였다.[11] 평준화한 국립대학의 하나인 파리7대학이 그랑제꼴의 명문 중 명문인 에콜노르말쉬페리외르에는 뒤지지만 200위에도 속하지 못하는 다른 그랑제꼴들보다 훨씬 더 우수하다는 사실은 평준화한 프랑스 대학 시스템이 긍정적이라는 점을 시사한다. 볼로냐 프로세스 이후에도 선진국인 프랑스와 독일은 국립대학 중심의 대학평준화를 포기하지 않고 있다. 한국의 모델로 미국 대학만을 생각하는 이들이 많은데, 국가의 부와 개별 대학에 투자되는 재정 규모 면에서 한국의 대학들과 비교해 무의미할 정도로 거대한 미국 대학을 유일한 모델로 삼는 것은 바람직하지 않다. 우리는 미국, 일본, 프랑스, 독일 등 세계 각국의 좋은 제도를 참고하면서 우리에게 맞는 시스템을 개발해야 한다.

Q. 국립교양대학이 대규모로 실시되면 서울대를 비롯한 우수대학의 국제 평가가 더 낮아질 게 아닌가?

A. 세계 대학평가의 문제점을 생각하지 않고 평가의 틀에서만 보더라도, 국립교양대학이 실시되면 지금까지 부실하게 실행되어온 많은 대학의 교양교육을 양질의 교수진(교양 전담 국가교수들이 주축이 된다)이 책임지기 때문에 평가 기준의 하나인 교육 여건이 훨씬 좋아지고, 교양교육의 발전으로 기초학문의 교육과 연구가 튼실해지고 전문대학원이 육성되어 연구의 수월성이 제고될 것이기 때문에 평가의 가장 큰 요소인 연구 성과와 영향력 면에서도 좋은 효과가 만들어질 것이다. 국립교양대학 실시는 대학평가 면에서도 상당히 긍정적이다.

---

11) http://www.timeshighereducation.co.uk/world-university-rankings/2011-2012/226-250.html(2012.8.1)

Q. 국립교양대학은 5개 학부로 구성된다. 전 학부에 공통과목이 있는가?

A. 경희대학교의 후마니타스 교양대학에서는 '인간', '세계', '시민교육'이라는 3 교과목이 공통필수이다.12) 사회봉사 등 시민이 갖추어야 할 덕목을 수업하는 '시민'교육을 필수 교양과목으로 삼는 것은 건강한 사회를 만드는 데 필요할 것이다. 이것은 필자의 사견이지만 쉽게 좌절하거나 삶의 의미를 찾지 못하고 방황하는 많은 젊은이들을 보면서, 교양교육에는 변화하는 세계에 적합한 인재를 키우는 교육뿐만 아니라 우리가 인생에서 만나게 될 수밖에 없는 불행한 사회적·실존적 사태에 절망하지 않는 자기 배려심과 행운이 왔을 때 거만해지지 않는 타자와의 공감력을 기르는 수양 교육이 반드시 필요하다고 생각했다. 인간은 마르크스가 오래전에 말한 것처럼 세계에 의해 구성되는 존재이다. 그래서 인간의 행복에는 사회 조건과 사회 활동이 매우 중요하다. 하지만 주체는 사회적 구성물만이 아니다. 인간 주체는 생물적인 몸에 사회, 세계의 기표(상징계)가 작용하여 구성되는 존재인데, 그 과정에서 의식 영역과 무의식 영역으로 분열된다. 의식은 언어 기표, 사회 물질 기표의 영향으로 작동하여 기표를 통한 소통과 협상이 가능한 영역인 데 반해, 무의식의 일부는 기표를 통한 소통이 불가능한, 각 주체에게만 고유한 영역이다. 인간의 행복은 생물적인 몸, 상징계 속의 사회 존재성뿐만 아니라 각 주체에게 고유한 향유의 세계가 모두 만족될 때 이루어진다. 이러한 행복을 추구할 권리가 인간의 기본 인권이며, 이 같은 행복 추구는 양도할 수 없는 '자기 배려'이다. 타자의 자기 배려를 인정하고 공감하는 것이 타자 배려이다. 자기 배려와 타자 배려를 바탕으로 하는 교양교육이 수양학이다. 수양학은 신자유주의가 휩쓸고 가는 상처투성이 자본주의 사회의 나와 너 모두에게 절실하게 필요한 교양교육이고, 자본주의 사회든 공산주의 사회든 사회에 완전

---

12) http://hc.khu.ac.kr/v2/01/02_02.php(2012.8.1)

히 종속되지 않는 주체의 측면까지 성찰하는 교양교육이며, 행복한 상태는 물론 인생에서 부딪히는 불행까지도 성찰하게 하고 삶의 근기를 심어주는 진정한 교양교육이다.

Q. 국립교양대학 과정은 1년 반이다. 왜 그런가? 교양교육을 강조하는 미국 대학의 교양교육은 1년이니 우리도 그래야 하지 않겠는가?

A. 하버드 대학이나 애머스트 대학의 교양과정은 1년이다. 하지만 볼로냐 프로세스로 유럽 대학의 시스템이 통일되기 전 프랑스 대학의 교양대학은 2년이고, 도쿄 대학의 교양대학도 2년이다. 우리는 우리에게 맞는 교양대학 체제를 만들어야 하는데, 필자는 한국의 국립교양대학에는 1년 반 과정이 적절하다고 본다. 고등학교 졸업자가 대학 전공을 선택하기 전에 받는 폭넓은 교양과정이고 이 과정에서의 성적이 전공 진학에 결정적으로 중요하기 때문에 1년은 너무 짧다. 도쿄 대학의 교양과정은 2년이지만 실제 전공 진학 배분은 1년 반 과정의 성적에 기초해서 이루어지고 있다. 2년으로 하면 전공과정이 너무 짧아져 전공 진학 후 복수전공이나 부전공을 함께하기가 어려울 것이다. 진보적 교육 운동 진영의 많은 이들이 주장하는 것처럼, 교양대학 2년, 전공 3년으로 하면서 현재 초중고 6년을 5년으로 바꾼다면 초중고 교육에 일대 혼란이 올 것이다. 따라서 필자는 교양대학을 1년 반 과정으로 한다면 이 같은 여러 문제를 일으키지 않으면서도 교양교육이 내실 있게 이루어질 수 있다고 본다.

Q. 대학 전공 진학 시 선택하는 전공과 교양대학에서 소속의 성격이 같아야 하는가? 예를 들면, 교양대학 인문과학부를 졸업한 학생이 공학 전공으로 지원할 수는 없는가?

A. 교양대학을 졸업하려면 소속 학부의 필수학점과 선택학점을 모두 충족시켜

야 하며, 대학의 각 전공이 신입생을 선발할 때 교양대학 졸업(예정)자 중 전공에서 지정한 교양대학 과목을 수강한 지원자라면 그의 소속에 상관없이 지원 자격을 주어야 한다. 예를 들어, 교양대학 공학부를 졸업했지만 철학을 전공하고 싶어 하는 학생이 있다면 그가 지원하는 대학의 철학과가 정하는 교양대학 교과목을 충실히 수강했다는 전제 아래 철학과에 지원할 수 있도록 한다는 것이다.

Q. 전공 진학 시 선발 기준은 교양대학 성적뿐인가? 그렇다면 대학에서 사교육이 성행하는 게 아닌가?

A. 대학 전공의 신입생 선발은 교양대학 성적을 중심으로 하되 비교과 활동 경력, 논술 등이 추가될 수 있다. 대부분의 교양대학 과목은 주입식이 아니라 토론, 발표, 글쓰기를 중심으로 하는 창발적 수업이기 때문에 학생이 성적을 잘 받기 위해서는 학교 수업에서 잘해야 한다. 사교육의 효과는 별로 없을 것이다. 논술 시험이 추가된다면 이는 서로 다른 교수들이 가르치는 교양대학의 수업을 들은 학생들을 하나의 기준에 따라 테스트하는 것이 될 것이다. 논술 시험을 위해서는 사교육을 통해 따로 준비하는 것보다 박사급 교수진이 진행하는 수업에서 열심히 공부하는 것이 더 중요하다.

Q. 국립교양대학의 수업이 전공 진학과 직결되기 때문에, 대학 교양교육이 채점의 공정성 논란에 휩싸이게 되고 이를 피하기 위해 또다시 객관식·주입식 위주의 수업이 되는 게 아닌가?

A. 채점은 교수들의 교양교육운영위원회가 정하는 일정한 기준에 따라 각 과목의 담당교수가 책임감을 가지고 하는 것이기 때문에 공정하게 이루어질 것이다. 창의성을 키우는 대학 교양 수업이 주입식으로 진행되어서는 절대 안 된다. 채점 불공정 시비에 시달리지 않기 위해 교수가 객관식 시험을 위주로 출

제하면 안 된다. 논술 시험의 채점에 교수의 주관성이 어느 정도 개입하는 것은 당연하다. 단, 교수는 자신의 주관성이 반영되는 채점 기준을 가능한 한 자세히 설명해야 한다. 그럼에도 일어나는 채점 시비에 대해서는 교양교육 운영위원회가 자체 조사하고 부정한 일이 없는 경우에는 해당 교수를 철저히 보호해야 한다.

Q. **교양대학의 교수진은 누구인가? 많은 교수들이 교양 수업에 참여하는데 교수들 간의 성향과 능력 차이로 성적의 객관성이 불신받지 않겠는가?**

A. 국립교양대학의 교수진은 각 대학의 전임교수 가운데 강의를 자원하는 교수와 정부의 국가교육위원회 소속의 교양교육 국가교수로 구성될 것이다. 교양대학 교수진의 주축이 되는 후자는 현재 시간강사로 있는 박사들 가운데 교양교육에 적합한 전공이나 경력의 인물들로 이루어질 것이다. 이들 국가교수는 교양교육 교수 방법을 충분히 익힌 후 실제 교양 수업에서 강의하게 될 것이다. 이들은 모두 박사이고 이미 상당한 학문 연구의 훈련을 받았기 때문에 교양교육에 어느 정도의 훈련과 경험을 쌓는다면 교양교육 수준에서 질적으로 고르고 전체적으로 우수한 교수들이 될 것이다. 이들의 전공, 출신 대학, 개성에 따라 교수 내용에 차이가 있을 수 있고, 또 그 차이가 발생하는 것은 당연하지만, 이들의 차이는 현재 중고등학교 교사들의 차이보다 더 심각하게 악영향을 미치지는 않을 것이다.

Q. **교양대학을 마치고 전공으로 진학할 때 출신 교양대학과 다른 대학에 지원할 수 있는가?**

A. 출신 교양대학과 다른 대학의 전공으로 진학할 수 있다. 예를 들면, 전주에 사는 학생이 전주대의 국립교양대학을 마치고 서울에 있는 정부지원형 사립대학에 지원할 수 있다. 전라북도권의 국립공동학위대학이 정부의 대폭적인

지원으로 서울의 정부지원형 사립대학보다 더 교육 환경이 좋을 수 있기 때문에 많은 돈을 쓰면서 서울에 와서 공부할 필요가 없다. 자기가 사는 권역의 대학에 진학하는 것을 장려한다.

대학통합네트워크의 국립교양대학 졸업자도 참여 독립 사립대학의 전공으로 지원할 수도 있다. 대학통합네트워크나 참여 독립 사립대학의 국립교양대학 졸업자는 비참여 독립 사립대학의 전공에도 진학할 수 있다. 대학통합네트워크와 독립 사립대학은 정원의 30% 이하에서 교차 지원이 가능하다.

Q. 독립 사립대학에도 교양대학이 있는가?

A. 독립 사립대학은 나름의 철학, 교수진, 특성을 가지고 교양교육을 실시할 수 있지만 대학통합네트워크의 대학들과 마찬가지로 1년 반의 교양과정을 가져야 한다. 이를 고등교육법에 명시해야 한다.

Q. 전공을 선택할 때 지원자가 모집 정원보다 많으면 경쟁이 심해져서 원하는 전공에 입학하지 못할 수도 있는가?

A. 지원하는 전공의 인기가 많아 경쟁이 심해지더라도 전공 입학은 프랑스 국립대학들과는 다르게 무한 개방이 아니다. 대학 교육의 질을 유지하기 위해서는 전공교수의 수와 학교 시설에 맞게 모집 정원이 정해져야 하므로 지원하는 전공에 경쟁 때문에 합격하지 못하면 다른 전공이나 대학으로 가야 한다. 물론 복수 지원이 가능하다.

Q. 교양대학 졸업자들이 전공과정으로 진학할 때 인기 있는 대학의 인기 있는 전공으로 몰리지 않겠는가? 그러면 지금의 대학입시 과열이 재현되는 게 아닌가?

A. 어느 특정 대학의 특정 학과에는 지원자가 많을 수 있다. 이런 현상은 도쿄대학이나 프랑스 국립대학에서도 일어나는 현상이다. 대학통합네트워크 대

학들이 상당 수준으로 상향 평준화하기 때문에 지금처럼 과열 현상이 전반적으로 일어나는 일은 없을 것이다. 대학통합네트워크의 건설로 대학 서열화를 상당 수준 완화하지 않은 상태에서 국립교양대학을 실시한다면 대학에 따른 어느 정도의 과열 현상이 일어날 수 있다. 그렇다고 하더라도, 학부교육을 왜곡시키는 경영학, 의학, 약학, 교육학 분야에서는 학부전공이 폐지되고 전문대학원만 운영되거나 학부전공 정원을 소수로 제한하고 전문대학원을 중점적으로 육성하는 전문대학원 체제로 변경되어 전공 서열화가 매우 약화될 것이므로 지금보다는 전체적으로 훨씬 덜할 것이다.

Q. **경영학 등 사회적으로 수요가 많은 응용전공을 전문대학원으로 다 옮기면, 학부만 졸업하고 취업하고자 하는 대다수의 학생들에게는 실용전공을 익힐 기회를 박탈하고, 따라서 사회 진출의 기회를 막는 게 아닌가?**

A. 종합적이고 응용적인 학문인 경영학은 자본주의가 가장 발달한 미국 대학에서도 전문대학원을 중심으로 운영되고 있고, 프랑스에서도 주로 대학원 수준에서 교육 연구되고 있다. 물론 미국, 프랑스의 학부 수준에 경영학 전공이 있는 경우도 종종 있지만 대학원 수준에 비해 중심적인 역할을 하지는 못한다. 한국의 경우 대학 입학자 대부분의 목적이 취업이고 취업 대다수가 기업 부분에서 이루어지며 경영학에 대한 학부와 사회의 수요가 많기 때문에 학부에서 경영학 전공을 완전히 폐지하지 않고 존속시키되, 경영학 전공의 입학 인원을 지금보다 절반 이상으로 대폭 줄이고 그 대신 경영학 전공 소속이 아닌 학생들도 경영학을 복수전공이나 부전공으로 할 수 있도록 경영학 전공 수업을 개방해야 한다. 경영학 전공 소속 학생도 타 전공을 복수전공이나 부전공으로 익히도록 하여 학부 수준에서도 경영학 전공자들이 인간과 사회의 중요한 가치를 배우도록 해야 한다. 기업에서 신입 사원을 선발할 때 지원자의 경영학 전공이 제1전공이든 제2전공이든 차별하지 않도록 해야 한다.

Q. 국립교양대학을 거의 모든 대학에 실시하는 데는 막대한 재정이 소요될 것이다. 우리 정부에 그럴 만한 예산이 있는가?

A. 2011년 한국의 일반대학과 교육대학을 합한 대학의 수는 193개이다(반상진, 2012: 5). 만일 이 중 150개 대학에 국립교양대학이 운영되고 각 대학에 200명의 교양교육 국가교수가 연봉 5000만 원을 받으며 일한다면 총 인건비는 1조 5000억 원이 될 것이다. 그리고 반값등록금 실현에 6조 원이면 된다고 한다. 이 둘을 합하면 7조 5000억 원이다. 고등교육재정교부금법을 만들어 OECD 평균 수준으로 고등교육재정을 끌어올리겠다고 2012년 대선에서 공약한 민주당 문재인 후보가 밝힌 고등교육재정교부금법안의 재정 규모는 내국세의 8.4%인데, 2012년 내국세가 약 166조 원이므로 이 중 8.4%인 14조 원이 고등교육재정교부금이 될 수 있다. 정부가 마음만 먹으면 반값등록금과 국립교양대학을 충분히 실현할 수 있을 것이다. 많은 학생과 학부모를 행복하게 하고 국가의 미래를 튼튼하게 준비할 수 있는 길이 멀리 있지만은 않다.

5. 국립교양대학과 대학통합네트워크의 실현을 위한 2단계 로드맵

국립교양대학과 대학통합네트워크는 한국 교육 전체에 혁명을 불러일으킬 것이다. 필자는 교육혁명의 부작용을 최소화하고 성공적인 실현 가능성을 최대화하기 위해서는 인지적·담론적·정치적·제도적·재정적·문화적 수준에서 일정한 준비 기간이 필요하다고 생각한다. 국립교양대학과 대학통합네트워크의 실현은 한꺼번에 이루어질 수 없다. 그래서 필자는 2단계 개혁 로드맵을 제안한다.

국립교양대학과 대학통합네트워크를 실현하는 대학 개혁에 2단계가 필요한 이유는 이 안이 여러 가지 복잡한 부분들의 동반적 변화를 요구하기 때문에 우선순위를 가지고 단계적으로 개혁함으로써 저항을 최소화하고 설득성을 높이기 위한 것도 있지만, 몇몇 개혁에는 절대적인 준비 시간이 필요하기 때문이다. 국립교양대학의 설립과 운영이 성공적으로 실현되려면 교양교육에 전문성을 갖춘 교수가 절대적으로 필요하다. 그러나 현재 교양교육 전문교수가 우리 대학에 많지 않기 때문에 이들을 양성하는 시간이 필요하다. 교양교육 전문가 양성과 더불어 양질의 교양교육 운영 체제를 갖추는 데도 시간이 필요함은 물론이고, 현재의 경영대, 의대, 약대 학부를 폐지하거나 모집인원을 최소화하면서 전문대학원 체제로 개편하는 데도 시간이 걸릴 것이다. 국립교양대학이 성공하려면 대학통합네트워크제가 어느 정도 안착되어야 하는데, 이 과정에도 시간이 필요할 것이다. 급진적이면서도 꼼꼼한 개혁 과정이 없으면 부작용이 많아질 것이며, 개혁에 저항하는 보수 세력이 이 부작용을 담론으로 극대화하면 개혁의 취지에 공감하는 다수의 시민도 지지를 철회하는 일이 벌어질 수 있다. 다음에서는 각 단계별로 무엇이 실행되어야 할지 간단히 기술한다.

1) 제1단계(5년)

제1단계에서는 우선 지나치게 사립대학에 의존하는 고등교육의 현실을 바로잡고 대학 교육의 공공성을 제고하는 정부의 교육정책 방향이 확실히 선포되어야 한다. 이를 기반으로 수직적인 대학 서열을 해체하는 대학통합네트워크제가 설립·안착되어야 하며, 동시에 제2단계에서 대학입시 폐지와 전면적인 국립교양대학 실시를 위한 토대가 마련되어야 한다. 제1단계에서 꼭 실현되어야 할 구체적인 사항은 다음과 같다.

〈그림 2-4〉 대학 개혁 제1단계

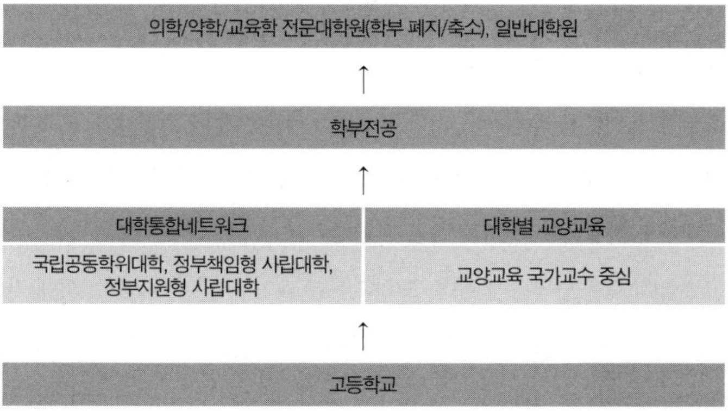

① 국가교육위원회를 구성·운영한다.

② 고등교육재정교부금법을 제정하여 반값등록금제를 국공립대학, 사립대학에 실시한다. 반값등록금이 가능하게 국공립대학과 사립대학에 재정 지원하되, 지원 방식은 학생 개인별 장학금의 형태가 아니라 학교의 교비 지원, 즉 등록금 고지서의 액수를 반값으로 낮추는 방식이어야 한다. 반값등록금제를 받는 사립대학은 정부책임형 사립대학과 정부지원형 사립대학으로 분류되며, 반값등록금제를 받지 않고 재정의 독립을 추구하는 사립대학은 독립 사립대학이다. 따라서 반값등록금제가 실시되는 대학은 국공립대학, 정부책임형 사립대학, 정부지원형 사립대학이다.

③ 거점대학 중심의 국립공동학위대학을 설립·운영한다.

④ 정부책임형 사립대학을 설립·운영한다.

⑤ 정부지원형 사립대학을 설립·운영한다.

⑥ 국립공동학위대학, 정부책임형 사립대학, 정부지원형 사립대학으로 구성되는 대학통합네트워크를 설립·운영한다.

⑦ 국가교육위원회 산하에 국립교양대학설립위원회를 설치한다.

⑧ 국립공동학위대학, 정부책임형 사립대학, 정부지원형 사립대학, 원하는 독립 사립대학에 대학별로 정부의 전폭적인 지원하에 체계적인 1년 과정의 교양교육 프로그램을 설립한다.

⑨ 정부가 박사급 비정규 교수들 중에 교양교육에 적합한 전공자나 경력자들을 교양교육 국가교수로 채용하여 국립공동학위대학, 정부책임형 사립대학, 정부지원형 사립대학, 원하는 독립 사립대학의 교양교육 프로그램에 파견시키고 교양교육을 담당하게 한다. 교양과목은 교양교육 국가교수 이외에 각 대학의 기존 교수(원로교수 등)도 강의할 수 있게 한다. 교양과목을 가르치는 교수들이 워크숍, 협동적 교재 개발 등을 통해 양질의 교육 역량을 갖추도록 지원하는 행정 체계를 마련한다.

⑩ 약학, 의학, 교육학 분야의 학부를 폐지하고 경영학 전공 모집 인원은 현재의 절반 이하로 대폭 줄인다. 경영학 전공이 아닌 학생들도 경영학을 복수전공이나 부전공으로 택할 수 있게 하며, 이들에게 경영학 전공 소속의 학생과 동등한 자격을 준다. 약학, 의학, 교육학, 경영학 전문대학원을 육성한다. 이들 전문대학원 학비에는 대출을 지원하고, 대출금 상환은 졸업 후에도 가능하게 한다.

2) 제2단계

제2단계에서는 현재의 대학입시제를 폐지하고 국립교양대학을 전면적으로 실시하여 한국 대학 교육의 혁명을 완수한다. 제2단계에서 꼭 실현되어야 할 구체적인 사항들은 다음과 같다.

① 국립공동학위대학이 공동학위제의 실시를 지속한다.

② 대학통합네트워크의 국립공동학위대학, 정부책임형 사립대학, 정부지원형

〈그림 2-5〉 대학 개혁 제2단계

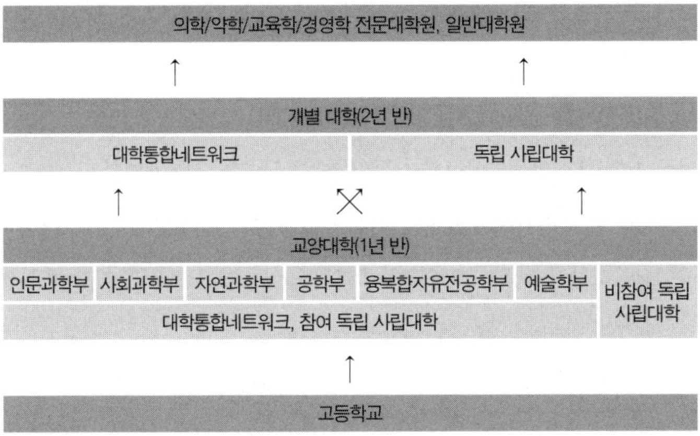

사립대학 간의 학점, 학생, 교수의 교류를 활성화한다.

③ 대학통합네트워크에 속하는 대학의 강의를 인터넷으로 수강할 경우, 일정 한도 내에서 소속 캠퍼스의 과목을 수강한 것으로 인정한다. 이는 지방의 학생들이 수도권역 대학으로 몰리는 것을 방지하는 효과가 있을 것이다.

④ 1년 반 과정의 국립교양대학을 대학통합네트워크의 국립공동학위대학, 정부책임형 사립대학, 정부지원형 사립대학과 원하는 독립 사립대학에 전면적으로 설립·운영한다.

⑤ 고등학교 내신과 대학입시자격고사 결과만으로 사는 지역의 권역에 기초하여 국립교양대학 신입생을 뽑아 해당 권역의 대학에 배치한다. 국립교양대학운영위원회를 국가교육위원회, 각 권역, 각 대학에 설치 운영한다.

⑥ 권역별 대학통합네트워크 대학원의 우수한 박사 졸업자를 대학네트워크 전임교수로 적극적으로 채용하여 학문 후속 세대의 국내 재생산, 양질의 지식 생산을 가능하게 한다.

⑦ 교양대학을 마치고 전공과정으로 진학할 때 대학통합네트워크(국립공동학

위대학, 정부책임형 사립대학, 정부지원형 사립대학)안의 전공과 캠퍼스 배정은 학생의 희망과 출신 지역을 기초로 하되 경쟁이 있는 곳에는 일정한 기준을 적용해 결정한다. 그 기준은 교양대학 성적을 중심으로 하되 논술, 면접 등을 추가할 수 있다.

⑧ 전공 진학 시 대학통합네트워크(국립공동학위대학, 정부책임형 사립대학, 정부지원형 사립대학)와 독립 사립대학 간 교차 지원을 30%까지 가능하게 한다.

⑨ 국립교양대학의 강의는 교양교육 국가교수가 중심이 되고 각 대학에 자원한 전임교수가 참여하는 형태로 한다.

⑩ 국립교양대학의 신입생 선발과 일상적 학사 관리는 대학통합네트워크는 권역별 네트워크 단위(권역 국립교양대학운영위원회)와 해당 권역의 개별 대학을 단위(대학별 국립교양대학운영위원회)로, 그리고 독립 사립대학은 각 사립대학을 단위로 이루어진다.

참고문헌

강남훈. 2012. 통합국립대학(교양대학·공동학위·대학네트워크). 대학교육 혁신을 위한 대학체제 개편안 발제문.

고희탁. 2008. 「도쿄(東京)대학 교양학부의 교육기획과 그 성과: 그 제도 및 내용의 개괄을 중심으로」. ≪교양교육연구≫, 제2권 제1호, 7~32쪽.

김명윤. 2005. 「프랑스의 교육제도(教育制度) 연구(硏究)」. ≪교육연구≫, 제2호, 1~19쪽.

김신애. 2010. "볼로냐 개혁과 유럽대학의 기초교육: TRENDS 보고서를 중심으로." http://oge.snu.ac.kr/site/func/view.htm?num=35&cate=policy(2012.8.1)

반상진. 2012. 한국형 국립대 연합체제(Affiliated National University System) 구축 방안: 국립대 공동학위제 실현을 위한 단계적·입체적 접근. 민주통합당정책위원회·교수·학술4단체·국교련 공동 토론회: "함께하는 국립대학": 「국립대 공동학위제」 어떻게 실현할 것인가?(2012.7.18).

신의항. 2008. 「미국 대학의 교양교육 현황 분석」. ≪교양교육연구≫, 제2권 제2호, 79~116쪽.

심광현. 2012. 미래사회/미래교육의 혁신을 위한 〈교양과정 후 공동학위제〉 방안. 민교협·교수노조·학술단체협의회·비정규교수노조·교육혁명공동행동·사학비리척결과비리재단복귀저지를위한국민행동·행복세상을여는교육연대 공동 대학개혁정책 심포지움(2012.2.27).

원윤수·류진현. 2002. 『프랑스의 고등교육』. 서울대학교출판부.

Amherst College. https://www.amherst.edu/academiclife/departments/first_year_seminars/courses/1112F

Harvard College Program in General Education. http://www.generaleducation.fas.

harvard.edu/icb/icb.do(2012.8.1)
QS World University Rankings. http://www.topuniversities.com/university-rankings/world-university-rankings/(2012.8.1)
THE World University Rankings. http://www.timeshighereducation.co.uk/world-university-rankings/2011-2012/226-250.html(2012.8.1)

제3장

교양교육 혁신과 학문 체제 개편의 방향

강내희 ‖ 중앙대 교수

1. 대학 교육개혁의 새로운 시대정신

오늘날 대학, 그리고 대학에서 실시하는 교육의 모습은 어떠해야 할까? 대학 교육이 제 모습을 갖추려면 대학의 이념이 바로 서고, 교양교육이 제대로 자리 잡고, 학문 체제가 새롭게 수립되어야 한다고 강조하고 싶다. 물론 문제는 이런 일을 어떤 원칙과 방식으로 이루어내느냐 하는 것이다. 이때 우리가 반드시 참고해야 할 사항이 바로 '시대정신'이다. 작금의 대학 교육을 개혁하는 데 시대정신을 살펴봐야 하는 것은 교육이란 당대의 필요에 따라 그 내용이나 방법이 설계되어야 하기 때문이다.

지금 대학의 이념을 새로이 하고 그 중심에 교양교육을 두어야 하는 시대적 이유는 무엇인가? 왜 우리는 새로운 대학의 상을 찾고 교양교육을 강화해야 하는 것인가? 오늘날 한국의 대학 교육은 신자유주의의 압박에 굴복한 결과 시장과 자본의 하수인으로 전락했고 기업화의 길을 걷고 있다. 대학의 시장화와 기업화는 대학 총장 다수가 학문의 수장이기 이전에 '최고 경영자

(CEO)'임을 자임하고 나서는 데서도 확인된다.[1] 대학 교육이 대거 직업교육으로 전환된 것도 이런 경향 때문일 것이다.

그러나 사회적 불평등을 구조화하는 신자유주의 아래에서 대학 교육의 직업교육화가 충실히 진행된다 한들 좋은 효과를 내기 어렵다. 직업교육은 특정 직업의 용도로, 즉 맞춤식으로 진행되어야 하지만 기존 직업의 안정성을 앞장서서 없애는 것이 신자유주의이다. 직업교육에 연연할 경우 장기적으로 사회에 필요한 역능을 구축하기도 어렵다. 최근 미국 정부는 2020년에 이르면 현존하는 직업의 80%가 소멸한다는 진단을 내놓았다. 오늘 당장 필요한 직업만을 위한 교육의 효용성은 폐기되고 만다는 말이다. 최고 경영자 총장들이 눈앞의 효과에 급급해 취업을 강조하는 것은 학문과 교육의 장기적 목적은 버린 채 대학을 단기 이익에 치중하는 회사로 취급하는 일이 아닐 수 없다. 이제 대학의 모습을 바로잡을 때가 되었다. 대학의 모습을 근본적으로 생각해야 하는 것이다. 이 글에서 교양교육과 학문 체제를 중심으로 대학 개혁에 대해 생각해보려는 것은 이런 문제의식 때문이다. 대학의 새로운 이념 정립, 교양교육의 혁신, 제대로 된 학문 체제의 수립이 필요하다. 이를 위해 먼저 해야 할 일이 있다. 그것은 시대정신을 제대로 파악하고 올곧게 세우는 일이다. 이를 위해 다음과 같은 질문들을 고려 사항으로 뽑아본다.

Q. 대학 이념의 쇄신과 신자유주의 및 자본주의 극복 전망의 관계를 어떻게 설정할 것인가? 전통적으로 대학은 자유로운 인간, 학문하는 인간, 자신의 존재 의미를 추구하는 인간을 위한 공간이었다. 그러나 오늘날 대학은 신자유주의의 압박으로 인간, 학문, 교육을 자본축적의 수단으로 전락시키고 있다. 대학의 학문과 교

---

1) 최근에 한국의 대학이 보여주고 있는 기업화 경향에 대해서는 김누리(2009: 303~329) 참고.

육을 본연의 모습으로 전환시키려면 새로운 사회가 필요하다. 오늘날 대학은 어떤 사회를 필요로 하는가? 신자유주의 전략을 강요한 자본주의 체제가 대학의 이상을 박해한다면 신자유주의와 자본주의는 극복될 필요가 있다. 이런 요구와 대학의 사회적 기능 간에는 어떤 관계가 설정되어야 하는가? 대학은 어떤 사회적 책무를 지고 있는가?

Q. 대학 교육을 통해 배출해야 할 새로운 인간상은 어떤 것이어야 하는가? 그동안 대학 교육은 자본주의가 요구하는 사적 이해관계를 추구하는 인간, 합리적 계산을 하는 인간, 다시 말해 소유적 개인주의(possessive individualism)를 처신의 원리로 삼는 인간을 자연스러운 인간으로 용인해왔다. 오늘날 학생들이 학점 향상에 연연하고, 스펙 쌓기에 몰두하는 것은 그동안 대학이 이런 인간상을 추구해온 결과이다. 그러나 신자유주의가 거대한 저항에 부딪치고 있다는 것은 사회가 더 이상 그런 인간형을 원하지 않는다는 뜻이다. 경쟁을 통해 살아남는 영리한 인간, 사적 이해관계만을 추구하고 협력과 연대, 호혜의 정신을 저버린 인간이 아닌 다른 형태의 인간을 요구하고 있는 것이다. 물론 여전히 신자유주의가 헤게모니적 위상을 가지고 있는 만큼 대학이 아직 새로운 인간상을 대안으로 제출하고 있지는 못하지만 대학 개혁의 관점에서 볼 때, 그리고 새로운 대학 이념 정립의 필요성을 생각할 때 우리는 새로운 인간상에 대해 고민하지 않을 수 없다. 우리가 추구할 인간상은 '유적 존재'로서의 인간 개인이라고 말하고 싶다. 유적 개인은 사회적 생산을 사적 소유로 전환시켜 독점하는 개인주의적 인간이 아니라 사회적 생산을 공유하고 향유하려는 태도를 지닌 사람이며, 따라서 유적 존재로서의 인간에 속하고자 하는 개인이다.

Q. 대학은 어떤 종류의 지식을 생산하는 공간이어야 하는가? 대학은 도구적 지식이 아닌 비판적 지식의 산실이어야 하고, 사적 지식이 아닌 공공적이고 사회적

인 지식을 창출하는 공간으로 탈바꿈해야 한다. 대부분의 사회에서 대학은 지식 생산의 가장 중요한 사회적 제도로 작용해왔다. 대학들이 중세까지는 '문명대학', 근대 이후에는 '민족대학'의 모습을 갖추었던 것도 당대 사회에서 지식 생산의 공간으로 핵심적 역할을 담당했기 때문이다.[2] 오늘날 대학은 '글로벌 대학'의 모습을 띠고 있는데, 여기서 지식 생산을 추동하는 근본 동력은 자본에서 나온다. 자본의 영향권 아래로 들어감에 따라 지식 생산은 기술적 수행성을 중시하는 방향으로 이루어졌고(리오타르, 1992), 이로써 지식을 도구화해왔다. 대학 교육이 대부분 인간의 인간 착취, 인간의 자연 수탈을 문제시하지 않고 오히려 그런 착취와 수탈을 보좌하는 역할을 해온 것은 이런 경향과 무관하지 않다. 그러나 대학이 새 이념을 정립하고자 한다면 이런 경향은 종식될 필요가 있다. 특히 생산 중심주의를 극복해야 한다. 기술적 수행성이 지향하는 것은 경쟁력 강화이고 이 목표가 달성되는 방식은 생산성을 높이는 것으로 귀결되기 마련이지만 이로써 일어난 것이 자연의 수탈이요 인간의 착취였다. 대학의 지식 생산이 이런 경향에서 탈피하려면 어떻게 이루어져야 하는가? 아울러 대학은 사적 지식이 아닌 공적이고 사회적인 지식을 생산해야 할 필요가 있다. 오늘 한국의 대학들에서 직업교육이 강화되고, 특히 경영학이나 법학, 의학 등 전문직 학문의 득세가 이루어진 것은 이들 학문을 배우는 개인들이 바로 이득을 얻을 수 있다는 생각이 만연하도록 만든 사회적 분위기 때문이다. 이는 교육을 사적 소유로 이용하게 만든 결과이다.

---

2) '문명대학'은 여기서 중세 유럽, 고대 중국의 대학들처럼 대학이 소속된 문명의 수호자 역할을 하는 경우를 가리킨다. 고대 중국의 대학이 유교 문명의 모태로 작용한 것은 다시 강조할 필요가 없을 것이다. 우카이 사토시(ウカイ哲)는 라틴어로 된 교재를 사용하고 라틴어로 강의를 제공하던 중세의 대학을 대학의 '유럽적' 모델로 간주하는바, 이것도 문명대학의 모델일 것이다. '민족대학'은 유럽이 민족국가로 분할되고 난 뒤에 등장한 대학 모델이다(Ukai, 2010: 199).

Q. 대학에서 권력관계는 어떻게 구성되어야 하는가? 대학은 담론 이론의 관점에서 연구와 교육, 그리고 이런 활동과 관련한 행정 등의 주제를 중심으로 생겨나는 주체 형태들(학생, 대학원생, 전임교수, 시간강사, 원로교수, 신임교수, 선배, 후배, 행정 직원, 재단법인 등)을 특정한 권력관계에 따라 형성하고 배치하는 사회적 제도라고 할 수 있다.[3] 대학이 이처럼 권력관계를 작동시키고 있다는 것은 거기서는 늘 민주주의가 문제로 떠오를 수밖에 없다는 말이기도 하다. 대학의 이념을 재정립하려 할 때 민주주의 문제를 외면할 수 없는 것은 대학 내부의 민주적 권력관계를 구축하지 않고는 대학이 온전하게 작동할 수도 없고, 대학 교육이 내실 있게 이루어질 수도 없기 때문이다.

Q. 오늘날 대학은 어떤 사회변동들을 염두에 두고 새롭게 태어나야 할 것인가? 대학이 새로운 이념을 필요로 하는 것은 사회변동이 새롭게 이루어지고 있기 때문이기도 하다. 예컨대 갈수록 일자리가 줄어들고, 비정규직이 늘어나는 상황에서 대학은 어떤 모습을 갖추어야 할 것인가? 일자리의 축소는 개인에게 부과되는 사회적 필요노동시간의 축소에서 비롯된다고 보아야 하며, 이런 사실은 대학이 이제는 노동시간만이 아니라 자유 시간을 관리하고 삶을 새롭게 구성하는 능력을 가르치는 것을 과제로 삼을 필요가 있음을 말해준다. 개인에게 부과되는 필요노동시간의 감소는 물론 과학기술이 급속도로 발전한 결과이다. 과학기술의 발전 속도는 기하급수적이어서 레이 커즈와일(Ray Kurzweil)에 따르면 조만간 인간의 지능을 초월하는 인공지능이 출현한다는 정도이다(커즈와일, 2007). 아울러 유비쿼터스 컴퓨팅의 전면화에 따른 지식 생산의 조건 변화도 유념할 필요가 있다. 심광현에 따르면 유비쿼터스 시대의 부상으로 인류는 이제 위험

---

3) 미셸 푸코(Michel Foucault)에 따르면 특정한 담론을 구성하는 요소들은 ① 토픽(주제), ② 주체 형태, ③ 권력관계, ④ 제도적 장 등이다(Foucault, 1972 참고).

사회로 나아가느냐, 아니면 문화 사회로 나아가느냐의 선택을 강요받게 된다.[4] 과학기술의 급속한 발전, 사회적 필요노동시간의 감소 등과 사회적 변동들이 새로운 대학 이념 정립에 대해 시사하는 점은 무엇일까?

Q. 노동시간의 축소와 자유 시간의 증대, 그리고 이를 가능하게 만드는 기술의 발전 속에서 대학은 어떤 윤리학을 구성해야 할 것인가? 이제는 새로운 노동력 구성이 필요하며, 따라서 새로운 윤리학 구성이 요청된다고 강조하고 싶다. 막스 베버(Max Weber)가 『프로테스탄티즘의 윤리와 자본주의 정신』에서 밝히고 있듯이 자본주의는 '노동 윤리'를 자신의 주된 윤리로 만들어 가동해왔다(베버, 1988). 그러나 지금 우리가 구성해야 할 윤리학은 노동 윤리가 아니라 '노동력 윤리'이다. 루이 알튀세르(Louis Althusser)가 『자본 읽기』에서 강조한 것처럼 카를 마르크스(Karl Marx)는 노동과 노동력을 구분했으며, 노동가치설을 통해 자본에 의한 노동력 착취를 가장 강력하게 비판했다. 노동이 아닌 노동력의 관점에 서게 되면 우리는 노동력이 살아 있는 인간이라는 것, 따라서 그 자신의 주체이며, 자신을 배려할 수 있는 존재라는 사실을 더욱 확실하게 깨닫게 된다. 새로 구성되는 노동력 윤리학은 기본적으로 자기 배려의 윤리학이기도 할 것이다.

Q. 대학은 변동하는 사회에서 끊임없이 새로운 직업이 출현하는 것에 대해 어떤 준비를 해야 하는가? 대학 교육이 직업교육을 중심으로 이루어져서는 안 되겠지만, 학생들이 장차 사회적 생산에 종사하게 될 것이라는 점을 외면해서도 안 된

4) "우리 앞에는 한편으로는 소수의 엘리트들이 첨단 과학기술의 달콤한 열매를 맛보며 나머지 다수를 착취하는 '위험 사회'로 나아가는 험난한 길과, 또는 첨단 과학기술의 발전 성과를 민주적으로 공유하고 모든 이가 자유롭고 평등하게 사회적 실천과 문화적 영역에 참여하여 자아실현의 기회를 향유할 수 있는 '문화 사회'로 나아가는 풍요로운 길이라는 두 갈림길이 놓여 있다"(심광현·노명우·강정석, 2012).

다. 학생들이 직업을 선택하고, 그들이 자신이 선택한 직업에서 뛰어난 역량을 발휘할 수 있도록 도움을 주기 위해 고려해야 할 점은 무엇일까? 지금은 무엇보다도 직업들이 끊임없이 변천을 거듭하고 있다는 점을 염두에 두어야 할 것 같다. 2020년에 현존하는 직업의 80%가 소멸한다면, 대학은 기존의 직업이 사라지고 새로운 직업이 끊임없이 나타나는 상황에서 사회적 필요노동을 수행할 수 있는 능력을 함양하는 데 도움이 되는 교육 프로그램을 연구하고 좋은 안을 계속 만들어내야 할 의무가 있다.

2. 교양교육 혁신의 방향

신자유주의가 지배하고 있는 한국의 대학 교육 현실을 바로잡기 위해서는 대학 이념의 정립, 교양교육과 기초학문의 위상 강화와 정상화가 시급하다. 지금 대학 교육에서 교양교육과 기초학문은 응용학문과 직업교육에 비해 크게 외면당하고 있는바, 이는 대학의 이념이 크게 손상당하고, 대학 교육이 시장 논리에 종속된 결과이다. 하지만 2000년 후반 이후 대학 교육을 황폐화한 신자유주의는 이제 그 자신이 위기에 처한 것이 분명하다. 신자유주의적 금융화가 불러일으킨 경제 위기가 세계 곳곳에서 사회적 위기를 초래하고 있고 대안적인 사회정책을 요구하게끔 만들고 있는 것이다. 대학 교육에서도 신자유주의적 접근법을 넘어서는 새로운 교육에 대한 요구가 쏟아지고 있다. 교양교육과 기초학문을 바로 세우자는 것은 이런 요구에 부응하기 위함이다.

먼저 왜 교양교육이 필요한지부터 살펴보자. 대학 교육의 핵심은 교양교육이고, 교양교육이 바로 서야만 대학 교육이 바로 설 수 있다. 언뜻 생각하면 이 원칙은 오늘날 대학 교육이 갈수록 직업교육 중심이 되어가고 있는 추세와는 어긋나 보인다. 그러나 대학의 이념은 이제 새롭게 정립될 필요가 있고,

대학의 목적 역시 마찬가지이다. 결론적으로, 대학의 목적은 참된 인간을 양성하는 데 있는 것이지 직업인을 만들기 위한 것이 아니다. 영국의 문화 연구학자 레이먼드 윌리엄스(Raymond Williams)도 비슷한 취지의 말을 했다.

> 나는 교육이 직업을 위한, 유용한 시민을 양성(사회 체계에 적응시키는 일)하기 위한 훈련이라는 것을 받아들일 수 없다. 교육은 한 사회가 자신의 공통 의미들을 확인하는 일, 그리고 그 의미들을 개선하기 위해 어떤 인간적 기술이 필요한지 확인하는 일이다. 직업은 이 확인으로부터 나온다. 목적이 먼저고 노동하는 기술은 그다음인 것이다. 우리는 고도로 훈련된 전문가들이 더 많이 필요한 경제로 나아가고 있다. 바로 이런 이유 때문에 나는 우리 사회에 응집력을 제공하고, 사회가 전문 부문들로 분해되고, 국가가 하나의 회사가 되는 것을 막아줄 어떤 공통 교육을 요구하는 것이다(Williams, 1989: 14).

윌리엄스가 여기서 '교육', 특히 '공통 교육'이라고 부르는 것을 '교양교육'으로 이해해도 좋을 것이다. 교육이 "직업용 훈련"이나 "유용한 시민 양성용 훈련"으로 전환되는 것을 반대한다는 점에서 윌리엄스는 오늘날 한국의 대학들이 취하는, 교육의 직업 전문화 경향에 대한 비판적 시각을 제공한다. 그가 직업훈련과 교육을 분리하는 것은 교육과 현존하는 사회 체계의 관계를 비판적으로 검토해야 한다고 보기 때문이다. 교육을 현존 사회 체계에 적응시키는 것은 지배 질서를 수용하는 일, 따라서 대안적인 사회질서의 기획을 포기하는 일이기도 하다. 윌리엄스는 이처럼 기존의 질서를 재생산하는 대신에 교육이 해야 할 과제로서 사회적 공통 의미의 확인, 즉 현존 사회 체계가 어떤 인간적 의미를 가지고 있는지, 더 바람직하고 새로운 사회 체계는 어떠해야 하는지 따져볼 것을 제안한다. 이런 작업을 통해 사회 체계의 의의를 이해해야만 구체적으로 어떤 기술들이 필요한지 알 수 있을 것이라고 믿기 때문이다. 오늘날 한국 대학의 교양교육도 사회 구성원이 공통으로 함양하고 계발할 지식과 가치 등을 포괄해야 할 것이다. 다음에서는 교양교육의 혁신을 위해 어떤 문제들을 고려해야 할지 생각해보았다.

① 대학 교육에서 교양교육의 위상 회복과 강화가 절실하다. 교양교육은 그동안 한국 대학에서 철저하게 홀대받았다. 1990년대 초반까지는 명목상으로만 가치를 인정받았을 뿐 실제로는 시간강사 등 열악한 지위에 놓인 교원에게 교양교육을 일임하는 방식이었고, 1990년대 후반 들어서는 교양교육의 필요성 자체가 의심받는 지경으로 내몰린 것이다. 이런 상황을 고려할 때 교양교육은 혁신 이전에 대학 교육과정으로서의 시민권부터 회복해야 한다.

② 교양교육을 혁신하려면 분과학문과의 관계를 제대로 설정해야 할 것이다. 일단 교양교육이 시민권을 얻는다고 상정하면, 앞으로 대학에서 시행되는 교양교육은 크게 쇄신되어야 한다. 교양교육의 시민권 회복은 필요하지만 그렇다고 교양교육을 과거처럼 운영할 수는 없다. 돌이켜보면 1990년대 중반 이전 한국 대학의 교육은 기본적으로 분과학문들로 구성된 전공교육과 분과학문 가운데 주로 기초학문에 바탕을 둔 교양교육을 중심으로 이루어져왔다. 교양국어, 교양영어, 교양국사, 교양세계사, 교양철학 등의 이름으로 구성되어 있던 당시 교양과목들이 고등학교 상급 학년에서 가르치던 내용을 반복하다시피 하여 학생들로 하여금 교양교육을 혐오하게 만든 한 원인은 한국의 대학에서 기초학문 등 학문을 운영하는 방식이 경직된 분과학문 체제였기 때문이고, 이런 체제를 유지하기 위해 각 분과학문을 담당하는 학과가 이권 관리 형태로 전담 과목을 독점했기 때문이기도 하다. 그러나 분과학문 체제는 이제 극복되어야 한다. 물론 특정 학문의 경우 분과학문 체제를 유지해야 할 필요가 있겠지만, 이 경우에도 학문 공동체의 동의를 얻어야 하고, 특정 분과학문을 바로 교양과목으로 개설하는 방식은 지양해야 한다. 교양교육이 분과학문

과 상관없이 이루어져야 한다는 말은 물론 아니다. 교양과목은 분과학문들 중 특히 기초학문과는 밀접한 관계를 갖는다. 언어와 수리 등 향후 다른 전공 영역을 탐구할 때 요긴하게 쓰일 능력을 다루는 기초학문은 교양과목으로 재편성해서 운영해야 한다.[5] 다만 이런 점은 고려하되 기초 분과학문일지라도 기계적으로 교양교육 과목으로 만드는 것은 피하는 것이 좋겠다. 사실 교육 개혁안이 도입된 1995년 이전의 교양교육은 기초학문들을 기계적으로 (교양 과목으로) 운영하는 방식이었다. 그러나 지금 교양교육을 혁신한다면 기초 학문이라 해도 그대로 교양과목으로 운영할 것이 아니라 환골탈태시켜 교양 교육에 반영하는 방안을 찾아야 한다. 교양과목의 수도 크게 줄일 필요가 있다는 점을 특히 강조하고 싶다. 이렇게 하려면 기초학문이라 해도 분과의 이권을 반영하는 식의 운영에서 벗어나 통합학문의 관점을 수용해야 한다. 통합학문은 분야 중심으로 구성된 분과학문과는 달리 문제나 주제 중심으로 구성될 필요가 있다. 예컨대 '인간'이나 '사회', '인권', '자연' 등의 주제를 놓고 교양과목의 내용을 구성하면 기존의 분과학문들을 활용하면서도 그 틀에 갇히지 않는 교양과목을 만들어낼 수 있을 것이다. 이때 학제적·횡단적·통섭적 접근법을 수용하는 것은 당연한 일일 것이며, 문화 연구가 취하는 지식 생산의 통섭적 접근이 좋은 지침이 될 수 있을 것이다(심광현, 2009; 강내희, 2010 참고).

---

5) 중세 유럽의 대학에서 가르친 자유칠과가 크게 언어능력과 수리 능력으로 이루어져 있었다는 것은 언어와 수리가 모든 인간 능력의 기본임을 인정한 것이라고 할 수 있다. 고대 그리스의의 파이데이아(paideia) 과목에 김나지아(gymnasia)가 포함된 것이나, 경우에 따라서 그림 과목이 포함된 것은 언어, 수리 이외에도 몸을 쓰고 자신을 표현하는 능력이 중요하다는 인식의 결과일 것이다. 고대 중국에서 소학 과목으로 '활쏘기[射]'와 '수레 몰기[御]'가 중요한 과목으로 채택된 것 역시 동일한 맥락에서 이해할 수 있다.

③ 지식 생산의 분과주의 한계를 벗어나야 하는 또 다른 이유는 교양교육이 좀 더 온전한 인간, 자유로운 인간을 위한 것일진대 '공통 교육'을 지향해야 할 것이기 때문이다. 공통 교육은 세계와 삶을 구획하는 지식, 배우는 자로 하여금 서로 분리된 부문들 가운데 어느 하나를 선택하도록 하여 전문가로 양성시키는 지식과는 다를 수밖에 없다. 윌리엄스는 앞서 인용한 글에서 "사회에 응집력을 제공하고 사회가 전문 부문들로 분해되고 국가가 하나의 회사가 되는 것을 막아줄 어떤 공통 교육"을 요구하고 있는데, 교양교육이 맡아야 할 역할이 바로 그런 공통 교육을 실시하는 것이다. 공통 교육이 '공통'의 성격을 가지려면 그것을 통해 생산되는 지식이나 역능이 개별 분야에 특별하게 필요한 지식, 즉 전문 지식과는 다르게 각 분야의 전문가, 각종 직업인 개인에게 공통으로 필요한 형태를 갖추는 것이 중요하다. 교양교육이 통합적 성격을 가져야 하는 까닭도 여기에 있는바, 통합적인 성격을 가져야만 교양교육을 학습하는 개인들이 두루 활용할 수 있을 것이기 때문이다. 교양교육이 시민교육을 지향해야 하는 이유도 여기에 있다. 앞서 요청한 대로 대학이 유적 인간을 배출하려면, 다른 어떤 교육보다 '시민' 양성에 기여하는 교양교육의 역할이 중요하다. 교양교육이 시민을 양성하는 교육이 되어야 하는 것은, 요즘은 전문가도 직업인도 모두 시민사회의 일원으로서 살아가고 있기 때문이다. 그러나 유의할 것은 이런 '시민'을 근대 자본주의 체제에서 (노동자를 포함한) 민중을 배제한 자산가로서의 시민, 즉 부르주아로 축소해서는 안 된다는 점이다. 사실 근대 역사에서 시민은 다양한 종류의 '호모 사케르(Homo Sacer)'로부터 시민권을 박탈함으로써 주권을 독점한 점이 없지 않다.[6] 그러나 지금 요구되는 사회질서는 비정규직 노동자, 이주 노동자, 여성, 성 소수자, 장애인, 어린이, 노약자 등 쉽게 호모 사케르로 전락할 수 있는 '아랫것들

6) '호모 사케르'에 대해서는 아감벤(2008) 참고.

(subalterns)'에게도 시민권을 부여해야 하며, 교양교육은 이런 시민권을 기본 인권으로 가져야 하는 모든 사람들에게, 즉 시민이 될 수 있는 모든 사람들에게 제공되어야 한다.[7)] 이렇게 볼 때 교양교육은 공통 교육의 모습을 띨 수밖에 없다. 물론 공통성을 지향한다고 해서 다양성을 무시하면 곤란하다. 토니 베넷(Toney Bennett)은 윌리엄스가 문화를 "전체 삶의 양식(a whole way of life)"으로 정의한 것을 두고 사회적 차이들을 무화할 수 있는 위험성이 있음을 지적한 바 있다(Bennett, 1992: 23~37). '전체'가 동일한 것들로 이루어지는 것이라면 이런 지적은 타당하다. 그러나 전체성 또는 공통성을 상이한 특이성들의 비집합적 전체(a non-aggregate whole)로 이해할 경우 우리는 공통성을 지향하는 교육에도 다양한 차이들이 스며들 수 있다고 생각할 수 있다. 공통 교육으로서의 교양교육은 차이들에 눈멀지 않은 교육을 지향해야 한다.

④ 교양교육의 또 다른 목표는 역능 강화에 있다. 오늘날 이 역능은 새롭게 요구되는 노동력 구성 문제와 무관하지 않을 것이다. 앞서 대학은 이제 사람들로 하여금 자유 시간을 관리하고 삶을 새롭게 구성하는 능력을 강화하도록 하는 데 기여해야 한다고 언급했다. 이는 신자유주의적 교육과는 전적으로 다른 교육을 지향해야 한다는 말이다. 신자유주의는 과학기술의 발전과 사회적 필요노동시간의 감소로써 생겨난 노동시간 단축 가능성에 의해 제기된 위협을 노동 유연화를 통해, 다시 말해 가변자본의 축소를 통해 해결하고 있다.[8)] 이

---

7) 이러한 점에서 '자유와 평등'의 동시 추구를 중요시하는 에티엔 발리바르(Étienne Balibar)의 입장을 지지할 수 있을 것이다.

8) 가변자본은 노동력에 투여되는 자본이다. 신자유주의가 대대적으로 일자리를 축소하고 비정규직을 양산하는 것은 이 자본을 축소하기 위함이다. 로렌 골드너(Loren Goldner)는 최근에 들어와서 나타난 이런 경향을 자본의 쇠락(decadence)이라는 말로 표현한다(골드너, 2009: 354~387).

제 대학 교육이 직업교육을 넘어서서 교양교육으로 강화될 필요가 있는 것은, 노동시간 중심에서 자유 시간 중심으로의 사회 전환을 꾀하면서 확대된 자유 시간의 관리를 삶의 새로운 구성 기회로 만들고, 이를 위해 새로운 노동력 구성, 즉 새로운 인간 역능 강화를 꾀할 필요가 있기 때문이다. 노동력과 역능의 강화는 기본적으로 창의성 강화요, 인간의 유적 능력 강화로 이해해야 한다. 이런 노력은 교육의 사회화와 더불어 일어나야 할 것임을 강조하고 싶다. 흔히 창의적 능력은 개인의 사안으로 생각하기 쉬우나 인간의 노동력과 역능은 유적인 능력일 수밖에 없으며 개인의 창의성을 진작하는 어떤 노력도 기본적으로는 사회적 기반을 전제로 이루어져야 한다. 창의성의 강화는 따라서 사회적 발전과 긴밀한 관련을 맺고, 앞서 말한 시민교육의 관점과도 연결된다. 창의성의 이런 사회적·공적·시민적 측면을 강조하는 것은 오늘날 만연한 지식 중심의 교육에서 전제되는 경쟁 구도와는 달리 이제 건설해야 할 사회와 대학, 교육은 사회적 연대와 호혜를 지향해야 할 것이기 때문이다. 새롭게 추구해야 할 역능의 형태로서 창의성도 이 같은 점에서 사회적 성격을 가질 필요가 있다. 창의성 강화를 중요한 목표로 삼는다면 교양교육은 기존의 분과학문 체제에 의존하여 운영되던 방식에서 벗어나 창의성을 달성하기 위한 새로운 방식을 활용해야 할 필요가 있을 것이다.

⑤ 교양교육은 감동의 장이 될 필요가 있다. 교양교육은 어떤 점에서는 전통적으로 시에 부여된 기능과 유사한 기능을 한다. 필립 시드니(Philip Sidney)는 르네상스 영국에서 당시 청교도주의자들이 시와 드라마가 도덕적 타락을 가져온다고 비판하고 나선 데 대응하기 위해 『시의 옹호』를 쓰고 거기서 시는 "즐겁게 가르친다"는 명제를 제공한 바 있다. 그에 따르면 철학이 훈계나 원리에 의해 가르치려 하고, 역사가 사례를 통해 가르치려 한다면, 시는 즐거움을 제공하면서 가르치는 능력이 있기 때문에 문사철(문학, 역사, 철학) 가운데서도 문학의 교육적 효과가 더 탁월하다(Sidney, 1971: 155~177). 이런 주

장이 전혀 근거가 없지 않은 것은 서양 전통에서는 문학이 철학보다 도덕교육에 주된 기여를 해온 것으로 확인되기 때문인데,[9] 이러한 관점은 낭만주의 시인들이 산업혁명 이후 급속도로 기계적이고 계산적인 성격을 띠어가는 사회에 대한 치유책으로 시를 제출하던 때도 나타났다. 윌리엄 워즈워스(William Wordsworth)에 따르면, "시인은 오직 하나의 제약, 즉 인간존재라면 변호사도 의사도 선원도 천문학자도 또는 자연철학자도 아니나요, 한 사람이라면 가졌을 것이라고 여겨지는 그런 지식을 가진 존재에게 즉각적 기쁨을 줄 필요성 아래에서만 쓴다. 모든 사람들이 가지고 다니는 이런 지식에 대해, 그리고 우리의 일상생활에 속한 것 이외에는 어떤 다른 수양도 없이 우리가 즐길 수 있는 이런 공감들에 대해 시인은 주되게 자기의 관심을 돌린다. 그는 인간의 본성을 지키는 보루요 어디에 가든 관계와 사랑을 나르는 옹호자요 수호자이다"(Williams, 1983: 41에서 재인용). 물론 여기서는 교양교육에서 철학에 대한 문학의 우월성을 주장하려는 것은 아니다.[10] 낭만주의 시인들이 말하는 시는 사회와의 교류를 외면한다는 비판을 면하지 못한다. 워즈워스가 말하는 시인은 한편으로는 인간에게 말을 거는 존재이지만 자신을 예외적이라고 간주하는 존재이기도 하다. 윌리엄스가 워즈워스의 시인론을 인용하면서 지적하다시피 스스로 예외적인 존재, 이를테면 창조적인 천재로 간주하는 시인은 자신의 시를 읽게 될 독서 시장에 속한 익명의 대중을 경멸하는 태도를 가지고 있었다.[11] 그럼에도 "문학은 즐거움을 주며 가르친다"는 명제를

---

9) 문학이 도덕적 교육의 기능을 갖게 된 것은 '시적 정의'를 구현하는 작품이 많기 때문이다(Nussbaum, 1997).

10) 문학 연구자 중에 문학의 우월성을 주장하는 대표자는 F. R. 리비스(F. R. Leavis)이다. 리비스는 대학교 문학에서 대학 교육의 핵심에 영문학 교육을 배치해야 한다는 주장을 강력하게 제기한 바 있다(Leavis, 1977).

11) 이런 점 때문에 윌리엄스는 낭만주의 시인이 산업혁명을 통해 기계적 생산이 확산되

교양교육을 구성하는 원리의 하나로 삼을 필요는 있을 것이다. 이때 즐거움은 감동의 한 종류가 된다. 교양교육은 감동 속에서 이루어질 필요가 있지 않을까? 이런 생각을 하는 것은 교육이 인간적 역능의 재생산이어야 하기 때문이다. 이 역능을 지식, 문화, 학문, 상상력 등으로 간주한다면 교육은 또한 이들 능력의 전달에 해당한다. 그러나 이 전달을 단지 한 세대에서 다음 세대로의 역능 이전으로만 생각해서는 곤란하다. 역능의 전달을 위해서는 세대들 간의 만남이 필요하며, 이 만남의 여하에 따라서 전달되는 역능의 종류나 강도, 역능 생산의 유효성, 생산된 역능의 가치와 힘이 달라질 수밖에 없다. 역능 전달에서 중요한 것은 전달의 방식이며, 전달이 이루어지는 순간의 모습이다. 교육은 그래서 하나의 만남의 장, 접촉의 장으로 인식되어야 한다. 우리는 이 접촉을 황홀한 순간으로 만들어야 하지 않을까. 그러려면 첫째로 그 순간은 지성의 모험이어야 하고, 둘째로 상상력의 점화여야 하며, 셋째로 만남의 경이여야 할 것이다. 대학 교육의 주된 과제는 이런 것들을 가능하게 하기 위한 조건을 만드는 데 있을 것이다.

⑥ 교양교육이 감동의 장이 되려면 교육이 잘 이루어져야 하고 이를 위해서는 좋은 교수와 학생이 필요한데, 사실 더 중요한 것은 훌륭한 강사의 확보이다. 이런 점에서 대학 교육 가운데 교양교육을 담당하게 되는 교원들의 교육 문제가 심각하게 대두될 수 있다. 그동안 한국의 대학에서 교양교육은 심하게 말하면 대학 교원들 가운데서도 신참이 아니면 더 무능한 교원에게 일임된 측면이 없지 않다. 이는 분과학문 중심의 전공교육만 중시하는 풍토 외에도

는 가운데 인간적 가치가 사라지는 점에 대해 아픔을 느낀 점은 바람직한 태도라고 보면서도, 그 가치를 대중과 공유할 수 있는 문화(그가 말하는 전체적인 삶의 양식)에서 찾지 않고 예외적 가치에서 찾는 것에 대해서는 수용하지 않는 입장을 밝힌다(Williams, 1983 참고).

교양교육을 천덕꾸러기로 만들어 비전임교원의 책임으로 돌린 결과이기도 하다. 앞으로 교양교육을 대학 교육의 핵심으로 만들고자 한다면 이런 관행을 하루빨리 시정해야 하겠지만, 교양교육을 중시하는 대학 교육정책을 세운다고 한들 당장 교양교육을 담당할 유능하고 헌신적인 교원을 확보할 수 없다는 점은 여전히 문제이다. 이와 관련하여 최근 국내에서는 드물게 교양교육을 대학 교육의 중심에 두려는 노력을 시도하고 있는 경희대가 교양교육 담당 교원들에게 연속 워크숍 등을 통해 자체적으로 교육을 시키고 있다는 점을 눈여겨볼 필요가 있다. 사실 여기서 제안하는 대로 교양교육을 통합적 형태로 운영할 경우 그동안 분과학문 체제에서 교육을 받은 교원 가운데 다수는 그와 같은 교육을 제대로 실시하기 어렵다고 보아야 한다. 교양교육 교원에게 재교육의 기회를 제공해야 할 필요가 여기에 있다. 이런 교육의 기회를 마련해야 하는 것은 그래야만 새로운 교수단을 우리 사회가 확보할 수 있을 것이기 때문이다. 우리는 "상상력으로 점화된 교수단"을 하루빨리 확보하기 위해 교수 요원 교육을 실시해야 한다.[12] 이를 위해 교육 운동 진영에서는 한편으로는 그동안 국내외 개별 대학들로부터 학위를 받은 사람들 가운데 적격자를 선별하는 국가박사제나 국가연구교수제를 도입하고, 이와 연동하거나 별도로 교양대학 교수진을 구축하기 위한 노력을 기울이면서도 다른 한

---

12) 알프레드 노스 화이트헤드(Alfred North Whitehead)는 교육의 감동을 높이기 위해 상상력의 중요성을 강조한다. "상상력이란 일종의 전염병과도 같다……. 상상력은 오직 풍부한 상상력을 가지고 학구적으로 노력해온 교수들에 의해서만 전달될 수 있다……. 2000년도 넘는 그 옛날에 고대인들은 학문을 세대 간에 전수하는 횃불로 상징화했었다. 그 타오르는 횃불이 내가 말하는 상상력이다. 하나의 대학을 조직하는 데 가장 중요한 요체는 그들의 학문이 상상력으로 점화된 교수단을 확보하는 데 있다"(심광현, 2012에서 재인용). 오늘날 대학의 많은 교수 요원들에게 재교육이 필요한 것은 교수들 스스로 "신선한 지식"을 습득하는 열의를 가져야 하기 때문이다.

편으로는 교수진의 자체 교육 방안도 마련함으로써 대학 교육의 제도 개선뿐 만 아니라 내용 개선도 꾀하는 노력을 기울일 필요가 있다.

⑦ 교양교육의 질을 높이기 위해서는 교수 요원의 교육만이 아니라 교양교육 운영 방식의 개선도 필요하다. 이와 관련해서는 실라부스(syllabus)의 공개와 공유, 과목 운영 노하우 전수 체계의 구축 등이 핵심이다. 여기서 제안하는 대로 교양과목 수를 대폭 축소하면 동일한 과목을 복수의 강사가 담당해 운영할 가능성이 높다. 이때 꼭 동일한 실라부스는 아니더라도 내용상 공통성이 높게 과목의 내용을 구성할 필요가 생길 것이며, 이를 위해서는 실라부스를 교원들끼리 서로 공개하고 필요한 정보를 공유하도록 하는 것이 유익할 것이다. 이처럼 실라부스를 상호 교환할 수 있게 하거나 공용 실라부스 작성을 유도하는 것은 기본적으로 교양과목의 운영을 분과학문이나 개별 교수 중심으로 하기보다는 공통의 책임을 갖고 하게 하기 위함이며, 이를 위해서는 교양교육 관련 정보를 서로 공유할 수 있도록 해야 한다.

3. 기초학문의 발전을 위한 학문 체제 개혁의 방향

교양교육의 혁신을 위해 빼놓을 수 없는 전제가 학문 체제 개편이다. 교양교육은 기본적으로 기초학문을 전제로 구성되어 있으므로 그 발전을 위해서는 기초학문의 발전이 필수적이다. 기초학문 발전을 어떻게 이룰 수 있을 것인가의 문제는 다양한 방식으로 검토될 수 있겠지만 여기서는 학문 체제라는 관점에서 다루고자 한다. '학문 체제'는 학문에도 제도적 틀이 있고, 상이한 학문들 간의 관계가 일정한 체계를 갖추어야 한다고 전제하는 것이다.

학문 체제는 시대적 조건과 요청에 따라서 새롭게 개편되기 마련이다. 근대에 자연과학이 중요한 학문 분야로 대두한 것은 당시 자본주의적 생산양식의 구축과 함께 인간과 자연의 관계에 중대한 변화가 생겼기 때문이다. 20세기에 들어와서는 자연과학과 인문학, 그리고 사회과학이 중심이 된 학문의 삼두 체제가 형성되었지만 갈수록 이 체제에서 응용과학이 사회적 지원과 관심을 많이 차지하게 된다(Frank·Gabler, 2006). 이는 무엇보다 학문의 생산성을 요구하는 자본주의의 압박에서 비롯된 결과이다. 학문 체제가 개편되어야 한다면 이제는 더 이상 자본주의적 지식 생산과 이에 따른 학문 전략을 방치할 수 없어졌기 때문이다. 오늘날 대학의 학문과 교육은 자본축적을 위한 수단으로 전락한 나머지 단기 생산성만 중시하는 경향에 물들어 있고, 학문과 교육 본연의 가치를 상실한 지 오래이다. 하지만 대학에서 실시하는 학문과 교육은 이제 창의성 강화를 통한 유적 역능의 발전이라는 새로운 목적을 갖게 되었다. 이는 그간 응용학문, 직업교육이 중시되었던 관행을 극복하고, 냉대받던 기초학문을 다시 보호하고 발전시켜야 할 필요성이 커졌다는 말이기도 하다.

기초학문의 보호와 발전을 위해 상이한 학문들 간의 새로운 관계 설정이 요구되며, 따라서 학문 체제를 개편하는 것이 필요하다. 여기에는 두 가지 접근법이 있을 것 같다. 먼저 학문 단위의 관점에서 개편하는 방식을 생각할 수 있다. 학문 단위라 함은 학문 분야를 가리킨다. 전통적인 근대 대학에서 이들 분야는 주로 분과학문 중심으로 구성·운영되어왔지만 최근에 이르러서는 분야들의 세분화나 합종연횡이 빈번하게 이루어지고 있기도 하다. 이에 따라 오늘날 대학에서 운영하는 학문 단위는 개별 분과학문을 중심으로 하는 학과 형태를 띠기도 하고, 하위 분과학문을 중심으로 하는 센터 형태를 띠기도 하며, 여러 분과학문이 융합된 공동 과정 형태를 띠기도 한다. 이처럼 학문 단위를 놓고 학문 체제를 개편하고자 할 때 유념해야 할 것은 학문들 간의 관계를 어떻게 설정하느냐의 문제이다. 예컨대 철학과 문학 연구의 관계, 역사학과 인류학의 관계를 어떻게 제도적으로 해결하느냐, 또는 오늘날 필요한 문학 연구의 과제와 내용을 어떻게 설정하느냐 같은 문제가 그런 것이다. 이런 문제는 기초학문 각자 내부의 구성 문제, 기초학문 상호 간의 관계, 나아가 기초학문과 응용 또는 전문직 학문의 관계라는 다층적이고 중층적인 문제를 포함한다. 예컨대 문학의 연구 과제를 어떻게 설정할 것인가를 놓고 크게 두 가지 방향을 생각해볼 수 있을 듯하다. 한편으로는 문학 과목을 지금처럼 민족 문학 중심으로 놓고, 이를 시대별·장르별로 다룰 수 있을 것이다. 하지만 이것은 문학 연구를 계속해서 근대적 방식으로 한다는 말이다. 다른 한편으로는 문학 연구의 과제를 문학 일반의 관점에 놓고 설정할 수도 있다.

학문 체제 개편은 학제 측면에서 접근하는 것도 가능하다. 고대 중국에서 소학과 대학을 구분한 것이나, 근대의 교육체계에서 초·중·고등교육과정을 구분해놓은 것은 학문도 개인의 발달 과정을 고려해서 이루어져야 한다는 판단 때문일 것이다. 고대 동아시아에서 8세 이상의 어린이로 하여금 '쇄소'와 '응대', '진퇴'와 '예악사어서수'의 육례(六禮)를 먼저 배우게 하고, 15세 이상의 청년이 '격물치지', '성심정의', '수신제가', '치국평천하'의 이치를 깨닫도록 한 것은 요즘 말로 하자면 개인의 발달 과정에 따라서 학문을 하도록 해놓은 셈이다. 오늘날 이런 학제의 관점은, 예컨대 중등교육과정과 고등교육과정에서 가르치는 교육 내용과 학문들의 관계를 설정할 때 중요하게 고려해야 할 사안이라 하겠다. 과거처럼 명목상 교양교육을 중시한다고 해놓고 실상은 고등학교 상급 학년 과정에서 배우던 내용을 그대로 반복하는 것도 문제이지만, 대학 학부 하급 학년의 학생들에게 교양과목을 이수시키지 않은 채 바로 전공과목을 학습시키는 것도 문제가 아닐 수 없다.

이런 문제점을 여실히 보여주는 한 예는 한국에서 아직도 운영 중인 고등고시에서 일어나는 교육의 난맥상이다. 고시 준비생의 경우 번연히 학부과정에 소속되었으면서도 교양과목은 물론이려니와 (법학과 소속이 아니면서 고시 공부를 하는 경우에는) 심지어 자신의 전공과목도 팽개친 채 고시 과목 공부에 매달리고 있는 사례가 허다하다. 그러나 마사 누스봄(Martha Nussbaum)이 지적하듯이, 이런 학생이 고시에 합격해 판관이 되었을 때 보여줄 모습을 생각하면 끔찍하기만 하다. 교양과목, 전공과목을 통해 갖추어야 할 윤리적·미학적·과학적 소양과 역능이 결여된 판관은 유무죄의 판단을 기계적으로 하지 않겠는가(Nussbaum, 1997). 이러한 우려는 고시생에게만 해당하지 않는다. 의사, 기자, 교사, 공무원 등 전문직 종사자들, 그리고 다른 여러 직업에 종사하는 전문가들도 기본적으로 교양과목을 제대로 이수해야만 '시적 정의(poetic justice)'의 다양한 사회적 실천을 자신의 중요한 의무로 여길 것이다. 이 같은 관점에서 볼 때 학문 체제를 어떻게 개편하는 것이 좋을까? 다음에서 언급하는 것은 이런 질문에 따라서 생각해본 몇 가지 개편 방향이다.

① 먼저 학문 단위의 관점에서 생각해볼 수 있는, 한국 대학들이 현시점에 안고 있는 가장 중대한 학문 체제 문제는 분과학문 체제라고 할 수 있다. 분명히 해야 할 것은 개별 분과학문의 문제와 분과학문 체제의 문제는 서로 차원을 달리한다는 것이다. 전자는 개별 학문이 당면한 문제로서 개별 학문 분야가 해결해야 하겠지만, 후자는 학문 전체의 문제로서 다룰 필요가 있다. 한국은 근대 대학의 학문을 아직도 분과학문으로서 관리하는 경향이 높다. 물론 최근에 들어와서 학부제나 공동 과정 등 새로운 학문 편성 방식의 도입, 그리고 융복합 연구 같은 신형 연구 방식이 도입되어 이루어지고 있기도 하지만, 국내 대학들이 드러내는 탈분과학문 경향은 기본적으로 신자유주의적 시장 논리에 의해 추진된 측면이 커서 학문 내적인 필요성과는 무관하게 진행된다고 보아야 한다. 분과학문 체제를 탈피하여 새로운 학문 체제로 나아가기 위해서는 어떻게 해야 하는가? 학문들의 체제와 개별 학문은 서로 다른 차원의 문제를 갖기 때문에 분과학문 체제를 탈피한다고 해서 분과학문 자체를 해체해 버리는 일은 당연히 경계해야 한다. 1990년대 말 이후 한국 대학들이 학부제

도입을 명분으로 주로 기초학문에 해당하는 분과학문들을 고사시킨 '기초학문 분서갱유'를 지속하거나 반복하면 곤란하다. 분과학문 체제를 탈피하는 중요한 방안의 하나는 학문 자체와 그것을 뒷받침하는 학과나 협동 과정, 연구소 등의 제도를 구분하고 양자의 관계를 새로 설정하는 일이다. 이때 기초학문은 최대한 보호하고 육성하는 것을 원칙으로 삼는 것이 필요하다. 기초학문은 교양교육과 밀접한 관계가 있고, 교양교육은 학문 전체를 포괄하는 완결성을 지녀야 한다. 기초학문들 가운데 어느 하나라도 빠져버리면 교양교육은 그 완결성을 잃게 된다. 하지만 지금 국내 대학의 실상은 기초학문을 약화하고 직업교육을 강화하려는 경향이 지배하고 있는바, 이런 점을 고려할 때 국립대학의 역할이 더욱 중요하다고 할 수 있다. 국립대학은 기초학문의 '보루'가 되어야 하는 것이다. 최근 서울대가 법인화함으로써 여타 국립대학의 민영화를 부추기게 된 것은 기초학문 발전의 관점에서 여간 우려스러운 일이 아니다. 따라서 분과학문 체제의 해체는 신중하게 진행해야 하고, 특히 기초학문을 보호하면서 이루어져야 하겠지만 기초학문을 새로운 시대적 조건과 요청에 부응하도록 하는 것은 여전히 필요하다. 아울러 기초학문에 대한 배려가 기존 연구자 및 교수 집단의 기득권을 지키는 것이 아니라 학문 자체의 발전에 기여하도록 하는 것도 중요하다.

② 학문 체제의 개편은 학술적 연구 대상 및 주제와 밀접한 관련을 맺지 않을 수 없다. 연구 대상과 주제는 고정된 것이 아니라 새로 발견되거나 발명되기도 한다. 이런 점에서 학문 체제는 가변적인 다양성을 지닐 필요가 있다. 현재 국가 차원에서 한국의 지식 생산을 관리하는 연구재단이 활용하고 있는 학문 조직도는 이 같은 점에서 문제가 많다고 보아야 한다. 기본적으로 기득권을 가진 학문 분야만 우대하는 방식으로 구성되어 있기 때문이다. 학문 체제가 지식 생산의 고착화가 아니라 혁신과 변혁을 위해 필요하다면 새로운 연구 대상과 주제를 설정하는 학문의 탄생을 방해하는 요인들은 최대한 제거해야

한다. 이와 관련해 고려할 점이 기존 학계나 원로 연구자들의 학문 권력을 해체하고 아울러 신진 연구자의 연구 및 학문의 자유를 보장하는 일이다.[13] 지식 생산에서도 민주주의가 관철되어야만 하는 것이다. 그리고 새로운 연구 대상과 주제의 발굴이 학문 체제 개편으로 이어질 수 있도록 다양한 학문 체제가 펼쳐져야 한다. 학문의 편성이 대학마다 다를 수 있어야 대학별로 독자적인 학문 전략을 수립하려는 노력을 기울이게 될 것이다. 그동안 한국의 대학들은 극소수 대학을 정점에 두고 이들 대학에서 운영하는 학문 체제를 거의 동일한 방식으로 받아들여 운영해왔다고 해도 과언이 아니다. 이것은 학문 체제가 연구 대상과 주제에 기반을 두고 편성되었다기보다는 학문 분야에 의해 구성된 결과이고, 그것도 상층부 대학에서 운영하는 분야와 연구 대상과 주제를 그대로 복사하여 생겨난 결과이다. 학문 체제를 새롭게 개편하려면 '상위' 대학들이 본교 졸업생만 교수로 영입하는 관행도 지양해야 한다.[14] 그런 '학문의 근친상간' 관행을 종식시켜야만 학문 체제가 다양해질 수 있고 창조적 지식 생산이 이루어질 것이다. 그리고 학문 체제를 다양하게 편성하면 그와 같은 관행을 지양할 수 있는 필요성도 더 커지게 된다.

③ 학문 체제를 규정하는 연구 대상과 주제는 역사적 관행, 특히 지배의 전통에 의해 고착되기도 한다. 오늘날 한국의 어문 계열 학문 체제는 대체로 19세기나 20세기 초의 지식 생산을 지배했던 제국주의적 에피스테메의 영향에서 벗

13) 학문의 자유는 사상의 자유만으로 보장되지 않는다는 점도 잊지 말자. 학문의 자유가 실질적으로 보장되려면 지식 생산에 종사하는 연구자의 '노동권'이 보장되어야만 한다. 이와 관련해서는 Kang(2010: 207~225) 참고.

14) 국내의 상당수 대학들이 외국 대학, 특히 미국 대학에서 학위를 받아온 사람들만 선호하는, 그래서 국내 대학에서 학위를 받은 연구자는 거부하는 '자사 제품 구매 거부' 현상이 만연한 것은 사실이지만(신정완, 2003), 이때의 거부 대상은 박사학위 소지자인 경우이고 외국 대학 학위 취득자도 본교 출신을 선호하는 것은 변함이 없다.

어나 있지 않다. 영어영문학, 불어불문학, 독어독문학, 노어노문학, 일어일문학, 중어중문학 등 오늘날 어문 계열 학과들의 명칭은 거의 예외 없이 과거 제국이나 제국주의 국가들로부터 유래하고 있는바, 이는 한국어 문학이 '국어국문학'으로 불리는 것까지 포함하여(국문학, 국어 등의 명칭은 제국주의에 의해 침략당한 식민지의 상흔을 반정립으로 표현하고 있다고 볼 수 있기에) 한국의 어문 학문이 제국주의 시대의 구도에서 벗어나지 못했음을 보여준다. 한국에서 아프리카나 동유럽, 동남아시아, 남아메리카 등의 어문학에 대한 수준 높은 연구를 기대할 수 없는 것은 그 결과일 것이다. 나아가 외국학이 어문 계열 중심으로 분류되어 있는 것도 문제이다. 외국학은 지역학의 성격을 띨 수도 있어야 하지만, 어문 계열로 그것도 과거 제국 또는 제국주의 국가들 중심으로 운영됨으로써 전공자들로 하여금 연구 대상에 대한 '사대주의적' 태도까지 갖도록 만드는 폐단도 없지 않다. 전국 대학들에 설치된 어문 계열 학과들 가운데 상당수는 지역 학과로 전환시키고, 어문 계열 중심에서 지역학 중심의 학문 체제로 전환을 시도할 필요가 있다고 본다.

④ 학문 체제의 정상적 개편을 위해서는 학문 단위 간에 비대칭적 권력 행사가 자행되는 관행을 시정할 필요가 있다. 박정희 정권에서 국민윤리 과목을 주요 학과목으로 설정하는 비학문적 횡포가 자행되었을 때 교육학이 윤리 교육 분야를 만들어내어 철학 영역을 침탈한 적이 있고 그 후유증은 지금도 남아 있다. 학문의 문제를 종합적으로 검토하는 학문이 있다면 철학일 것이나 한국에서는 교육학이 학문 편제 등을 재단하는 월권을 행사해온 것이다. 교육학의 이런 행위가 이제는 많이 줄어들었다고 하지만 아직도 교직 전공자가 학기 중에 교생실습을 나가면서 해당 학기에 수강하는 다른 과목들에 대해 4주 동안 결석을 하는 관행은 그대로이다. 최근 신자유주의 지배 국면에서 지배적 위상을 갖는 학문은 경영학, 회계학, 재정학 등 기업 운영의 노하우와 관련된 학문들로서 이 중 특히 경영학이 특권적 위상을 누리고 있다.[15] 경영

학은 사실 분과학문으로서도 성립하기 어려워 학문 단위로 설치되면 대학원 과정에 있어야 하는데도 학부과정에 들어와서 기초학문 전공자를 흡수하며 기초학문들을 초토화하는 요인으로 작용한다. 교육학, 경영학처럼 비정상적 학문 권력을 가진 학문 분야가 등장하면 학문의 민주주의는 침해받기 마련이다. 모든 학문들, 그중에서도 대학의 교양교육을 밑받침하는 기초학문의 정상적인 발전을 위해서는 학문 단위들 간에 비대칭적 권력이 행사되는 것을 막아야 한다.

⑤ 학문 단위를 중심으로 하는 학문 체제 개편에서 중요하게 고려해야 할 또 다른 기준은 연구 방식이다. 이 관점에서 보면 학문에 대한 접근은 분과적 접근, 학제적 접근, 복합적 접근, 융합적 접근 등 다양한 모습을 갖는다. 요즘 공동 과정이나 융복합 과정 등이 도입되고 있는 것을 보면 한국의 대학들도 이런 접근법을 시도하는 듯하다. 하지만 한국의 지배적 지식 생산은 여전히 분과학문 체제가 중심이며, 따라서 융복합 과정 등의 도입은 명목상으로만 이루어질 뿐이다. 지금 그런 과정을 운영하는 국내 대학 가운데 해당 과정에 전임교수들을 제대로 배치하고 있는 곳이 거의 없다는 것이 단적인 증거이다. 그러나 이런 현실적인 문제를 논외로 친다면 연구 방식에 의거하여 학문 체제 개편을 도모하는 것이 분과학문 체제를 극복할 수 있는 중요한 방안이라는 점은 부인할 수 없다. 그렇다면 어떻게 해야 하는가? 심광현에 따르면 학문 체제를 개편할 때 학문들의 연구 방식으로 취해야 할 가장 바람직한 접근은 '통섭'적 연구이다. 통섭적 연구는 ①"여러 분과학문들이 자신의 전문

15) 경영학, 회계학 등이 누리는 학문 권력은 오늘날 각종 사회조직이 기업처럼 운영되고 있는 점과 무관하지 않다. 특히 회계학은 기업의 내부 조직 운영을 위해 관리회계의 노하우를, 외부 관련자들에 대한 기업 정보 공개를 위해 재무회계의 노하우를 취급한다고 할 수 있다. 회계학의 부상과 관련해서는 Miller(2004), 강내희(2011) 참고.

분야를 유지하면서 특정한 주제가 과제를 해결하기 위한 한시적 공동 연구, 또는 지속적인 공동 연구를 통해 각 분과학문의 성격이 변화하는 과정을 포함하기도 하는 협동 연구 등"을 지향하지만 "분과학문 자체의 해소를 목표로 하지는 않는" '학제적 연구', ②"각 전공 분야가 특정한 주제와 과제를 해결하기 위해 하나의 연구로 수렴되어" "기존의 분과 전공은 사라지고, 여러 전공들이 서로 삼투되어 새로운 전공이 창출"되는 '융합 연구', ③"각각의 전공 분야가 하나로 융합되지 않고, 각각의 전공 특성이 복합적 전체의 구성 성분으로 유지되는 방식"의 복합 연구, ④"융합 연구와 복합 연구가 전체적으로 유기적 통일체를 이룬" 통합 연구와 구분된다. 통섭 연구는 "여러 전공 영역이 모여 상호 연결하는 방식으로 출발하지만, 상호 연결의 과정에서 어떤 결과로 귀착될지가 미결정인, 다양성으로 열려 있는 연구 방식"으로서, "그 결과는 학제 간 연구, 또는 특정 주제로의 융합적 연구, 또는 복합적으로 네트워크화한 지식을 통한 새로운 복합 학문 분야의 형성, 또는 예기치 못한 새로운 연구 주제와 과제의 창발적 출현" 등으로 나타날 수 있는 연구 방식을 가리킨다(심광현, 2009: 202~203). 학문 체제의 개혁은 이런 통섭의 방식에 따라 다양한 형태로 진행될 수 있을 것이다.

⑥ 학문 편제 개편에서 또 하나 고려해야 할 점은 기초학문과 응용학문의 관계를 올바로 설정하는 일이다. 오늘날 응용학문의 중요성이 높아진 이유는 기본적으로 학문이 과학기술의 발전, 나아가 자본축적의 조건을 개선하기 위한 생산성 증진에 복무해야 하는 데서 찾을 수 있을 것이다. 생산성 증대나 과학기술 발전을 무조건 거부하는 어리석음은 당연히 피해야 한다. 자본주의가 과학기술을 도구화하는 것은 비판해야 하겠지만 과학기술의 발전은 인류의 더 나은 삶의 성취를 위해서도 계속 추진해야 한다. 우리는 인간적 역능을 최대한 발전시킬 수 있는 '자유의 왕국'을 건설해야 하겠지만, 그 왕국은 홀로 설 수 있는 것이 아니라 반드시 '필연의 왕국'을 토대로 해야 한다는 것을 잊

어서는 안 되겠다(마르크스, 1990: 1010~1011). 과학기술의 발전은 이 필연의 왕국이라는 토대를 건설하는 데 소요되는 사회적 필요노동을 최소화하는 주된 요건이라는 점에서, 유적 존재로서의 인류 발전을 위해서도 포기할 일이 아니다. 그런데 이런 점을 확인한다고 하더라도 과학기술의 발전 가치와 의미를 설정하기 위해서는 물론이고, 과학기술이 더욱 발전하기 위해서라도 기초학문의 발전이 필수임을 잊어서는 곤란하다. 대학에 따라 응용학문과 기초학문의 발전을 위해 각기 취하는 학문 전략이 다를지라도 사회 전체의 차원에서는 기초학문 발전 자체를 외면하면서 응용학문만 발전시키려는 접근법은 당연히 지양해야 한다. 그러나 지금 한국 대학은 응용학문에는 큰 관심을 보이지만 기초학문 발전을 위한 노력에는 소극적이기 그지없다. 기초학문의 발전을 위해 국립대학의 역할을 강조할 필요가 여기서 나온다. 그렇다면 국립대학과 사립대학이 기초학문과 응용학문을 서로 나눠서 책임지게 해야 하는가? 장기적으로 대학 교육을 사회적 책임과 권리로 만들어야 한다면 동일 대학에서 기초학문과 응용학문을 함께 운영할 수 있는 방안을 마련할 필요가 있다. 이런 관점에서 제안하고 싶은 것은 기초학문과 응용학문의 대립적 또는 양자택일적 구도를 깨고 기초학문과 응용학문의 융복합을 꾀하며 두 학문을 통합시키는 길, 다시 말해 기초학문과 응용학문도 서로 통섭하도록 하는 길이다. 그렇다면 학문의 통섭은 어떻게 이루어야 하는가? 학문 통섭의 방식에 대한 정답이 있는 것이 아니지만 이미 복잡계 과학(산타페연구소), 인지과학, 문화 연구 등 많은 연구 업적을 쌓고 있고, '초분과 대학', '제3의 문화', '인문학과 과학의 통합' 등에 대한 제안들이 쏟아지고 있다.[16] 여기서 통섭적 접근의 사례를 일일이 살펴볼 수는 없지만, 1960년대 이후 인

---

16) 이와 관련해서는 Wilson·Heywood(2008), McGregor·Volckmann(2010), Nicolescu (2005), 심광현(2009), 강내희(2010) 등 참고.

문학 분야에서 '이론'이라고 불리는 새로운 학문 접근법이 가져온 연구의 흐름을 언급할 수 있겠다. '이론'은 일종의 새로운 연구 태도로서 "신체적·가족적·인종적·의학적 시선과 같은 대상들의 담론적 실천에 대한 새로운 역사적·문화적 연구들을 촉발시키"고, 다양한 연구들의 "겹치고, 층지고, 얽히고, 상호 반영된 결연들, 동맹들, 연대들"을 만들어냄으로써 인문학의 새로운 발전을 불러일으켰다(Klein, 2004: 3).[17] 학문의 통섭 사례는 외국에서는 상당히 많지만 오늘날 한국 대학에서는 매우 드문 편이다. 하지만 지식 생산의 관점에서 창의적 학문을 하려면 통섭적 접근은 꼭 필요하다고 본다.

⑦ 학문 체제 개편을 추진하는 두 가지 접근법 중 나머지 하나는 학제의 관점을 따르는 것이다. 여기서 학제는 '학년 제도'를 가리킨다. 이런 학제를 중심으로 학문 편제 개편을 생각할 경우 한국 대학에서 가장 중요하게 다루어야 할 문제는 기초학문과 전문직 학문의 관계라고 판단된다. 오늘날 대학 개혁이 반드시 교육 내용의 차원에서도 이루어져야 한다면 교양교육과 그 바탕이 되는 기초학문을 발전시킬 수 있는 학제 개편이 필요하며, 이 작업에는 반드시 현재 학부과정에 설치해놓은 전문직 분야 학문의 교육을 새롭게 조정하는 일이 포함되어야 한다. 알다시피 한국 대학의 대부분이 아직까지도 기초학문 교육과 전문직 학문 교육에서 시차를 두지 않고 학부과정에서 한꺼번에 실시하고 있는 실정이다. 경영학, 교육학, 행정학, 법학, 의학 등 전문직 학문을 문학, 역사학, 철학, 인류학, 지리학, 경제학, 사회학, 물리학, 화학, 생물학, 수학 등의 기초학문과 같이 학부과정에 배치해놓고 있는 것이다. 전문직 학문이 이런 식으로 운영되고 있는데 기초학문이 제 기능을 하며 발전하리라고 기대할 수 없다. 전문직 학문 교육을 학부과정에서 실시함으로써 기초학문의

---

17) 인문학계의 이런 '이론' 흐름에 대해 비아냥거리는 경우도 없지 않다. 브록만(1996, 2006) 참고.

자생적 공간을 크게 침해하는 관행이 생긴 것은 한국이 근대 대학을 독자적으로 운영해온 역사가 일천하다는 점과 무관하지 않다. 1945년에 해방을 맞은 뒤에야 대학을 독자적으로 운영할 기회를 갖게 되었으나 신생국가로서 국가 운영에 필요한 인재들을 속성으로 배출해야 할 필요 때문에 대학원 과정에서 실시해야 할 전문직 학문 교육을 학부과정에 배치할 수밖에 없었던 것이다. 그러나 해방을 맞이한 지 70년이 되어가는 지금까지도 일부 학문 분야를 제외한 대부분의 전문직 학문이 여전히 학부과정에 배치되어 있는 것은 학문의 균형적인 발전을 위해 결코 바람직한 일이 아니다. 최대한 빨리 전문직 학문과 기초학문을 분리하여 적합한 교육 시점을 결정해야 한다고 본다.

⑧ 앞서 학문 단위와 연구 방식을 중심으로 살펴본 학문 편제 개편 방식도 학제의 관점에서 생각해볼 필요가 있을 것 같다. 예컨대 '문화 연구'나 '여성 연구' 등 통섭적 연구가 필요한 학문 분야를 교육과정으로 설치한다고 할 때 기초학문들과 어떤 관계를 맺게 할 것인가? 문화 연구를 살펴보면 이 연구가 문학, 철학, 역사학, 사회학, 인류학, 과학사회학 등 많은 학문 분야들의 통섭을 통해 이루어지는 일종의 복잡성 학문 체계라는 것을 알 수 있다. 이러한 학문 분야를 대학 교육의 학부과정에서 독립된 학문 단위로서 운영하는 것이 바람직한가? 문화 연구는 학부과정의 학문 단위로 두기보다는 대학원 과정의 학문 단위로 설치하여 특정한 기초학문을 하나 이상 전공한 학생이 전공하도록 해야 하지 않을까? 문화 연구를 대학원 과정에 둔다고 학부과정에서 문화 연구에 대한 어떤 교육도 불필요하다는 것은 아닐 것이다. 하지만 그렇다고 하더라도 문화 연구와 같이 통섭적인 과목은 가능하면 학부의 고학년 과정에 설치하는 것이 필요하다고 볼 수 있다. 여성 연구나 과학사회학 등 다른 통섭적 성격의 학문들도 학부교육과정에서 운영할 때 이런 점을 고려해야 할 것이다.

4. 결론

지금 세계 정세는 신자유주의가 위기에 빠져 있고, 자본주의의 최종 순환 역시 거대한 위기의 시기에 들어섰음을 보여준다.[18] 이 변화가 새로운 헤게모니 국가의 탄생으로 이어질지, 아니면 자본주의 이후로의 이행으로 전개될지는 예단하기 어렵다. 하지만 세계가 과거와는 질적으로 다른 국면으로 빠져들고 있는 것만큼은 분명해 보이며, 그에 따라 교육도 새롭게 변혁될 수밖에 없을 듯하다. 오늘날 대학과 대학 교육을 근본적으로 바꾸어야 할 필요성은 지금 눈앞에 보이는 세계 변혁의 조짐 때문에 더욱 절실한 것이다.

한국의 교육 운동 진영은 이 중대한 변화의 국면을 맞아 무엇을 어떻게 해야 할 것인가? 세상이 바뀌고 교육도 변해야 하겠지만, 무엇보다 교육 운동의 주체로서 교육을 바꾸어 세상을 변혁할 염원을 가져야 하며, 따라서 이제는 교육개혁의 문제를 과거와는 다른 방식으로, 전면적으로 사고할 필요가 있다. 그동안 한국의 교육 운동은 주로 초·중등교육의 개혁과 변혁에 초점을 맞추어 진행되어왔으나, 최근에 와서 대학 체제가 교육 문제의 핵심임을 깨닫고 그 개혁과 변혁을 위해 새로운 노력이 이루어지기 시작했다. 전교조(전국교직원노동조합) 활동가들이 내용을 다듬어온 **국공립대학 통합네트워크안**과 교수단체 및 학부모 활동가들이 준비해온 **국립교양대학안**을 통합하기 위해 노력한 결과로 **교양과정 후 공동학위제안**을 만들어낸 것은 대학 개혁 없이는 교육개혁을 이루어낼 수 없다는 것, 그리고 대학 개혁은 대학 체제의 개혁을 핵심으로 한다는 교육 운동 진영의 문제의식을 반영한다.

---

18) 여기서 "자본주의의 최종 순환의 위기"는 세계 자본주의(미국 헤게모니)의 해체를 가리킨다. 조반니 아리기(Giovanni Arrighi) 등 세계 체계론자에 따르면 미국 헤게모니는 자본주의 축적 순환의 최종 단계에 속한다(아리기, 2006, 2008 참고).

이 글에서 대학 개혁을 위해 대학의 이념을 새로 생각하고, 교양교육의 혁신과 아울러 학문 체제 개편의 필요성을 강조하고 그 방향을 모색한 것은 대학 체제 개혁의 중요성을 무시해서가 당연히 아니다. 한국의 교육을 올바로 만들기 위해 빠뜨릴 수 없는 핵심적인 것이 대학 체제 개혁이다. 하지만 이 글에서 필자는 이 개혁의 필요성을 인정하는 것과는 별도로 대학 개혁은 제도의 개혁뿐만 아니라 교육 내용의 개혁이 뒤따라야 하며, 이를 위해서는 교양교육과 기초학문의 발전이 중요하다는 것을 강조하고 그 방향을 살펴보고자 했다. 교양교육과 기초학문의 혁신과 발전을 위해서 필요한 것이 대학에서 편성하고 있는 학문 체제의 개혁이다. 학문 체제 개혁과 이를 통한 교양교육의 혁신은 교육 운동이 교육의 내용을 발전시키는 데 기여하기 위해 반드시 이루어야 할 일이다. 대학 체제 개혁 운동이 대학 개혁을 주로 평등의 원칙에 따라서 추진하는 것이라고 한다면 이 글에서 강조한 교양교육과 학문 체제 개혁은 대학 개혁을 학문과 교육 발전이라는 관점에서 추구하는 방식이라고 할 수 있다.

신자유주의에 의해 황폐해진 오늘날의 교육 현실을 바로잡으려면, 그리고 자본주의 이후를 구상하고 포스트-자본주의 사회가 자본주의 사회보다 유적 존재로서 인류의 삶을 더 나은 것으로 만들 수 있게 하려면 한편으로는 평등이, 다른 한편으로는 역능의 강화가 필요하다. 평등의 보장과 역능의 강화는 동시에 추진해야 하는 것이지 어느 하나만 고를 일은 아니다. 그동안 신자유주의는 역능의 강화를 부르짖고 창의성의 중요함을 강조했지만 그것을 공유하려는 관점은 철저히 배격함으로써 소수에게는 창의성을 통한 역능의 강화를 허용한 반면, 다수에게는 무능의 재생산만 강요해왔다. 이제 신자유주의를 넘어서 자본주의 이후까지 구상해야 하는 만큼 우리는 창의성을 위계화하거나 독점하는 것이 아니라 공동의 협력을 통해 함께 달성하는 방안을 강구해야 한다. 다시 말해 창의적 문화 능력을 인류가 보편적으로 갖출 수 있는 길을 찾아야 하는 것이다. 오늘 대학 개혁이 필요하다면 바로 이런 관점을 대학 교육을 통해 구현해야 하기 때문이다. 교양교육의 실시와 더불어 학문 체제를 혁신하고 개편하는 일은 인류의 유적 역능을 강화하기 위한 사회적 기반을 마련하는 길인 것이다.

참고문헌

강내희. 2010. 「학문의 비환원주의적 '통섭'을 위한 초분과적 기획과 문화연구」. ≪한국사회과학≫, 제32권.

______. 2011. 「미래할인의 관행과 일상문화의 변화」. ≪경제와 사회≫, 제92호.

골드너, 로렌(Loren Goldner). 2009. 「가장 거대한 '10월의 충격': 세계 자본주의의 파열」. ≪문화/과학≫, 제57호, 354~387쪽.

김누리. 2009. 「주식회사 유니버시티: 대학의 기업화와 학문 공동체의 위기(I)」. ≪안과 밖≫, 제27호(하반기), 303~329쪽.

리오타르, 장-프랑수아(Jean François Lyotard). 1992. 『포스트모던의 조건』. 유정완·이삼출·민승기 옮김. 민음사.

마르크스, 카를(Karl Marx). 1990. 『자본론 III(하)』. 김수행 옮김. 비봉출판사.

베버, 막스(Max Weber). 1988. 『프로테스탄티즘의 윤리와 자본주의 정신』. 박성수 옮김. 문예출판사.

브록만, 존(John Brockman). 1996. 『제3의 문화』. 김태규 옮김. 대영사.

______. 2006. 『과학의 최전선에서 인문학을 만나다』. 안인희 옮김. 동녘사이언스.

신정완. 2003. 「주체적 학자 양성의 필요성과 방안」. 학술단체협의회. 『우리 학문속의 미국』. 도서출판 한울.

심광현. 2009. 『유비쿼터스 시대의 지식생산과 문화정치: 예술-학문-사회의 수평적 통섭을 위하여』. 문화과학사.

______. 2012. 미래사회/미래교육의 혁신을 위한 〈교양과정 후 공동학위제〉 방안. 민교협·교수노조·학술단체협의회·비정규교수노조·교육혁명공동행동·사학비리척결과비리재단복귀저지를위한국민행동·행복세상을여는교육연대 공동 대학개혁정책 심포지움(2012.2.27).

심광현·노명우·강정석. 2012.『미래교육의 열쇠, 창의적 문화교육』. 살림터.

아감벤, 조르지오(Giorgio Agamben). 2008.『호모 사케르』. 박진우 옮김. 새물결.

커즈와일, 레이(Ray Kurzweil). 2007.『특이점이 온다』. 김명남·장시형 옮김. 김영사.

화이트헤드, 알프레드 노스(Alfred North Whitehead). 2004.『교육의 목적』. 오영환 옮김. 궁리.

Bennett, Toney. 1992. "Putting Policy into Cultural Studies." *Cultural Studies*, ed. Lawrence Grossberg, Cary Nelson, and Paul A. Treichler. New York: Routledge, pp.23~37.

Foucault, Michel. 1972. *The Archeology of Knowledge*. tr. A. M. Sheridan Smith. New York: Pantheon Books.

Frank, David John and Gabler, Jay 2006. *Reconstructing the University: Worldwide Shifts in Academia in the 20th Century*. Stanford, CA: Stanford University Press.

Kang Nae-hui. 2010. "Neoliberal University Reform and the International Exchange of Intellectuals." Universities in Translation: The Mental Labor of Globalization, Traces Vol.5, ed. Brett de Bary. Hong Kong: Hong Kong University Press, pp.207~225.

Klein, Julie Thompson. 2004. "Interdisciplinarity and complexity: An evolving relationship." *E:CO, special double issue*, Vol.6, Nos.1~2, p.3.

Leavis, F. R. 1977. *The Living Principle: 'English' as a Discipline of Thought*. London: Chatto & Windus.

McGregor, Sue L. T. and Volckmann, Russ. 2010. "Making the Transdisciplinary University a Reality." *Integral Leadership Review*, Vol.X, No.2(March).

Miller, Peter. 2004. "Governing by Numbers: Why Calculative Practices Matter." in Ash

Amin and Nigel Thrift, eds. *The Blackwell Cultural Economy Reader*. Malden, MA and Oxford: Blackwell.

Nicolescu, Basarab. 2005. "Transdisciplinarity: past, present, and future." Available at: http://cetrans.com.br/textos/transdisciplinarity-past-present-and-future.pdf

Nussbaum, Martha. 1997. *Poetic Justice: The Literary Imagination and Public Life*. Boston: Beacon.

Sidney, Philip. 1971. "An Apology for Poetry." *Critical Theory since Plato*. ed. Hazard Adams. New York: Harcourt Brace Jovanovich, INC.

Ukai Satoshi. 2010. "The 'Age' of the University in Asia." *Universities in Translation: The Mental Labor of Globalization*. Traces Vol.5, ed. Brett de Bary. Hong Kong University Press, p.199.

Williams, Raymond. 1983. *Culture and Society, 1780-1950*. New York: Columbia University Press.

______. 1989. "Culture Is Ordinary." *Resources of Hope*. ed. Robin Gable. London: Verso.

Wilson, David Sloan and Heywood, Leslie. 2008. "Integrating the Humanities and Sciences: A campus-wide program at Binghamton University that addresses a general problem in higher education." Available at: http://evolution.binghamton.edu/evos/ wp-content/uploads/2009/08/Wilson-02.pdf

제4장

서울대 전국 대학화 전략?

권역별 계열 특성화 공공네트워크 모델

손우정 ‖ 성공회대 외래교수

1. 서론

한국사회에서 교육은 신분 상승의 주요 메커니즘으로 작동해왔다. 세계 최고 수준의 교육열에 반영된 국민의 높은 평등주의적 지향은 한편으로는 입시 부정 등 공정성을 저해하는 사회적 행위에 대한 강도 높은 규탄으로, 다른 한편으로는 가계가 감당할 수 있는 수준을 넘어서는 사교육에 대한 과잉 투자 욕구의 보편화로 나타나기도 한다.

그러나 지금 한국의 교육 체제는 평등주의와 동일한 기회 보장이라는 성격을 점차 상실하고 있다. 교육 경쟁에 투입되는 비용의 규모에 따라 경쟁의 결과가 달라지고 부모의 계급이 교육을 통해 자녀에게 재생산되면서 극심한 사회적 불평등이 고착되고 있다. 이런 교육 구조는 대학입시를 목표로 중등교육은 물론 영·유아교육과 초·중등교육까지도 전인교육의 말살과 끝을 모르는 사교육의 과잉 확대와 무한경쟁 구조를 만들어내고 있다.

이런 현상이 강화된 결정적 계기는 1995년 5·31교육개혁안으로 상징되는 김영삼 정부의 대학 신자유주의화 정책이었다. 경쟁 패러다임을 전면화하여 대학을 발전시키고자 한 시도는 대학과 대학생의 양적 팽창을 통해 대학생의 사회적 위상을 급격히 추락시켰으며 수도권 명문대학을 중심으로 한 서열 체제를 한층 심화시켰다. 대학 서열화를 유도하는 핵심 기제인 대학평가는 재정의 일방적 투입을 필요로 하는 지표로 채워져 등록금 인상의 주범으로 꼽힌다. 등록금 이외의 수단으로도 재정을 확충하고자 하는 대학 재단의 의지는 '대학의 기업화'를 불러오면서 대학을 신자유주의적 감수성을 내면화하는 공간으로 탈바꿈시키고 있다. 결국 한국 교육 문제의 핵심에는 서열화한 고비용의 대학 문제가 자리 잡고 있으며, 대학을 정상화하지 않으면 어떤 의미 있는 초·중등교육 정책도 성과를 내지 못하는 지경에 이르렀다.

이 글은 신자유주의적 경쟁 패러다임에 지배당해 온 한국의 대학 구조를 좀 더 평등하고 민주적인 공공 패러다임 중심으로 전환하기 위한 대학 체제 모델을 제시하려는 시도이다. 먼저 새로운 대학 체제 모델을 구성할 때 반드시 고려해야 할 핵심 과제를 살펴보고 기존 대안들을 비판적으로 검토한 후에 이를 보완할 하나의 대안으로서 '권역별 계열 특성화 공공네트워크 체제 모델'을 제시한다.

2. 새로운 대학 체제 모델을 구축하기 위한 핵심 과제

새로운 대학 체제를 어떻게 설계할 것인지에 대해서는 다양한 아이디어가 제시될 수 있지만, 공통적으로는 다음과 같은 과제들을 해결하기 위한 뚜렷한 의지가 반영되어야만 한다. 이 과제들은 여러 아이디어들의 적합성을 평가하기 위한 하나의 기준으로 작용할 수 있을 것이다.

첫째, 새로운 대학 체제는 수도권 명문대학 중심의 학벌·서열 체제를 극복할 수 있는 모델이어야 한다. 입시에 대한 부담과 이로써 파생되는 사교육비의 과잉은 단순한 학력 차별을 넘어 수도권 명문대학 중심의 학벌·서열 체제를 심화시키고 있으며, 이런 현상은 초·중등교육을 비롯해 영·유아교육까지 왜곡하는 근본 원인을 제공하고 있다. 대안 대학 체제가 교육 문제 해결의 최우선순위 과제로 배치해야 할 것은 이제 더 이상 두고 볼 수만은 없는 학벌·서열 체제이다.

둘째, 과도한 등록금 문제를 해결하면서 무상교육을 지향할 수 있는 모델을 구축해야 한다. 2000년 이후, 대학가에서는 물가 인상률이 무색할 정도로 높은 등록금 상승에 대한 반감이 공유되면서 등록금을 이슈로 한 대중운동이 활성화하기 시작했다. 등록금 인상 반대라는 초기의 소극적 저항은 '반값등록금'이라는 적극적인 인하 운동으로 이어졌지만, 기존의 대학 체제가 변화하지 않는 한 이는 임시방편적 대안일 수밖에 없다. 과도한 등록금 문제를 해결하기 위해서는 대학을 지배하는 패러다임 자체의 교체와 근본적 구조 개편이 동반되어야 한다.

셋째, '묻지 마 대학 진학'이 아니라 '필요에 의해' 대학에 진학하는 풍토를 만들 수 있는 제반 조치가 동반되어야 한다. 한국의 대학 진학률은 2008년 83%를 정점으로 80% 안팎의 수준을 유지하고 있다. 이런 대학 진학률은 한국사회의 유례없는 교육열을 반영하는 것이기도 하지만, 대학에 진학하지 않으면 정상적인 사회생활이 불가능할 정도로 왜곡되어 있는 고용구조와 문화적 풍토에 기인한다. 대학은 학벌 브랜드 획득이나 사회생활을 위한 필수 조건이 아니라 고등교육에 대한 학문적 필요로 진학하는 곳이어야 한다. 따라서 대안 대학 체제 모델은 단지 교육 분야의 경계 내에서 구축되는 것이 아니라 고용 시장의 왜곡을 해결할 방안과 연계되어야 한다.

넷째, 대학 내 고용 구조를 진보적으로 개편하는 대학 체제여야 한다. 대학은 단지 학생들만 존재하는 곳이 아니다. 한국사회 고용 구조가 비정규직이나 임시직을 양산하면서 고용 불안을 만성화하는 체제이듯, 대학의 기업화 경향이 강화되면서 대학 내 고용 구조도 신자유주의 정책 패러다임에 압도되어 있다. 높은 대학 진학률은 다시 높은 대학원 진학률로 이어지고, 이는 다시 비정규직 강사를 양산하는 결과로 이어지고 있다. 그러나 전임교원 1인당 학생 수는 선진국 수준에 한참 못 미친다. 대안 대학 체제는 대학 내 비정규직 강사를 비롯해 대학 구성원의 고용 문제를 해결하는 동시에 교육의 질을 재고할 수 있는 방안을 마련해야 한다.

다섯 째, 사립대학이 과잉되어 있는 현실에서 사립대학의 공공적 성격을 재고할 수 있는 대학 체제를 마련해야 한다. 사립대학 재단에서는 대학을 교육기관으로 인식하기보다 기업으로 인식하는 경향이 강화되고 있다. 재단에 대한 국가의 개입은 매우 소극적이며 사립대학의 민주화는 매우 요원한 상황이다. 대안 대학 체제는 사립대학의 공공적 측면을 재고하면서도 강제적 방식이 아니라 자연스럽게 대학 개혁을 유도하는 방안을 마련해야 한다.

여섯 째, 한국만큼 정권의 교체에 따라 교육정책이 물결치는 나라는 흔치 않다. 백 년을 내다보는 계획을 수립해야 하는 교육이 몇 사람의 교육정책 전문가들의 입장에 좌지우지되어서는 안 된다. 한 사회에서 교육은 하나의 부문으로서의 특수성보다 보편적 성격을 띠고 있다는 점에서, 교육정책의 큰 방향은 국민적 합의에 따라 이루어져야 한다. 대안 대학 체제는 정권이 바뀌어도 국민이 주도할 수 있는 제도를 확립해야 한다.

이 과제들은 새로운 대학 체제를 구현하는 작업이 매우 포괄적인 의제를 포함하고 있다는 것을 말하며, 교육문제가 한국 사회의 가장 핵심적인 사회문제 중 하나라는 것을 의미하기도 한다. 그동안 교육 운동 진영에서는 각 과제에 대한 나름의 해법을 제안해왔다. 이 같은 각론적 과제들은 하나의 통합적 모델 속에 유기적으로 결합되어 광범위한 국민 합의를 이룰 수 있어야 한다.

이 글은 이런 핵심 과제에 대한 모든 대안을 일일이 열거하기보다 대안 대학 체제의 중심 골격을 구축하는 과정에서 논의되어야 할 핵심 과제를 중심으로 대안적 방향을 제시할 것이다. 먼저 그동안 제안되어왔던 대안 대학 체제 모델을 비판적으로 검토해보자.

3. 대학 체제 개편에 관한 기존 방안

먼저 대학 문제 해결을 위한 정부의 정책 방향을 검토하고, 교육 운동 진영에서 어느 정도 합의가 이루어진 대안 대학 체제 모델들과 2012년 대선을 앞두고 각 정당에서 제안된 대학 정책을 검토해보자.

1) 정부안

박근혜 정부의 대학 구조 개편 방향은 학령인구 감소에 대응하기 위해 이명박 정부에서 수립된 대학 구조 개편 방향과 연속성을 띠고 있다. 2018년부터 대학 입학정원과 고교 졸업자 수의 역전 현상이 발생하고, 2020년 이후 대학 입학정원이 고교 졸업자를 초과하는 비율이 급격히 증가하는 것으로 예측되는 상황에서 '대학 입학정원의 강제적 축소'를 통해 대학 경쟁력을 유지하는 것을 핵심 목표로 설정하고 있다.

이런 시도는 1995년 5·31교육개혁안에서부터 본격 추진된 '대학의 신자유주의화'의 부작용에 대한 나름의 해법이라고 볼 수 있다. 잘 알려져 있다시피 대학 신자유주의화의 서막을 알린 5·31교육개혁안은 대학의 시장화·민영화를 통해 대학 간, 학생 간 무한경쟁을 유발하여 대학 발전을 유도한다는 전략이다. 이런 대학의 경쟁 패러다임은 대학과 대학생 수의 양적 팽창을 통해 질적 전환을 유도하는 방식으로 설계되었다. 김영삼 정부는 대학 간 자율 경쟁

〈그림 4-1〉 대학 입학자원의 규모 전망 및 입학정원의 변화

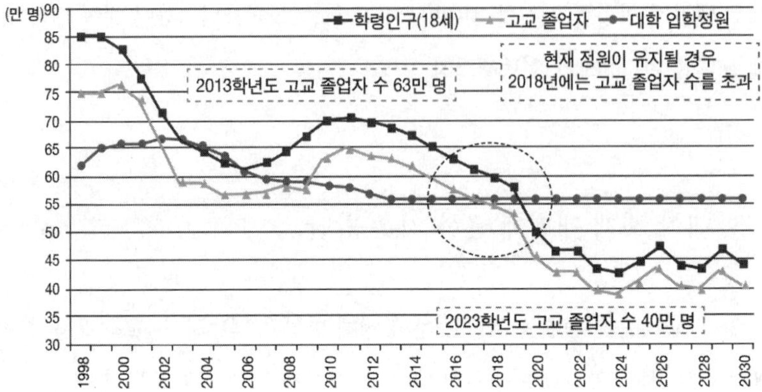

자료: 교육부(2014: 1).

을 유도한다는 명분으로 1995년 대학 설립 준칙주의를 도입해 일정 기준을 충족하면 마음대로 대학을 설립할 수 있도록 허용했는데, 2009년 일반대학은 38개교, 전문대학은 19개교, 대학원대학은 37개교가 늘었다. 전체 일반대학의 18.8%, 전문대학의 13.0%가 대학 설립 준칙주의가 도입된 이후 신설된 것이다(안민석, 2009). 그 결과 1990년대 중반 50%에 지나지 않던 대학 진학률(전문대학 포함)은 80%에 육박하는 수준으로 늘었다.

1975년 인구 1만 명당 66.7명에 지나지 않던 대학생이 2006년 기준 623.2명으로 9배가 넘게 늘었다는 것은 대학생 집단의 희소성이 사라지면서 이들의 사회적 지위가 급격히 하락하게 된다는 것을 말해준다. 대학생의 양적 확대와 이로 인한 지위 하락은 과잉 확대된 대학생 집단 내의 변별력 확보를 위해 다시 학벌과 대학 서열 체제를 더욱 강화하는 결과로 이어졌다. 안정된 사회적 기회를 얻고자 대학에 진학하려 했던 교육열이 이제는 단지 '대학'이 아니라 '명문대학', 그 명문대학 내에서도 '좋은 과'에 진학하지 않으면 사회적 성공을 기대할 수 없는 상황이 되고 만 것이다.

이런 현상을 잘 보여주는 것이 지역별 대학 진학률이다. 2008년 83.8%로 정점을 찍은 대학 진학률을 지역별로 나눠 살펴보면, 2010년 서울 지역의 진학률이 62.8%에 지나지 않아 전국 최하위를 기록하고 있다. 특히 서울 중에서도 대학 진학률이 가장 낮은 지역은 명문대학에 가장 많이 진학하는 지역으로 알려진 강남 지역이다. 이는 단지 '대학 진학'이 아니라 '좋은 대학', '좋은 과'에 진학하는 것이 핵심 목표로 설정되어 있는 상황에서 교육열이 유난히 높은 고소득층 지역 자녀들이 대학입시에 유리한 재수를 선택하여 서열 상위 대학으로 진학하려는 동기가 강화되었기 때문으로 해석할 수 있다.

1990년대 중반 이후 한국 대학 사회를 지배해온 양적 팽창 정책과 정량적 대학평가지표를 통해 구축된 재정 투입형 무한경쟁 구도는 대학 입학정원이 학령인구를 초월하는 상황이 도래하면서 크게 흔들리고 있다. 이런 조건은 대학 패러다임의 근본적 전환을 위한 좋은 계기가 될 수도 있지만, 정부의 정책은 지금의 경쟁 구도를 유지할 수 있는 수준으로 학령인구와 대학 입학정원의 비율을 강제적으로 재조정하는 것에 맞추어져 있다. 즉, 지금 대학 문제가 '대학의 신자유주의화 → 대학과 대학생 수의 급격한 확대 → 대학생의 사회적 지위 하락과 고용 문제 심화 → 변별력 확대를 위한 대학 서열화 심화 → 대학 간 경쟁을 위한 재정 압박 → 대학의 시장화·기업화'라는 과정을 통해 만들어졌다면, 정부의 전략은 대학 입학정원을 축소함으로써 경쟁 패러다임에 입각한 지금의 대학 체제를 유지하는 데 목적이 있다.

이를 위해 정부가 추진하고 있는 방식은 재정지원제한대학 선정과 적극적인 대학 퇴출 전략이다. 정부는 2011년부터 '정부재정지원제한대학 → 학자금대출제한대학 → 경영부실대학'의 단계적 구조개혁을 추진하고 있는데, 2012년 1월 17일 발표된 '대학 구조개혁 추진 기본 계획안'에서도 국립대학은 대학 운영성과목표제를 도입하고 지역과 대학의 강점 분야로 특성화를 지원하는 동시에 정부재정지원제한대학, 학자금대출제한대학, 경영부실대학, 퇴출대

〈그림 4-2〉 이명박 정부에서 마련한 구조개혁우선대상대학의 선정 기준

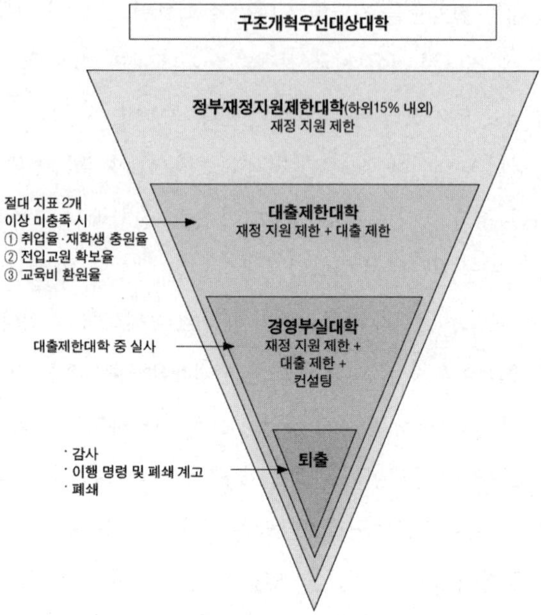

자료: 교과부(2012).

〈표 4-1〉 박근혜 정부의 주기별 대학정원 감축 목표(안)

평가 주기	1주기(2014~2016년)	2주기(2017~2019년)	3주기(2020~2022년)
감축 목표량	4만 명	5만 명	7만 명
감축 시기	2015~2017학년도	2018~2020학년도	2021~2023학년도

자료: 교육부(2014).

학 등을 선정하여 구조 개편을 이룬다는 기조가 유지되었다.

박근혜 정부 역시 2023년도까지 총 16만 명 감축을 목표로 구조조정에 착수 중인데, 대학평가를 통해 '최우수 등급을 받은 대학'은 자율 감축을, 그 외의 모든 대학은 차등적인 정원 감축을 요구하고 있다. 교육부는 2014년 11월

11일, 평가 결과에 따라 구조조정 대상을 5개 등급으로 나누었던 기존 방식에서 4개 평가 항목 11개 지표(총 60점)로 전체 대학을 평가한 뒤, 평가 결과가 좋지 않은 대학만 6개 지표(총 40점)로 추가 평가하는 2단계 평가 방식을 새로 발표하기도 했다. 그러나 평가 방식의 변화에도 불구하고 강제 정원 감축과 퇴출을 통한 대학의 양적 축소 전략은 일관되게 유지하고 있다.

그러나 지금 나타나고 있는 학령인구 감소라는 조건은 '대학의 위기'가 아니라 문제 해결의 계기일 수도 있다. 1990년대 중반부터 폭발적으로 증가한 대학 입학정원이 학령인구를 초월하는 상황은 경쟁 패러다임에 입각한 정책적 토대가 허물어지고 있다는 것을 말해준다. 따라서 이런 조건의 등장은 대학 문제의 근본적 성찰을 통해 새로운 대학 체제를 모색하기에 좋은 기회이다. 특히 국공립대학 비율이 세계 최저 수준인 상황에서 자연스럽게 도산 위기에 몰린 지방 사립대학에 적극적 조치를 취해 대학의 공공적 성격을 강화할 수 있는 호기이기도 하다.

물론 급감하는 학령인구의 최대 피해자로 예상되는 지방 사립대학을 공공 네트워크에 포함할 수 있더라도, 수험생이 자발적으로 지방에 위치한 대학으로 진학할 수 있는 동기를 부여하지 못한다면 수도권 중심의 서열 체제를 극복할 수 없다.

단지 양적 비율을 조정하는 수준이 아니라 대학 패러다임의 근본적 변화가 이루어져야 한다면, 어떤 방법들이 가능할까? 이제 그동안 교육 운동 진영에서 제안해온 대학 구조 개편 방안에 대해 검토해보자.

2) 진보적 교육 운동 진영의 체제 개편안

신자유주의적 대학 체제를 사회 공공적 형태로 전환하기 위한 노력은 꾸준히 진행되어왔다. 특히 2012년 총선과 대선을 앞둔 시점에서는 대안 대학 체제 모델 논쟁이 활발하게 진행되었다. 정부와 교육부의 대학 체제 개편 방향이 부실대학 퇴출로 서열화한 대학 체제의 경쟁력을 유지하는 데 있다면, 진보적 교육 운동 진영의 대안적 방향은 대학 서열화 폐지 혹은 약화와 교육 공공성을 확대하는 방향으로 설정되었다.

진보적 교육 운동 진영 내에서 논쟁이 되었던 안은 크게 국립대학통합네트워크안과 국립교양대학안, 그리고 혁신대학안으로 나눠볼 수 있다. 각 대안에 대해서는 여러 글들이 제출되어 있고 각 대안 간 논쟁도 어느 정도 마무리된 상황이다. 여기서는 세부 내용을 다루기보다 각 대안의 특징과 취약점을 간략히 살펴보자.

(1) 국립대학통합네트워크안과 국립교양대학안

국립대학통합네트워크는 장회익 교수 등 서울대 교수들이 주도해 제안한 방안이다. 핵심 내용은 서울대를 대학원(중심)대학으로 발전시켜나가며 학문활동과 연구의 질적 발전을 이룰 수 있도록 재정을 대폭 투입하고, 서울대가 국립대학통합네트워크의 학부생을 대상으로 한 교육과정을 운영하는 체제를 갖추자는 것이다. 특히 전국 국립대학의 입시 전형과 학점, 학위를 공동으로 진행함으로써 대학 서열 체제를 근본적으로 혁신하자는 아이디어는 오랫동안 진보 진영의 교육 대안으로 수용되어왔다(정진상, 2004; 김학한, 2011). 이 내용은 2007년 민주노동당 권영길 후보의 대선 공약으로 채택된 이후 진보 진영의 대안 대학 체제의 기본 골격을 이루고 있다.

국립교양대학안은 주경복 교수와 김하수 교수 등이 주장한 것으로, 2007 대선 당시 김하수 교수가 민주당 정동영 대선 후보의 교육 공약으로 추진했으나 개혁의 폭과 비용 등 현실적인 문제 때문에 채택되지 못했다. 이후 한신대 강남훈 교수 등이 주축이 되어 내용을 보완해 현재의 6-3-3-4 학제를 준비과정을 거쳐 2(유아)-5(초등)-5(중등)-2(교양대학)-3(일반대학)으로 개편하자고 제

〈그림 4-3〉 국립대학통합네트워크 체제

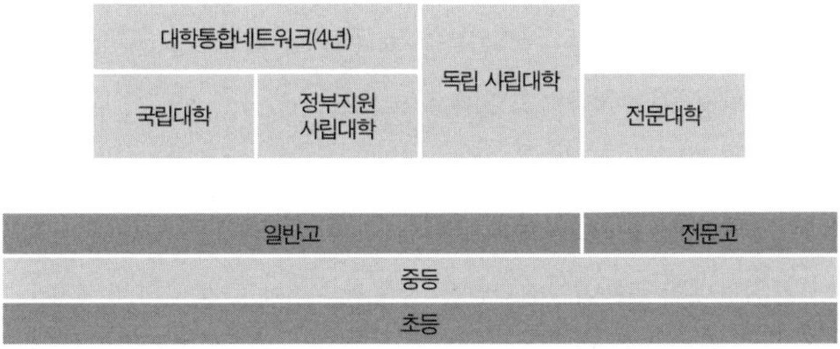

자료: 김학한(2011).

〈그림 4-4〉 국립교양대학 체제

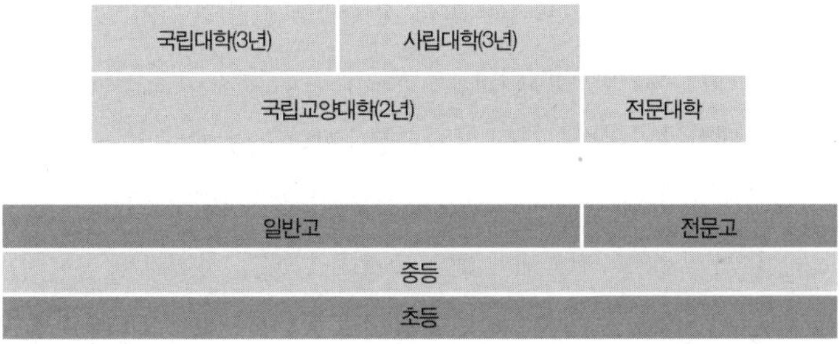

자료: 김학한(2011).

안하고 있다. 교양대학 과정에서는 전국 단일의 국립교양대학을 설치하며 입학자격고사를 실시하여 일정 이상의 학력을 가진 학생들을 선발해 권역별로 배정한다. 교양대학 과정이 끝난 후 일반대학 입학은 교양대학 내신 성적 70%와 논술 형태의 대학별·학과별 논술고사 30%로 선발한다는 것이 기본 골자이다(강남훈, 2011).

국립대학통합네트워크안은 대학 서열 체제의 타파를 핵심 목표로 삼고 있으며, 국립교양대학안은 입시 완충으로 인한 사교육비 절감과 비정규직 강사의 고용 문제 해결에 초점이 맞추어져 있다. 두 안은 2012년 대선을 앞두고 진보적 교육 운동 진영에서 단일한 대학 모델을 제시해야 한다는 명분하에 지속적인 논쟁을 이어왔다. 그 결과 교수노조(전국교수노동조합)와 민교협(민주화를위한전국교수협의회) 등에서는 국립대학통합네트워크를 기반으로 교양과정 1년을 배치하는 안으로 합의된 대안이 나오기도 했다.

그러나 국립대학통합네트워크안은 공동학위제에도 불구하고 수도권 중심의 캠퍼스별 서열화가 남아 있을 가능성이 크며, 국립교양대학안은 교양과정 후 일반대학 진학 시 입시 경쟁이 그대로 반복될 수 있다는 비판이 가능하다. 서울과 지방에 캠퍼스를 두고 있는 일부 사립대학의 경우 공동학위제에도 캠퍼스 간 서열화가 존재하며, 1~2학년의 학부과정 성적을 통해 2~3학년 때 전공학과를 선택하는 모집 단위 광역화의 경우에도 진학 경쟁이 존재한다는 점에서 충분히 예측 가능한 지적이다.

최근 국립대학통합네트워크는 국립교양대학안과 뒤에서 살펴볼 혁신대학안의 문제의식을 반영해 권역별 네트워크를 하부구조로 채택하고 있다. 즉, 권역 내 평준화를 대학 서열 체제 해체의 중간 단계로 설정하고 있는데, 이런 방안 역시 권역 간 평준화에 대한 뚜렷한 해결책을 제시하지 못하고 있다. 권역 내에서 평준화를 이룰 수 있더라도 수도권을 정점으로 한 권역 간 서열 체계가 그대로 나타난다면, 지금의 학벌·서열 구조를 해결할 대안이 되기는 어렵다.

(2) 혁신대학안

사교육걱정없는세상과 기독교윤리실천운동, 인간교육실현학부모연대, 좋은교사운동, 청어람아카데미 등 5개 단체(이하 '국민이설계하는대학')에서는 2011년 10월 20일 "혁신대학 100PLAN"을 발표하면서 대안 대학 체제 모델 논쟁에

〈그림 4-5〉 혁신대학네트워크 체제

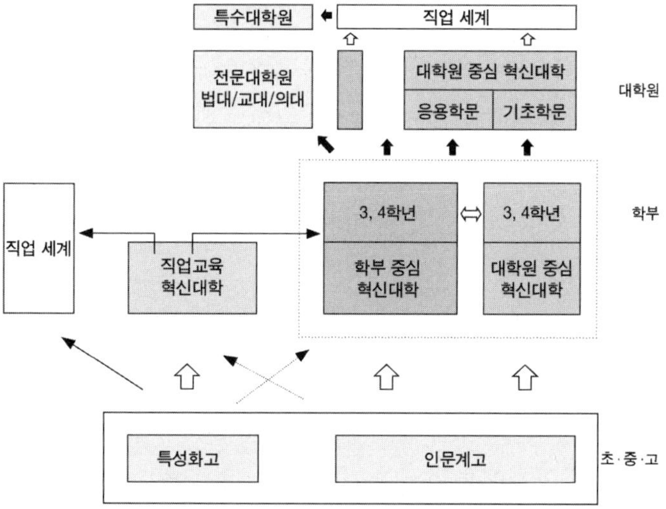

자료: 국민이설계하는대학(2011).

뛰어들었다. 이들은 기존의 국립대학통합네트워크안이 "실현 가능성이 매우 낮고, 사교육의 핵심 원인이 되는 대학 서열 체제 해소는 가능하지만 지식 기반 사회와 고등교육의 보편화 시대에 따른 개인과 사회의 다양한 요구에 부합하는 대학 교육의 다양화/특성화, 경쟁력과 질 제고에는 취약"하다고 비판하며 '혁신대학안'을 제기했다. 이 안의 핵심은 대학 교육의 획기적인 변화를 선도하는 혁신대학 100개를 전국적으로 육성하여 대학 서열의 상위를 차지하는 일부 대학으로의 집중을 분산시키는 동시에, 학생들 입장에서는 입시 경쟁 부담을 크게 느끼지 않고 자신의 적성과 능력에 따라 안심하고 선택할 수 있는 좋은 대학의 선택지를 대폭 확대하자는 것이다.

혁신대학안은 국립대학통합네트워크안과 국립교양대학안과의 차별성을 강조하고 있지만, 상당 부분 기존 안의 아이디어에 기반을 두고 있다. 특히 지역 거점 혁신대학을 매개로 교양과정 공동운영, 학점 인정, 교수 교류, 공동학위 수여 등을 추진하는 것과 서울대 운영 방식 등의 내용은 통합네트워크안의 기본 아이디어이며 지역인재할당제, 국가연구교수제 등의 논의도 국립교양대학안에서 다루었던 것들이다. 이렇게 본다면 국립대학통합네트워크안과 혁신대학안의 차이는 국립대학을 대상으로 하는 안과 사립대학까지 포함시키는 안의 차이라고 할 수 있다. 그러나 국립대학통합네트워크안에도 정부책임형 사립대학이라는 이름으로 사립대학이 포함되어 있기 때문에 큰 차별성을 가지기 어렵다.

혁신대학안이 여타 모델과 다른 가장 큰 특징은 '대학원 중심 혁신대학', '학부 중심 혁신대학', '직업교육 중심 혁신대학'으로 혁신대학 유형을 특성화한다는 것인데, 이는 과거 김대중 정부에서 추진했던 국립대학발전안과 유사하다. 당시 국립대학발전안은 연구 중심 대학과 교육 중심 대학, 직업 중심 대학 등으로 국립대학 유형을 나눠 발전시키는 계획이 포함되어 있었지만, 각 유형별 서열화를 유도한다는 이유로 거센 반발에 부딪혀 무산되었다. 혁신대학안에서는 대학 유형이라기보다 단계별 특성화에 강조점이 있다고 볼 수도 있으나, 학부 중심 대학과 직업교육 중심 대학은 여전히 서열적인 의미를 담을 수 있고 대학원 중심 대학은 기존의 안과 비교해 큰 차별성을 갖는 아이디어는 아니다.

중·고등학교 수준에서 공교육 정상화라는 이름으로 '혁신학교'를 선정해 집중 육성하는 전략을 대학 차원에 적용한다고 대학 문제가 해결되는 것은 아니며, 더욱이 학벌·서열 체제를 혁파하기 위한 전략으로서는 충분하지 않다. '낮은 서열의 대학'이 '높은 서열의 대학'이 되도록 하는 것과 서열이 높은 대학의 독점적 지위를 해체하는 것은 전혀 다른 문제이기 때문이다. 대학 학벌은 기본적으로 '사회적 독점' 체제이기 때문에, 학벌 해체 전략의 관점에서 접근하는 것이 타당하다.

(3) 2012년 대선 후보 공약

2012년 대선 후보 진영에서 제안한 대학 체제 개편안도 간단히 살펴보자. 총선과 대선이 한 해에 치러졌던 2012년에는 '2013년 체제' 등의 담론이 확산되면서 사회체제의 근본적 변화를 촉구하는 경향이 강화되었는데, 대선 후보들이 제출한 교육 공약은 매우 높은 '현실 적용 가능성'을 지니고 있다는 점에서 검토해볼 가치가 있다.

우선 당시 민주통합당 이용섭 정책위의장은 2012년 7월 1일 기자들과의 간담회에서 서울대를 국립대학의 서울캠퍼스로 두고 기초과학 관련 학부를 제외한 나머지 학문 분야는 전국으로 분산시키겠다는 것을 골자로 한 국립대학통합네트워크안을 당의 대선 공약으로 넣겠다는 입장을 밝힌 바 있다. 문재인 후보 역시 언론과의 인터뷰에서 국공립대학통합네트워크 추진과 지역 균형 발전이라는 큰 틀에서 지역할당제 등의 정책 수용을 시사하기도 했다.

그러나 같은 해 11월 5일 발표된 문재인 캠프의 교육 분야 공약안에는 입시를 제외한 대학 체제 정책 공약이 담겨 있지 않았다. 이용섭 정책위의장의 대학체제개편계획 발표 이후 보수 언론이 이를 '서울대 폐지론'으로 간주하고 공세를 펼쳤고, 박근혜 후보 진영이 대학 체제 개편 관련 의제를 제기하지 않은 상황에서 굳이 문제를 만들 필요가 없다는 정치적 판단이 작용한 것으로 보인다. 또한 같은 해 11월 21일 다양한 교육 운동 단체들의 대선 관련 연합 운동체인 '2013 새로운 교육실현 국민연대'가 각 대선 후보 캠프의 교육 공약 정책 토론회를 주최했는데, 당시 민주통합당은 국공립대학공동학위제 도입에 부정적 입장을 피력했다. 자체 시뮬레이션 결과 공동학위제를 도입한다고 해서 기존의 대학 서열화와 수도권 집중 구조가 타파되지 않는다는 결론에 이르렀다면서, 각 대학 캠퍼스의 특성화가 먼저 이루어져야 한다고 주장한 것이다.

물론 앞서 진보적 교육 운동 진영의 정책 제안을 검토하면서 살펴보았듯이 단순히 공동학위제 도입만으로 서열화와 수도권 집중 구조를 해결하기 어려운 것은 사실이다. 그러나 수도권 집중 구조를 해소하기 위한 대학 특성화 정책과 공동학위제는 선후차의 문제가 아니라 일관된 정책 방향을 견지한 가운데 동시에 추진되어야만 효과를 볼 수 있는 것이기 때문에, 특성화 이후에 공동학위제를 도입하겠다는 것은 사실상 국립대학통합네트워크안을 포기한 것으로 해석할 수 있다.

새누리당이나 박근혜 후보 캠프에서는 대학 체제 개편에 대한 정책을 구체적으로 제시하지 않았다. 다만, 같은 당 정두언 의원은 2011년 제출한 국정감사 자료집에서 '공교육 혁신 10대 과제'로 전국 국립대학의 교육 경쟁력과 책무성을 강화하기 위해 통합 운영 체제를 구축하여 신입생을 공동선발하고 졸업자에게는 동일한 학위를 수여하자는 국립대학통합네트워크 방안을 포함한 바 있다. 2012년 1월 정두언 의원이 한나라당 비상대책위원회(위원장 박근혜)에 제출한 '서민·중산층을 위한 공교육 혁신 11대 과제'에도 '국립대학 통합 운영 체제 구축' 내용이 포함되어 있었다.

그러나 정두언 의원의 제안은 새누리당 차원에서 공식화한 바 없으며, 박근혜 국민행복캠프에서 발표한 '즐겁고 행복한 교육 만들기 8대 약속'에서도 현 대학 체제에 기초한 대학입시 부담 해소, 직업교육 강화, 소득 연계형 등록금 지원 등이 포함되어 있을 뿐, 대학 체제 개편에 대한 논의는 찾아볼 수 없다. 앞서 살펴보았듯이 현재 추진되고 있는 대학 구조 개편 방향 역시 체제 차원의 전환을 의도하고 있다기보다 경쟁 패러다임을 유지하기 위한 정원 비율 조정에 머물러 있다.

3) 대안적 시사점

이제까지 살펴본 정부의 대학 구조 개편안과 교육 진영의 대안 체제 모델,

대선 후보들의 공약을 통해 파악된 시사점을 정리해보자.

첫째, 정부의 대학 구조 개편은 신자유주의적 교육철학을 그대로 유지하기 위한 것으로, 전체적인 대학 수의 축소에 초점이 맞추어져 있다. 그러나 학령 인구가 대학 입학정원보다 줄어드는 시점은 오히려 국립대학을 확장함으로써 교육의 공공성을 담보하는 좋은 계기가 될 수 있다. 이를 위해서는 정부가 추진하고 있는 일방적인 대학 퇴출 정책이 아니라 도산 위기에 몰린 사립대학을 국공립대학으로 편입하거나 공공화하여 전국적 차원의 공공 대학네트워크를 확장하는 기회로 삼아야 한다.

둘째, 진보 교육 단체에서 국립대학통합네트워크를 발전시킨 권역별 네트워크안은 권역 내의 서열화 완화에는 기여할 수 있지만 권역 간 서열 체제는 극복하기 어렵기 때문에 수도권 중심의 권역 간 서열 체제를 잔존시킬 가능성이 있다. 따라서 새로운 대안 대학 체제는 권역 간 서열 체제를 극복할 수 있는 방안을 마련해야 한다.

셋째, 진보 교육 단체의 국립대학 확장 전략은 명문 사립대학을 포함한 사립대학을 정부책임형 사립대학으로 전환해 통합네트워크의 경쟁력을 유지하려는 것이다. 이는 명문 사립대학을 독립형 사립대학으로 놓아둘 경우, 공공네트워크의 경쟁력이 보장되기 어렵다는 진단 때문이다. 그러나 서열·학벌 체제의 이점을 누리고 있는 명문 사립대학의 참여는 오히려 일정 수준의 타협을 유도할 수밖에 없기 때문에 교육개혁의 걸림돌로 작용할 가능성이 크다. 따라서 국공립대학과 정부책임형 사립대학들의 공공네트워크가 평등화·공공화·민주화 전략을 구사하면서 독립형 명문 사립대학과 경쟁력을 갖추도록 유도하는 정책을 마련할 필요가 있다. 사립대학에 대한 대책은 사립대학의 공공성 확보와 민주성 구현을 조건으로만 국가가 지원하는 전략을 수립해 자발적인 혁신이 이루어지도록 유도하며, 이런 방향에 대한 국민적 통제를 거부하는 명문 사립대학에는 국가 지원을 점차 줄여나가는 대신 자율성을 보장하는 정책을 수립하는 것이 적절하다.

넷째, 대안 교육 체제는 단지 교육 분야만의 효과를 기대하는 것이 아니라 기형적인 수도권 집중 구조, 학력·학벌에 대한 고용 시장의 차별 관행을 극복할 수 있는 계기를 마련하는 것이어야 한다. 유례없이 높은 대학 진학률이 과연 바람직한 것인가는 오랜 쟁점 중 하나이다. 그러나 최소한 지금처럼 대학 진학의 주된 동기가 '사회적 낙오자'가 되지 않기 위한 '묻지 마 진학'이 아니라 고등교육에 대한 '필요에 의한 진학'이 될 수 있도록 사회 고용 구조와 문화적 풍토가 바뀌어야 한다는 데는 이견이 없다. 따라서 대안 대학 체제 모델을 구축하는 작업은 교육 분야를 넘어서는 국가적 의제로 설정되어야 하며, 고용 등 다양한 분야와 밀접한 연계를 통해 구축되어야 한다.

4. 하나의 제안: 권역별 계열 특성화 공공네트워크 모델

이 글이 제안하려는 대안 대학 체제 모델은 국토균형발전계획에 입각해 각 권역별로는 특정 계열을 집중 육성하는 단과대학 체제를 구축하고, 종합대학 체제는 전국적인 권역 간 네트워크로 만들자는 것이다. 즉, 권역 간 서열화 문제를 해결하기 어려운 권역별 종합대학 네트워크 체제를 권역별 계열 체제로 대체하여 자연스럽게 수도권에서 각 지역으로 학생들을 분산시키고, 전국 대학네트워크의 효율적 활용을 통해 공공네트워크를 확장하려는 시도이다. 여기서는 권역별 계열 특성화 전략의 핵심 내용을 간략히 살펴보고 이런 방향에서 대학 체제를 개편하기 위한 시기별 과제를 살펴본다.

1) 권역별 계열 특성화 전략

(1) 기본 전략

먼저 '권역별로 계열 특성화한 전국 공공네트워크' 체제는 종합대학 간 네트워크 체제가 아니라 하나의 권역에서 하나의 계열을 전담하는 네트워크 체제이다. 개별 대학이나 권역 내의 종합대학 체제는 해체하지만, 전국적으로는 계열 특성화한 권역 간 네트워크 형태로 종합대학 체제가 유지되는 방식이다. 즉, 지금의 종합대학 체제를 해체하여 A권역의 거점대학은 공과대학을 중심으로 재편하고, B권역은 의과대학 체제로, C권역은 문화·예술 계열 대학 체제로 특성화하여 재구성하는 방식이다. 이는 '서울대 해체'가 아니라 서울대를 전국 대학으로 확장하는 전략으로서 이해할 수 있을 것이다.

어떤 권역에서 어떤 계열 특성화를 전담하게 될지는 국토균형발전계획과 산업 클러스터 등 국가 차원의 정책 계획과 접목시켜 선정한다. 각 지역의 특성화 전략에 맞게 대학 체제를 해당 계열별로 특성화하는 형태이다. 인구 과밀 해소와 균형적인 인구 배치를 위해 서울 등 수도권은 비인기·순수학문을 중심으로 배치하고, 인기·응용학문 등은 가급적 지방으로 배치한다. 예를 들면 현 서울대 캠퍼스는 순수·기초학문 특성화 대학으로, 충북대 캠퍼스는 공과 계열을 특성화한 거점대학으로 재편하는 방식이다.

종합대학인 각 권역 거점대학을 특정 계열 중심으로 재편하면 해당 계열의 정원은 크게 확대된다. 그러나 전국적 차원에서 특정 계열을 전담하기 위해서는 현재 권역별 1개 정도로 설치되어 있는 국립대학의 규모를 더욱 확대할 필요가 있는데, 이는 학령인구의 축소로 불가피하게 나타날 수밖에 없는 퇴출·고사 사립대학을 국공립대학이나 정부책임형 사립대학 등 공공적 형태로 전환하여 권역 내 공공네트워크에 포함하는 방법으로 해결한다. 하나의 권역은 특정 계열을 특성화하지만 권역 내에서는 세부 전공별로 권역 내 각 대학

캠퍼스의 특성화를 추진할 수 있으며, 이로써 국립대학과 공공 대학 간의 하위 네트워크가 구성된다.

권역별 계열 특성화를 위한 구조 개편은 강제적인 방식이 아니라 점진적인 방식으로 자발적 이동을 유도할 수 있다. 즉, 지방에 위치한 권역 네트워크로의 진학은 지금처럼 수도권 진입에 실패한 패배적 의미가 부여되는 것이 아니라 최고 수준의 국립대학 전공 계열로의 진학이라는 의미가 부여될 수 있다. 이 과정이 원활하게 이루어지기 위해서는 각 권역의 해당 계열에 대한 기숙사 시설 확충 등 국가 지원을 최우선화하며, 교수·연구 인력 역시 순차적으로 집중시켜야 한다. 여기에 무상교육 정책과 OECD 교원 기준도 우선 적용하여 기존 학생들의 강제적 재배치가 아니라 신입생들의 자발적인 선택을 유도한다.

계열별로 지역 특성화가 이루어진다면 자신의 전공 영역을 쉽게 파악할 수 있도록 권역 네트워크별 학위 체제를 유지하는 것도 가능하지만, 모든 계열을 특정 지역에만 배치할 수는 없기 때문에 동일 계열이라 하더라도 지역별 서열화 압력이 발생할 수 있다는 현실적 조건을 고려하여 통합학위제를 시행한다. 각 대학, 혹은 권역 네트워크의 명칭 또한 한국 국립1대학, 한국 국립2대학 식으로 할지, 지역명을 사용한 현재의 학교명을 유지할지에 대해 구체적 분석과 계획의 현실적 적용 정도 등을 고려하여 검토해야 한다. 필요하다면, '서울대 해체' 등의 담론 전략에 맞서 전국 공공네트워크 명칭을 '서울대학교'로 하고, 각 권역에 '서울대학교 ㅇㅇ대학'의 명칭을 부여하는 방법도 고려할 수 있다. 이렇게 된다면 서울대 정원이 현재 2만 명 수준에서 수십만 명 규모로 확대하는 것으로 인식될 수 있다.

권역별 계열 특성화 전략이 가져올 효과는 다양하다. 무엇보다 수도권 중심으로 고착된 서열 구도를 혁파할 수 있다. 특정 계열을 담당한 권역 대학 네트워크에는 최고 수준의 국가 지원을 통해 질 높은 교육 환경을 제공할 수 있기 때문에 입시가 완전히 사라지기 전에도 우수학생의 지방 이동을 유도할 수 있다. 이는 공동화하고 있는 지방경제의 재활성화에도 기여할 것이다. 또한, 고가의 실험·연구 기자재와 교수 인력, 제반 설비 등을 한곳에 집적시킬 수 있으므로 규모의 경제를 구현할 수 있고, 좀 더 효율적인 교육과 연구가 가능한 조건을 창출할 수 있다. 관련 연구자들이 한곳에 집적되므로 공통 학문에 대한 상호 교류도 촉진될 것이다.

이는 최소한 공공네트워크 내에서는 각 계열별 평준화가 실현될 수 있다는 것을 말해준다. 계열과 전공 간 서열화가 존속될 수는 있지만, 이것은 '브랜드' 획득을 핵심으로 하는 지금의 서열·학벌 체제와는 다른 의미를 지닐 것이다. 또한, 공공네트워크의 확대는 학령인구가 감소할수록 경쟁적 입시 체제를 상당 부문 완화할 수 있으며 각 대학의 브랜드는 특성화를 의미할 뿐, 서열화한 특권적 혜택을 유도하지 않기 때문에 '필요에 의한 학습 욕구'도 촉진될 수 있다.

(2) 사립대학 정책

권역별 계열 특성화 전략에서 사립대학의 의미는 두 가지 측면에서 살펴볼 수 있다. 첫째는 공공네트워크에 포함되는 사립대학이다. 국립대학을 중심으로 한 각 권역 네트워크가 공공성을 담보하기 위해서는 지금의 국공립대학 규모가 '필요에 의해' 대학에 진학하려는 학생들을 충분히 수용할 수 있을 만

〈표 4-2〉 일반대학 전일제 학생 비율(%)

구분	한국	캐나다	프랑스	독일	이탈리아	일본	러시아	미국	영국
국공립	22	100	86	97	93	25	90	67	-
정부지원사립대학	-	-	1	3	-	-	-	-	100
독립형 사립대학	78	-	13	-	7	75	10	33	-

자료: 교과부·한국교육개발원(2010).

큼 확대되어야 한다. 그러나 한국의 국공립대학 비율은 세계 최저 수준이다. 대학의 공공적 측면을 이루기 위해서는 사립대학을 국공립대학화하거나 최소한 공공네트워크에 포함하는 적극적 조치가 이루어져야만 한다.

학령인구가 대학 입학정원을 초월하는 상황은 이 과제를 실현하기 위한 좋은 계기가 될 수 있다. 학령인구의 감소는 정부의 인위적인 대학 퇴출과 정원 축소 정책이 아니더라도 지방 사립대학을 중심으로 한 대규모 대학 도산이 불가피한 상황이다. 권역별 계열 특성화 전략을 통해 자연스럽게 학생들의 지방 이동을 유도할 수 있다면, 부실·퇴출 사립대학을 국가가 인수하거나 공공네트워크에 포함함으로써 턱없이 부족한 정원 문제를 해결할 수 있다. 즉, 학령인구의 대학 입학정원 초과라는 대학 사회의 위기는 대학의 공공성을 확대하기 위한 '기회'로 전환된다.

권역별 계열 특성화 전략은 국공립대학을 대상으로는 어느 정도 강제적인 구조조정을 필요로 하지만, 이를 사립대학을 포함한 대학 전체에 일방적으로 강제할 수는 없다. 그러나 국립대학에 대한 재정 지원을 유럽 국가 수준으로 점차 늘리고 사립대학에 대한 재단 전입금 등 의무 규정을 강화한다면 경쟁력 없는 사립대학은 생존하기 어렵다. 이런 사립대학들은 국공립대학으로 전환하거나 정부책임형 사립대학으로 선정하는 방식으로 공공네트워크에 포함한다. 물론 자력으로 생존 가능한 일부 명문 사립대학은 여전히 대학 서열화에 기대어 생존할 수 있을 것이다.

권역별 계열 특성화 전략에서 사립대학이 가지는 두 번째 의미는 공공네트워크에 포함되지 않으면서 생존 가능한 사립대학과의 관계 문제이다. 이 경우 두 가지 사례가 나타날 것이다. 첫째는 지금처럼 학벌 체제를 고집하면서 명문대학 브랜드를 고수하는 '귀족대학화' 대학이며, 다른 하나는 전국적인 공공네트워크에 포괄하지 못한 교육 내용과 다양성, 개성을 특성화해 보완적 역할을 강화하는 것이다. 후자의 경우라면 적극적으로 육성해야 할 사립대학의 본연적 특성을 갖추는 것이며 국가의 지원 역시 지속할 필요가 있지만, 문제는 귀족대학화한 전자의 경우이다. 특히 현재 대학 서열 상위에 위치한 소수 명문대학은 이런 경로를 걷게 될 가능성이 크다.

그러나 기득권을 포기하지 않으려는 상위 사립대학을 무리하게 공공네트워크에 포함시키기보다 공공네트워크와 발전적 경쟁 관계를 형성하도록 유도하는 편이 더 바람직할 것이다. 다만 특성화 없이 종합대학 체제를 유지하는 독립형 사립대학의 경우, 국가 지원을 점차 줄이는 대신 자율성을 점진적으로 보장해주는 정책을 구사할 필요가 있다. 즉, 공공네트워크에 포함될 것인지, 독립 사립대학으로 생존하면서 국가의 지원 없이 자립할 것인지는 각 사립대학의 자율적 판단에 달려 있다. 그러나 일부 사립대학이 독립적 생존을 결정해 '귀족대학화'하더라도, 지금과 같이 전 대학 체제의 정점에 자리 잡는 서열화 효과를 누릴 수는 없을 것이다. 국공립대학을 중심으로 한 공공네트워크는 경쟁력 있는 소수 사립대학과의 경쟁을 통해 발전적 자극을 부여받을 수 있으며, 독립 사립대학에 대한 지원을 공공네트워크로 돌림으로써 좀 더 효율적인 재정활용도 기대할 수 있다.

이제 이런 전략이 어떤 과정을 통해 실현될 수 있는지, 단계별 계획에 대해 살펴보자.

2) 대학 체제 개편 로드맵

대안 대학 체제로 이행하기 위한 로드맵은 지면상 이 글에서는 다루지 않은, 다양한 쟁점을 해결할 방안들과 유기적으로 결합되어야 한다. 이를테면 국가교육의 국민적 합의를 위한 국가교육위원회 설치, 학력·학벌 차별 금지를 위한 제도적 조치나 비정규 교원 문제, 등록금 문제 등을 해결할 해법들은 새로운 대학 체제 모델 속에 녹여내야 한다. 이런 조치들은 대체로 진보적 교육 운동 진영 내에서 합의가 이루어져 있기 때문에 여기서는 대학 체제를 전환하는 과정에 어떻게 결합할 수 있는지만 간략히 언급한다.

(1) 체제 개편 준비기(1~2년)

대학 체제 개편 준비기는 새로운 대학 체제에 대한 국민적 합의를 이루어내면서 관련 법률안 통과 등 구조 개편을 위한 토대를 구축하는 단계이다.

우선 국가교육위원회의 설치와 운영에 관한 법률안을 통과시키고 이 기구에서 대학 체제 개편 기본 계획안에 대한 국민적 합의를 이루어낸다. 또한, 고등교육법 개정안을 통해 국공립대학통합네트워크와 정부책임형 사립대학에 대한 법적 근거를 마련하고, 국가연구교수제를 도입한다.

또한, 등록금 인하를 위한 고등교육재정교부금법 통과와 거점 국립대학을 중심으로 추진되고 있는 법인화법 전면 폐기, 부실 사립대학 국공립대학 인수와 정부책임형 사립대학을 위한 평가 조건을 명시한 사립학교법 개정에 착수한다. 아울러 불필요한 대학 진학을 제어할 수 있는 법률적 조치로, 학력·학벌차별금지법을 통과시킨다.

이 단계에서는 공공네트워크의 경쟁력을 확보하기 위해 추경예산 편성으로 국공립대학부터 반값등록금을 우선 적용한다. 이는 고등교육재정교부금법이 적용되기 전 대학 체제의 새로운 개편 방향을 시사하는 상징적 조치가 될 것이다.

(2) 1차 체제 개편기(3~4년)

1차 대학 체제 개편기는 새로운 대학 체제로의 전환에 본격 착수하는 단계로, 체제 이행 과정의 혼란을 줄이기 위해 점진적 변화를 유도하는 시기이다.

이 시기에는 공공네트워크의 비율을 대폭 확대하기 위해 부실 사립대학에 대한 적극적 정책이 이루어져야 한다. 우선 전체 사립대학에 대한 전면 감사를 통해 부실·비리 사립대학 재단을 적극 퇴출하여 국공립대학으로 전환하고, 자발적으로 공공네트워크에 포함되려고 하는 대학은 정부책임형 사립대학으로 선정한다. 국공립대학으로 편입된 기존 사립대학의 교수, 교직원, 학생들은 100% 인수한다. 1차 체제 개편기 동안 전체 대학 중 국공립대학 비중을 30% 이상 확대하며, 정부책임형 사립대학은 전체 사립대학의 50% 수준으로 확대한다.

국공립대학에 상징적으로 적용되던 반값등록금을 공공네트워크에 포함된 정부책임형 사립대학에도 적용한다. 고등교육재정교부금법에 따라 확보된 재원으로 국공립대학에는 기존 국립대학 등록금의 절반을, 정부책임형 사립대학에는 기존 사립대학 등록금의 절반을 지원하는 것이다. 계열 특성화가 완료되지 않은 단계이지만 지역으로의 자발적인 이동 동기를 촉진하기 위해 해당 권역 특성화 계열 학생들에게는 무상교육 정책을 우선 적용한다. 공공네트워크에 포함되지 않은 독립형 사립대학의 경우, 과도기적 조치로 기존 사립대학 등록금의 20%만 지원한다.

또한 1차 체제 개편기 중 공공네트워크로 입학한 신입생부터 통합전형·통합학점·통합학위제를 시행하고, 기존 재학생은 학위 수여 시 기존 대학 체제의 학위명과 공공네트워크 학위명에 대한 선택권을 부여한다.

이 시기부터는 권역별로 특성화한 계열에 대한 지원을 본격 확대한다. 우선 각 권역에서 특성화 계열 신입생의 정원을 점진적으로 확대하고 전국에 분산되어 있는 실험·실습 기자재와 교수 인력, 재정 등을 순차적으로 집중시킨다. 또한 각 권역별 특성화 계열의 전임교원을 OECD 수준으로 우선 확대한다.

아울러 공공네트워크에 포함된 대학에는 일정 비율 이상의 야간 강좌를 개설하여 고등학교 졸업 취업자들이 일과 학업을 병행할 수 있는 조건을 마련하며 평생교육 시스템의 안착화를 위한 대학의 의무와 역할을 높인다.

(3) 2차 체제 개편기(3~4년)

2차 체제 개편기는 권역별 계열 특성화 체제를 안착화하면서 공공네트워크로의 전환을 완료하는 단계이다.

이 단계에서 국공립대학은 전면 무상교육을 실시하고 공공네트워크에 포함된 정부책임형 사립대학은 1차 개편기 국립대학 등록금 수준(현 사립대학의 1/4 수준)으로 내리며, 독립형 사립대학에 대한 기존의 지원은 점차 줄인다. 공공네트워크 전체 대학에 전임교원당 학생 수를 OECD 기준으로 100% 달성한다. 또한 부실·비리 사립대학과의 적극적인 통폐합으로 국립대학 정원을 대폭 확대하여 국공립대학과 정부책임형 사립대학을 합친 비율을 전체 대학의 80% 이상으로 확대한다.

공공네트워크 입시는 자격고사와 적성 상담을 통한 절대평가를 전면 시행하고 '탄력정원제'를 도입하여 상대평가 동기를 최소화한다(〈표 4-3〉 참조).

〈표 4-3〉 개편 시기별 주요 과제

체제 개편 준비기	1차 체제 개편기	2차 체제 개편기
국가교육위원회 설치, 고등교육법 개정, 고등교육재정교부금법 제정, 법인화법 폐지, 사립학교법 개정, 학력·학벌차별금지법 제정	국공립대학·정부책임형 사립대학 반값등록금 실시(독립형 사립대학은 20% 지원), 해당 연도 신입생부터 통합전형·통합학점·통합학위제 실시, 권역별 특성화 계열 지원 확대(특성화 계열 무상교육 우선 적용, 전임교원 100% 확보), 대학 야간 강좌 의무 개설, 부실 사립대학 퇴출·국립대학으로 편입	권역별 계열 특성화 체제 완료, 국공립대학 네트워크 전면 무상교육, 정부책임형 사립대학 1차 개편기 국립대학 수준으로 등록금 인하, 독립 사립대학 지원 축소, 국공립대학+정부책임형 사립대학 전체 대학 입학정원의 80% 이상으로 확대, 전임교원 확보율 OECD 기준 100% 달성, 네트워크 입시에 탄력정원제 도입(절대평가제)

5. 결론

언제나 근본적 변화를 위한 대안들은 '유토피아적 비현실성'이라는 낙인을 피하기 어려웠다. 지금은 의문을 품는 것 자체가 이상한 일이 되어버린, 여성이나 재산이 없는 성인에게 모두 투표권을 주자는 제안도 초기에는 격렬한 냉소와 조롱의 대상이었다. 세대를 대물림하며 계속되고 있는 기형적 교육 구조에서 살고 있는 우리 역시, 교육 문제의 핵심에 자리 잡고 있는 대학 체제를 근본적으로 바꿔보자는 취지에는 동의하면서도 구체적 모델에 대해서는 여지없이 '현실 가능성'이라는 의문을 제기하고 있다. 그러나 세계 여러 나라의 대학 제도와 비교해볼 때 한국 대학 체제만큼이나 비현실적이면서도 사회적 저항이 강하지 않은 사례는 찾아보기 어렵다. 이것은 불합리한 대학 구조와 이로 인한 여러 부작용들을 숙명론적으로 받아들이거나 잘못된 상식으로 수용하고 있기 때문이다. 그것이 말도 안 되는 부조리를, 참을 수 없는 비효율성을 마치 합리적인 것처럼, 너무나도 효율적인 것처럼 보이게 한다.

이런 잘못된 상식을 깨고, 문제를 있는 그대로 드러내며, 더 좋은 대안을 향해 힘을 모으기 위해서는 새로움을 향한 상상력이 서로 소통되어야 한다. 이제까지 교육 운동 진영에서 제안해온 다양한 대학 체제 모델들이 교육 운동 진영 내에서만 모색되었을 뿐, 국민적 합의로까지 이어지지 못한 것은 다양한 모델 간의 합의 부재와 국민적 소통 부족이 중요한 원인이다. 소통을 위해서는 각자의 상상력이 마음껏 투입되고 다양한 이견과 반론이 교류되어야 하며, 어떤 특정 모델이 하나의 완결된 대안으로 제시되는 것이 아니라 소통을 위한 토론 의제의 의미를 지녀야 한다.

이 글에서 제안한 대학 모델 역시 이런 의미에서 논쟁과 소통을 위한 이야깃거리가 될 수 있다면 충분한 효과를 거둔 것이다. 새로움의 구현은 온전히 상상력의 힘이다.

참고문헌

강남훈. 2011. 국립교양대학: 공교육 정상화를 위한 대학체제 개편안. 제2차 정책당대회 자료집. 민주노동당.

교과부. 2012. 2012년도 대학구조개혁 추진 기본계획(안)(2012.1.17).

교과부·한국교육개발원. 2010. 2010 교육통계분석 자료집.

교육부. 2014. 대학교육의 질 제고 및 학령인구 급감 대비를 위한 대학 구조개혁 추진계획 (2014.1.28).

국민이설계하는대학. 2011. 혁신대학 100 PLAN. 국민이설계하는대학 운동설계 시안 보고서(2011.10).

김학한. 2011. 한국사회의 대학개편과 '국립대통합 네트워크=(공동학위)대학통합네트워크'. 제2차 정책당대회 자료집. 민주노동당.

안민석. 2009. 고등교육 재구조화 및 부실대학의 합리적 개선방안: 대학 퇴출정책의 비판적 고찰을 중심으로. 2009 국정감사정책자료집.

2013 새로운 교육실현 국민연대. 2012. 우리가 만드는 교육대통령. 대선후보 교육공약 대토론회 자료집.

정진상. 2004.『국립대 통합네트워크: 입시 지옥과 학벌 사회를 넘어』. 책세상.

제5장

입시 철폐와 대학평준화의 방안*

박근혜 정권의 교육정책 비판 및 근본적 대안 제시

이도흠 ‖ 한양대 교수

1. 서론

세월호에서 원통하게 죽은 아이들은 "제발 남아 있는 동무들은 다른 꿈을 꾸게 해달라고, 다른 학교, 다른 세상을 보여주라고" 절규하리라는 생각이 든다(이도흠, 2014: 16). 세월호 사건을 겪고서도 사람을 죽이는 교육부터 생명을 살리는 교육으로 바꾸지 않는다면, 침몰하는 대한민국을 들어 올릴 길은 없을 것이다.

박근혜 정권의 교육정책은 이명박 정권의 그것과 별반 다름이 없다. 새로운 정권이 들어섰지만, 별다른 변화의 기미는 보이지 않는다. 경쟁 위주의 신

* 이 글은 이도흠이 토론회에서 발표한 두 논문, 「입시 철폐와 대학평준화의 방안」[민교협·교수노조 주최 열린대학개혁토론회(2012.7)]과 「박근혜 정권에서 대학 개혁 운동의 과제와 방향」[민교협·교수노조·비정규교수노조·학단협·대학노조 주최 박근혜정부 교육정책공동토론회(2013.4.12)]을 합치고 일부 내용을 수정한 것이다.

자유주의 교육정책, 사학 족벌·사교육 업체·권력의 유착 관계는 공고하고, 입시 위주의 대학 서열은 견고하다. 박근혜 정권은 이 세 가지 모순을 온존시킨 채 반값등록금, 취업 역량의 강화, 국가 경쟁력 제고를 전제로 한 상대적 창의 교육으로 대중의 불만을 무마하고 있다.

정권과 관계없이 연일 학생이 자살하고 있고, 대학은 신자유주의 체제에 포섭되어 기업 연수원으로 전락하고 있다. 사람을 만드는 것이 교육인데 교육을 하면 할수록 사람에서 멀어진다. 전국의 모든 학생들이 입시지옥에서 서로를, 혹은 자신을 죽이고 있다. 또래끼리 모여 재미있게 대화하고 놀 나이임에도 아이들은 고문과도 같은 국영수 공부에 매진하고, 웅대한 꿈과 이상을 명문대학 진학으로 대체한다. 친구들과 어울리고 공감하면서 올바른 자아와 사회관계를 형성하는 대신 경쟁욕으로 무장하고, 세계를 깊이 이해하고 인격을 도야하는 대신 주입식 지식을 암기하는 기계로 전락한다. 수조 원을 들여서 외려 창의력과 인성을 마비시키고, 교실을 경쟁과 폭력과 자살 충동의 장으로 바꾸는 한국 교육은 이제 종언을 고해야 한다. 이런 모든 모순과 문제의 바탕에는 신자유주의 체제가 있다. 지금 분명한 것은 신자유주의 체제의 해체, 입시제 철폐와 대학 서열화의 해체, 사학 개혁을 통한 교육의 공유화, 신자유주의의 가치에 바탕을 둔 대학평가의 폐지 없이는 어떤 대안도 미봉책이라는 점이다. 그렇다면 근본적 대안으로서 입시를 철폐하고 대학을 평준화하며 대학의 진정한 발전을 이룰 수 있는 올바른 평가 방안은 무엇인가.

2. 신자유주의 체제와 교육 모순

신자유주의 세계화는 실제로는 '빈곤의 세계화'를 강화하는 쪽으로 진행되었으며, '빈곤의 세계화'는 '실업의 세계화'로 이어졌다. IMF 체제를 거친 나라는 거의 대부분 실질소득이 급격히 하락했고 노동비용은 감소했으며 생필품 가격은 폭등하고 사치성 소비재의 수입이 증대하여 인플레이션이 촉발했고 중산층과 제조업, 중소기업은 몰락하고 많은 이들이 실업자로 전락했다. 어느 나라에서든 자유롭고 행복한 삶, 민주주의와 복지에 대한 국민의 열망은 "경제를 살려야 한다"는 천편일률적인 경제 구호에 짓눌려버렸다. 기아와 폭동, 전염병의 창궐과 더욱 억압적인 체제의 등장, 개발 논리를 구실로 한 환경의 처참한 파괴 또한 IMF를 맞은 상당수 제3세계의 풍속도이다(이도흠, 2002: 70~71). 자유는 자본의 자유일 뿐이고, 무한한 착취 속에 제3세계 노동자는 직업을 잃고 병들고 굶주릴 위기에 처하는 것이다.

주지하듯이, 신자유주의가 야기한 가장 큰 역기능은 양극화이다. 미국과 영국, 프랑스의 경제학자들이 1913~2012년의 미국 국세청 자료를 분석한 결과, 2012년 상위 1%의 가계소득은 평균 39만 4000달러(약 4억 2800만 원) 이상이었다. 상위 1%의 소득은 미국 전체 가구 소득의 19.3%를 차지했다. 이 비율은 24%로 정점을 찍었던 1920년대 후반 대공황 무렵 이래로 최고 수준이다(≪한겨레신문≫, 2013년 9월 11일 자). 국가에 따라 편차는 있지만, 상층의 1%가 부를 독점하고 중간층이 최하층으로 전락하며 국민의 99%가 대폭 궁핍해진 것은 신자유주의 체제가 빚은 가장 큰 모순이다.

양극화가 심화하자 사회 구성은 가운데가 볼록한 열기구형 사회에서 가운데가 대부분 없어진 모래시계형 사회로 이전했다. 여기에 복지 정책은 거의 사라지고 사회적 안전망은 해체되었다. 상위 기득권만 제하고는 모두가 생존의 위기에 직면한 것이다. 이에 사회윤리와 도덕, 공동체의 미덕은 차츰 희미해지고 약육강식과 적자생존의 논리가 지배하게 된다. 사람들은 주변에서 기업이 도산하고 동료들이 퇴출당하는 상황을 겪으면서, 노동조합에 의한 고용 보장보다 기업 경쟁력을 더 중시하게 되었고, 고용 안정성과 기업 경쟁력을 동일시하면서 기업 경쟁력과 개인 고용 안정성의 공통 요인으로 능력주의를 내면화하는 정도가 한층 높아졌다(조돈문, 2008: 188). 특히, 구조조정을 겪은 사업장의 노동자는 기업의 시장 경쟁력의 중요성을 절감하게 되고 기업의 생존과 자신의 고용 안정성을 동일시해 구조조정을 겪지 않은 사업장에 비해 생산성과 능력주의를 더 쉽게 내면화한다(조돈문, 2008: 208).

여기서 이들을 반신자유주의의 주체로 거듭나게 할 수 있는 것이 교육인데, 외려 교육 또한 이를 심화하고 내면화하는 기제로 작용한다. 이명박 정권은 신자유주의 체제를 정당화하고 이 체제를 고착하기 위하여 자사고, 국제고, 특목고를 만들거나 활성화하여 사실상 고교평준화를 해체하고 일반고를 이·삼류 고교로 전락시켰다.

교육은 영혼마저 신자유주의화한다. 신자유주의 교육이 내세우는 개인의 자율성 함양, 능력 개발, 수월성은 학생을 인격과 덕성과 교양을 갖춘 전인적 인간으로 기르려는 것이 아니라 개인들 사이의 무한경쟁을 촉진시키고 이를 합리화하려는 이데올로기 장치일 뿐이다. 특목고, 자사고, 0교시 수업, 방과 후 수업은 모두 경제적 인간, 기업 맞춤형 인간을 양산하려는 방편에 지나지 않는다. 교과부의 4·15 조치는 국가가 중·고등교육에서 완전히 손을 떼고, 그렇게 해서 생긴 교육의 빈 공간을 학원이라는 사적 자본과 대자본이 장악하게 하려는 것이다. 교육 전체가 신자유주의적인 자본의 관리, 운영 시스템에 장악되고 노동력의 재생산이 자본의 공리계에 의해 보장되는 것이다. 이때 이데올로기적 국가 장치로서의 병원, 학교, 가족 등은 자본 공리계의 구성 요소일 뿐이다(이득재, 2008: 69).

신자유주의 사회에서는 상위 1%만이 진정한 자유와 행복을 누릴 수 있다. 이 기준에 이르지 못하는 이들은 '루저'이다. 예전에는 가난한 학생이 상층으로 이동할 수 있는 통로가 교육이었다. 하지만 신자유주의 체제에서 이런 일은 거의 불가능해졌으며, 교육이 외려 1%의 독점 체제를 강화하는 통과의례이자 이 독점을 정당화하는 이데올로기적 과정이 되었다. 상위 1%라는 목표에 도달하려면 그들 수준의 자본력과 정보력이 있어야만 한다. 교육은 빈민으로 전락하지 않기 위해 필요한 생존경쟁의 도구이지만, 그 경쟁은 이미 승자와 패자가 정해진 게임이다. 99%의 국민은 근원적으로 패자이고, 패자로서 상처를 받고 소외와 박탈감을 겪을 수밖에 없다. 그럼에도 상위 1%에 오를 수 있다고 사이비 희망을 심어주고, 그에 이르지 못하면 개인의 능력과 재주가 모자라서 그런 것이라며 부조리한 체제 자체를 합리화한다. 이 같은 과정에서 개인은 경쟁 제일주의와 능력주의를 내면화한다. 이를 통해 국가는 교육을 사기업에 떠넘기는 것을 정당화하고, 신자유주의 체제의 모순을 개인의 책임으로 돌리며, 사회 전체로서는 계급 적대 의식을 무화하고 사회 통합을 이룬다.

초·중등교육뿐만 아니라 대학마저 '진리욕의 실천 도량'이나 '진리 탐구 및 전승의 터전'이 아니다. 기업 연수원으로 전락하여 진리 대신 기업이 요구하는 가치와 기술을 전수한다. 학교 안에 마트가 버젓이 들어오고, 대학의 마스터플랜은 진리의 창달이나 인재 육성이 아니라 대학 재정의 확보와 대학평가에 맞추어 기획되고 실현된다. 재정을 줄이기 위해 학문 창달과 국가 발전에 꼭 필요한 학과를 통폐합하는 일이 비일비재하다. 학생들은 취업과 관련되거나 재미와 욕망에 충실한 강의에 몰리고, 이론 강의나 참다운 삶을 추구하는 강의는 속속 폐강된다. 교수는 돈이 되는 프로젝트에 매달리고, 승진에 관련된 — 학문적·사회적으로는 거의 의미 없는 — 논문을 양산한다. "논문을 쓰느라 공부하지 못하고 책을 내지 못한다"는 말이 대학을 유령처럼 배회한다.

신자유주의가 가져온 또 하나의 역기능은 국가의 순기능을 해체해버린 것이다. 초국적 기업은 세계무역량 가운데 75%를 차지하며 15대 초대형 기업들의 수입은 120개 나라의 수입 합계보다 많다. 이들 기업은 전 세계적인 네트워크를 구축하여 생산과 유통, 소비를 장악하고 통제한다. IMF, 스탠더드앤드푸어스(Standard & Poors)나 무디스(Moody's Co.) 같은 신용 평가 기관들이 세계 금융의 흐름을 사실상 막후 조종하는 역할을 하는 바람에 한 나라의 의사결정 체계는 심각하게 왜곡되고 '국민주권'은 무력해진다. 이들은 막대한 이윤을 내면서도 조세 회피 지역을 이용해 세금을 내지 않고 각 나라들의 조세권마저 유명무실하게 만든다(강수돌, 2004: 6~7). 한국도 한미 FTA 협정으로 헌법을 포함해 총 169개의 법률을 개정하거나 폐기해야 했다. 이는 국내법의 15%에 이르는 수치이다(민중언론, 2007년 1월 17일 자). 이처럼 초국적 기업에 의해 국가가 자본과 시장을 규제하는 순기능은 무장 해제 당한다. 이제 국가가 할 일은 초국적 기업의 편에 서서 민중을 통제하고 이들이 저항할 경우 폭력으로 억압하는 것이다.

FTA 협정에 따라 외국 학교가 국내에 국제학교를 설립하는 것이 가능해졌다. 2010년 9월 인천 송도에 채드윅 인터내셔널이 개교했으며, 2011년과 2012년 제주 영어교육특구에 노스런던컬리지잇스쿨 제주와 한국국제학교 제주캠퍼스, 브랭섬홀아시아가 문을 열었다. 채드윅 인터내셔널은 유아원과 유치원, 초중고 등 12학년으로 정원은 2080명이며 현재 470명이 재학 중이다. 국어를 제외한 모든 수업을 영어로 진행하고, 교사 수가 100명에 이르며 한 학급당 인원은 11~13명이다. 수영장과 1400석의 농구장, 600석의 극장 등 국내 최고급 첨단 시설을 갖추고 있다. 연간 수업료가 3000만 원을 넘어 재벌가의 손주, 강남 부유층의 자제들이 많이 다닌다(≪경향신문≫, 2012년 1월 13일 자). 학문의 식민지화, 교육을 통한 상위 1%의 부의 세습과 독점 심화, 나아가 교육 사영화의 길이 트인 것이다.

이런 맥락이 종합적으로 작용하여 신자유주의가 대중 속에 내면화하면서 나타난 한 양상이 니치주의이다.[1] 과거에 사람들은 가난했어도 서로를 보듬

---

1) 니치(niche)란 장식을 목적으로 두꺼운 벽을 판 오목한 홈, 벽감(壁龕)을 가리킨다. 현실에서 도피하여 정치와 계급의식, 사회의식 등을 소거시키고 일상의 행복과 안락을

고 기쁨을 함께하고 슬픔을 나누었다. 국가의 복지가 세계 100위권 수준이었을 때도 사회적 약자들이 폭동을 일으키지 않은 것은 주변 사람들이 국가 대신 이들을 도왔기 때문이다. 노도처럼 밀려들던 산업화와 도시화에도 골목문화가 남아 있을 정도로 한국의 공동체적 유산은 강했다. 그러나 신자유주의는 이를 앗아가고 자유로운, 사적 이익에 충실한 개인들을 남겨두었다. 회사에서 의리와 공동체 정신은 거의 사라졌고 정글의 법칙이 난무한다. 자유롭지만 사적 이익에 충실한 개인들은 니치에 머물러 안주하기를 바란다.

니치주의에 물든 대중은 신자유주의 해체나 세월호 진상 규명과 같은 거시적인 일에 자신을 던지기를 꺼린다. 가장 급진적인 세력이었던 대학생들도 더 이상 조국의 통일이나 민주화, 대학의 정체성 같은 주제로 고민하지 않는다. 혹 관심이 있더라도 잠시뿐이다. 빨리 도서관이나 학원으로 가서 취업 공부를 하든지 그를 위한 '스펙'을 쌓든지, PC방이나 카페로 달려가 일상의 재미와 향락을 추구하는 것을 당연하고 자연스러운 삶으로 인식한다.

신자유주의가 내면화하면서 나타나는 또 하나의 양상은 과잉 욕망이다. 신자유주의는 모든 상품을 욕망의 대상으로 만든다. 국가에서 매스미디어에 이르기까지 이 체제를 지탱하는 모든 제도들이 법과 윤리, 도덕의 규제는 풀어버릴 대로 풀어버리고 욕망을 부추긴다. 물과 같은 공공재까지 팔아먹은 그들은 이제 자본의 마지막 꿈을 달성하는 데 총력을 기울이고 있다. 그 꿈이란 자본이 무의식과 상상의 영역까지 스며들어가 상품화하는 것이다. 행복, 섹스의 쾌락뿐만 아니라 고통과 죽음도 상품이 되었다. 우리는 이제 자본이 기획한 대로 상품을 생산하고 임금을 받고 소비하는 데 그치지 않고 그들의 의도대로 꿈을 꾸고 과도하게 착취당하면서도 행복하다고 착각하다가 죽는 순간마저 그들에게 이윤을 남기고는 생을 마감할 것이다.

추구하는 문화적 경향을 의미한다.

어찌 되었든, 신자유주의는 자본의 욕망을 더욱 자유롭게 만들었고 세계화했으며 전 세계적인 차원에서 더욱 강한 강도로 타자를 착취하고 폭력을 행하고 있다. 그럼에도 이 체제가 별로 저항과 도전을 받지 않는 것은 이 체제의 최대 피해자인 노동자마저 화폐 증식의 욕망, 즉 더 많은 돈을 벌려는 욕망을 추구하기 때문이다. 그 결과 자본주의와 신자유주의는 지구촌을 거대한 쇼핑센터로 만들었다. 누구든 안방에 앉아 뉴욕의 증시에 상장할 수도, 자바 커피를 주문할 수도 있다. 하지만 자크 라캉(Jacques Lacan)의 말처럼, 욕망은 신기루이기에 상품 소비는 욕망의 완성에 이르지 못한다. 욕망과 상품 사이에는 늘 '벌어진 틈'이 있기에 대중은 끊임없이 소비하면서도 허기진다. 대다수가 취업과 출세, 그리고 개인의 욕망을 위해 매진하고 하나의 목표에 다다르면 다음 목표를 향해 또 온몸을 던진다. 일반 시민과 노동자들은 일단 자리에 앉으면 부동산과 증권, 불륜 등 물질적 욕구와 욕망에 관련된 것만을 화제로 삼는다. '된장녀'를 욕하면서도 끊임없이 더 좋은 상품을 소비하기 위해 부나방처럼 달려든다.[2] 그 상품들을 소비할 만한 돈을 벌고 부푼 욕망을 충족하기 위해 과잉노동을 하는 바람에 몸은 늘 피로하다. 모든 곳이 타락했어도 마지막까지 남아 이런 경향에 맞서야 할 최종 보루이자 성역인 대학마저 기업 연수원으로 전락하고, 교수와 학생 또한 니치주의를 내면화하여 진리나 정의를 외면하고 과잉 욕망으로 물들어 부유하고 있다.

3. 박근혜 정권의 교육정책 비판과 대안

박근혜 정권이 들어선 지 2년이 되었다. 박 정권은 이명박 정권의 극단적

---

2) 지금까지 신자유주의 체제에 대한 논의는 이도흠(2010)을 요약한 것이다.

인 신자유주의·친기업 정책에 따른 양극화 심화로 민심이 이반한 상황에서 이를 무마하고 헤게모니를 획득하려는 보수층의 위장 전략이 대중을 기만하거나 설득하는 데 힘입어 등장했다.

박근혜 정권은 온정적이고 시혜적인 복지 정책을 펴면서 자발적인 동의와 설득에 기초하여 상당한 헤게모니를 획득할 것으로 예상되었으나 디지털형 독재를 행하고 있다. 박 정권은 형식적인 민주주의만 유지한 채 언론과 표현의 자유, 집회의 자유를 제한하고 국민을 사찰·통제하며 합법적인 정당과 단체마저 해산하려는 공작을 감행하고 있다. 권력이 견제를 받지 않으며 시민과 노동자에게 다양한 폭력을 구사하고 대중을 동원한다는 점에서는 파시즘 체제이다. 고전적 파시즘에서는 권력이 자본 위에 섰지만, 권력이 자본의 마름 구실을 하고 대중을 동원하는 한편, 정치적 냉소주의에 빠지게 하고 드러나지 않는 폭력을 구사하고 직접적인 조작과 부정 대신 인터넷과 이미지를 이용한다는 점에서는 새로운 파시즘, 곧 '전도된 전체주의(inverted totalitarianism)'이다. 대선만 하더라도 1960년 3·15 부정선거가 아날로그형이었다면, 2012년의 선거 부정은 인터넷과 SNS를 활용한 디지털형이었다. 형사와 국정원이 직접 미행하고 도청 장치를 설치하는 대신, 인터넷 회로를 중간에 가로채서 당사자가 모르게 실시간으로 엿보는 패킷(packet) 감청을 하고 스마트폰을 활용해 진보적인 인사나 노동자를 감시·사찰했으며, 선거에서 중립을 지켜야 할 국정원 등 국가기관이 SNS를 통하여 여론을 조작하는 공작을 광범위하게 수행했다.

교육에서도 이는 대동소이하다. 이명박 정권이 교육의 시장화와 경쟁 위주의 교육정책을 극단으로 밀고 간 것과 달리, 박근혜 정권의 인수위는 교육 복지책 — 반값등록금, 고등학교 무상교육, 초등 온종일 돌봄교실 확대, 무상보육 및 누리과정 지원 강화 — 과 경쟁 교육의 보완책 — 초등학교 일제고사 폐지, 중학교 자유학기제, 대학입시 제도 간소화, 학급당 학생 수 감축(교원 확충), 교원의 행정 업무 경감 — 을 실시할 것이라고 발표했다. 하지만 '아버지 박정희의 복권', '한강의 기적' 신화 재현, '국가 경쟁력 제고'라는 박 대통령의 욕망과 실질 목표에 맞추어진 제반 정책, 교육 마피아·부패 정치인·사학 재벌·사교육 업체·보수 언론·어용 학자로 이루어진 사학 카르텔의 교육 권력 및 자본 장악, 사립학교법 등 교육 악법의 존속, 재정 확대 정책의 부재, 박 대통령을 비롯한 집권층의 교육 문제에 대한 인식 및 성찰 부족 등의 요인이 있는 한, 박 정권의 교육 복지책은 수사 내지 시늉에 그칠 수밖에 없다.

구체적인 예로, 대학에 대한 정부의 재정 지원 규모를 GDP 대비 0.7%에서 OECD 평균 수준인 1.1%로 확대한다는 공약은 그동안 진보 진영에서 꾸준히 요구해왔던 것으로, 외형만 놓고 볼 때 바람직한 결정이라고 평가할 수 있다. 2013년 예산편성에서도, 국가장학금과 든든장학금 규모가 확대되었기 때문이기는 하지만, 분야별 예산 가운데 교육 분야가 7.9% 늘어나 가장 높은 증가율을 보였다.[3] 그러나 과연 그 정도의 재원을 언제 어떻게 마련해 어느 분야에 지원할지는 아직 의문이다. 부자증세를 하지 않는 바람에 의료 복지 등이 결국 빈껍데기만 남은 것을 감안하면 우려되는 대목이다. 총액도 중요하지만 내실 또한 중요하다. 또 2007년 한국 대학 교육비의 23.1%를 공공 재원(정부재정)에서, 76.9%를 민간에서 부담한다. OECD 평균이 각각 66.1%, 34.8%인 것에 비하면 정부 지원을 대폭 늘리는 것과 함께 등록금 등 민간의 부담은 대폭 줄여야 한다.[4]

사학 개혁이 없는 대학 지원은 재단의 배만 부르게 하고, 그 혜택이 국민과

---

3) 국가장학금은 2013년 1조 7500억 원에서 2014년 2조 2500억 원으로 예산이 증가했고, 든든장학금은 2013년 1조 5616억 원에서 2014년 1조 9040억 원으로 늘었다.

4) 2008년 고등교육 민간 부담률을 보면, 한국이 GDP의 1.9%로 이는 OECD 평균인 0.5%의 4배에 달한다.

학생에게 거의 돌아가지 않을 것이다. 박근혜 정권의 대학 분야 공약에서 전체 대학의 80%에 달하는 사립대학의 비리나 문제점, 개혁에 대해서는 수사적 표현조차 보이지 않는다. 적립금을 쌓아놓고서 등록금과 기숙사비를 올리며 대학 운영을 재단의 축재수단으로 활용하는 현 상황에서, 사학을 민주화하고 재단의 권력 남용에 대한 견제 장치를 마련하지 않은 채 대학에 재정을 지원하는 것은 사학재단의 배 불리기, 혹은 지원을 매개로 정부의 대학 통제를 강화하려는 술책에 지나지 않는다.

지방대학의 특성화 또한 획기적인 재정 지원이 선행되어야 함은 물론이고 지방 산업과 문화 발전이 연계되어야 하며, 특성화 계획에서 실행 단계에 이르기까지 교수와 학생을 중심으로 자율권이 부여되어야 소기의 성과를 거둘 수 있다. 그렇지 않다면 현재의 대학 서열 체제는 온존한 채, 지방대학과 수도권대학의 격차를 소폭으로 줄이는 생색내기에 그칠 것이다. 더구나 우려되는 점은 박근혜 정권이 '대학별로 취업 지원 시스템을 대폭 확충해 구축할 것'을 강조한 점이다. 대학의 자율과 민주화, 특성화와 격차 해소가 이루어지는 가운데 자연스럽게 취업 활성화 방향으로 나아가야 하는 것은 당연하다. 하지만 취업 자체가 목적이 될 경우 대학의 시장화, 기업 연수원화, 학문의 상품화는 더욱 가속화할 것이며, 취업률을 잣대로 재정 지원을 차등화하고 대학을 통제하고 구조조정할 가능성이 크다.

교육의 사영화는 현 정권의 교육정책 가운데 가장 큰 재앙으로 귀결될 것이다. 박근혜 정권은 교육 분야 투자 활성화 명목으로 외국 대학 3곳을 2017년까지 유치하고, 외국 대학이 50% 이상 출자하면 국내 사립대학과 합작 법인 형태로 분교를 세울 수 있게 허용할 방침이라고 한다. 패션·호텔 경영·음악에 특화한 대학이 한국 진출을 타진하고 있다며, 1곳당 400억 원까지 지원하는 유인책도 제시했다(≪한겨레신문≫, 2014년 8월 12일 자). 만약 이것이 현실이 된다면, 상위 1%의 독점, 대학의 서열화, 대학 교육의 식민화·사영화는 더욱 가속화할 것이다. 상위 1%의 부유층은 국내의 외국 명문대학에 입학해 학력을 바탕으로 상층의 권력을 세습하기가 훨씬 쉬워질 것이다. 국내 명문대학 위에 외국 명문대학이 자리를 차지하면서 대학의 서열화는 더더욱 심화될 것이다. 국내의 외국 대학은 국가나 시민의 통제를 받지 않기에 학문의 식민화 또한 명약관화하다. 이미 지난해 제주국제학교에 잉여금 배당을 허용했기 때문에 합작 법인 형태의 분교 설립을 승인하면 사학과 대기업이 뛰어들어 여기에 투자하고 이로부터 생긴 잉여금을 배당하게 될 것이고, 나아가 과실 송금까지 허가를 받으면 실질적으로 영리법인 학교가 가능해질 것이다. 획득형질이 유전되지 않아 수억 년에 걸친 돌연변이에 의해서만 진화가 일어나는 다른 생명체와 달리, 인간은 획득한 지혜를 정박하고 공유하며, 이를 교육을 통해 세상에 널리 퍼뜨리면서 1만 년이 채 안 되는 시간에 경이적인 속도로 사회문화의 발전을 이루었다. 교육은 공공성을 전제로 이루어지는데, 영리법인 학교가 허용되면 누더기가 된 교육의 공공성은 그 근본부터 해체되는 것이다. 결국 지혜와 진리의 공유와 유전에 의한 사회문화 발전은 중단되고, 소수 독점에 의한 사회문화의 정체 내지 퇴행이 재앙으로 다가올 것이다.

한마디로, 박근혜 정권은 해외 자본에 대해서는 규제 혁파와 개방을, 사학족벌의 비리에 대해서는 자율을, 대학 구성원과 시민사회의 저항에 대해서는 법과 질서를 표방할 것이다. 교육의 사영화에 대해서는 경제 활성화와 국제화로 호도할 것이다. 사학 족벌의 비리와 이에 대한 교수와 학생의 저항이 고조될 경우 박 정권은 사학법인의 자율성이란 이름으로 방관할 것이다. 반값등록금, 대학의 자율화와 민주화 문제에 대한 대학 구성원 및 시민사회의 저항이 임계점을 넘을 경우 이들을 법과 질서의 이름으로 강력하게 응징함은 물론이고 취업률, 특성화 등을 잣대로 한 재정 지원 확대, 장학금 증대를 통한 반값등록금 실시 등의 무마책을 구사할 것이다.

이 상황에서 우리는 어떻게 대응할 것인가. 대선과 6·30 보선 참패에 관계

없이, 대다수 국민을 생존 위기로 몰아넣은 신자유주의의 모순은 그대로이다. 전체 노동자의 거의 절반에 달하는 860만 명의 노동자가 비정규직이고, 720만 명의 자영업자 가운데 50%가 100만 원도 벌지 못하고, 415만 명의 다단계 판매업자 가운데 3/4이 단돈 1원도 손에 쥐지 못한다. 아파트 전세 시가 총액 908조 원을 포함한 실질적인 가계 부채가 2000조 원에 달하는데 집값은 하락하고 전세와 물가는 폭등한다. 국민의 절대다수가 생존 위기에 직면해 있고 미래는 불안하다. 이명박 정권은 집권 3년간 고환율 정책 하나만으로도 서민에게 174조 원의 손실을 입혔으며(송기균, 2012: 178~179), 부당한 정리해고와 불의에 항의하는 이들에게 무자비한 폭력을 휘둘렀다. 정의의 보루여야 할 사법부는 가진 자의 편이고 검찰은 부패했다. 하지만 이를 비판하고 견제해야 할 언론에는 재갈이 물렸다. 기득권층은 이런 불의에 기초한 특혜 체제를 누리는 기쁨에 환호작약했지만, 대다수 국민은 불안 속에서 분노했다. 이런 상황 때문에 민주당의 거듭된 패착과 터무니없는 졸전 속에서도 국민의 48%가 야당을 지지했고, 여당은 그들을 무마하기 위해 경제민주화를 선점하고 복지책을 내놓을 수밖에 없었다. 민주당은 이 불안과 분노를 제대로 인식하고 활용하지 못해 국민의 80%가 이명박 정권을 반대하고 60%가 정권 교체를 바라는 상황에서도 대선에 패배했다.

야권과 진보 진영, 이를 지지한 국민은 좌절했고, 박근혜 정권은 중도 및 진보층 국민의 지지를 끌어내기 위해 공언했던 공약들을 취임 전에 포기하고 취임 이후에는 기득권에 편향적인 정책과 신자유주의 정책을 고수했다. 이 와중에 세월호 참사가 일어났다. 과적이나 변침 실수 등은 겉으로 드러난 원인일 뿐이다. 세월호 참사는 대한민국의 모순, 곧 개발주의, 신자유주의 체제, 부패 카르텔이 응축되어 일어난 사고의 전범이다. 박정희 정권은 국가와 자본이 유착 관계를 맺은 채 과정을 생략하고 결과만 중시하는 양적인 경제 발전을 위하여 인권과 민주주의를 희생시키는 개발독재를 추구했으며, 이는 일정 부분 박근혜 정권까지 지속되었다. 신자유주의 체제 이후 한국사회는 효율성, 이윤, 속도를 앞세워 인간과 생명, 안전을 희생시키는 방향으로 몰입했다. 국가-자본-대형 교회-보수 언론-어용 학자로 이루어진 부패 카르텔은 더욱 공고해졌는데, 감시와 견제 세력은 사라졌다. 감시 기관과 언론은 권력의 시녀로 전락했고 진보 진영은 괴멸되었으며 시민사회는 미약하다. 이런 체제에서는 만인이 생존을 위하여 짐승으로 변신하며, 착한 사람들만 손해를 보거나 희생당한다.

전 세계 언론의 조롱대로 삼류 대한민국이 진화할 길은 무엇인가. 우선 진상을 철저히 규명하여 개인의 문제는 일벌백계하고, 제도와 시스템의 문제는 과감히 개혁해야 한다. 이제 온 나라가 효율성과 이윤보다는 생명과 안전을 중시하는 것으로 대전환하고, 개발주의 이데올로기를 완전히 종식시키며, 신자유주의 체제와 부패 카르텔을 해체해야 한다. 특수 분야를 제외한 모든 비정규직은 정규직으로 전환하고, 국가정보원이나 검찰 등 권력기관을 시민의 통제 아래 두어야 한다. 시민 또한 타자를 배려하여 욕망을 자발적으로 절제하는 데서 외려 행복을 찾는 것으로 패러다임을 전환하고, 타자의 고통에 공감하고 연대하며 부패와 부조리에 저항하는 주체로 거듭나야 하고, 신자유주의와 부패 카르텔의 해체만이 나와 가족, 내 나라의 안전을 보장한다는 신념을 가지고 해체 운동에 동참해야 한다(이도흠, 2014: 3~13).

야당의 6·30 보선 참패 속에서도 국민이 진보 교육감을 13명이나 당선시킨 뜻은 세월호 참사 이후 대안의 교육이 필요하다는 메시지를 던진 것이라 본다. 진보적 교육 운동 진영은 세월호의 근본 원인인 개발주의, 신자유주의, 부패 카르텔을 청산할 수 있는 새로운 교육 방안을 제시하고 실천해야 한다. 수조 원을 들여서 창의력과 인성을 마비시키고, 교실을 경쟁과 폭력과 자살 충동의 장으로 바꾸는 한국 교육은 이제 종언을 고해야 한다. 분명한 것은 초·중등교육은 대학 개혁과 밀접한 연관이 있으며, 입시 제도의 철폐와 대학 서열화의 해체 없이는 어떤 대안도 미봉책이라는 점이다.

이제 교육 운동 진영은 이기심, 당파 등을 넘어 총 단결해 반개발주의 및 반신자유주의 교육으로 전선을 명확히 하고 모든 교육의 공공성을 향해 다양한 운동을 전개해야 한다. 교수와 교사, 학생, 교육 운동 단체가 중심을 형성하되, 신자유주의 교육의 가장 큰 피해자인 노동자와 연대해야 한다. 신자유주의의 최대 피해자인 노동자는 교육개혁 없이는 신자유주의의 원천 해체가 불가능함을 깨달아야 하고, 교육 운동 진영은 반신자유주의의 최전선에 있는 노동자와 연대하지 않고서는 신자유주의식 경쟁 교육, 비인간적 교육을 극복할 수 없다는 것을 인식해야 한다. 아울러, 특정 교육 현장의 싸움이 고립되게 하거나, 그 현장에서의 승리가 교육 분야의 개선으로 확대될 수 있도록 현장과 운동 주체를 서로 연대시키는 전술이 필요하다. 노동운동의 핵심 주체가 민주노총(전국민주노동조합총연맹)인 것처럼, 교육 운동의 핵심 주체는 전교조(전국교직원노동조합)이다. 민주노총과 정규직 노동조합이 종파로 나누어지고 비정규직을 고용의 안전판으로 삼는 바람에 정당성의 위기와 동력의 소진이 나타난 것처럼, 전교조도 유사한 상황이다. 비정규직을 부담이나 짐으로 생각할 것이 아니라 투쟁의 동력을 획득하고 정당성과 대중성을 확보하는 장으로 활용해야 한다.

우선 박근혜 정권의 대선 공약 가운데 진보적 지평을 넓히는 정책, 즉 OECD 평균 수준(1.1%)으로 교육재정 확대, 반값등록금, 대학입시 제도 간소화, OECD 상위 수준으로 학급당 학생 수 감축, 초등학교 일제고사 폐지, 고등학교 무상교육 등에 대해서는 공약 이행을 촉구한다.

이명박 정권과 이주호 장관을 비롯한 교육 마피아들이 추진하던 신자유주의 교육정책에 대한 저항운동 – 국공립대학 민영화 반대, 교육 부문 비정규직의 정규직화, 일제고사 중단, 학교폭력 학교생활기록부 기록 반대, 농산어촌학교 통폐합 반대 투쟁, 자사고 폐지, 국제학교 반대 및 교육 사영화 반대 투쟁 – 을 변함없이 전개하되, 이들의 목표를 분명히 한다.

어떤 운동을 하든 기본적으로 대학입시를 철폐하고 대학평준화를 달성해야만 사교육비를 줄이고 우리 아이들을 폭력과 자살에서 구원할 수 있다. 그리고 이런 기본을 달성하는 것이 불가능하거나 진보적인 목표가 아니라 가능한 것이고 교육 문제를 해결하는 근본적 방편이라는 담론 및 여론 투쟁을 전개하며, 이 목표 아래 단계적인 로드맵을 구성하고 시민의 머리에 각인되고 가슴에 감동의 물결을 일렁이게 하는 구체적인 대안을 마련하여 담대하고 굳세게 나아갈 필요가 있다.

장기적으로, 또 정권에 요구하지 않고 우리가 할 수 있는 대안도 적지 않다. 대중의 이기적 욕망, '내 안의 MB'를 없애고 대중 스스로 비판적 주체로 거듭날 수 있는 인문교양교육을 각 지역별·교육 단체별로 강화하고 서로 연계할 필요가 있다. 근본적으로는, 자본주의나 국가 외부가 아니라 그 안에 신자유주의와 자본주의를 극복할 수 있는 진지이자 그를 대체할 체제인 코뮌으로서 민중의 집과 대안학교, 지역공동체를 결합한 대안적 교육 공동체를 곳곳에 건설해야 한다.

이를 위해 전교조, 교수노조(전국교수노동조합), 민교협(민주화를위한전국교수협의회) 등 교육 운동 단체를 중심으로 두 가지 연대체 구성을 제안한다. 하나는 반신자유주의 및 박근혜 정권에 맞서서 민주적·민중적·인간적·창의적·생태적·공동체적인 교육개혁 운동을 주도하는 연대체를 꾸려 실천하는 것이고, 다른 하나는 국가에 맞서서 풀뿌리 민중이 마을과 지역을 중심으로 대안교육 연대체를 만드는 것이다. 교육부의 대항마로 '진보교육위원회'(가칭)를 만든다. 이 위원회는 시민과 초·중등생을 이 세계를 올바로 이해하고 설명하며 모순에 대해 비판적이고 창의적 상상을 하면서도 타자의 고통에 공감하고 협력할 줄 아는 주체로 길러내는 교육철학과 이념, 교과서, 교육 방법, 교과과정을 계발한다. 또한 교사 양성 및 파견을 관장한다. 마을과 지역은 기존의 인문교양 교실, 대안학교, 독서방, 마을문고를 거점 내지 진지로 확보한 다음, 여기에 민주적·민중적·인간적·창의적·생태적·공동체적인 교육을 담고 이를 서로 연계시켜 풀뿌리에 바탕을 둔 통합적 교육을 실시한다. 물론, 이것이 자칫 투쟁 의지를 약화시키고 모든 교육의 공공화를 향한 투쟁의 결집을 방해할 수도 있다. 이에 목표를 모든 교육의 공공화로 명확히 한 바탕 위에서 상황에 맞게 전략과 전술을 구사하여 투쟁을 지속한다.

4. 입시 철폐와 대학평준화 운동

1) 특성화와 재정 지원을 통한 (지방)거점대학의 일류대학화

1단계: 서울대를 제외한 9개 거점 국립대학에 특성화와 재정 지원을 통해, 특정 분야에 한해 서울대 수준으로 끌어올린다.

민교협과 교수노조를 비롯한 교육 단체가 추진하고 있는 대안은 대학네트워크 체제와 국립교양대학의 설립이다. 어떤 사람은 전자를, 또 어떤 사람은 후자를 대안으로 내세우는가 하면, 양자의 종합을 주장하는 이도 있다. 전자가 하드웨어라면 후자는 소프트웨어이다. 양자는 서로 보완관계이다.[5]

양자의 종합이든 아니든, 문제는 현실적 가능성이다. 우리가 지금 마주하고 있는 현실의 토대에서 구체적으로 어떻게 이를 달성할 것인가. 필자는 '특성화'와 '재정 지원'을 매개로 점진적인 대학 서열 해체를 이루어간다면 이것

5) 대학 체제 개편과 교양대학에 대해서는 강남훈(2011), 김세균(2011), 심광현(2011), 정경훈(2012) 등 앞선 연구를 참고했다.

이 '불가능한 꿈'이 아니라고 확신한다.

1970년대에는 부산대나 경북대의 입학 점수가 연세대나 고려대보다 높았다. 경상도 학생이 서울대면 몰라도 연세대나 고려대에 지원한다고 하면, 주변 어른들로부터 왜 부산대나 경북대를 놔두고 거기에 가느냐는 핀잔을 들었다. 당시만 해도 지방 산업과 문화가 살아 있었고, 그 중심에 지방 명문대학이 있었기 때문이다. 하지만 산업, 경제, 정치, 문화, 재정을 비롯해 사람까지 거의 모든 것이 과도하게 서울로 집중되고 지방의 인재들이 서울에 있는 대학과 기업만 편애하면서 지방대학은 이·삼류로 전락했고, 예전이라면 삼류로 취급했을 대학이라도 서울에 있는 대학에 입학해야 사람 구실을 하는 것으로 위상이 전환되었다.

1970년대까지는 대학의 특성화가 유지되었다. 한양대 공대, 홍익대 미대, 건국대 축산학과 등의 학생들은 자대를 일류로, 심지어는 서울대보다 더 낫다고 자부했다. 대학의 획일화를 가속화한 것은 대학종합평가와 사회적 추세이다. 2002년부터 대학종합평가가 이루어지고 그 결과가 언론에 공개되면서 대학종합평가 서열이 입시와 재정 지원, 취업률에 영향을 미치게 되었다. 그러자 각 대학은 대학종합평가의 서열을 끌어올리는 데 대부분의 재정과 인력을 투입했다. 대학종합평가는 각 대학의 특수한 상황을 고려하지 않고 획일적으로 교수의 연구 업적, 교수당 학생 수, 취업률, 주당 수업 시간 등을 측정해 평가했다. 이에 각 대학은 특성에 맞게 마스터플랜을 짜고 재정을 투여하기보다 대학종합평가 점수가 잘 나오는 방향으로 선택과 집중을 했다. 기업과 언론, 시민 또한 각 대학의 특성보다 소위 '스카이(SKY)서성한(서울대-고려대-연세대-서강대-성균관대-한양대)'으로 불리는 기존의 대학 서열과 대학종합평가 순위에 따라 대학을 평가하고 위상을 부여했다.

세계 100대 대학의 서열은 재정과 정확히 비례한다. 전체 국립대학의 모든 전공을 단기간에 서울대 수준으로 끌어올리는 것은 불가능할 뿐만 아니라 바람직하지도 않다. 서울대를 제외한 9개 거점 국립대학을 교수진과 시설, 전통과 역사를 고려하되, 지방 산업 및 문화와 연계해 특성화하고 그 분야에 한해 매년 3000억 원 정도의 재정을 지원한다. 예를 들어 특성화심사위원회를 구성하여 안동대와 유교 문화, 울산대 자동차학과와 현대자동차 등으로 연계한 계획서를 제출하고 이를 공정하고 엄격하게 심사하여 선정·지원한다. 명문대학의 유명 교수가 지방대학으로 옮길 경우 연봉, 교수 채용권, 연구 지원 등 파격적인 인센티브를 준다. 지역의 기업이 이들을 우선적으로 채용하도록 권장하고 대신 세제 혜택과 같은 조정책을 제공한다.

우선 대통령 직속으로 노동 관련 부처와 경제 관련 부처, 교육 관련 부처를 통합한 '미래위원회'(가칭)를 두고 국가의 미래와 균형을 고려한 발전 차원에서 마스터플랜과 지역 발전, 산업 발전 및 고용, 교육개혁을 통합 운영한다. 생명공학 분야(BT: Biology Technology), 환경공학 분야(ET: Environment Technology), 정보통신 분야(IT: Information Technology), 초정밀원자세계 분야(NT: Nano Technology), 우주항공 분야(ST: Space Technology), 문화관광콘텐츠 분야(CT: Culture Technology), 관계기술 분야(RT: Relation Technology) 등 한국의 미래 역점 기술을 선정하고 이를 지역 산업, 지역대학과 연계시킨다. 예를 들어, 부산에 NT 산업 단지를 세운다면 부산대 NT학과를 지원하고 부산대에 NT 연구 센터를 세우고 이를 매개로 산학 협동을 한다. 여기서 연구한 학생들이 NT 산업 단지 내의 연구소와 기업에 우선적으로 채용되도록 하며, 그 대신 기업에 세제 혜택 같은 인센티브를 준다면 학문과 사회 발전, 연구와 고용의 선순환이 가능할 것이다. 인문사회 분야는 지역 문화와 연계시킨다. 예를 들어 경북대와 유학 관련 문사철(문학, 역사, 철학) 및 문화콘텐츠학과를 지원한다. 매년 한 학교당 3000억 원에 이르는 재정을 지원한다. 이렇게 3년간 지원하면 대학의 특정 분야는 일정 정도 수준에 이를 것이다. 아울러 1단계 3년 동안 재단의 전횡이 이루어질 수 없도록 사립학교법을 개정한다. 조중동(조선일보, 중앙일보, 동아일보)과 여당이 더 이상 반대할 수 없도록 진보 진영 및 교육 단체는 담론 투쟁을 한다. 야당이 집권할 경우 필요하면 대통령이 직접 나서서 국민 및 국회를 설득한다. 사립학교법이 개정되면 대학실태조사위원회를 구성하여 조사·평가한 후 부실·비리사학을 퇴출시킨다.

2) 대학네트워크와 교양대학의 결합

2단계: 거점 국립대학을 중심으로 한 '대학네트워크+지원 사립대학' vs. '독립 사립대학+서울대' 이원화 체제, 대학네트워크 소속 대학은 국립교양대학 실시.

4년차에 9개 거점 국립대학과 주변의 국립대학을 네트워크하며, 사립대학에도 이를 개방한다. 대학네트워크에 들어올 것인가 독립 사립대학으로 남을 것인가에 대해서는 각 대학이 선택하게 하되, 재정 지원을 달리한다. 대학네트워크에 들어온 대학에는 특성화 따른 재정 지원, 사립대학에는 반의반값(현재 등록금의 1/4)등록금, 교양대학 지원, 국가교수 지원 등의 혜택을 부여한다.

사립대학은 대학네트워크에 들어오는 '지원 사립대학'과 '독립 사립대학'으로 이원화한다. 초기에는 명문대학이 독립 사립대학으로 남을 것이지만, 현재 명문 사립대학에 대한 정부의 지원금은 2000억~3000억 원에 달한다. 연구비와 같은 간접 지원비를 제외한 직접 지원비만도 약 500억 원에 달하므로 이로써 충분히 대학을 강제할 수 있다. 대학네트워크 실시 첫해에 60~80%, 2년차에 90% 이상의 사립대학이 네트워크에 들어올 것이다. 대학네트워크에 들어온 학생은 자격고사만 치르며, 고교평준화 때처럼 공동(서울)학군과 지역학군으로 나눠 추첨으로 배정한다. 서울대와 독립 사립대학을 지원하는 학생은 입시를 본다.

이 과정에서 학부모의 저항이 있을 수 있다. 이에 대해서는 공교육을 강화하고 입시를 철폐할 경우 사교육비가 들지 않아 실질소득이 증가한다는 점, 1%만이 출세하는 사회에서 99%가 성공하는 사회를 지향하면 어떤 집의 자식이든 자신의 숨겨진 재능을 발견하고 이를 육성하여 나라의 기둥이 될 수 있다는 점, 교육개혁의 장점을 설득한다.

대학네트워크는 2년 과정의 국립교양대학을 운영한다. 네트워크에서는 자격고사만 본 후 공동선발을 한다. 이 영역으로 들어오는 학생에 대해서는 입시가 폐지되는 것이다. 학생 배정은 서울을 공동학군으로 하고 나머지는 거점대학을 중심으로 지역으로 묶어 추첨한다.

2단계에서는 서울대와 명문 사립대학이 비네트워크대학으로 남을 것이다. 고교평준화 초기에 추첨으로 학교를 배정하고 이를 거부하는 학생은 제물포고 등 비평준화고에 시험을 치고 진학한 것처럼, 명문대학을 선호하는 학생들은 입시를 치르고 이들 대학에 지원하면 된다. 하지만 재정 지원과 특성화에 따라 대학네트워크와 명문대학 간 수준 차이와 취업률이 급격히 좁혀질 것이기에 이는 과도기 현상에 그칠 것이다.

중앙에 국립교양대학원, 대학네트워크의 거점대학에 지역국립교양대학원, 각 대학에 교양대학을 개설하여 서로 유기적 연관 관계를 맺도록 한다. 국립교양대학원은 교재 및 교수법 개발, 교사의 재교육 및 관리, 교수의 순환 및 파견, 각 거점대학 및 지역교양대학의 조정 업무를 맡는다. 지역국립교양대학원은 거점대학 산하 각 지역교양대학의 조정 업무를 맡는다.

교양대학의 1차 목표는 교양을 갖춘 시민, 창의력과 비판력과 공감 능력과 미적 감성을 가진 교양인을 양성하는 것이다. 교양대학의 교육 이념은 자유와 평등, 정의의 조화를 추구하는 가운데 비판적이고 창의적이면서도 타자의 고통에 공감하고 연대하는 눈부처[6] 주체를 형성하는 것이다.

눈부처 주체는 세계를 올바로 이해하고 판단하고 해석하며, 자신의 의지와 목적, 정의로운 지향성에 따라 세계를 새롭게 구성하는 동시에 타자의 고통에 공감하고 연대하는 주체이다. 눈부처 주체는 세 가지의 자유를 종합한다. 그는 모든 구속과 억압으로부터 벗어나는 소극적 자유(from freedom), 노동을 통해 생산하는 주체로 거듭나면서 진정한 자기실현(self-realization)을 하거나 부조리한 세계에 저항하고 이를 자신의 목적에 맞게 개조함으로써 자기실현을 이루거나, 또는 고도의 수행을 통해 자기완성의 열락에 이르는 적극적 자유(to freedom) 또한 구현한다. 그는 더 나아가 타자(특히, 약자)의 고통에 공감해

---

6) '눈부처'는 순우리말로 똑바로 마주 보았을 때 상대방의 눈동자에 비친 내 모습을 가리킨다. 진속불이(眞俗不二)와 결합한 변동어이(辨同於異)의 차이는 당위적인 상생, 개념적인 차이와 다르다.

동생의 대학 등록금을 대기 위해 독일에 간호사로 갔다가 현지 의사에게 성폭행을 당하고 자살한 누이를 둔 한국인 사업가가 있었다. 그는 그 독일인 의사를 원수처럼 여기고 자신은 그처럼 되지 않겠다고 다짐하며 아프리카나 동남아시아에서 온 이주 노동자를 형제와 자식처럼 대했다. 이주 노동자들도 그를 형이나 아버지로 부르며 따랐다. 세월이 흘러 어느 날, 그의 아들이 탄자니아 출신의 이주 노동자 여성과 결혼하겠다고 말했다. 그는 아무리 이주 노동자를 자식처럼 생각해도, 흑인이 조상의 제사를 지내는 것은 수용하기 어렵다며 반대했다. 그러자 아들은 그에게 '아버지야말로 그토록 증오했던 독일인 의사"라고 외쳤다. 며칠 뒤 아들과 아들의 여자 친구와 함께 소풍을 간 그는 그녀에게서 누이의 모습을 발견했다. 그는 그녀를 며느리로 받아들였고, 아들과 며느리는 그의 아픈 기억을 추체험하며 눈물을 흘리고 포옹했다.

이처럼 눈부처의 상생은 내 안의 타자, 타자 안의 내가 대화를 나누고 하나로 어우러지는 것이다. 이는 질 들뢰즈(Gilles Deleuze)가 '개념적 차이'와 달리 '차이 그 자체'를 내세우며, 차이는 동일성에 절대 포섭되지 않고 감성에 의해서만 다다를 수 있다고 한 것과 같다. 나와 타자 사이의 진정한 차이와 내 안의 타자를 찾아내고(자신의 동일성을 버리고), 타자 안에서 눈부처를 발견하고 내가 타자가 되는 것이 바로 눈부처의 차이이자 상생이다. 이러한 사유로 바라보면 이것과 저것의 분별이 무너지고 그 사이에 내재하는 권력, 타자에 대한 배제와 폭력은 서서히 힘을 상실한다. 타자가 자신의 원수이든 이민족이든 이교도이든 그를 부처로 만들어 내가 부처가 되는 것이다.

타자를 자유롭게 만들어 자신의 자유를 완성하는 대자적 자유(for freedom)를 추구하는 주체이다. 자유와 정의는 대립적 개념이 아니다. 대자적 자유가 곧 정의이기에 대자적 자유를 추구하는 한 정의 또한 실현된다.

교양대학의 교과는 창의력, 인성, 문제 해결 능력, 감성 및 공감 능력, 비판력, 회통(통섭) 능력을 기르는 교양을 중심으로 하되, 이것만 가르치지 않는다. 개인의 잠재 능력을 발견하고 계발하는 데 초점을 맞춘다.

인성 분야에서는 인격을 도야하고 성스러운 세계를 지향하도록 이끈다. 인간의 길, 동서양의 종교·고전·철학 읽기, 아름다운 삶(김구, 간디 등의 평전), 인류학·심리학·정신분석학 등을 가르친다.

지성 분야에서는 지식과 교양의 심화를 추구한다. 읽기와 쓰기, 자연과학, 지구과학, 생명학, 뇌과학 등을 가르친다.

감성 분야에서는 공감과 감성(능력)을 심화하고 예술의 감상과 이해 능력을 기른다. 창조력 실기, 한국 문학작품의 감상과 이해, 외국 문학작품의 감상(외국어 공부를 겸함), 미학의 이해, 음악 감상, 미술 감상, 철학으로 문학작품(영화) 읽기 등을 가르친다.

야성 분야에서는 역사의식과 사회의식을 제고하고 비판력을 기르는 데 초점을 맞춘다. 비판과 토론, 논리학, 한국사회 읽기, 21세기 디지털 사회 읽기, 역사란 무엇인가, 세계사 등을 가르친다.

(자기)계발 분야에서는 자신의 숨겨진 재능을 찾고 진정으로 재미있고 행복한 삶 살기 등을 추구한다. 나는 누구인가, 행복학, 나와 타자, 공동체 등을 가르친다.

모든 학생은 한 가지 능력만큼은 타고났다는 점에서 평등하다. 학생들이 교양과정을 통해 세계를 이해하고 타자와 공감하며 인격을 도야하는 가운데 자신의 잠재 능력을 발견하고 이를 계발할 수 있도록 이끈다.

교육 방식은 서양의 진보적 교육과 화쟁식 교육을 종합한다. 1차적 깨달음 단계의 교육은 가르치는 것이 아니라 타인에게 숨겨져 있는 부처 – 자연을 닮으려 하고, 이 세계에 대해 끊임없이 호기심을 가지고 문제를 던지며 이해하고, 스스로 주체가 되어 세계의 부조리에 대응하고, 타자를 배려하고 타자의 고통에 공감하는 마음 – 를 드러내어 그를 부처로 만들고 그 순간 선생 또한 부처가 되는 것이다. 예를 들어 필자가 강의할 때 칠판을 반으로 나눠 왼쪽에는 학생들이 자유롭게 신화에 대해 정의한 것을 나열하고 오른쪽에는 조르주 뒤메질(Georges Dumezil), 클로드 레비스트로스(Claude Levi-Strauss), 미르체아 엘리아데(Mircea Eliade), 조셉 캠벨(Joseph Campbell) 등 석학들이 정의한 것을 나열하면 거의 유사하다. 학생들에게 석학의 자질이 숨어 있는 것이다.

2차적 깨달음 단계의 교육은 인간이 존재(being)가 아니라 서로 관련을 맺고 상호작용하면서 찰나의 순간에도 서로를 형성하는 '상호 생성자(inter-becoming)'라는 관점에서 행한다. 교육은 나 혼자만의 깨달음도, 피교육자에게 무엇인가를 가르치거나 전해주는 것만도 아니다. 교사는 단순히 학습을 시키는 자가 아니라 학생에게 숨겨진 부처를 드러내는 자이자, 발달과 학습, 교사와 학생 사이의 부단한 상호작용을 통하여 아이의 깨달음과 발달을 도모하고 그를 통해 자신의 대자적 자유를 구현하는 자이다. 이것이 활성화하려면, 교사와 학생 사이의 비대칭적 권력관계를 대칭적으로 조정하고, 장애 없이 그리고 끊임없이 피드백이 오고 갈 수 있는 환경을 조성해야 한다.

공간은 일차적으로 기존 대학의 강의실을 이용하며, 방학을 이용해 거점대학에서 공동 강의를 수행하고 인터넷 강의도 활용한다.

지금의 시간강사를 국가교수로 채용하여 이들에게 교양과목을 맡기며, 기존의 전임교수도 자신이 원할 경우 교양대학의 강좌를 운영할 수 있도록 한다. 중·고등학교 교사, 혹은 사설 학원의 강사 가운데 일정 정도의 자격을 갖춘 이도 국립교양대학의 교수로 활용한다.

교양과정을 마치면, 3년 과정 전공대학으로 진학한다. 이 경우 '성적 20%+

〈표 5-1〉 대학네트워크와 독립 사립대학의 비교

구분	대학네트워크	독립 사립대학(+서울대)
정부 지원	반의반값등록금 지원+교양대학 운영비	반값등록금 지원
입시	없음, 자격고사로 대체	입시 실시
학생 선발	공동선발 및 추첨 배정	독립적으로 선발해 독점
교양대학	2년 과정 실시	실시하지 않음

바칼로레아식 논술 30%+적성 및 꿈 40%+인성 10%' 등을 평가하여 전공대학을 배정한다. 전공 지원 시 국립대학과 지원 사립대학의 교차 지원이 가능하다. 물론 초기에는 대학 서열화가 잔존해 평가를 놓고 마찰과 갈등이 있을 것이며, 입시를 2년 뒤로 미룬 것에 지나지 않다는 비판을 받을 것이다. 하지만 특성화를 통한 대학평준화 작업이 점진적으로 이루어지고 개인 또한 취향과 능력에 따라 자기 계발을 하고 물질적 행복보다 정신적 행복, 경쟁보다 상생을 추구하는 것으로 삶의 가치관이 변할 것이기에, 소명과 진정한 자기실현으로서 직업을 선택하고 이에 부합하는 학교와 학과를 고를 것이기에 비판은 빠르게 수그러들 것이고 결국 평가 또한 무의미해질 것이다. 경영학·의학·약학·법학 분야의 학부는 폐지하고 전문대학원 체제로 전환하며, 전문대학원도 민법은 서울대, 국제법은 부산대가 맡는 방식으로 전공별 특성화한다.

3) 입시의 완전 폐지와 대학 서열화의 해체

3단계: 9개 거점 국립대학(각 도청 소재지 대학+국립세종대)을 서울대 수준으로 육성, 공동선발과 공동학위제 실시, 대학 서열화의 완전 해체, 입시 완전 폐지, 국립교양대학의 전면 실시.

특성화와 재정 지원을 통해 9개 거점 국립대학의 특정 분야를 거의 서울대 수준에 가깝게 육성한다. 대학네트워크 체제에 들어온 사립대학도 특성화와 재정 지원에 의해 특정 분야를 연세대, 고려대 수준에 가깝게 육성한다. 이렇게 될 경우 독립 사립대학으로 남은 대학(연세대, 고려대 등 명문대학 예상)도 대학네트워크 체제로 들어올 수밖에 없을 것이며, 서울대도 마찬가지일 것이다. 독립 사립대학과 서울대가 이 제도 내로 들어올 경우 입시는 완전 폐지된다. 국립교양대학도 전국으로 확대된다. 이렇게 되면 대학입시를 완전히 폐지하고 거점별·전공별로 완전한 공동선발과 공동학위제를 실시한다.

4단계: 서울대의 학부 분할 및 거점대학 중심의 대학네트워크 체제 수립.[7)]

3단계가 이루어지면, 서울대학(학부)을 전공별로 나누어 거점대학으로 분할하고 대학원은 유지한다. 이후 거점대학을 중심으로 각 지역의 대학을 공동학위대학으로 네트워킹한다. 사립대학도 마찬가지로 거점 사립대학을 중심으로 주변의 사립대학을 공동학위대학으로 네트워킹한다. 최종 학제는 초등 5년, 중고등 5년, 교양대학 2년, 일반대학 3년이 된다.

이를 행하는 데는 대략 매년 10조 원의 재정이 소요된다. 물론 교육예산을 GDP 대비 0.7%에서 OECD 평균 수준인 1.1%로 증액하면 되지만, 별도로 세금을 거두거나 증액하지 않아도 예산 확보는 가능하다. 부자감세 20조 원을 이명박 정권 이전으로 되돌리면 충분히 쓰고도 남는다. 이제 남은 것은 의지와 지혜, 그리고 꿈을 꾸는 자들의 연대이다.

---

7) 4단계와 대학네트워크 체계는 기존 강남훈·정경훈 교수의 안을 참고했다.

5. 대학평가 비판과 대안

지금 한국 대학의 자율적인 발전을 가로막으면서 대학의 서열화를 조장하고 등록금 인상을 부추기는 핵심 요인은 대학평가이다. 이는 1994년 문민정부에서 WTO 체제 출범 이후 '국가 경쟁력 강화'를 위해 '대학종합평가인정제'를 도입하면서 본격적으로 시작되었다. 국가 경쟁력을 강화하기 위해 대학의 경쟁력을 제고하고 이에 따른 평가 및 지원 체제의 일환으로 출발한 것이다.

물론 대학평가는 일정 수준 이상의 대학 발전을 도모하고 사학의 전횡을 예방하며 구성원을 결속시키고 대중이 대학의 실상을 한눈에 파악할 수 있는 정보를 제공한다. 하지만 지금의 대학평가는 이런 순기능보다 대학 서열화 심화, 대학과 학문의 획일화, 대학의 발전 왜곡 및 재정 낭비, 등록금 인상 조장, 학문의 질적 수준 하락, 교수 및 대학 구성원의 갈등 조장, 언론사와 대학의 유착 심화, 대중에게 왜곡된 대학 이미지 제공, 잘못된 대학 정보 양산 같은 역기능을 산출하기에 폐지되어야 마땅하고, 대교협(한국대학교육협의회)의 평가는 획기적으로 개선되어야 한다.

첫째, 대학평가는 대학 서열화를 심화한다. 지금 한국 교육의 가장 큰 문제는 소위 '스카이서성한'으로 고정되어 있는 대학 서열화 체제이다. 교육의 목적은 이 대학들에 입학하는 것으로 한정되고, 대학 또한 서열을 유지하거나 올리는 데 재정과 인력을 집중한다. 그런데 중앙일보와 조선일보는 평가 대학을 1위부터 쭉 나열해서 발표함으로써 상위 대학뿐 아니라 그 아래 대학에게도 서열화 상승을 강요하고, 서열에 맞추어 대학의 마스터플랜을 조정하고 재정과 인력을 집중하도록 유도한다. 중앙일보 평가에서 '평판 및 사회 진출도'가 300점 가운데 60점인데, 이 항목의 점수는 소위 전통 명문대학일수록 높을 수밖에 없는 것이다. 2012년 중앙일보 평가에서 7위인 서강대가 210.7점, 8위인 경희대학교가 209.9점, 9위인 한양대가 207.9점, 10위인 중앙대가 205.9점으로 실상은 별로 차이가 나지 않는데도 대중이 7위와 10위에 대해 느끼는 위상은 명문대학과 이류대학의 차이이다.

둘째, 이런 사유로 대학평가는 대학의 발전을 왜곡하고 양적 성장 중심으로 대학 행정을 재편하며, 결국 재정의 낭비를 초래한다. 대학 당국은 서열이 곧바로 수험생의 입시 지원 및 입학생 수준으로 연결되고, 대학의 이미지와 홍보에도 막대한 영향이 있기 때문에 자대학의 여건과 특성에 따른 발전을 추구하기보다 당장 대학평가지표의 점수를 끌어올리기 위한 재정 투입과 인력 집중에 매진할 수밖에 없다. 이때 대학 재정은 한정되어 있으므로 대학 당국은 몇몇 분야는 포기하고 가중치가 높은 지표에 집중 투자한다. 그리하여 대학 발전이 왜곡되고 재정 낭비를 초래하는 것이다. 대학은 학문의 질적 수준 제고, 강의 혁신 및 학업 성과/강의 만족도 제고, 민주화, 재정 투명화 등 소프트웨어와 제도 혁신을 통해 별다른 재정을 투여하지 않고도 양질의 발전을 꾀할 수 있으나, 대학평가 때문에 이런 발전 방식을 기피하게 된다. 심지어 대학 당국은 언론사의 대학평가지표에 맞추어 마스터플랜을 짜고 구조조정과 통폐합을 단행한다. 학생에게 올바른 도리와 정직함을 가르쳐야 할 교육기관이 기만책을 구사하기도 한다. 일례로 대교협의 대학종합평가 때 모대학이 점수를 얻기 위해 강의실을 교수 휴게실이나 실습실 등으로 전환했다가 평가가 끝난 이후 되돌리는 술수를 행한 적이 있었다.

셋째, 대학평가는 대학과 학문의 획일화를 조장한다. 1970년대만 하더라도 홍익대 미대, 건국대 축산학과 등은 최고 명문임을 자부했다. 하지만 대학평가가 시작된 이후 대학의 특성화는 불가능하다. 대학은 대학의 이념과 학풍, 큰 대학과 작은 대학, 연구 중심과 교육 중심 대학, 연구와 교육의 종합대학, 인문계 선도 대학, 이공계 선도 대학, 지역의 산업 및 사회문화적 배경에 따라 다양한 여건과 맥락을 갖고 있다. 하지만 대학평가는 이를 무시하고 연구 업적, 취업률 같은 천편일률적인 평가 기준과 계량적인 수치를 앞세우기 때문에 각 대학은 다양한 발전 전략을 세우거나 추구할 수 없다. 대학평가에서 가장 가중치가 높은 분야는 교수의 연구 업적인데, 이는 국제 학술지(SCI, A&HCI)와 학술진흥재단에 게재되는 논문의 편수와 피인용 지수(IF: impact factor) 등으로 측정한다. 그래서 교수들은 국제 학술지나 등재 학술지의 경향에 부합하는 논문만 양산하게 된다.

넷째, 대학평가는 대학의 가장 핵심적인 존재 근거인 학문의 질적 퇴보를 야기한다. 대학평가는 학문에 대한 질적 평가를 피인용 지수 정도로 대체하고 모든 것을 계량화하여 평가하며, 특히 논문으로 평가를 한정하기 때문에 학문의 질적 퇴보를 야기하고 있다. 대학교수들 사이에서는 "논문 쓰느라 공부하지 못한다"는 역설적인 말이 유행한다. 대학평가에서 높은 점수를 받으려면 연구 업적을 끌어올려야 하고 대학 당국은 채찍과 당근, 곧 징계와 인센티브를 통해 연구 업적의 상승을 압박한다. 이에 교수들은 자신의 학문을 집대성한 결과물이라 할 수 있는 책보다는 논문, 그것도 질적인 논문보다 논문 편수 늘리기에 매진할 수밖에 없다.

다섯째, 대학평가는 등록금의 폭발적 인상을 조장한다. 중앙일보 평가는 교육 여건 및 재정(90점), 국제화(50점), 교수 연구(100점), 평판 및 사회 진출도(60점) 등 총점 300점이다. 교육 여건 및 재정 분야는 다시 교수당 학생 수(10점), 교수 확보율(10점), 학생당 도서 자료 구입비(5점), 세입 중 납입금 비중(10점), 학생 충원율(5점), 중도 포기율(5점), 세입 중 기부금(5점), 등록금 대비 장학금 지급률(15점), 현장 실습 참여생 비율(10점), 등록금 대비 교육비 지급률(15점) 등으로 나뉜다. 그런데 대부분의 지표가 재정을 투여해야만 점수를 올릴 수 있는 분야이다. 국제화나 교수 연구 또한 재정이 투여되어야 점수를 올릴 수 있기는 마찬가지이다.

여섯째, 대학평가는 교수 및 구성원의 갈등을 조장한다. 대학 당국 입장에서 가장 쉽게 대학평가 점수를 올릴 수 있는 방안은 교수들의 연구 업적을 상향 조정하고 이를 승진과 승급, 연봉에 연계시키는 것이다. 이 때문에 대학교수들은 엄청난 스트레스를 받고 있으며, 대학 당국과 끊임없이 갈등 관계를 조성하고 있다. 또 교수들 사이에서도 연구 업적의 지표를 두고 갈등이 일어나고 있다. 예를 들어, 국제 학술지에 게재된 논문의 점수를 높이기 위해 이 분야의 업적 요건을 강화하고 인센티브를 늘리면 국제 학술지 게재가 원천적으로 불가능한 국학 — 국문학, 한국사, 한국 철학 등 — 분야의 교수들이 반발하고, 피인용 지수에 대한 제재와 지원을 늘리면 그것과 별 관련이 없는 분야의 교수들이 반발한다. 재정 지원과 이해관계에 따라 학회나 학술지가 급조되는 반학문적인 사례도 있다.

일곱째, 대학평가는 한국 대학과 학문의 제국·자본·권력에 대한 식민화를 심화한다. 한국 학문의 문제점 가운데 하나는 주체적인 정체성을 확보하지 못한 채 서양 학문의 식민지이자 단순 반복 내지 확산 시장에 그친다는 점이다. 이런 상황에서 국제화 지표는 외국인 교수 비율(15점)과 영어 강좌 비율(10점)을 늘리도록 하여 한국 대학과 학문의 제국에 대한 식민화를 심화한다. 재벌 언론이 자본·권력 카르텔의 이해관계에 입각해 평가 기준과 지표를 만들고 이를 압박하면, 대학이 이에 부합해 구조조정을 하고 선택과 집중을 함에 따라 학문에서 제도에 이르기까지 대학의 거의 모든 형식과 내용이 자본의 입맛에 맞게 변형된다. 이제 자본·권력 카르텔과 대학의 관계는 베르톨트 브레히트(Bertolt Brecht)의 『상어가 사람이라면』에 나오는 상어와 물고기의 관계로 대체되었다. 그리하여 대학은 이념과 본질을 망각한 채, 연구 성과를 이윤을 늘리고 자본을 축적하는 기술로, 탐구한 지식과 정보를 그들을 옹호하는 담론으로, 지식 기사와 어용을 자처하는 교수들을 이데올로그로, 적절히 거세당하고 길들여진 학생들을 인적자원으로, 자본과 권력에 상납하는 식민지로 전락했다.

여덟째, 대학평가는 대중에게 왜곡된 정보를 제공한다. 천편일률적이면서 양적인 지표에 치우친 대학평가 결과가 학문과 교육의 질적 수준에 일치하지 않는 것은 당연하다. 하지만 대중은 이런 잣대로 평가된 대학의 점수와 서열을 대학의 학문과 교육의 질적 수준과 동일한 것으로 여긴다. 더 나아가 대중은 알게 모르게 대학평가의 잣대를 대학을 바라보는 프레임으로 구성하며, 대학평가에서 높은 점수를 얻은 대학을 롤모델로 여기게 된다. 대학평가 보도가 대중에게 그릇된 환상을 심어주는 것이다.

아홉째, 대학평가는 언론사와 대학의 유착을 심화한다. 언론사의 대학평가는 건전한 비판과 감시의 기능을 수행하는 것이 아니라 권력관계를 형성한다. 대학평가의 권력관계에서 갑은 언론사이고 을은 대학이다. 이 때문에 언론사는 대학평가를 빌미로 대학을 압박하고 대학은 평가를 잘 받기 위해 언론사에 광고를 제공하기도 한다. 어떤 신문은 자사의 일방적 잣대로 순위를 매긴 후 이를 자료로 삼아 유료로 진로 상담을 하면서 금전적 이득을 챙기기도 한다.

이런 여러 가지 사유로 언론사의 대학평가는 당장 폐지해야 한다. 대학 당국조차 언론사의 평가에 '울며 겨자 먹기' 식으로 응하고 있는 실정이다. 현 상황에서 언론사 평가는 유착과 폭력이다. 이제 교육 단체가 연대하여 대대적인 대학평가 거부 운동을 전개할 필요가 있다.

대교협 등 공적 기관에서 실시하는 평가도 '진리 욕구의 실천 도량'과 '학문의 발전과 지성의 실천을 통한 사회봉사'라는 현대 대학의 목적에 맞게 획기적으로 전환되어야 한다. 가장 먼저 수행되어야 하는 것은 대학과 학문의 획일화를 지양하기 위해 천편일률적인 대학평가지표와 기준을 혁신적으로 개선하는 일이다. 대학이 교육 이념과 역량에 맞게 다양화와 특성화를 지향할 수 있도록 각종 모델을 만들고, 대학 자율로 모델을 선택하게 하며, 그에 따라 지표와 기준을 설정해 평가해야 한다.

대학의 서열화는 일체 지양해야 하고, 대학평가는 각 지표별로 감시 및 평가하고 보완할 수 있는 지침과 지혜를 주는 데 그쳐야 한다.

양적인 지표로 측정할 수 없는 교육 및 연구의 질적 수준, 대학의 민주화, 행정과 재정의 투명성 등도 평가 대상에 포함되어야 한다. 구체적으로 교육성과, 강의평가, 연구의 사회적 영향력, 교수 채용, 대학 운영, 등록금 인상, 총장 선거 등에 대해 교수, 학생, 교직원의 의사와 이해관계의 반영 정도, 행정과 재정의 공개/감시 및 평가 체제에 대해 구체적으로 평가할 수 있는 지표를 개발한다. 특히, 인문사회 계열의 경우 논문보다 학술 저서가 수십 배의 가치가 있으므로 연구 업적의 평가 기준은 양에서 질로, 논문에서 저서로 전환해야 한다.

대학의 목적과 배치되는 지표, 곧 대학을 기업 연수원 내지 취업 학원으로 전락시키는 취업률 등의 평가지표는 삭제해야 한다. 국제화 지표 가운데 대학과 학문의 식민화를 심화하는 외국인 교수 비율, 영어 강좌 비율은 없애고 해외 파견 교환학생 비율, 국내 방문 외국인 교환학생 비율만 남겨야 한다.

6. 결론

모든 인간은 한 가지 능력만큼은 타고났다는 점에서 평등하다. 교육은 많이 배운 이가 그렇지 못한 이를 가르쳐서 진리와 지혜를 계승하는 것이 아니다. 교육은 피교육자를 깨닫게 만들어, 피교육자 속에 내재한 현실에 대한 예리한 인식과 현실을 넘어선 꿈, 다른 이들과 자연과 예술을 사랑하고 소통하려는 마음과 능력, 타자의 고통에 공감하고 타자에게 지혜를 전달하며 타자를 올바른 길로 안내하는 삶을 통해 교사 스스로 깨닫고 그것으로 자신의 깨달음을 완성하는 것이다. 교육이란 교사와 학생 모두가 상호 생성자로서 교사가 학생을 발달·완성시키고 완성된 학생을 통해 다시 나를 발달·완성하는 부단한 상호작용의 행위이다.

이런 교육 이념에 맞게 교육 편제와 교과과정과 교과서를 바꾸고, 모든 교육을 공공화하며, 학교를 이데올로기 기구나 기업 연수원에서 진정한 진리를 배우고 실천하고 함께 신나고 재미있게 뛰놀며, 타자와 연대하며 더불어 사는 가치를 체득하고 공동체의 윤리를 함양하는 마당으로 전환해야 한다. 이를 위해 대학 서열을 파괴하고 대학을 평준화하고 대학입시를 철폐해야 한다. 그것이 제2의 세월호를 예방하는 길이고, 모든 학생들을 자유롭고 창의적이면서도 타자와 공존하는 주체로 키우는 길이며, 21세기를 선도하는 인재로 육성하는 방안이다.

참고문헌

강남훈. 2011. 대학교육 혁신을 위한 대학체제 개편안: 교양과정 후 공동학위제. 홍사단 토론회.

강수돌. 2004. 「신자유주의 세계화의 근본 문제와 삶의 대안」. 『신자유주의와 이주노동』. 제2회 이주 노동자운동 정책심포지움 자료집(2004.11), 6~7쪽.

김세균. 2011. 한국교육의 공공성 강화 및 창조적 발전을 위한 서울대 및 한국대학체제 개편의 대안. 한국교육 위기 극복을 위한 서울대 개혁 방안 토론회(2011.5.4).

박재규. 2001. 「신자유주의 경제정책과 노동자의 삶의 질 변화: 한국의 사례」. ≪한국사회학≫, 제35집 제6호, 100~101쪽.

송기균. 2012. 『고환율의 음모』. 21세기북스.

심광현. 2011.21세기 한국 대학교육체제 개혁의 기본 방향: 〈국립대학통합네트워크(안)〉과 〈국립교양대학(안)〉의 통합에 의한 초중등-대학교육의 종합발전계획을 중심으로. 전교조 본부 대학개혁 토론회.

이도흠. 2002. 「빈곤의 세계화를 넘어 화쟁의 세계체제로」. ≪문학과 경계≫, 제6호, 70~71쪽.

______. 2010. 「신자유주의의 내면화와 저항의 연대, 그리고 눈부처공동체」. ≪미래와 희망≫(2010.9.1).

______. 2014. 세월호 참사의 근본 원인과 성찰적 대안. 생명의 위기, 생활의 위기: 불안정 사회, 무책임사회, 대한민국을 다시 생각한다, 민교협·교수노조·비정규교수노조 주최 세월호 대참사 교수단체 긴급 공동 토론회. 1~16쪽.

이득재. 2008. 「신자유주의 국가의 주체화 양식-교육과 문화를 중심으로」. ≪문화과학≫, 여름호(2008.6), 69쪽.

정경훈. 2012. 국립교양대학과 통합대학네트워크안을 중심으로. 대학교육 개혁 로드맵.

조돈문. 2008.「신자유주의 구조조정의 경험과 노동계급의 계급의식」. ≪경제와 사회≫, 제79호, 188, 208쪽.

≪경향신문≫. 2012.1.13. "'1년 학비 3000만원' 송도국제학교, 재벌 손주들 수두룩".
≪한겨레신문≫. 2013.9.11. "미국 소득불평등 역대 최고".
______. 2014.8.12. "국내 사립대에 외국대학 분교설립 합작 허용".

제6장

정부책임형 사립대학(준국공립화) 방안의 설계*

임재홍 ∥ 한국방송통신대 교수

1. 서론

사립학교와 관련한 법적 문제는 너무나 많다. 이런 문제를 해결하기 위한 역사도 길다. 최근의 입법 작업만 보더라도 2005년과 2007년의 사립학교법 개정이 있었다. 이 과정에서 사립학교법을 둘러싼 갈등과 상이한 시각을 모두 볼 수 있었다(임재홍, 2006: 279~281). 최근에는 대학 등록금 문제, 사분위(사학분쟁조정위원회)의 파행적 결정, 대학 구조조정의 강행 등이 사회적 이슈가 되고 있다. 교과부(현 교육부)는 등록금이나 사립학교의 문제들을 외면하면서 교육 공공성에 반하는 대학 구조조정에 전념하고 있다.

교과부의 대학 구조조정 정책은 결과적으로 사립대학에 비해 국립대학의

* 이 글은 임재홍이 쓴 「사립대학의 공공성 확대를 위한 사립학교 관련 법률의 제·개정 방향」[(대학개혁정책심포지엄(2012.2.27)]과 「고등교육과 교육 공공성의 확장」[≪법학연구≫ 제20권 제1호(2012.4)]을 재구성한 것이다.

규모를 더 줄여버렸다. 2005년부터 추진되어온 정부의 국립대학 구조조정 방침에 따라 최근까지 10개의 국립대학이 통폐합되었다. 그 결과 국공립대학에서는 모두 108개 학과가 감축되었고, 학생 정원도 8768명이나 축소되었다. 반면 고등교육기관에서 사립대학의 학생 수는 더 증가하고 있다. 그렇지 않아도 사립대학의 비중이 높은 상황에서 이런 식의 국립대학 구조조정은 고등교육의 공적 시스템 확립에 부정적인 영향만을 줄 뿐이다.

사립학교법 개정을 포함해 사립학교 정책에 대해 좀 더 근본적인 시각에서 접근할 필요가 있다. 무엇보다 고등교육을 국공립대학 위주로 제도화할 것인지, 아니면 사립대학 위주의 사적 영역으로 지속시킬 것인지 논의가 필요하다. 특히 학령인구의 감소로 고등교육의 공급이 수요를 넘는 상황을 맞고 있는 시점에서 이에 대한 결정은 모든 개선 작업의 전제라고 할 수 있다.[1)]

교육비의 공적 부담을 외치는 목소리가 사회적으로 합의를 얻어가고 있는 점을 감안하면 국공립대학 위주의 고등교육정책을 설계할 필요가 있다.[2)] 이 글의 의미는 여기에 있다. 종래 고등교육의 대안으로 주로 제시된 것이 국공

---

1) 이러한 문제는 고등교육에만 한정되지 않는다. 중등교육도 상황은 비슷하다. 1965년 209개였던 사립고는 1980년 398개, 2000년 614개, 2011년 691개로 지속적으로 증가하고 있다.

2) 김상곤 경기도 교육감은 2012년 2월 13일 기자회견에서 국공립대학이 고등교육기관에서 50% 이상 되어야 한다는 정책을 제안한 바 있다[≪한국대학신문≫, 2012년 2월 13일 자(http://news.unn.net/news/articleView.html?idxno=107247/ 검색일: 2012.2.25)]. 필자도 2011년 8월 민주당이 주최하는 토론회에서 사립대학의 구조조정은 한국 고등교육의 공교육성을 확립한다는 원칙 아래 설정될 필요가 있고, 그 내용으로 국공립대학의 비중 증가를 강조한 바 있다. 구체적으로는 ① 국공립대학 신설 정책(또는 기존 국공립대학 확대 정책)으로 공교육의 범위를 넓히면서 등록금 문제를 해결하는 방안이 있을 수 있고, ② 국공립대학 신설 정책에 정부책임형 사립대학 정책을 펴서 공교육의 범위를 더 확장시키는 방안을 제시한 바 있다(임재홍, 2011b: 70).

립대학연합체제를 통한 공동학위제와 국립교양대학안이었다. 그러나 필자가 보기에 사립대학의 비중이 과도한 한국 고등교육 현실에서 국공립대학연합체제안은 충분히 긍정적인 대안이나 그 파급효과가 적을 수밖에 없다. 물론 사립대학에 관한 내용이 포함되어 있지만 구체적이지는 않다. 따라서 이 글은 국공립대학연합체제안을 보완하는 의미를 갖는다. 그렇지만 사립대학의 과도한 비중을 고려하면 보완 그 이상이라고 하겠다.

제2절에서는 우선 교육 공공성 개념에 대한 이해와 이 공공성이 고등교육기관에 적용되는 범위를 다룸으로써 사회적 합의를 도출하는 데 일조하고자 한다. 나아가 제3절에서는 한국 고등교육정책에 대한 평가를, 제4절에서는 고등교육의 공공성을 확보하기 위한 미국의 사례연구를 살펴보고 마지막으로 현실적인 대안으로서 정부책임형 사립대학의 방안을 제시한다.

2. 고등교육과 교육 공공성

1) 공교육과 교육 공공성

공교육이란 공공성이 인정되는 교육을 표현하는 개념이다. 공교육은 ① 국민의 교육권을 보장한다는 것(보통교육), ② 국가 등 공적 주체에 의해 관리된다는 것(공적 관리), ③ 교육의 전부이든, 아니면 일부이든 공적으로 재원을 부담한다는 것(공적 비용의 부담)은 공통적인 것으로 보인다. 다만 초·중등교육에서는 보통교육, 무상교육의 원칙 이외에도 의무교육을 인정해왔으나, 오늘날 이를 굳이 공교육의 징표로 삼을 이유는 없다.

자본주의 사회에서 공공성 개념의 출현은 자본의 필요라는 측면도 있다. 그러나 인간다운 생존과 공동체성의 회복을 위하여 자본주의의 경쟁 원리를 수정하는 성격도 있다. 교육의 공공성은 사회에서의 경쟁 이전에 적어도 학교교육과정에서는 경쟁 원리를 배제시킴으로써 모든 인간이 동등하고 평등한 교육 기회를 확보하는 데 목적을 두고 있다. 만약 교육이 사회적 기득권을 인정한 채 경쟁 원리에 따라서 이루어진다면, 교육은 이미 형성된 계급 관계를 변화시킬 수 없고 단지 기존의 사회관계를 재생산하는 역할 이상을 할 수 없다. 교육 공공성 개념이 역사적으로 규범을 통해 확립되었기 때문에 계급 교육화를 방지하기 위해서는 국가의 개입이 당연히 필요하다. 공교육을 국가나 지방 공공단체가 관리하는 교육으로 이해하는 것은 이에 기인한다.

2) 대학 교육의 공공성

교육 공공성이 고등교육기관인 대학에도 적용되는지 여부에 대해서는 논란이 있다(임재홍, 2003: 192~195). 관료나 기업의 입장에서 대학은 공적 영역이 아니라 사적 영역이다.

한국의 법체계는 고등교육 역시 공공성이 인정되는 공교육이라는 점을 전제로 구성되어 있다. 교육받을 권리를 헌법상의 권리로 규정한 헌법 제31조, 교육 목적을 규정한 교육기본법 제1조, 학교의 공공성을 규정한 교육기본법 제9조를 볼 때 일반대학을 포함한 고등교육기관은 그것이 국공립학교이든 사립학교이든 공공성을 갖는다. 이러한 법제의 취지는 해방 이후 일관되어왔다(임재홍, 2003: 193 참고).

고등교육의 공공성을 확인할 수 있는 기준 중 하나가 교육비의 공적 부담이다. 이 기준에 입각해서 보면 고등교육의 공공성은 매우 낮은 수준이다. 즉, 공적 관리에 비해 교육 비용의 공적 부담 원칙은 확보되고 있지 못하다.

현행 고등교육법은 "학교의 설립자·경영자는 수업료와 그 밖의 납부금(이하 "등록금"이라 한다)을 받을 수 있다"(제11조)고 해서 개인 부담을 규정하고,

고등교육비의 공적 부담에 대해서는 "국가와 지방자치단체는 학교가 그 목적을 달성하는 데 필요한 재원을 지원하거나 보조할 수 있다"(제7조)고만 규정하고 있다. 개인 부담이 원칙인지, 아니면 공적 부담이 원칙인지는 정확히 판단하기 힘들다.

특기할 만한 것은 2010년 개정에서 신설된 등록금심의위원회 조항이다. 고등교육법 제11조는 고등교육기관에 등록금심의위원회를 설치하고 학생 위원의 30% 이상 참여(제2항), 등록금심의위원회 심의 결과의 존중(제3항), 등록금 적정 산정의 기준(제4항), 등록금 인상률의 한계(제7항) 및 초과 인상 시 행정적 제재 규정(제8항)을 두고 있다. 그러나 이러한 규제는 대학에 대한 권고적 내용에 지나지 않으며 등록금의 징수, 등록금심의위원회의 설치와 운영 및 행정적·재정적 제재 등 필요한 사항을 정하는 교육부령은 아직 정비도 되어 있지 않다. 또한 이러한 규제는 국가의 공적 경비 부담의 원칙을 설정한 것도 아니며 공적 관리의 한 내용일 뿐이다. 이런 법제 상황을 볼 때 고등교육에 대한 공적 관리는 어느 정도 정비되어 있지만 고등교육의 비용 부담 문제는 법적인 불비 상태라고 평가할 수 있다.

3. 공공성 관점에서 본 한국의 고등교육정책

한국 고등교육정책에 대한 평가는 기본적으로 고등교육의 공공성이란 측면에서 고등교육의 변화를 보기 위한 것이다. 고등교육평가는 여러 가지 방법이 있을 수 있으나 여기서는 앞서 본 공공성의 지표, 즉 ① 고등교육의 보통교육화, ② 공적 관리, ③ 교육비의 공적 부담을 통해 1980년대 이후 역대 정부의 고등교육정책을 간략하게 평가해본다.

1) 전두환 정부에서 김영삼 정부까지(1980~1997년)

이 시기는 고등교육의 팽창기로 볼 수 있다. 1981년 고등교육기관 수는 398개이고 재적 학생 수는 78만 6354명이었다. 반면 1987년 고등교육기관 수는 468개이고, 재적 학생 수는 136만 1949명으로 증가했다. 6년 만에 73%나 증가한 것이다. 즉, 고등교육에 대한 국민의 접근을 용이하게 하여 고등교육의 대중 교육화를 가능하게 한 것이다. 고등교육의 기회 확대라는 점에서는 긍정적인 평가가 가능하다.

그러나 이러한 고등교육의 보편화 과정에서 사립대학의 비중이 커진 것은 문제라고 하지 않을 수 없다. 1981년 국공립 고등교육기관 수는 104개에 재적 학생 수는 19만 8046명이었고, 사립 고등교육기관 수는 294개에 재적 학생 수는 55만 8308명이었다. 1987년 국공립 고등교육기관 수는 94개에 재적 학생 수는 30만 9639명이었고, 사립 고등교육기관 수는 374개에 재적 학생 수는 105만 2310명이었다.[3] 즉, 재적 학생 수 기준으로 볼 때 사립대학은 1981년 75%에서 1987년 77.3%로 증가했다.

특히 김영삼 정부 시절인 1995년 5월 31일에 발표된 '세계화·정보화 시대를 주도하는 신교육 체제 수립을 위한 교육개혁 방안(5·31교육개혁안)'은 대학 설립 준칙주의를 채택하는데, 이로써 사립대학이 엄청나게 증가한다.[4] 1996

3) 교육통계서비스 통계 간행물 각 연도 자료를 편집한 것이다[http://cesi.kedi.re.kr/index.jsp(검색일: 2012.2.25) 통계 간행물 참고]. 이하에서도 한국 고등교육통계에 대한 별도의 각주가 없는 경우 이 자료에 의한 것임을 밝혀둔다.

4) 대학 설립 준칙주의는 대학 설립을 자본주의적인 시장 원리에 맡기고 정부의 간섭은 최소화하겠다는 신자유주의 원리를 근간으로 한다. 그러나 설립의 자유를 통해 다양하고 특성화한 대학이 많이 만들어지고, 대학 간 경쟁을 통해 경쟁력 있는 대학이 나오리라는 예상은 정반대의 결과를 낳았다. 부실한 대학과 대학원의 양산으로 끝이 났

년부터 2004년에 이르기까지 37개의 일반대학이 증가했는데 이는 모두 사립대학의 증가분이었다. 재적 학생 수도 56만 명 정도 늘었는데 그중 48만 명이 사립대학의 정원 확대에 따른 것이었다.

이 시기에 국가가 공적 관리를 포기한 것은 아니었다. 그러나 사인에 의존한 고등교육의 공급 정책은 사립대학 위주의 고등교육정책을 펼 수밖에 없는 한계 상황을 만든 점에서 고등교육의 공공성으로부터 멀어질 수밖에 없었다. 또한 이후 정부에서 고등교육정책을 구사하는 데 어려움을 만들게 된다.

또한 이 시기의 특징 중 하나로 들 수 있는 것이 1989년의 사립대학 등록금 자율화 조치였다. 사립대학을 통한 고등교육의 공급은 결국 등록금 인상으로 연결되었다. 1990년부터 1996년까지 사립대학 등록금 인상률은 폭등에 가까웠다(노태우 정부에서 김영삼 정부까지). 등록금 자율화 조치가 있었던 1989년 사립대학 등록금은 144만 2000원이었는데, 1996년에는 371만 1000원으로 1.6배나 인상되었다.

2) 김대중 정부에서 노무현 정부까지(1998~2007년)

이 시기 대학 정책의 특징은 국립대학의 법인화 정책이었다. 여기서 법인화란 국립대학에 대한 예산 지원의 축소를 염두에 둔 것이었다. 즉, 국가가 교육 비용을 책임지고 있던 국립대학에 대한 공적 부담의 원칙을 포기하고 교육 비용을 사적 영역에 전가하는 정책으로 이해할 수 있다.[5] 이러한 정책으

고, 이때 설립된 무수한 사립대학들은 설립부터 부정과 부패의 온상이 되어버렸다.

5) 교육인적자원부는 2002년 2월 15일 대통령 업무 보고에서 국립대학 운영에 관한 특별법 도입을 밝혔다. 이 독립법인의 책임 주체를 이사회로 상정하고, 이사회가 대학의 발전 계획을 수립하여 자율적으로 재원을 마련하라는 것이었다. 재원 마련의 한 방법으로 교비에 의한 수익 사업도 인정해주겠다는 것이었다. 자율성 보장이라는 미명하

로 국립대학에서 등록금이 인상될 수밖에 없게 된다. 2003년 국립대학 등록금 자율화 조치가 시행되고, 2004년부터 2008년까지 국립대학 등록금은 폭등한다.[6] 국공립대학에 대한 공적 관리까지 포기한 것은 아니었으나 국공립대학에 대한 국가의 공교육비 부담은 줄고 오히려 학생에게 전가되기에 이른다.

김영삼 정부 시절의 대표적 실책이었던 대학 설립 준칙주의 정책의 여파로 2004년도에 대학 구조개혁이 시작된다. 주요 내용을 보면 국립대학 입학정원 15% 축소, 국립대학 간 통합 추진, 사립대학 간 통폐합, 사립대학의 자발적 구조개혁 등이다. 이들 정책을 한마디로 나타내면 고등교육기관 수를 줄이고 대학 입학정원을 축소하는 것이다. 이 정책이 수립·집행된 것은 2003~2005년의 일이다.

3) 이명박 정부(2008~2013년)

이명박 정부의 고등교육정책은 이전 정부의 정책과 크게 다르지 않다. 특기할 것이 있다면 국립대학 법인화 정책의 연장선상에서 서울대가 국립대학 법인이 되었다는 점이다. 이것은 사립대학 위주의 고등교육정책이 실행 단계로 접어들었다는 것을 보여주는 상징적인 사건이 될 것이다.

이전 정부에서 시작된 대학 구조조정도 지속적으로 이루어졌고, 구체적인 결과가 나타났다. 2005년부터 추진되어온 정부의 국립대학 구조조정 방침에 따라 8개 국립대학이 통폐합되었고, 국공립대학에서 재적 학생 수가 줄어들

에 국립대학을 준사유화하고 기업식 이윤 추구의 단초를 마련한 것이며, 장기적으로 사유화하여 개방의 대상으로 하겠다는 것을 암시하고 있다(임재홍, 2005: 43).

6) 국립대학의 경우 2004년부터 2008년까지 매년 10% 가까운 인상률을 보였다(한국대학교육협의회, 2011: 14).

었다. 반면 일반 사립대학의 경우 고등교육기관 수에는 변화가 없었지만, 학생 수는 오히려 10만 명 정도 증가했다. 교과부는 국공립대학과 사립대학 간에 균형을 맞추는 방식으로 대학 구조조정을 하겠다고 했지만 통계를 보면 일반 국립대학의 감소 현상이 두드러진다.

4. 미국의 고등교육정책: 공립대학 확장의 역사

한국의 경우 고등교육에서 사립대학이 차지하는 비율은 비정상적으로 높다. 이런 현상의 주된 원인은 일제로부터 독립한 이후 실시된 국가 차원의 사립학교 장려 정책일 것이다. 해방 이후의 사학 정책은 교육정책이라기보다는 국가의 교육재정 부담을 덜어내기 위한 경제정책에서 시작되었다. 국가가 책임져야 할 공교육 수요를 민간 자본에 의존함으로써 공교육에서 사립대학이 차지하는 비율이 높아진 것이다. 유럽 국가에서 고등교육은 국공립대학 위주로 구성되어 있어[7] 한국과 완전히 다르다. 오히려 미국 고등교육 발전의 초기 상황이 우리와 비슷하다. 그러나 미국은 사립대학이 아니라 공립대학 위주의 고등교육정책을 펴기 위해 상당한 노력을 기울였고 이는 우리와 확연히 구별된다.

---

7) 프랑스의 고등교육은 의무교육은 아니지만 대학 등록금이 거의 무상 수준이다. 이러한 고등교육정책이 가능한 것은 프랑스 고등교육이 국립대학 위주로 구성되어 있기 때문이다. 이런 점에서 유럽의 대학과 비교하는 것은 별 의미가 없다.

1) 사립대학 위주의 고등교육의 시작과 전개

미국의 고등교육은 1600년대 청교도 등 종교 단체가 설립한 사립학교들에 의해 수행되었다. 19세기 중엽까지만 해도 대학은 성직자를 배출하는 기관이었다. 미국독립전쟁 이전에 설립된 대학은 총 9개인데 모두 사립대학이었다.[8]

미국이 독립한 1776년부터 토머스 제퍼슨(Thomas Jefferson)이 대통령이 된 1801년까지 16개의 사립대학이 생겼고, 이 대학들은 큰 난관 없이 오늘날까지 왔다. 그러나 그 후로부터 1861년까지 세워진 약 700개의 사립대학들은 대부분 설립한 지 수년 만에 문을 닫았다. 19세기 전반의 미국 대학들 대다수가 빈약한 재정에 시달렸고, 이런 사정은 주나 지방정부 또는 사회가 대학에 간섭하는 구실을 제공했다(김성복, 2008: 4~6). 여기서 발생한 것이 다트머스 대학 사건이었다.

사립학교가 부실하다고 해서 강제로 국공립학교로 바꿀 수는 없다. 법적인 근거도 없지만 사인(私人)의 학교 운영권 침해의 소지도 있기 때문이다. 주 법률에 의한 학교 운영권 박탈이 다루어진 다트머스 대학 판결[9]에서 연방대법원은 뉴햄프셔 주의 법률을 무효화하고, 국가 성립 이전(식민지 시대)에 사립대학에 부여한 인가의 효력을 유지시켰다. 결과적으로 다트머스 대학은 사적

---

8) 미국의 고등교육은 1636년 설립된 하버드 대학과 이후의 윌리엄메리 대학, 예일 대학, 뉴저지 대학, 필라델피아 대학, 킹스 대학, 로드아일랜드 대학, 퀸스 대학, 다트머스 대학 등 식민지 시절의 대학들과 함께 시작된다. 이들 대학은 벤저민 프랭클린(Benjamin Franklin)과 그의 동료들이 설립한 필라델피아 대학을 제외하고는 모두 기독교 각 종파와의 연관 속에 설립되었다.

9) 사법인에 대한 미국 연방헌법상 계약 조항의 적용을 다룬 사건이다. 사건은 다트머스 대학의 총장이 법인 이사회에 의해 면직되면서 시작된다. 뉴햄프셔 주 의회는 주 법률로 대학을 공적 기구로 전환시키고 이사 임면권을 주 정부의 권한으로 했다[Trustees of Dartmouth College v. Woodward, 17 U.S. (4 Wheat.) 518 (1819)].

인 고등교육기관으로 남게 되었다.

2) 공립대학의 신설 및 확장 정책

미국에서 공립대학의 신설 정책은 다트머스 대학 판결의 반작용이라고도 평가할 수 있다. 즉, 고등교육기관의 공립화는 필요하지만 사립대학을 강제로 공립화할 수 없는 한계 때문에 별수 없이 공립대학의 신설 정책을 주된 형태로 하지 않을 수 없었다(황홍규, 2010: 90). 이 과정에서 사립대학의 자발적인 공립화·준공립화도 출현하게 된다.

모릴법(Morrill Act, 제1차 제정 1862년, 제2차 제정 1890년)은 주립대학 설립을 위한 연방 재정 지원을 제공하기 위해 제정된 법률이다. 많은 공립대학들이 주 정부에 대한 연방 정부의 토지 지원을 받아 설립되었다. 재정적 지원은 대학들에 확장되었고, 연구 발전으로 연결되었다. 대학 입학은 1945년 제2차 세계대전의 종전과 더불어 비약적으로 증가했다.

미국 고등교육 역사에서 공립대학은 랜드그랜트 칼리지(land-grant college)[10) 혹은 랜드그랜트 대학(land-grant universities)이라고 불린다(Bonnen, 1998).[11) 제1차 모릴법은 공립 고등기관을 설립하기 위해 토지를 무상불하하여 지원하는 형태, 제2차 모릴법과 뱅크헤드-존스법(Bankhead-Jones Act) 현금을 지원하는 방식을 채택했다. 모릴법 수정법(Nelson Amendment to the Morrill Act)은 영속적으로 매 연도별 5만 달러의 현금을 지원하는 방식을 취했다.

제1차 모릴법의 제정은 농업과 공업에서의 교육 수요를 반영한 것이었다.

---

10) 랜드그랜트 칼리지란 제1차 모릴법에 의해 설립된 미국의 고등교육기관을 말한다. 모릴법을 연방토지불하법으로 번역하는 경우도 있다(황홍규, 2010: 2).

11) http://www.adec.edu/clemson/papers/bonnen2.html(검색일: 2012.2.23)

에이브러햄 링컨(Abraham Lincoln) 대통령이 모릴법에 서명하면서 1862년부터 고등교육의 성격이 바뀌기 시작했다. 모릴법은 청년들에게 과학교육의 혜택을 제공해야 한다는 사고에 기초하여 입안되었다. 모릴법은 한 주에 적어도 하나의 랜드그랜트 대학의 필요성을 인정했다. 모릴법은 고등교육의 공교육체계를 발전시킬 수 있는 기초가 되었다.[12)]

20세기에 고등교육은 놀라운 속도로 증가했다. 20세기 초에는 18~24세 학생들 중 2%만이 대학에 등록했다. 1944년에는 제대군인원호법(Serviceman's Readjustment Act)을 제정하여 제대군인들에게 대학 학자금을 지원해 환영을 받았으며, 이는 미국 고등교육의 보편화를 이끌었다. 20세기 말에는 18~24세 연령 그룹의 60%를 넘는 학생들이 대학에 등록했으며 1400만 명의 학생들이 대학에 다니고 있다. 2009년 기준 20~21세 연령 그룹에서 대학에 등록하고 있는 학생의 비율은 51.7%에 이른다. 고등교육의 보편 교육화가 달성된 것이다(National Center for Education Statistics, 2011: 11).

공립대학과 사립대학의 학생 수 비율을 보더라도, 1950년대에는 각각 절반 정도였지만 1975년에는 공립대학 재학생 수 비율이 74%에 달했다(즉, 1970년대 중반에는 사립대학들의 생존이 의심되기 시작할 지경에 이른 것이다). 1990년대까지 극소수의 경쟁력 있는 대학들을 제외하고는 문을 닫거나, 주립대학 체제에 흡수될 것이라고 보는 예측이 많았다(Lyman, 1975: 156; 김영석, 2004: 38에서 재인용).

2009년 가을 학기 기준으로 공립대학에는 1481만 1000명, 사립대학에는

---

12) 랜드그랜트 대학의 법적 근거는 그 이후 확대 적용되어, 대학 교육 기회의 대중화를 목적으로 흑인 대학, 아메리칸 인디언 부족 대학 외에 괌과 버진아일랜드 등 미국 속령의 랜드그랜트 대학이 설립되었다. 현재 105개의 랜드그랜트 대학이 운영 중이다(신의항, 2006: 116).

561만 7000명이 등록했다. 공립학교의 등록 비율이 72.5%에 달한다(National Center for Education Statistics, 2011: 9).

사립대학 대비 주립대학의 강점은 무엇보다 저렴한 등록금이다. 2000~2001년 기준 주립대학의 등록금은 평균 3500달러로 사립대학의 1만 6332달러에 비하면 1/5 수준이다. 저렴한 가격에 양질의 교육을 제공받을 수 있다는 점에서 미국의 공립대학은 경쟁력을 가지고 있었다.

그러나 현재는 미국 연방 정부의 재정 적자 때문에 공립대학에 대한 주 정부나 연방 정부의 지원이 상당히 축소된 상태이다.[13] 그럼에도 사립대학에 비하면 공립대학에서는 여전히 학생 부담보다 공적 부담이 크다. 2008~2009년 4년제와 2년제 공립대학에서 총수입(2674억 달러) 중 단일 요소로 가장 많은 수입은 주 정부 보조로서 24.5%이며, 연방 정부 보조 10%를 포함한 공적 보조는 총 34.6%(924억 달러)에 해당한다. 학생들의 등록금 수입(학생 1인당 평균 5152달러로 총수입은 518억 달러)은 19% 정도이다(National Center for Education Statistics, 2011: 47).

사립대학은 학생 등록금에 대한 의존이 클 수밖에 없다. 2008~2009년 비영리 사립대학의 총수입은 691억 달러인데 가장 큰 수입원은 등록금(1인당 평균 1만 7422달러로 총 등록금 수입은 537억 달러)이었고, 연방 정부 보조(210억 달러), 그리고 사적 기부와 계약금(177억 달러) 순이었다. 문제는 사립대학들의 투자 손실인데 총 642억 달러의 손해를 입었다. 이것이 사립대학의 재정을 압박하는 요인이다(National Center for Education Statistics, 2011: 48). 따라서 재정이 탄탄한 사립대학만이 앞으로도 유지가 가능할 것으로 보이는데, 그러한 대

---

13) 예를 들어 주립대학에서 총수입 중 학생 등록금이 차지하는 비율은 14.5%(1985~1986년) → 16.1%(1990~1991년) → 19%(1996~1997년) → 19.4%(2008~2009년)로 점점 커지고 있다(National Center for Education Statistics, 2002: 51, 2011: 59).

표적인 대학이 하버드 대학이다.

이상에서 본 것처럼 미국의 고등교육 체제는 주립대학과 사립대학이 병존한다. 그러나 병존 체제라고는 해도 사립대학이 100%를 차지하고 있던 상황에서 제1차 모릴법의 제정과 연이은 법률 개혁을 통해 공립대학 위주의 체제가 확립되었다고 평가할 수 있다. 그리고 재정 능력을 확보한 일부 사립대학이 병존하고 있는 체제로 볼 수 있다.

3) 사립대학의 공립화 및 준공립화 사례

(1) 공립화 사례

① 오번 대학

미국 앨라배마 주 리카운티(Lee County) 오번에 있는 공립 종합대학교인 오번 대학은 사립대학이 자발적으로 공립화한 사례에 해당한다. 남북전쟁이 발발하기 전까지 감리회에 소속되었다가 1872년 모릴법에 의해 랜드그랜트 칼리지로 되었다. 오번 대학의 비전은 랜드그랜트 대학이라는 역사 전통과 밀접히 결부되어 있다. 그래서 앨라배마 주의 주민들에게 고등교육의 기회를 제공하는 것이 대학의 첫 번째 목적이다.

② 러트거스 대학

러트거스 대학은 식민지 대학이었다가 랜드그랜트 기관이 된 사례이며, 1766년 퀸스 칼리지로 설립된 여덟 번째 사립대학으로서 오랫동안 경영난에 시달리다 1956년 뉴저지 주의 주립대학이 되었다.[14] 뉴저지 주 의회는 다른 주들과 달리 주립대학을 설립하기보다는 이미 설립되어 있던 사립대학을 주

---

14) 1956년 뉴저지 주 주법(Chapter 61, Laws of 1956)에 의해 공립대학이 된다.

립대학으로 변경시키려 했다. 그래서 러트거스 대학이 1945년과 1956년 주 의회 법률에 따라 주립대학으로 결정되었다.[15)]

러트거스 대학은 설립 당시 식민지 대학 시절부터 토지 무상불하 대학(land-grant institution) 및 주립대학을 거치는 과정에서 사립 이사회와 이사회가 병존하는 독특한 지배 구조(governance structure)를 갖고 있다.[16)]

③ 윌리엄메리 대학

윌리엄메리 대학은 버지니아 주에 소재하는 대학으로 식민지 시절 영국 윌리엄 3세(King William III)와 메리 2세(Queen Mary II)의 차터(charter)를 받아 설립된 사립대학이다. 그러나 20세기 초 재정적 어려움 때문에 주립대학으로 편입되었다.[17)]

(2) 준공립화 사례: 코넬 대학

랜드그랜트 지원 자금의 수혜를 입은 것은 주립대학에만 한정된 것은 아니었다. 매사추세츠 공과대학, 코넬 대학, 시러큐스 대학, 예일 대학도 이 자금의 도움을 받았으며, 오리건 주나 켄터키 주의 기독교 대학들도 그 수혜자이다(황홍규, 2010: 91). 이러한 대학들은 공립과 사립의 성격을 모두 갖는 독특한 모습을 취하고 있다.

예를 들어 코넬 대학은 비영리법인이며, 반(半)공립, 반(半)사립의 지위를 갖고 있다. 이는 대학 지배 구조에서 나타나는데, 64인으로 구성되는 이사회에 당연직 이사로 뉴욕 주지사, 상원 의장, 하원 의장이 포함된다. 이는 주 정

---

15) http://en.wikipedia.org/wiki/State_university_system(검색일: 2012.2.25).

16) http://www.rutgers.edu/about-rutgers/leadership-governance

17) http://en.wikipedia.org/wiki/The_College_of_William_%26_Mary(검색일: 2012.2.25)

부의 지원을 받고 있기 때문에 그렇다. 또한 대학의 일부는 랜드그랜트 대학으로서, 산업 발전 시기에 미국 시민에게 평등한 고등교육의 기회를 제공하고자 한 당시 설립자들의 설립 취지에 따라 64인의 이사 중 최소 24인을 뉴욕주의 농업계, 비즈니스계 및 노동계 인사로 선임하고 있다(황홍규, 2010: 147).

4) 평가

미국인들은 그들의 고등교육에 자부심을 갖고 있다. 2006년 미국 교육부가 발표한 '대학의 사회적 책무성을 강화하고 세계적 리더십을 유지하기 위한 방안'(U.S. Department of Education, 2006)에서 370여 년 미국 고등교육의 역사는 세계적으로 성공한 사례에 해당한다고 자평하고 있다.

성공 사례로서 우선적으로 드는 것이 공교육체계의 확립이다. 이러한 확립에 필요했던 과정들, 즉 제1차 모릴법으로 랜드그랜트 대학을 만든 것, 제2차 세계대전 이후인 1994년 제대군인원호법을 제정하여 고등교육으로의 접근을 우선 과제로 설정한 것, 그리고 1960~1970년대 고등교육의 대중화를 통해 고등교육의 기회를 전 국민에 부여한 것을 들고 있다(U.S. Department of Education, 2006: iv).

5. 고등교육의 공공화 정책으로서 정부책임형 사립대학 방안

1) 정부책임형 사립대학의 필요성

국공립대학 중심으로 고등교육을 설계하는 경우 국공립대학의 비율을 어떻게 할 것인지에 대해서 뚜렷한 기준은 없다. 그러나 아래와 같은 현실적인 필요성을 말할 수 있다.

첫째, 국공립대학의 대체 수단이라고 할 수 있는 것이 사립대학이다. 2011년 기준으로 사립 고등교육기관 수는 전체 고등교육기관의 87%에 달하고, 사립학교의 학생 수가 75%(일반대학은 79%)에 이르고 있다. 문제는 한국 사립대학의 수준이 공교육을 수행할 수 있는 재정적 능력을 확보하고 있지 못하다는 점이다. 한국 사학의 운영 상황을 보면 학교법인이 학교교육을 위한 전입금이 거의 전무하여 재정적 기초가 등록금이 될 수밖에 없다. 2009년 기준으로 4년제 사립대학에서 등록금이 차지하는 비율은 63%에 이른다(한국대학교육협의회, 2011: 15). 심지어 학교법인이 부담해야 하는 법정 부담금[18]도 거의 등록금에 의존하는 학교가 상당수인 것으로 나타난다.[19] 더불어 사립대학에서 벌어지고 있는 교육 비리와 이로 인한 대학 구성원 간 갈등은 고등교육의 여건을 떨어뜨리고 있다. 이런 상황을 개선해야 할 책무는 최종적으로 국가에 있다.

둘째, 고등교육비에 대한 개인의 부담이 너무 과도하다는 것이다. 한국의 경제 규모는 세계 15위(2009년)이고, 1인당 국민소득은 49위(2008년)이다. 그런데 대학 등록금 수준은 국공립·사립 모두 세계 4위이다.[20] 물론 사립대학

---

18) 사립학교의 법인 부담금은 교직원연금 부담금(60%), 건강보험 부담금(30%), 재해보상 부담금(2%)과 비정규직에 대한 4대보험료(8%) 등이다.

19) 전국 149개 사립대학의 법정 부담금 납부 현황을 분석한 결과 지난 3년 동안 내야 할 법정 부담금 6755억 원 중 3126억 원만 낸 것으로 나타나 평균 납입률이 46.3%에 그쳤다[아시아투데이, 2011년 6월 24일 자(http://www.asiatoday.co.kr/news/view.asp?seq=494172/ 검색일: 2012.3.15)].

20) 한국 국공립대학의 연평균 등록금은 미국달러 구매력 지수(PPP)로 환산 시 5395달러로 자료를 제출한 25개국 가운데 네 번째로 높았다. 아일랜드가 6450달러로 가장 많았고, 칠레(5885달러)와 미국(5402달러)이 그다음이었다. 사립대학 등록금도 비슷한 상황이었다. 사립대학 연평균 등록금은 9383달러로, 자료 제출국 12개국 가운데

의 비중이 높기 때문에 합산 시 그 순위가 미국에 이어 여전히 두 번째이다. 액수로 보면 OECD가 적정 등록금으로 생각하는 액수보다 거의 2배가 높은 수준이다. 그 원인은 당연히 사립대학에 있다. 한국과 일본은 사립학교 등록금이 국공립학교의 2배에 달하지만 사립학교 재학생 비율(한국 78%, 일본 75%)이 높아서 다른 나라에 비해 고등교육비의 민간 부담이 커지는 원인으로 작용한다(교과부·한국교육개발원, 2008: 26~27).

셋째, 한국 국민의 고등교육 이수 비율이 매우 높아 보편 교육화가 달성되었다는 점이다. 25~34세 연령층 인구의 64%가 고등교육을 이수하여 OECD 평균 39%를 상회하면서 OECD 국가 중 이수율이 1위를 기록하고 있다(교육부, 2013). 보편 교육화하고 있는 고등교육의 수요에 대해서 국가가 국공립학교를 통해 대응하는 것이 타당하다.

넷째, 적정 수준의 고등교육 서비스를 제공하기 위해서도 교육비의 공적 부담은 필연적이다. 고등교육 이수율은 제일 높지만, 학생 1인당 공교육비 통계를 보면 매우 열악하다는 것을 알 수 있다. 고등교육 부분에서 한국 학생 1인당 공교육비는 9972달러(미국달러)로 OECD 평균인 1만 3528달러에 매우 뒤떨어져 있다. 이 수치는 미국의 2만 9201달러에 비하면 1/3 수준밖에 되지 않는다(2013 OECD Indicator).[21] 이런 투자로는 당연히 세계적 수준의 대학을 육성할 수 없으며, 고등교육의 적정 수준에도 미치지 못한다고 보아야 할 것이다(박정원, 2007: 45).

다섯째, 초·중등교육과 고등교육은 교육이란 측면에서 매우 밀접하게 연관되어 있다. 초·중등교육을 보편적 공교육으로 보고, 고등교육을 능력에 따른

네 번째였다. 미국(1만 7163달러), 슬로베니아(1만 1040달러), 호주(1만 110달러)가 한국에 앞섰다(교육부, 2013).

21) http://cesi.kedi.re.kr 참고.

선택적 교육으로 분리하는 것은 불가능하다. 왜냐하면 현재와 같이 대학이 서열화해 있는 경우 초·중등교육은 고등교육에 진입하기 위한 과정에 지나지 않기 때문이다. 따라서 초·중등교육의 공공성을 확보하기 위해서는 대학 교육의 공공성이 먼저 전제되어야 한다. 대학이 시장으로부터 벗어나 공적인 역할을 할 수 있을 때 학교 일반의 공공성이 확보될 수 있다(이철호, 2003: 121).

이런 상황들을 검토하면 고등교육기관에서 국공립대학이 차지하는 비율을 늘려나가야 한다는 데 동의할 수 있을 것이다. 그럼에도 예산이 수반되는 사업이기 때문에 최소 기준은 정해야 할 필요가 있다. 최소 기준으로 단기간에 국공립대학(정부책임형 사립대학 포함)이 차지하는 비율이 50% 정도는 되어야 한다. 또한 정부가 고등교육정책을 펼 수 있기 위해서는 국공립학교에 재학하는 학생 수의 비율이 70~80% 정도는 되어야 할 것이다(임재홍, 2011c: 10).

2) 국공립대학 위주의 고등교육정책 방안

국공립대학 위주로 고등교육을 제공할 필요성에 공감한다면, 사립대학 위주의 고등교육체계를 국공립대학 위주로 변경할 수 있는 방안에 대해서 검토할 필요가 있다.

(1) 국공립대학의 신설 혹은 확대 정책

국공립대학 위주의 고등교육정책을 펴는 가장 쉬운 길은 미국의 사례처럼 국공립대학을 신설하는 것(또는 기존 국공립대학 확대 정책)이다. 물론 이러한 정책은 현실적으로는 가능하나 고등교육의 공급 과잉이라는 점을 염두에 둘 때 합의를 구하기가 쉽지 않을 수도 있다. 그러나 불가피한 경우에는 예외적으로 국공립대학의 신설이 필요하다고 본다. 먼저 지역적 여건을 감안할 때 2010년 기준 시도별 일반대학의 숫자를 보면 전체 인구의 과반수가 밀집해 있는 수도권(서울, 인천, 경기)에 국립대학이 2개, 공립대학이 2개밖에 없다.[22] 이런 지역에는 우선적으로 국공립대학을 신설해야 한다. 이것은 국립대학이 없는 울산에 국립대학을 신설하는 것과도 같은 맥락이다. 다음으로 부실 사립대학의 퇴출로 인구에 비해 국공립대학의 규모가 적은 시·도 지역 역시 이와 같은 기준에 입각해 국공립대학을 신설할 필요가 있을 것이다.

(2) 사립대학의 국공립화 혹은 정부책임형 사립대학으로의 전환 방안

① 사립대학의 자율적 구조 개선에 의한 국공립화(학교 설립자 변경)

정이사로 구성된 이사회가 의결을 통하여 국공립대학으로 전환하는 방식을 생각해볼 수 있다. 앞서 보았던 미국에서의 공립대학화 사례도 이에 가깝다. 한국 고등교육법 제4조도 이를 가능하게 하는 조항을 두고 있다. 즉, 학교의 설립자 변경 방식인데, 설립자를 사립학교법인에서 국가나 지방자치단체로 변경하면 학교는 국공립으로 법적 지위가 변하는 것이다.

학교설립자변경제는 예외적인 경우에만 가능한 제도로 이해할 필요가 있다. 왜냐하면 사립학교법인의 설립 목적이 학교의 운영인데, 설립한 학교의 운영권을 다른 법인에 양도하는 것은 법인 설립의 취지에 반하기 때문이다. 따라서 학교법인 이사회가 학교의 설립자를 변경할 수 있는 법적 근거가 있기는 하나, 이러한 법인 설립의 목적에 반하지 않는 예외적인 경우로 한정하여 해석할 필요가 있다(임재홍, 2012: 35).

이런 예외적인 경우로서 들 수 있는 것이 사립학교의 국공립학교로의 전환일 것이다. 해방 이후에도 학교 설립자 변경 인가는 상당수 행해진 것으로 보인다.[23] 그런데 대부분이 사립학교에서 국공립학교로의 전환이었다.[24]

---

22) 2010년 일반대학 기준으로 전체 국공립대학의 숫자는 27개이다.

23) 네이버 사전에서 '학교 설립자 변경 인가'로 검색하면 상당수 사례를 발견할 수 있다.

② 정부책임형 사립대학(준국공립화) 방안

사립대학의 국공립화 방안과 유사하면서도 기존 학교법인의 존속을 유지하는 방안으로서 정부책임형 사립대학 방안이 있다. 고등교육의 공공성을 강화하기 위해서는 사립대학에 대한 보조가 필요하다. 그러나 사립대학에 대한 지원이 준국공립화라는 정책적 목표를 설정한 후, 이 목표에 합당한 대학을 지원하는 방식이 되어야 한다.

사립대학의 구조조정은 대학의 재정 능력을 기준으로 정부독립형 사립대학과 정부책임형 사립대학으로 구분할 필요가 있다. 즉, 고등교육법과 사립학교법에서 고등교육의 인적·물적 조건에 대하여 그 적정 기준을 법정하고, 이 기준을 스스로의 재원으로 확보할 수 있는 사립대학은 정부독립형 사립대학으로, 그렇지 못한 대학은 정부책임형 사립대학으로 분류하는 것이다. 물론 사립대학이 원한다고 모두 정부책임형 사립대학의 지위를 부여할 수는 없다. 그것은 고등교육기관으로서 발전 가능성, 지역의 고등교육 수요 등을 종

24) 예를 들면 1989년 설립된 청주성신학교는 그동안 사회복지법인 충북재활원이 설립·운영해오다 재활복지센터와 관련된 법인 재산을 재단법인 천주교청주교구유지재단에 무상증여하고, 청주성신학교는 설립자 변경으로 교육청 소속의 학교법인으로 전환되었다는 것이다. 이것은 학성고, 경남정보고, 공주정명학교 등도 그러하다. 이 같은 학교 설립자 변경은 이미 식민지 시대부터 법령상 인정되었던 것으로 보인다. 국가기록원 조선총독부 기록물에서 학교 설립자 변경 인가 신청에 관한 기록을 15건 정도 검색할 수 있다. 1921년부터 1930년 사이에 생산된 기록으로 주로 실업학교의 설립과 폐지, 학칙 변경, 생도 모집 등과 관련된 것이다. 각 실업학교가 속한 도지사가 조선 총독 앞으로 설립과 폐지, 학칙 변경, 생도 모집 등을 신청하면 조선 총독이 인가하는 형식을 취하고 있다. 대개 1919년에서 1922년에 걸쳐 이루어진 교육령의 개정과 관련되어 있다(http://search.naver.com/search.naver?sm=tab_hty.top&where=nexearch&ie=utf8&query=%ED%95%99%EA%B5%90+%EC%84%A4%EB%A6%BD%EC%9E%90%EB%B3%80%EA%B2%BD%EC%9D%B8%EA%B0%80&x=0&y=0/ 검색일: 2011.12.30).

합적으로 고려하여 판단해야 한다.

이런 분류를 기반으로 정부독립형 사립대학에 대해서는 법률적 규제 이외의 행정적 규제를 줄이는 방향으로 정책을 설정한다. 다만 법령이 정하는 준수 요건을 법령이 정하는 일정 기간 이상 준수하지 못하는 경우 정부책임형 사립대학으로 할 것인지, 아니면 법률에 따라 해산 조치를 할 것인지는 별도의 위원회를 신설하여 심의 의결하도록 한다.

정부책임형 사립대학에 대해서는 정부 계약을 통하여 지원의 범위를 설정하되, 계획에 따라 반(半)공립, 반(半)사립의 법적 지위를 갖도록 전환시킨다. 사립학교의 지배 구조와 관련해서는 사립대학에 대학운영위원회(교원 대표, 학생 대표, 직원 대표, 이사회 추천 인사, 교육행정기관, 시민사회단체 추천 인사 등 15인 이상으로 구성)를 설치하고, 대학운영위원회가 교비회계의 예산과 결산에 관한 권한, 사립대학의 장 및 교원 임면에 관한 사항 등에 대해 심의권과 의결권을 갖게 한다.[25]

③ 비리사학의 처리 방안으로서 준국공립화

이사들이 직무와 관련해 범죄를 저질러 과반수 이상이 이사 지위를 박탈당한 학교법인에 대해서는 임시이사의 파견보다는 원칙적으로 법인에 대한 해산명령을 발하는 것이 타당하다. 그러나 교수, 직원, 학생을 보호할 필요가 있고 고등교육기관으로서의 존립 필요성이 있는 예외적인 경우에는 ① 대만의 사립학교법처럼 관선이사를 파견하고 정상화하는 방식(임재홍, 2011d: 291~293), ② 학교법인의 재정이 취약하나 존립 필요성이 있는 경우 정부책임형 사립대학으로 전환하여 운영하도록 하는 방식을 선택할 수 있도록 정할 필요가 있

---

25) 이 방안은 미국의 러트거스 대학 등에서 볼 수 있는 지배 구조이기도 하다(박정원, 2011: 50).

다(임재홍, 2011d: 29~30).

6. 결론

현재 교육부가 진행하고 있는 대학 구조조정 정책은 학령인구 감소를 감안한 대학 정원 축소 정책으로서의 성격이 강하다. 그것도 국공립대학과 사립대학의 균형을 염두에 두고 있다. 그러나 실제로는 대학 구조조정이 진행되면서 국공립대학 통폐합 등이 현실화하고 오히려 국공립대학의 비중이 줄어드는 결과가 나타나고 있다.

이러한 상황에서 한국 고등교육정책의 기본 기조 변경을 제안하고자 한다. 즉, 종래와 같이 사립대학 중심의 고등교육체계를 근간으로 할 것인지, 아니면 늦었지만 지금부터라도 국공립대학 위주의 고등교육정책을 구사할 수 있는 여건을 만들 것인지 하는 것이다. 그간 고등교육의 문제점을 해결하기 위해 정책 대안들이 제시된 바 있다. 예를 들면 국공립대학 통합네트워크, 교양과정 후 공동학위제, 국립교양(과정)대학통합네트워크안, 대학평준화 정책 등을 들 수 있다. 그러나 이러한 고등교육정책들은 사립대학이 80%를 상회하는 현재와 같은 상황에서는 불가능하다. 이러한 정책이 가능하기 위해서는 적어도 고등교육에서 국공립대학(정부책임형 사립대학 포함)의 비중이 70%를 넘어야 한다.

국공립대학 위주의 고등교육정책을 구사하기 위해서는 여러 가지 방안을 생각해볼 수 있다. 먼저 국공립대학의 신설이나 확장 정책을 들 수 있다. 이것은 전후 미국의 고등교육정책 방향이 아닌가 한다. 이러한 정책에는 많은 반론도 예상된다. 현재의 공급 과잉 상태를 더 어렵게 한다는 비판도 제시될 수 있다. 이런 측면까지 고려하고 한국 고등교육의 질을 관리하기 위해서는 사립대학의 국공립화(준국공립화) 정책이 더 현실적이다.

이런 맥락에서 "사립대학의 존립 배려"를 염두에 둔 대학 구조조정 정책은 일단 배제할 필요가 있다. 또한 전체 고등교육의 수준을 올리기 위한 방안도 같이 고려해야 한다. 이런 것을 모두 충족할 수 있는 방안으로서 정부책임형 사립대학의 논의가 필요하다고 본다.

참고문헌

교과부. 2011. 2011 OECD 교육지표 조사결과 발표.

교과부·한국교육개발원. 2008. 2008 국제지표로 본 한국교육.

______. 2010.2010 OECD 교육지표 통계자료.

교육부. 2013. 2013 OECD 교육지표 조사결과 발표.

김성복. 2008.「미국의 대학 교육: 과거와 현재 1636-2008」. ≪미국학≫, 제31-2집.

김영석. 2004. 미국의 대입제도: 공립대학의 차별적 평준화 정책을 중심으로. 범국민교육연대·민주노동당 정책위원회 주최 토론회: 주요국의 대학 체제와 한국 대학의 개혁 방안(2004.8.10).

박거용. 2006.「한국대학교육의 현황과 교육정책개관」. 교수노조.『우리대학, 절망에서 희망으로』. 노기연.

박영진. 2003.「대학교육의 현실과 새로운 대학체제 구상」. ≪교육비평≫, 제12호.

박정수. 2009. 사립대학 구조조정 필요성 및 바람직한 정책방향. 고등교육 선진화를 위한 사립대학 구조조정 토론회: 사립대학 구조조정, 위기인가 기회인가?

박정원. 2007. 대학교육비, 누가 부담해야 합리적인가?. 교수노조 주최 사회포럼 2007: 대학 등록금 문제, 어떻게 해결할 것인가?

______. 2011. 부실대학퇴출의 문제점과 개선방안. 참여연대 민생희망본부/행복세상을여는교육연대 공동 토론회: 반값등록금과 바람직한 대학개혁방안(2011. 10.17).

박정원 외. 2006. 왜 등록금후불제인가. 교수노조 정책자료집.

박정훈. 2006.「국립대학 법인화의 공법적 문제」. ≪서울대법학≫, 제47권 제3호.

신의항. 2006.「미국 주립대학과 사립대학의 운영체제 비교」. ≪사회과학연구≫, 제17권. 충남대학교 사회과학연구소.

이광윤 외. 2003. 교육제도의 헌법적 문제 연구: 교육의 자주성·전문성·정치적 중립성 원리의 비교법적 검토. 헌법재판소.
이철호. 2003. 「교육 공공성실현을 위한 대학평준화 방안 모색」. ≪교육비평≫, 제12호.
임재홍. 2002. 「사립학교법의 위헌성과 교육개혁의 방향」. ≪민주법학≫, 제21호.
______. 2003. 「신자유주의대학정책과 교육 공공성」. 민주주의법학연구회. ≪민주법학≫, 제24호.
______. 2005. 「대학 지배구조 개선방향」. 민주주의법학연구회. ≪민주법학≫, 제27호.
______. 2006. 「사립학교법 개정의 의미와 향후과제: 대학평의원회를 중심으로」. 민주주의법학연구회. ≪민주법학≫, 제30호.
______. 2011a. 「사학분쟁조정위원회의의 위헌성과 그 개편방향」. 민주주의법학연구회. ≪민주법학≫, 제46호.
______. 2011b. 사립대학의 공공성 확대를 위한 사립학교법 개정 및 사립대 구조조정방안. 민주당 주최 토론회: 반값등록금 실현과 대학구조조정방안 모색(2011.8.10).
______. 2011c. 사립대학교의 현황과 대책. 사교육걱정없는세상 주최 토론회: 사립대 현황과 문제를 진단한다(2011.8.30).
______. 2011d. 반값등록금과 고등교육구조개혁. 행복세상을여는교육연대 주최 토론회: 반값등록금과 바람직한 대학개혁방안(2011.10.17).
______. 2012. 학교법인의 양도 양수와 관련된 법률·판례의 현황과 입법적 개선방안. 서울시교육청 주최 중간발표회: 사학법인 양도의 합리적 규제에 관한 연구 용역(2012.1.11).
전훈. 2007. 「교육 분야에서의 행정처분기준의 설정: 한국과 프랑스의 구체적 사례를 중심으로」. ≪성균관법학≫, 제19권 제3호.
정현승. 2005. 「의무교육의 무상성」. 대한교육법학회. ≪교육법학연구≫, 제17권 제1호.
콩도르세, 마르퀴 드(Marquis de Condorcet). 2002. 『인간정신의 진보에 관한 역사적 개요』. 장세룡 옮김. 책세상.

통계청. 2012. 2011 한국의 사회지표.

한국교육개발원. 2010. 교육통계연보.

한국대학교육연구소. 2011. 『미친 등록금의 나라』. 개마고원.

한국대학교육협의회. 2011. 2010 대학교육 현황 분석 자료집.

황홍규. 2010. 「대학의 거버넌스에 관한 비교법적 연구: 일본, 미국, 독일, 영국 및 한국」. 한양대 대학원 박사학위논문.

Bonnen, James T. 1998. "The Land Grant Idea and the Evolving Outreach University." Richard M. Lerner and Lou Anna K. Simon(eds.). *University-Community Collaborations for the Twenty-First Century: Outreach to Scholarship for Youth and Families*. New York: Garland.

Boushey, Heather. 2005. "Student Debt: Bigger and Bigger." Center for Economic and Policy Research, Briefing Paper.

Goldin, Claudia and Katz, Lawrence F. 2003. "THE 'VIRTUES' OF THE PAST: EDUCATION IN THE FIRST HUNDRED YEARS OF THE NEW REPUBLIC, NATIONAL BUREAU OF ECONOMIC RESEARCH."

Kotin, Lawrence and Aiken, William. 1980. *Legal Foundations of Compulsory School Attendance*. New York: National University Publications, Kennikat Press.

Lyman, R. W. 1975. "In defense of Private Sector." *Daedulas*, 140(1).

National Center for Education Statistics. 2002. *Mini-Digest of Education Statistics 2001*. U.S. Department of Education.

______. 2011. *Mini-Digest of Education Statistics 2010*. U.S. Department of Education.

OECD. 2008. *Education at a Glance 2008: OECD Indicators*.

______. 2010. *Education at a Glance 2010: OECD Indicators*.

______. 2011. *Education at a Glance 2011: OECD Indicators*.

Schmitt, John and Boushey, Heather. 2010. "The College Conundrum." Center for American Progress.

제2부

대학 개혁의 각론적 과제

제7장 '사학 죽이기'가 아닌 '공존의 미학'이 필요하다

제8장 국립대학 법인화 정책 비판과 국공립대학 개혁 방안

제9장 사학 민주화와 사학 개혁 과제

제10장 전문대학 혁신 방안

제11장 시간강사법의 문제점과 대안

제7장

‘사학 죽이기’가 아닌 ‘공존의 미학’이 필요하다

박정원 ‖ 상지대 교수

1. 이명박 정부의 실패한 고등교육정책: 대학 구조조정 정책

친구들 여러 명이 함께 등산을 갔다가 사나운 곰을 만났다. 곰이 일행을 향해 돌진하자 이들은 일제히 도망가기 시작했다. 뒤에 처진 친구가 앞선 친구에게 말했다. “야, 우리가 아무리 빨라도 곰을 이길 수는 없어.” 앞선 친구가 대답했다. “내가 곰보다는 느리지만 너보다는 빠르거든.”

그렇다. 이 경주는 뒤에서 달리는 누군가가 잡혀야 중지되는 죽음의 경주이다. 한 사람이 잡히면 다른 이들은 잠시 안도의 숨을 쉴 수 있지만 매년 또다시 새로운 경주가 시작된다. 결코 빠져나올 수 없는 죽음의 경쟁이다. 여기서 곰은 대학평가를 의미하고 미친 듯이 달려야 하는 이들은 바로 불쌍한 우리의 대학들이다.

2014년 8월 29일, 교육부는 2015학년도 정부재정지원제한대학 명단을 발표했다. 일반대학 9개와 전문대학 10개가 그 명단에 들어 있었다. 이와 같은 방식으로 교육부는 2014학년도 35개교, 2013학년도 43개교, 2012학년도 30

개교를 선정해 발표한 바 있다. 이 명단에 포함된 대학들은 통상 선정으로부터 1년 후까지(해마다 명단이 새로 발표되므로) 교육역량강화사업 등 각종 정부 재정 지원에서 제외되고, 이 중 일부는 학자금대출제한대학으로도 선정되어 신입생이나 재학생의 학자금 대출이 제한되었다. 이 대학들은 사실상 '부실대학'이라는 불명예를 안았다.

이 구조조정 정책은 해당 사립대학에 엄청난 파장을 몰고 오고 있다. 전국과 지역별 쿼터(마지막 순위 15%)가 정해져 있기 때문에 모든 대학이 동시에 지표를 높이는 데 성공한다고 해도 어느 대학인가는 반드시 선정되도록 설계되어 있다. 대개 1~2점 차이로 선정되기도 하고 또는 벗어나기도 하지만 그 결과는 치명적이다. 재정지원제한대학에 선정된 대학은 학교의 명예가 크게 실추되는 것은 물론 신입생을 모집하는 데 상당한 어려움을 겪는다. 학생들의 선호도가 높은 수도권 소재 대학은 그래도 신입생을 모집하는 데 문제가 없어 피해가 작겠지만, 지방대학은 그 충격을 감당하기가 어렵다.

교육부의 근시안적 정책에 따른 피해는 재학생과 교수 등 대학 구성원에게 전가되고 있다. 사립대학을 지원하고 공공성을 강화한다는 정책이 오히려 사립대학을 솎아내고 있는 것이다. 이래서는 대학 살리기가 아니라 대학 죽이기 정책이라는 비판을 면하기 어렵다. 이 명단에 포함된 대학 모두를 부실대학이라고 부르는 데 선뜻 동의하기도 어렵지만 이 명단에 포함되었다고 퇴출되어야 하는지도 의문이다.

부실·비리사학이 공교육 부문에서 사라져 대학 교육의 신뢰성이 회복되어야 하겠지만 현재 방식은 크게 잘못되었다. '비리사학재단의 원상 복귀'가 이명박 정부의 부패성을 상징하는 정책이라면, '대학 구조조정 정책'과 '입학사정관제 도입'은 이명박 정부의 정책 능력 한계를 여실히 보여주는 실례에 속한다. 여기서는 '사학 죽이기' 또는 '사학 솎아내기' 정책으로 전락한 이명박 정부의 대학 구조조정 정책 문제를 살펴보고 그 대안을 모색한다.

2. 부실·비리사학 정리의 의미

한국의 대학 교육은 사립대학을 중심으로 전개되어왔다. 국민의 높은 교육열과 이에 따른 엄청난 고등교육 수요에 비해 국가가 공급할 수 있는 고등교육의 양은 제한되어 있었기에 사학의 번창은 어쩌면 당연한 일이었다. 사립대학, 특히 지방 사학은 정부의 지원이 미미한 상태에서 고등교육기관으로서 그 나름의 역할을 수행해왔다. 1970년대 후반 이후 고등교육에 대한 수요가 폭발적으로 증가하면서 그에 따른 공급량 증가는 사립대학의 몫이 되었다.

국민의 고등교육 수요를 충족시킬 수 없었던 정부는 사학 운영에 대해 불간섭주의 입장을 견지했고, 이 틈을 타서 사학비리가 횡행하기 시작했다. 사학 운영은 최고의 수지맞는 사업으로 인식되어, 대학 설립 인가를 받기 위해서는 엄청난 뇌물을 바쳐야 한다는 소문마저 나도는 가운데 지방 토호들이 속속 사학 경영자로 변신했다. 여기에 더해 각 종단에서 종교 지도자를 육성하기 위해 설립한 신학대학 등에 정부가 일반대학으로 확대 개편을 인가하여 이들 대학 또한 일반사학의 대열에 합류한다.

그러나 1980년대 후반 이후 사학비리가 서서히 사회문제로 주목받기 시작했고, 이에 1993년 "전국에 사학비리가 횡행하여 도저히 묵과할 수 없는 상태"[1]에 이르렀다고 판단한 김영삼 정부는 상지대, 인천대 등 비리사학재단 퇴출 조치를 취한 바 있다. 문민정부의 사학비리 억제 정책은 국민의 정부와 참여정부에 이르기까지 계승되었으나, 이명박 정부 들어 제2기 사분위(사학분쟁조정위원회) 출범과 함께 무너지고 말았다. 임시이사가 파견되었던 여러 대학에 비리재단이 복귀하고 있어, 구성원과 심각한 마찰을 빚고 있다. 최근 엄청난 파장을 일으키고 있는 상지대가 그 대표 사례에 속한다.

---

1) 2008년 5월 필자가 김영삼 전 대통령을 직접 면담해 들은 증언이다.

근 1~2년 사이 불거진 예만 보더라도, 성화대·한국승강기대·명신대·광주여대·명지대·여주대·한국외대·서원대 등 사립대학 이사장이나 학교장이 비리 혐의로 수사를 받았거나 재판 중이다. 이 학교들의 사학비리가 연일 보도되고 있는데도 사분위는 과거 엄청난 물의를 빚고 물러났던 구재단 이사들을 '종전이사'로 규정하면서 속속 사학 운영 일선에 복귀시키고 있다.[2] 한마디로 시대를 거스르는 결정이다.

한국 고등교육에서 사학 발전은 아주 중요하며, 부실하게 운영되는 일부 사립대학의 구조를 개선해 국민에게 양질의 교육을 공급하는 일은 큰 의미가 있다고 볼 수 있다. 그러나 이러한 과제와 문제의식이 구조조정 정책에 바르게 반영되어 있는지는 찾아보기 어렵다.

3. 사립대학 구조조정 정책의 문제점들

현재 시행 중인 사립대학 구조조정 정책은 몇 가지 측면에서 문제를 안고 있다.

첫째, 정책의 지향성이 불분명하다는 점이다. 교육부는 보도자료를 통해 "경쟁력이 떨어지는 대학들에 대해 교육의 질 제고를 위한 경쟁을 촉진하고, 자발적 경영 개선을 위한 동인을 제공함으로써 대학 경쟁력이 한층 강화될 수 있도록 유도해나갈 예정"이라고 했다. 그러나 실제 이 정책은 고등교육의 질을 제고하는 데 기여하고 있지 못하다. 교육의 질 제고와 관련된 지표들이

2) 이 위원회는 회의록도 제대로 공개하지 않고, 교육부의 통제도 받지 않으며 국회상임위원회 출석도 거부하는 경우가 종종 있었다. 이런 위원회가 민주주의 국가에서 어떻게 존재할 수 있는지 의문이다.

많지 않고, 그 배점이 작아 교육의 질 제고 효과를 기대하기 어렵다. 이렇다 보니 대학 경쟁력 강화로 이어진다는 보장도 없다. 대학 경쟁력 강화는 한국 고등교육기관이 국제 수준의 교육력을 확보한다는 의미이지만, 실제로는 재정지원제한대학에서 벗어나기 위한 지역대학 간 경쟁을 의미하는 데 그친다.

둘째, 구조조정을 위한 지표 구성이나 배점이 공정하지 못하다. 사립대학과 지방대학에 불리한 지표가 많아 지방대학 육성 정책과도 충돌하고 있다. 국립대학과 사립대학은 운영 방식이 다르다. 정부의 재정 지원이 거의 없는 사립대학은 비용 효율성을 추구하지 않을 수 없고, 국립대학은 이러한 면에서 비교적 여유가 있다. 반면, 연구 실적에 강한 압박을 받는 사립대학 교수들은 연구 성과 면에서 국립대학 교수들보다 앞서 있는 경우가 많지만 이 지표는 평가 대상에서 제외되어 있다. 지방대학과 수도권대학은 학생 모집과 충원 환경이 다르다. 하지만 이 같은 점이 전혀 반영되고 있지 않다. 그래서 이 정책의 목표가 오로지 입학정원 감축에 있다는 주장도 나오고 있다.

셋째, 평가지표를 충족시키기 위한 교육 비용이 크게 증가하고 있다. 대학은 교육의 수월성을 추구하고 명성을 얻기 위해 경쟁하기 때문에 교수-학생 비율, 전임교원 확보율, 교원의 연구 실적 등의 지표를 개선하고 기타 교육·연구 시설들을 확충하지 않으면 안 된다. 하워드 보웬(Howard Bowen)은 이로 인한 비용 증가가 수업료 인상을 초래한다고 주장한다.[3] 대학의 자발적인 수월성 유지도 이렇게 큰 비용 부담을 주는데, 대학 구조조정 정책을 시행해 반(半)강제적 지표 개선 노력을 하면 비용은 계속 증가할 수밖에 없다. 그러나 이 비용을 조달하기 위한 등록금 인상은 다시 지표의 값을 낮출 것이기 때문에 사립대학들이 이러지도 저러지도 못하는 경우가 허다하다.

---

3) 이를 '가격의 수익론(Revenue Theory of Cost)'이라고 하는데, 아이오와 대학 총장을 지낸 보웬의 이름을 따서 '보웬의 법칙(Bowen's Law)'이라고 부른다.

넷째, 두 가지 퇴출 경로가 있다. 교과부 산하 대학구조개혁위원회에서는 부실대학 퇴출을 다음 순서에 따라 진행한다. 먼저, 평가순위가 하위권인 대학 15%에 대해 재정 지원 여부를 충족시키는 절대지표가 2개 이상이 되지 못할 시 학자금대출제한대학으로 선정하며, 이를 대상으로 다시 실사를 통해 경영부실대학을 선정하여 구조조정을 유도한 후 감사 결과의 이행 여부 등에 따라 퇴출 절차를 추진한다. 이것이 구조개혁우선대상대학의 퇴출 경로이다. 즉, 평가순위 하위권 15%인 대학은 부실 정도에 따라서 하위대학(재정지원 제한) → 대출제한대학(재정 지원+대출 제한) → 경영부실대학(재정 지원·대출 제한+컨설팅) 선정 → 퇴출 등의 절차를 밟는다.

다음으로, 중대 부정·비리대학 및 감사 결과 불이행 대학 등은 구조개혁 대상 대학 포함 여부에 관계없이 별도로 퇴출 절차를 추진한다. 이것이 두 번째 퇴출 경로이다. 그런데 실제 운영에서는 경영부실대학에 대한 규제 혹은 컨설팅 등을 통한 지원과 퇴출 절차만 규정하고, 중대 부정·비리대학 처리 절차는 빠져 있다. 실제로 국민에게 더 큰 피해를 주는 대학은 전자가 아니라 후자이다. 부정·비리대학을 처리하는 명백한 규정이 법안에 포함되어야 한다.

결국, 대학 구조조정 정책의 시행으로 여러 대학에서 비인기 학과나 취업률이 낮은 학문 분야가 통폐합되는 등 대학 교육의 근본이 흔들리고 있다.[4)]

---

4) 대진대에서 학과 구조조정 대상에 오른 전공은 화학·수학·통신·물리 같은 기초과학과 사학·철학·문예창작 같은 인문학, 그리고 음악·무용 같은 순수예술이다. 즉, 응용학문과 순수학문의 구도에서 순수학문만이 일방적으로 통폐합 대상에 오르고 있는 상황이다. …… 원광대 또한 한국문화학과, 독일어 전공, 프랑스어 전공 6개 학과를 폐지하고 국악 전공과 음악 전공을 음악과로 통폐합하는 등 7개 전공을 3개 학과로 통폐합하는 결정을 내렸다. 서원대는 컴퓨터교육과, 독어독문학과를 폐지하고 미술학과 등 4개 학과를 통폐합하는 구조조정을 하기로 했다. 그 대신 서원대는 제약공학과, 사회복지상담과, 화장품과학과 등 3개 학과를 신설했다(≪서울신문≫, 2012년 7월 3일 자).

수도권대학에서조차 순수학문 분야가 퇴출되는 등 피해가 나타나고 있다. 개별 대학의 근시안적인 경쟁력 강화가 오히려 한국 고등교육 전체의 중·장기적 경쟁력 약화를 초래하고 있다.

4. 대학 구조개혁 평가지표의 검토

1) 이명박 정부의 평가지표

교육부가 적용해온 구조조정지표(평가순위 하위대학 선정지표)는 〈표 7-1〉, 〈표 7-2〉와 같다. 이 지표와 배점을 기준으로 전국 대학을 평가해 하위 15%를 강제로 정부재정지원제한대학으로 선정하는 방식이다. 이 중 대교협(한국대학교육협의회)의 최소 요구 기준은 전임교원 확보율 61%, 교사 확보율 100%, 정원 내 신입생 충원율 95%, 정원 내 재학생 충원율 70%, 교육비 환원율 100%, 장학금 비율 10%이다. 이 중 두 가지 이상의 지표를 충족시키지 못하는 대학은 대출제한대학으로 선정된다. 현재 197개 4년제 대학 가운데 이 6개 지표를 동시에 충족시키는 대학은 약 120개교로 파악된다. 나머지 대학들은 취업률 등의 지표로 생존을 위한 전쟁을 해야 하는 것이다.[5]

교과부는 2012년 12월 6일 정부재정지원제한대학, 학자금대출제한대학, 교육역량강화사업 등 주요 대학평가에 사용되는 지표의 일부를 개선·보완한 '2013년 대학평가지표 개선안'을 발표했다(〈표 7-3〉 참조). 주요 내용은 교내 취업 상한 설정, 유지 취업률 도입 및 비중 조정, 등록금 절대 수준 비중의 상

5) 최소 요구 기준에 학생 충원율이 두 항목이나 포함되어 있는 것은 대교협이 수도권 일부 대형 대학을 중심으로 운영되고 있는 사정과 무관하지 않아 보인다.

〈표 7-1〉 정부재정지원제한대학 평가지표

(단위: %)

항목	4년제 대학			전문대학		
	2012학년도	2013학년도	개선안	2012학년도	2013학년도	개선안
취업률	20	20	15	20	20	20
재학생 충원율	30	30	25	40	30	25
전임교원 확보율	5	7.5	10	5	7.5	7.5
교육비 환원율	10	7.5	12.5	5	7.5	10
학사 관리 및 교육과정	5	10	12.5	5	10	12.5
장학금 지급률	10	10	10	7.5	7.5	7.5
상환율	10	-	-	10	-	-
등록금 부담 완화	10	10	10	5	7.5	7.5
법인지표	-	5	5	-	5	5
산학협력 수익률	-	-	-	2.5	5	5

주: 개선안은 2012년 12월 6일에 발표한 것이다.

〈표 7-2〉 학자금대출제한대학 평가지표

(단위: %)

항목	4년제 대학		전문대학	
	2012학년도	2013학년도	2012학년도	2013학년도
취업률	20	20	20	20
재학생 충원율	30	30	40	30
전임교원 확보율	10	7.5	10	7.5
교육비 환원율	10	7.5	5	7.5
학사 관리	5	5	5	5
장학금 지급률	5	10	2.5	7.5
연체율(상환율)	10	5	10	5
등록금 부담 완화	10	10	5	7.5
법인지표	-	5	-	5
산학협력 수익률	-	-	2.5	5

주: 교육역량강화사업 및 학자금대출제한대학 평가지표의 배점은 차후 발표 예정이다.

〈표 7-3〉 '2013년 대학평가지표 개선안'의 구체적 내용

항목	2013학년도	개선안
취업률	① 교내 취업에 대한 제한 없음	① 교내 취업 상한 설정
	② 유지 취업률: 미반영 0.7×(2012.6.1 건보 취업률 + 국세DB 취업률) + 0.3×(2011.12.31 건보 취업률 + 예체능계 인정 취업률)	② 유지 취업률 도입 및 취업률 비중 조정 0.6×(2013.6.1 건보 취업률 + 국세DB 취업률) + 0.2×(2012.12.31 건보 취업률 + 예체능계 인정 취업률) + 0.2×(2012.6.1 취업자 유지 취업률)
	③ 기취업자 제외 방식 졸업 시 취업 상태를 유지하고 있는 입학 당시 기취업자를 취업률 분자·분모 제외	③ 기취업자 제외 방식 입학 당시 기취업자를 취업 대상자에서 제외
등록금 부담 완화	등록금 절대 수준 및 인하율 비중 등록금 변동 지수 = 0.4×등록금 절대 수준(T점수) + 0.6×전년 대비 등록금 인상률	등록금 절대 수준 비중을 상향 조정 등록금 변동 지수 = 0.5×등록금 절대 수준(T점수) + 0.5×전년 대비 등록금 인상률
	의학 계열 포함	의학 계열 제외*
구조조정 가산점	-	가산점 = (2013학년도 정원 감축률 + 2014학년도 정원 감축률)×1/10

주: * 의학 계열은 취업률 및 전임교원 확보율 지표에서 제외되는 것과 균형을 맞추기 위해 등록금 지표 산식에서 제외한다.

향 조정, 정원 감축에 따른 가산점 부여 등이다.

논란이 많은 취업률과 관련해서는 교내 취업을 취업 대상자의 3% 비율까지만 인정하고 이를 초과하는 교내 취업자는 취업률 산정에서 제외시키기로 했다. 그 이유는 대학이 취업률을 올리기 위한 수단으로 교내 취업을 이용하는 데 있다. 그리고 취업의 지속성도 반영한다. 이는 대학이 조사 기준일 직전에 단기 취업 프로그램 등을 활용하여 일시적으로 취업률을 높이는 편법을 막기 위해서다.

등록금 분담완화지표의 경우, 그간 등록금 절대 수준과 인하율을 4 대 6으로 반영했지만 이번 2013 대학평가지표 개선안에서는 그 비중을 5 대 5로 조정했다. 등록금 절대 수준이 낮은 대학의 현실을 고려한 것이다. 그리고 2013

년 정부재정지원제한대학 평가에서부터는 정원 감축을 통해 구조조정을 적극 추진하는 대학에 대해 정원 감축률에 따라서 평가 점수에 일정 가산점을 부여한다. 이 점을 눈여겨보아야 한다. 결국 정원 감축에 이 정책의 초점이 있기 때문이다.

전문대학의 경우 전문직업 양성이라는 설립 목적을 고려하여 취업률 비중은 유지하되, 재학생 충원율 비중을 5%p 줄이고, 교육비 환원율과 학사 관리 지표의 비중을 각각 2.5%p 늘렸다.

2) 박근혜 정부의 평가지표(안)

(1) 5개 등급별 구조조정

교육부는 대학에 대한 평가를 통해 〈표 7-4〉에서 보는 바와 같이 전국의 대학을 5개 등급으로 나누어 구조조정을 실시하려 한다. 이를 위한 관련 법안도 제출되어 있는 상황이다.

교육부가 2014년 1월 발표한 대학 구조개혁 방안에 따르면 평가를 통해 전체 대학을 'A(최우수)'부터 'E(매우 미흡)'까지 5개 등급으로 분류하고, 소속 등급에 따라 강제로 정원을 감축한다. A등급은 자율 감축에 맡기지만, B등급은

〈표 7-4〉 5개 등급별 구조조정 내용

등급	구조조정 내용
A(최우수)	정원 자율 감축, 정부 재정지원사업 참여
B(우수)	정원 일부 감축, 정부 재정지원사업 참여
C(보통)	정원 평균 수준 감축, 정부 재정지원사업 참여
D(미흡)	정원 평균 이상 감축, 정부 재정지원사업 참여 제한, 국가장학금 II유형 미지급, 학자금 대출 일부 제한
E(매우미흡)	정원 대폭 감축, 정부 재정지원사업 참여 제한, 국가장학금 I·II유형 미지급, 학자금 대출 전면 제한, 자발적 퇴출 유도

일부 감축, C등급은 평균 수준으로 감축해야 하며, D등급은 평균 이상 감축, E등급은 대폭 감축된다. 두 번 연속으로 E등급에 분류되면 퇴출당한다. 현실에서 D·E등급으로 분류되는 대학은 고등교육 시장에서 곧바로 퇴출당할 가능성이 높다. 따라서 이 방식은 엄청난 폭발력을 갖고 있다.

(2) 제1단계 평가

교육부는 2014년 11월 11일 공청회를 개최하고 평가지표 외에 등급 분류 방식을 공개했다. 4년제 일반대학의 경우, 제1단계 평가에서 상위 세 등급(A·B·C)을 추리고 여기에서 빠진 하위대학들을 대상으로 제2단계 평가를 진행해 D·E등급을 나눈다는 것이다. 제1단계 평가는 정원 조정 및 학부(과) 조정, 교원 확보, 학습 지원, 교육 성과 등 핵심 항목 위주로 구성되어 있다. 과거보다는 간소화했지만 대학들로서는 여전히 관리가 쉽지 않은 지표들이 많다. 하위 두 등급(D·E)은 정부 재정 지원이 제한되거나 자격을 박탈당하기 때

〈표 7-5〉 대학구조개혁 평가 4년제 제1단계 평가지표

항목	평가지표	평가 요소
교육 여건 (20)	전임교원 확보율(8)	· 전임교원 확보율을 정량적으로 평가(국공립/사립 구분 평가) · 전임교원 보수 수준을 반영 · 최근 3년간 전임교원 확보율의 개선 정도 고려
	교사 확보율(7)	· 교사 확보율을 정량적으로 평가 · 최근 3년간 교사 확보율의 개선 정도 고려
	교육비 환원율 (5)	· 교육비 환원율을 정량적으로 평가(국공립/사립 구분 평가) · 최근 3년간 교육비 확원율의 개선 정도 고려
학사 관리 (15)	수업 관리(9)	· 학점당 수입기간 준수 · 학생 출결 관리 · 휴강 및 보강 관리
	학생 평가(6)	· 성적 분포의 적절성 · 엄정한 성적 부여를 위한 제도 운영

학생 지원 (15)	학생 학습역량 지원(5)	· 지원 프로그램 구축·운영 여부 · 관련 규정, 자원 확보 등 지원 · 지원을 통한 정량적·정성적 실적 · 성과 분석을 통한 프로그램 개선 실적
	진로·심리 상담 지원(5)	· 지원 프로그램 구축·운영 여부 · 관련 규정, 자원 확보 등 지원 · 지원을 통한 정량적·정성적 실적 · 성과 분석을 통한 프로그램 개선 실적
	장학금 지원(5)	· 장학금 지원율을 정량적으로 평가 · 최근 3년간 장학금 지원율의 개선 정도 고려
교육 성과 (10)	학생 충원율(5)	· 신입생 충원율을 정량적으로 평가 · 재입생 충원율을 정량적으로 평가 · 최근 3년간 학생 충원율의 개선 정도 고려
	졸업생 취업률(3)	· 졸업생 취업률을 정량적으로 평가(계열별·성비 고려/권역별 구분 평가) · 최근 3년간 졸업생 취업률의 개선 정도 고려
	교육 수요자 만족도 관리(2)	· 시스템 구축·운영 여부 · 만족도 조사의 체계성 · 만족도 조사결과 분석의 합리성, 결과에 따른 교육 서비스 개선 노력 구체성

자료: 교육부(2014).

문에 사실상 제1단계 평가는 기존의 정부재정지원제한대학 평가와 같다고 볼 수 있다.

제1단계 평가지표에서는 전임교원 확보율과 교사 확보율 등 교육 여건이 큰 비중을 차지하는데, 논란이 많았던 학생 충원율과 졸업생 취업률은 비중이 축소되었다. 다만, 취업률은 권역별 경쟁 시스템과 같이 작동하게 만들어져 지역대학 간 협조 체제를 구축하기 어렵게 만들 가능성이 있다. 단일 지표로는 수업 관리가 상당한 비중을 차지하지만 사실상 모든 대학이 만점을 획득할 것으로 보인다. 학생 지원 항목은 정성평가가 많은데, 과연 공정하고 엄밀한 평가가 이루어질 수 있을지 의문시되는 부분이다.

상위 세 등급은 대교협 산하의 한국대학평가원 대학기관평가인증을 받은 대학으로 제한한다. 특히, A등급인 '최우수대학'은 기본 교육 여건이 만점이고 나머지 지표에서 80% 이상 득점하며, 지난 3년간 부정 및 비리가 없어야 한다. B등급과 C등급은 점수로 구분한다.

(3) 제2단계 평가

제1단계 평가에서 탈락한 하위대학들에게는 〈표 7-6〉의 평가 과정이 기다리고 있다. 여기에서는 성공해야 '미흡대학'이라는 딱지가 붙을 뿐이고, 실패하면 '매우미흡 대학'으로 분류되어 사실상 퇴출구가 열린다.

〈표 7-6〉에서 보듯이 제2단계 평가는 중장기발전계획과 교육과정 및 특성화계획을 평가하는데, 평가지표 대부분이 정성평가이고 준비와 관리에 엄청난 노력을 투입해야 하기 때문에 해당 대학에게는 끔찍한 과정이 될 것이다.

〈표 7-6〉 대학구조개혁 평가 4년제 제2단계 평가지표

항목	평가지표	평가 요소
중장기 발전계획 (10)	중장기발전계획의 적절성(5)	· 대학의 설립 이념, 교육 이념, 인재상과의 연계성 · 의견 수렴, 여건 분석 등 수립 과정의 합리성 · 중장기발전계획 추진의 체계성 및 구체성
	중장기발전계획과 학부(과)·정원 조정의 연계성(5)	· 학부(과)·정원 조정과 중장기발전계획 간 논리적 연계성 · 의견 수렴, 여건 분석 등 정원 조정방안 마련 과정의 합리성
교육과정 (20)	핵심 역량 제고를 위한 교양교육 과정 편성·운영의 적정성(5)	· 인재상에 따른 핵심 역량 도출 및 교육과정과 연계성 · 소규모, 중규모, 대규모 강의 구성 비율 · 전체 교양 강의 중 전임교원이 담당하는 강의 비중
	전공 능력 배양을 위한 전공교육 과정 편성·운영의 적절성(5)	· 대외적 여건 변화에 따라 전공 분야별로 요구되는 역량의 구체적 설정 · 요구되는 역량 수준에 따른 교육과정·강의 등 개선 실적
	교육과정 및 강의 개선을 위한 지속적 노력(10)	교육과정 및 강의 개선을 위한 제도 및 운영 실적, 주기적 환류·보안 등 체계적 노력

특성화 (10)	특성화 계획의 수립·추진·성과(10)	· 특성화 계획 수립: 여건 분석 및 특성화 선정 분야 간 정합성, 계획의 구체성·타당성·실현 가능성 · 특성화 계획 추진: 자원 확보·활용 등 추진 실적, 주기적 점검·환류 · 특성화 추진 성과: 성과의 탁월성, 성과의 지속적 유지·발전 방안

자료: 교육부(2014).

대학으로서는 사실상 사형이냐 아니면 무기징역이냐를 가리는 법정에 들어서는 것과 같다. 평가 요소도 도무지 이해하기 어려운 추상성이 높은 용어로 구성되어 있다. 국내에 이런 평가를 감당할 수 있는 전문가가 확보되어 있는지 의문이다.

3) 새 평가지표(안)의 문제들

박근혜 정부가 연구팀을 통해 2014년 11월 11일 새로 제시한 평가지표(안)에서는 제1단계 평가 항목으로 교육 여건, 학사 관리, 학생 지원, 교육 성과 등 핵심 항목을 위주로 약간 간소화했다. 9월 30일 첫 평가안을 제시한 이후 나온 비판을 일부 수용한 것이다. 교육부는 정성평가를 강화해 기존 평가의 문제점을 개선하겠다는 계획이지만, 대다수 평가 항목이 현재 평가에도 있는 지표이다.

전국의 모든 대학을 정성평가하기 위해서는 엄청난 평가 요원을 확보해야 하는데 인적자원을 어떻게 확보할 수 있을지 의문이다. 인적자원 문제와 더불어 다음 몇 가지 문제점을 지적할 수 있다.

첫째, 시장 수요 중심의 학과 구조조정을 부추길 것으로 예상되는 일부 요인이 빠진 것은 다행이지만, 인문학과 기초과학을 평가에서 제외시킴으로써 이들 학문의 몰락을 방치하는 느낌이다. 또, 사립대학법인의 책임성 여부를 평가하는 법인지표(법정 부담금 부담률, 법인 전입금 비율 등)는 전혀 포함되지 않았다.

둘째, 교육 성과를 신입생 충원율, 재학생 충원율 및 졸업생 충원율로 측정하고 있는바, 이 지표의 배점 기준이 높게 유지된다면 과거의 평가 방식과 크게 다를 바 없다. 특히, '재학생 충원율'을 평가지표로 사용하는 평가 방식은 현재 세계에서 눈을 씻고 봐도 찾아볼 수 없다. 이런 지표는 지방대학에 불리하다.

이미 대학정보공시제가 시행되고 있어 누구든 개별 대학의 취업률과 재학생 충원율을 확인할 수 있다. 취업률이 낮으면 학생들이 선호하지 않을 것이며 재학생 충원율도 함께 낮아질 것이다. 학생들이 외면하는 대학은 결국 자연스럽게 퇴출된다. 따라서 이 지표는 대학이 생존을 위해 스스로 관리해야 할 것이다. 심각한 비리나 부패가 발견되지 않았는데도 재학생 충원율이 낮다고 대학을 구조조정하는 국가가 있는지 의문이다.[6] '재학생 충원율' 지표를 없애거나 그 비중을 크게 낮추어야 한다.

외국 대학평가에서 취업률이 지표로 포함된 예는 극히 드물다. 취업이 고등교육의 성과라고 하지만, 이는 고등교육을 투자 측면에서만 파악한 것이다. 고등교육은 소비재 측면도 강해, 진리 탐구나 지적 호기심을 충족시키기 위해 진학하는 사람도 많다. 이들의 전공 선택이나 학업 이수는 졸업 후 취업이 목표가 아니다. 20대 후반(25~29세)의 경제활동 참가율이 특히 낮은 이유도 이와 어느 정도 관련이 있다.[7] 그래서 다른 나라에서는 취업률을 평가 항

---

6) 신입생 충원율과 재학생 등록률을 높이기 위해 온갖 비리와 무질서가 발생하고 있다. 일부 전문대학에서는 신입생 1인 등록에 10만 원 정도의 수당을 교수에게 지급하고 있는 실정이다. 취업률과 관련된 비리는 교육부 감사에서도 적발되었고, 언론에도 여러 차례 보도된 바 있다.

7) 2012년 말 통계청의 경제활동인구 조사 결과, 지난 달 20대 연령층의 경제활동 참가율

목에 포함시키지 않는 것이다.

또한 취업률은 노동시장 수요에 의해 결정되는 것으로 대학의 노력에 따라 높아질 수 없다. 즉, 수요 문제이지 공급 문제가 아니다. 대학교 졸업 노동력에 대한 수요가 작으면 개별 대학이 아무리 노력해도 동시에 모든 대학의 취업률이 상승할 수는 없다. 노동시장 성과에 대해 대학이 책임을 지게 하는 것은 상식에 맞지 않는다. 기업이나 정부 조직 및 비정부 조직 등 노동 수요자들의 노력이 있어야 취업률이 상승할 수 있다.

셋째, 대부분의 정량지표는 '적정'한 기준에 도달했는지를 평가하게 되어 있다. 여기서 각 평가 영역 및 평가 기준에 따른 적정한 기준을 설정하여 공개하는 절차가 신속히 진행되어야 하는데, 평가지표(안)를 발표한 지 한 달이 지났는데도 세부 평가 방안 등 후속 발표가 없다. 각 대학이 어떻게 기준을 통과해야 할지 알 수 없는 상태가 지속되고 있다.

많은 정성분석 지표는 엄격하고 객관적으로 판단하기 어려운 것들이어서 공정성 문제가 제기될 수 있다. 예를 들어, '교원이 교육에 전념하도록 지원 또는 유도하고 있는가?', '대학의 설립 이념 및 인재상이 교육과정 편성에 반영되어 있는가?' 등과 같은 항목을 어떻게 정성평가할 것인가?

정성평가와 정량평가를 함께 실시하는 지표에 대한 구체적인 세부 평가 방안은 자의적이 될 가능성이 높다. 예를 들어, '세입 규모와 구성 요소 간 비율은 적정한가?'라는 평가지표에서 정량과 정성 구분은 어떻게 할 것인가? 세입은 등록금 수입, 정부 지원금, 동문의 기부금 수입, 수익 사업 및 기타로 구성되는데 이는 대학의 전공 편제 및 동문의 활동 등에 따라 달라질 가능성이 큰 바, 자의적인 평가가 이루어질 가능성이 높다고 하겠다.

(구직 기간 1주 기준)은 60.1%였다. 경제활동 참가율 하락은 20대 후반(25~29세)에서 심했다.

넷째, 평가 영역의 분류가 자연스럽지 못하고 평가지표가 부적절한 것도 있다. 예를 들어, 중장기 발전 계획을 정원 조정, 학부(과) 조정 및 학생 선발과 묶어 평가하는 것은 그 평가의 핵심이 고등교육 발전을 지향하는 것이 아니라 결국 정원 조정에 있다는 의심을 사기에 충분하다. 더구나 학생 선발이 자율화하지도 않은 상황에서, '대학의 교육 목표, 추구하는 인재상, 중장기 발전 계획을 반영한 입학전형계획을 수립하고, 이에 부합하는 학생 선발을 위해 노력하고 있는가?'라는 식의 평가는 그야말로 적절하다고 보기 어렵다.

또, '학생에 대한 평가 및 성적 관리'는 교수의 재량에 속하는 것인데, 이를 정성평가하겠다는 것도 무리라는 지적이 나올 수 있다.

다섯째, 평가 항목과 지표가 너무 많아서 이를 따를 경우, 대학 규격화가 우려되며 평가 자체가 대학 운영에 큰 어려움이 될 가능성이 높다. 전국의 모든 대학이 11개 평가 영역, 24개 평가 항목, 38개 평가지표를 모두 관리하면 기대와는 달리 각 대학이 독특하게 발전하기 어렵고 대부분 대학이 유사한 조직과 운영 형태를 지니게 될 것이다.

또 지표를 관리해야 하는 대학 행정은 더욱 어려워질 것이고, 보직교수나 직원뿐만 아니라 단위 학과와 교수의 부담으로 이어져 한국 고등교육 발전에 장애 요인이 될 것이다. 특히 이 지표를 관리하기 위해 엄청난 운영비 지출이 요구되는바, 등록금 인상 요인으로 작용할 것이다.

≪타임스(The Times)≫나 ≪가디언(Guardian)≫ 등 세계적인 대학평가기관은 재학생(또는 신입생) 충원율을 대학평가지표로 사용하지 않는다. 중도 탈락 학생의 비율, 장학금 지급률, 교육비 환원율, 등록금 인상 수준 등은 정부의 '대학 교육의 질 관리'라는 공공 관점에서 필요한 것이다. 이들 지표의 비중이 상대적으로 커져야 할 것이다. 전임교원 확보율도 중요하지만, 교수 1인당 학생 수가 더욱 일반적인 기준이며, 이와 더불어 학생 만족도, 외국인 교수 및 학생 비율, 학계 평가, 교수의 연구 업적(논문 수 및 인용 빈도), 고용주 및

노동조합의 평가 등이 더해져야 한다. 한국 고등교육의 경쟁력 강화를 원한다면 재학생 충원율이나 학사 관리[8]같이 국제적으로 잘 사용하지 않는 지표는 제외하고 국제 기준에 맞게 지표를 재구성할 필요가 있다.

5. 사립대학 구조조정 법안의 문제점

부실 사립대학의 퇴출을 유도하는 정부 여당이 준비 중인 '사립대학 구조개선의 촉진 및 지원에 관한 법률안'에도 몇 가지 문제점이 있다.

1) 대학을 유상양도의 대상으로 보는 관점

제27조 ①항에 "…… 합병법인은 대통령령으로 정하는 바에 따라 상대방 사립대학법인(이하 "피합병법인")의 재산 출연자 등 합병교부금지급계획서에서 정한 자에게 합병교부금을 지급할 수 있다"고 규정하고 있는바, 이는 대학을 유상양도(매매)하는 행위가 합법화할 수 있는 소지를 제공한다. 제24조에서도 매수라는 표현이 거듭되고 있다. 대학은 비영리 공익 기관으로서 어떤 경우에도 매매 대상이 되어서는 안 될 것이다. 따라서 이 조항은 폐지되어야 한다.

법안 제안 이유에서 "만약 대학이 파산한다면 그 피해가 학생과 지역사회에 돌아간다는 점을 우려하지 않을 수 없다"고 인식하고 있으면서도, 사학재단 운영자 입장만 고려하고 학생과 지역사회에 대한 배려는 없다. 부실대학

---

8) 학점 인플레이션 현상이 있긴 하지만, 학점을 어떻게 주든 그것은 교수의 고유 권한이지 대학평가의 기준이 되어서는 안 된다.

의 퇴출 여부를 평가할 때 지역 입장을 반영해야 한다.

2) 교육 부문 자원이 타 부문으로 전출될 가능성

제28조 ⑤항에서 해산하는 사립대학법인은 "…… 잔여재산의 일부를 사립학교법 제10조 제4항 및 제35조에도 불구하고 잔여재산처분계획서에서 정한 자에게 귀속시키거나…… 사회복지법인의 설립을 위한 재산으로 출연할 수 있다"고 해서, 잔여재산이 일반인에게 귀속되거나 사회복지법인이 될 수도 있는 길을 열어준다. 부실사학의 자원을 사회복지 부문으로 이전시켜봐야 부실 복지기관이 될 가능성이 높다.

사립학교법에는 "잔여재산의 귀속자는 학교법인이나 기타 교육 사업을 경영하는 자 가운데서 선정"하도록 규정하고 있다. 이는 교육 부문에 투하된 자원은 경영 주체가 바뀌더라도 지속적으로 교육을 위해 사용되어야 한다는 점을 분명히 규정하는 것으로서, 반드시 지켜져야 할 원칙이다. 더구나 잔여재산에는 교육 발전을 위해 지원된 공적 자원도 포함되어 있다는 점을 인식해야 할 것이다.

3) 대상 대학 교직원과 학생의 신분 보장 미흡

제31조에는 교직원의 면직 조항이 있는데, "사립대학법인이 이 법에 따라서 해산하거나 다른 사립대학에 통폐합되면서 해당 학과를 기준으로 폐직이나 과원이 된 때에 준용한다"고 하고 있다. 이 규정은 사립대학이 통폐합될 경우 인수 대학 측에서 폐과 조치를 통해 사실상 교수, 직원을 합법적으로 면직할 수 있는 독소 조항이다. "특별한 사유가 없는 한, 고용을 승계해야 한다"로 개정되어야 할 것이다.[9]

제32조에는 통폐합 대학의 재학생 보호 조항이 있다. 그러나 이 규정 역시 허술해, "국가가…… 그 재학생의 다른 대학으로의 편입학을 지원하는 등 재학생 보호를 위해 적극 노력해야 한다"는 선언에 그치고 있다. 재학생의 신분이 보장되지 않는다면 도대체 누구를 위한 통폐합인지 불분명하게 된다. 대학생의 학습권 보장을 법률로 확실히 보장해야 한다.

심각한 사학비리가 발생할 경우 폐교 명령이 내려지고 재학생은 인근 대학으로 편입시키는 미국 모델을 참고할 필요가 있다. 비리사학을 퇴출하는 것은 옳은 처리 방향이라고 할 수 있다. 사학이 발전한 미국에서는 사학비리에 대처하는 방식이 명료하다. 2006년 12월, 뉴욕 교육청은 뉴욕 시에 있는 2년제 상과대학인 테일러 전문학교(Taylor Business Institute)에 폐교를 명했다. 그 이유는 이 대학이 학생들에게 제공하는 서비스가 기준에 미치지 못하고 대학의 행정 체계도 엉망이며 교수들의 이직률이 높고 교육 수준은 아주 낮다는 것이었다. 같은 달, 인터보로 인스티튜트(Interboro Institute)라는 전문대학에는 신입생 모집 중지 명령이 내려졌다.

4) 부정·비리대학의 처리와 사분위 문제

제5차 대학구조개혁위원회에서 발표한 "중대 부정·비리대학 및 감사 결과 불이행 대학 등은 구조개혁 대상 대학 포함 여부와 관계없이 별도로 퇴출 절차"를 추진한다는 결정은 사학비리를 척결해 고등교육이 정상화하기를 염원하는 많은 국민의 바람과 일치하는 것이라 할 수 있다. 중대 부정·비리대학의 퇴출에 별도 절차를 마련하기보다 법안에 퇴출 절차가 추가되어야 한다.

---

9) 이 경우도 특별한 사유를 자의적으로 해석하게 두어서는 안 되며, 교직원 신분을 보장하기 위한 엄격한 시행 규정을 마련해야 한다.

그러나 임시이사 파견 대학의 정상화 업무를 담당하는 사분위는 이러한 방향과 일치되지 않는 결정을 내렸다. 엄청난 사회적 물의를 일으켜 퇴출 판정을 받았던 비리사학을 속속 복귀시켜 한국 대학 교육의 발전에 걸림돌이 되고 있다. 비리재단과의 유착 관계가 의심되는 사분위는 해체되어야 하며, 이 단체에 대한 수사와 함께 그간 시대착오적인 결정은 무효화해야 한다.

대학의 생명은 자율과 자치이다. 사학의 자율성은 충분히 보장되어야 하지만 비리가 옹호되어서는 안 된다. 사학의 자율성을 핑계로 학생들의 학습권 및 교수와 직원의 교권과 노동권을 짓밟는 사학비리까지 보호되어서는 교육이 발전할 수 없다. 사분위를 대신해 과거처럼 교육부가 비리사학의 처리 권한을 갖도록 해야 할 것이다.

6. 합리적 구조조정 방안(대학 입학정원의 단계적 축소 방안)

1) 고통 분담의 원리에 입각한 대학 구조조정

앞서 지적한 바와 같이 교육부가 제시하는 구조조정의 핵심은 결국 대학 입학정원의 축소에 있다. 이 지표에 가산점을 주기로 한 사실만 보더라도 이를 확인할 수 있다.[10] 이 점수는 순위 결정에 결정적이다.

가산점 = (2013학년도 정원 감축률 + 2014학년도 정원 감축률) × 1/10

---

10) 이명박 정부가 출범한 2008년 이후, 중원대·대전신학대·한국승강기대·한국골프대 등 4개 대학이 신설되었다. 우송대와 한려대가 산업대학에서 일반대학으로 전환되었고, 김천대가 전문대학에서 4년제 대학으로 승격되는 등 정부 정책은 정원 감축과 증원 사이를 우왕좌왕했다.

2000년대 들어 본격화한 저출산 때문에 앞으로 고등학교 졸업자 수가 현저히 감소할 것으로 예상된다. 고등학교 졸업자 수는 2012년 67만 명 수준에서 2018년에는 58만 명 수준이 되는데, 이는 전체 대학 입학정원(2010년 기준)보다 낮은 수치이다. 더욱이 2024년도가 되면 41만 명 수준으로 감소한다. 2012년과 비교하면 무려 26만 명이 적고 2018년에 비하면 17만 명이 부족한 상황이다. 이렇게 되면 중국 등에서 국제 학생의 대거 입학으로 시장이 확대되지 않는 한 입학정원이 현재 58만 명에서 40만 명 이하로 감축될 것이다. 이는 모집 정원 3000명인 대학 60개 정도가 줄어든다는 의미이다. 그래서 대학의 대규모 도태가 시작되기 전에 입학정원을 줄이고, 일부 대학은 아예 퇴출되어도 당연하게 여기는 해결 방식이 제기되었다.

대학은 기본적으로 교육과 연구 활동을 수행하지만 지역사회에 봉사하는 기능도 있다. 대학은 지역사회에서 유력한 소비자이자 고용주로서 경제적으로도 매우 큰 역할을 하고 있다. 평생교육 등을 공급해 지역사회의 문화 수준을 향상시키며 정치의식을 고양하고 지역사회가 필요로 하는 여러 가지 지식과 기술을 전파한다. 지방대학은 그 대학이 있는 지역에서 경제·사회·문화의 중심이다. 그래서 지역사회의 자존심이기도 한 지역대학은 서울 등 수도권에서보다 지방에서 그 존재 가치가 더욱 크다.

이렇게 중요성이 큰 지방대학이 평가에서 불리한 입장에 처해 구조조정 대상이 되고 있다. 취업률과 충원율 지표가 약간 낮다고 해서 문을 닫게 할 수는 없다. 수도권 주요 언론은 지방대학의 역할을 충분히 이해하지 못해 지표가 낮은 지방대학을 부실대학으로 간주하면서 은근히 폐교를 부추긴다. 물론 수도권대학도 함부로 폐교시킬 수 없다. 이러한 딜레마를 해결할 수 있는 방법을 모색해야 한다.

해답은 간단하다. 대학별 모집 정원을 단계별로 20~30% 정도 감축하면 된다. 모든 대학이 매년 3%씩(2013년 기준) 10년에 걸쳐 입학정원을 줄여도 되고, 인구에 비해 대학 입학정원이 많은 수도권대학은 3%, 지방대학은 2%씩 매년 입학정원을 감축하면 자동으로 해결된다. 이와 달리 대학의 자율적 입학정원 감축을 유도한다면 등록금 수입 극대화를 추구하는 대학들이 이에 응하지 않을 것이다. 그러므로 법률에 따라 일괄되게 정원을 조정해야 한다. 여기에 지역별로 대학 입학정원을 배정할 수도 있다.[11] 여야 합의로 '사립대학 구조 개선 촉진법'(가칭)에 추가하면 된다. 이것이 공존을 위한 합리적 구조조정 방안이다.

2) 국가 지원 사립대학의 운영

제24조에서 "교육기술부 장관은 사립대학법인의 승인된 구조개선계획에 따라 보유 자산의 처분, 합병 또는 인수, 일부 사립대학의 양도(이하 '자산 인수'라 함)를 추진하는 경우에" 한국사학진흥재단에 자산 인수를 권고할 수 있게 하고 있다. 이로써 한국사학진흥재단은 처분 자산을 직접 매수하거나 제3자가 매수하도록 알선할 수 있다. 이 규정에 따라 한국사학진흥재단은 스스로 부실대학을 인수할 수도 있고 제3자에게 매수하도록 알선할 수도 있다. 즉, 한국사학진흥재단에 사학 처분권을 준 것으로 볼 수 있다. 이 방안은 잘못 운영되면 사학진흥재단의 영리화 가능성 등 여러 가지 부작용을 발생시킬 것이다. 따라서 사학의 자율성과 공공성을 동시에 충족시킬 수 있는 방식이 모색되어야 하며, 부실대학의 정부 책임 사립대학화가 가장 좋은 방법이라고 할 수 있다. 물론 대학이 있는 지역사회와 협의를 거쳐야 한다.

〈표 7-7〉에서 보듯이, 영국 대학은 거의 100% 정부 의존 사립대학이다.[12]

---

11) 대학입학예비고사 실시 초기(1970년대 초)에는 지역별 합격정원이 있었으며, 지원자는 총 두 개의 지역을 자유로이 선택해 시험에 응시할 수 있었다.

〈표 7-7〉 주요국 공립·사립대학 재학생 비중(2012년)

구분	전체 대학			전문대학			일반대학(심화 과정 포함)		
	공립	국가지원	사립	공립	국가지원	사립	공립	국가지원	사립
호주	91	4	5	72	20	8	95	-	5
덴마크	98	2	-	97	3	1	98	2	-
프랑스	80	3	17	69	10	21	83	1	16
독일	87	3	-	54	46	-	94	6	-
일본	21	-	79	8	-	92	25	-	75
한국	19	-	81	2	-	98	25	-	75
네덜란드	87	-	13	10	-	90	88	-	12
스웨덴	91	9	-	54	46	-	94	6	-
터키	95	-	5	97	-	3	94	-	6
영국	-	100	-	-	100	-	-	100	-
미국	72	-	28	78	-	22	70	-	30
OECD 평균	70	14	15	59	23	17	72	14	14

자료: OECD(2014).

의회에서 등록금을 결정하며, 국가의 공적 지원을 받아 운영되고 있다. 정부나 지방자치단체가 교직원 임금 등 대학 운영비의 상당 부분을 지원하는 준국립대학이라고 할 수 있다. 만일 현재 대학 운영자가 보상을 원한다면 이에 합당한 보상을 한 후 운영권을 완전히 인수하는 방안도 검토할 수 있다.

국공립대학의 최적 비중에 대해서는 합의된 바 없지만, 학생의 50%를 수용할 수 있을 때까지 국공립화 또는 국가 지원 사립대학으로 전환할 필요가 있다. 재학생을 충원하기 어려워 경영난에 빠졌던 미국 뉴저지 주 러트거스 대학을 주립대학으로 개편한 것이 좋은 실례이다.[13] 사립대학에 공적 자원을

12) 영국에서 순수 사립대학은 작은 규모의 버킹엄 대학 하나일 뿐이다. 그 외 아주 소규모 사립대학들이 없는 것은 아니지만 무시할 만한 수준이다.

13) 1766년 퀸스 칼리지로 설립되어 경영난에 시달리다 1956년 뉴저지 주립대학이 된 러

지원하는 경우, 공공성을 확보하기 위해 법인 이사회를 전면 확대 개편해야 할 것이다. 미국의 사학법인은 이사 수가 많아 편법·불법 운영이 불가능하며 담합도 어렵다.[14] 이사들도 4~5년 정도 이사직을 수행하다 퇴임하기 때문에 종전이사라고 주장하면서 권리 분쟁을 일으키는 일도 없다. 대부분 사학이 본교와 타교의 교수, 직원 대표와 학생 대표, 지역의 고용주 대표, 시민사회단체 대표 등으로 구성되어 있다. 이와 유사한 방식으로 이사진을 구성하는 것이 바람직하다. 미국의 뉴욕 주립대학이나 캘리포니아 주립대학 시스템도 참고할 만하다.

7. 결론

마지막 주자가 잡힐 때까지 따라붙는 것이 곰의 전략이라면, 곰은 곧 경쟁 대신 협력으로 전략을 바꾼 사람들의 집단적 저항에 직면할 것이다. 따라서 이는 현명한 전략이 되지 못한다. 서로 협력해 공존 방식을 찾는 것이 최선의 방안일 것이다.

대학 입학정원을 감축할 수 있는 가장 확실한 방법은 사립대학 모집 정원을 단계적으로 감축하는 것이다. 이를 모든 대학에 공평하게 진행하려면 감축 계획을 법률로 규정하면 된다. 즉, 모든 사립대학이 (2013년 기준으로) 매년

트거스 대학은 11명의 대학운영위원회(교수 2인과 학생 1인이 포함된다. 단, 총장은 위원이지만 투표권이 없음)가 최고 의사결정 기구인데, 이와 더불어 59명으로 구성된 이사회 및 대학평의원회(교수, 학생, 직원, 동문으로 구성)가 함께 대학 운영을 책임지고 있다.

14) 하버드 대학과 스탠퍼드 대학은 각각 32명씩이고, 코넬 대학은 64명이다. 스탠퍼드 대학과 하버드 대학 이사회에는 설립자 가족이 아예 포함되지 않는다.

3%씩 감축해나가도록 한다.

평가지표는 학생과 학부모의 판단을 돕기 위해 필요하지만, 무리한 구조조정 목적으로 사용되어서는 안 된다. 현행 지표에서 경영부실대학은 대부분 여건이 불리한 지방대학이다. 위기의 이 대학들은 지역에서 중요한 역할을 수행하고 있다. 모든 대학에 공정한 평가지표가 적용되어야 한다. 재학생 충원율과 취업률이라는 도깨비방망이 대신 국제적으로 사용되는 지표가 추가되어야 한다. 대학의 설립 목적과 지역을 고려한 평가 체제가 필요하며, 대학별 중점 분야와 성취가 반영된 평가 방식으로 전환해야 한다. 부실대학 처리 문제는 지역사회 여론을 수렴해야 하며, 이를 통해 대학을 공립·사립 합작으로 운영하거나 정부책임형 사립대학으로 전환하는 것이 바람직하다. 부정·비리 사립대학의 처리도 마찬가지이다.

부실사학 문제는 학생과 학부모가 알아서 판단하고 이에 따라 자연스럽게 정리될 사안인데, 왜 정부가 앞장서서 무리하게 ― 교육 부실대학이 아니라 경영부실사학의 ― 퇴출을 추진하는지 이해하기 어렵다. 진정 학생과 지역사회의 피해를 우려한 것이라면 이들의 의견을 중심에 놓고 다시 판단해야 한다.

사립대학 구조 개선을 통한 교육력 강화는 한국 고등교육 발전을 위해 반드시 필요한 일이다. 그러나 대학 구조조정 정책이 지방대학 퇴출을 통한 대학 입학정원 감축에만 목적을 두어서는 안 되며, 이번 기회가 한국 고등교육이 한 단계 발전하는 계기가 되어야 한다.

참고문헌

강남훈. 2011. 조건 없는 반값등록금에 대한 경제적 분석: 형평성·효율성·정당성·파급효과. 민주당 정책위원회·민주정책연구원. 반값등록금 실현과 대학구조조정 방안 모색을 위한 토론회 자료집(2011.8.10).

______. 2012. 반값등록금 실현과 사립대학 개혁. 2012년도 사학문제 해결을 위한 연구회 학술대회 자료집(2012.6.8).

교육부. 2014. 대학 구조개혁 2차 공청회 자료(2014.11.11).

박거용. 2012. 공공성과 교육의 질을 높이기 위한 대학 구조조정의 필요성. 2012년도 사학문제 해결을 위한 연구회 학술대회 자료집(2012.6.8).

박정원. 2011a. 「대학 등록금과 대학개혁」. ≪교육평론≫, 통권 제225호(2011.8.1).

______. 2011b. 사학비리 척결과 반값등록금으로 교육정의를 회복해야 한다. 민주당 정책위원회·민주정책연구원. 반값등록금 실현과 대학구조조정방안 모색을 위한 토론회 자료집(2011.8.10).

______. 2011c. 〈사립대학구조개선의 촉진 및 지원에 관한 법률안〉에 대한 의견. 국회교육과학기술위원회. 〈사립대학 구조개선의 촉진 및 지원에 관한 법률안〉에 대한 공청회 자료집(2011.8.26).

______. 2011d. 「미친 등록금의 정상화를 위한 해법」. 민주언론시민연합. ≪시민과 언론≫, 제94호(2011.8.30).

______. 2011e. 사립대 구조조정, 새로운 접근이 필요하다. 교수노조. 교과부 재정지원 제한대학 발표 대응 토론회 자료집(2011.9.19).

______. 2011f. 부실대학 퇴출방식의 문제점과 개선방안. 참여연대. 반값등록금과 바람직한 대학개혁방안 토론회 자료집(2011.10.17).

______. 2012. 공존을 위한 사학 거버넌스의 개혁. 2012년도 사학문제 해결을 위한 연구

회 학술대회 자료집(2012.6.8).

반상진. 2012. 고등교육재정교부금법(안) 쟁점분석과 개선에 대한 논의. 민주통합당 민생공약실천특위 보편적복지본부. 반값등록금 법안을 위한 전문가 간담회 자료집(2012.5.17).

정진상. 2004.『국립대 통합네트워크: 입시지옥과 학벌 사회를 넘어』. 책세상.

윤지관. 2012. 한국사학, 왜 무엇이 문제인가. 2012년도 사학문제 해결을 위한 연구회 학술대회 자료집(2012.6.8).

임재홍. 2011. 반값등록금과 고등교육 구조개혁. 참여연대. 반값등록금과 바람직한 대학개혁방안 토론회 자료집(2011.10.17).

______. 2012a. 반값등록금과 고등교육 구조개혁. 2012년도 사학문제 해결을 위한 연구회 학술대회 자료집(2012.6.8).

______. 2012b. 사학의 공공성 확보와 사립학교 관련 법제의 개정방향. 2012년도 사학문제 해결을 위한 연구회 학술대회 자료집(2012.6.8).

OECD. 2014. *Education at a Glance 2014: OECD Indicators*.

제8장

국립대학 법인화 정책 비판과 국공립대학 개혁 방안

박배균 ‖ 서울대 교수

1. 서론

2011년 한 해 한국사회를 떠들썩하게 만들었던 반값등록금 운동과 국립대학 법인화 반대 운동은 그동안 가려져왔던 한국 고등교육의 문제가 본격적으로 세상에 알려지고 드러나는 계기를 마련한 사건이었다. 그간 한국에서 교육과 관련된 정책적 논란은 주로 초·중등교육을 중심으로 이루어져왔다. 특히 대학입시, 사교육 등을 둘러싼 이슈가 교육적 문제의 중심 주제였다. 하지만 2011년 반값등록금 운동과 국립대학 법인화 반대 운동은 고등교육 문제를 사회적·정치적 이슈로 만들었다.

흔히 한국 고등교육이 당면한 주요 문제로 ① 고액 등록금으로 상징되는 대학 교육의 공공성 파괴, ② 고등교육과 학문의 경쟁력 취약, ③ 서열화한 대학 체제로 인한 중등교육의 피폐화가 거론된다. 이 글에서는 이런 고등교육의 문제를 해결하기 위해 국공립대학이 어떻게 변해야 하고, 그 정책적 대안은 무엇인지를 논하는 데 초점을 두겠다.

2. 현재 국립대학이 처한 문제

1) 교육의 공공성 부족

2001년 기준으로 세계 각국 고등교육에서 국공립대학이 차지하는 비중을 보면 호주 100%, 독일 100%, 덴마크 99.5%, 핀란드 89.8%, 프랑스 87.8%, 미국 76%, 멕시코 66.3%, 일본 27.5%, 한국 22.7% 등이다. 이처럼 한국은 국공립대학이 고등교육에서 차지하는 비중이 세계적으로 최하위 수준이고, 반면 사립대학의 비중은 전 세계에서 가장 높다. 이는 역설적으로 한국에서 국립대학이 교육 공공성에서 차지하는 비중이 얼마나 큰지 보여준다. 한국에서 국립대학은 교육 공공성을 지켜주는 버팀목이고, 양질의 고등교육을 제공해 교육의 기회균등을 실현하고 공평한 사회의 초석을 놓는 역할을 부여받고 있다. 하지만 현재 국립대학을 포함한 질 높은 대학 교육이 일부 계층의 전유물이 되어버린 지 오래라는 사회적 무력감과 자포자기가 널리 퍼져 있다.

(1) 국가의 고등교육 재정 지원 미비

이 같은 현상의 근저에는 여러 가지 이유가 있겠지만, 고등교육에 대한 정부의 책임 방기가 매우 큰 원인을 차지한다. 한국에서 고등교육에 대한 국가 재정의 기여는 전 세계적으로 보았을 때 매우 낮은 수준이다. 〈표 8-1〉에 나타나듯이, 고등교육 단계의 교육재정에서 정부가 부담하는 비율은 OECD 국가 평균이 GDP 대비 1.1%(2008년) 혹은 1.0%(2009년)이나 한국은 0.6%(2008년, 2009년)에 지나지 않는다. 반면 민간 부담의 비중은 한국이 1.8%(2008년), 1.9%(2009년)로 OECD 국가 평균인 0.4%(2008년), 0.5%(2009년)에 비해 4배 정도 높다.

고등교육에 대한 국가의 재정 지원이 부족하다 보니 고등교육의 질을 실질

〈표 8-1〉 GDP 대비 교육 단계별 공교육비 구성

구분		전체 교육 단계			초·중등교육 단계			고등교육 단계		
		정부 부담	민간 부담	계	정부 부담	민간 부담	계	정부 부담	민간 부담	계
2009년 발표	한국	4.5	2.9	7.3	3.4	0.9	4.3	0.6	1.9	2.5
	OECD 평균	4.9	0.8	5.8	3.4	0.3	3.8	1.0	0.5	1.5
2008년 발표	한국	4.3	2.9	7.2	3.4	0.9	4.3	0.6	1.8	2.4
	OECD 평균	5.0	0.8	5.8	3.5	0.3	3.8	1.1	0.4	1.5

자료: 한국교육개발원(2006).

〈표 8-2〉 학생 1인에게 투자되는 연간 교육비(2007년)

구분	OECD 평균	한국	미국	영국	일본	독일	프랑스
학생 1인당 연간 교육비(미국달러)	12,907	8,920	27,010	15,463	14,201	13,823	12,773
국민 1인당 GDP 대비 학생 1인당 연간 교육비(%)	40	34	58	44	42	40	39

자료: 교과부(2010).

적으로 담보하는 학생 1인에게 투자되는 연간 교육비가 저수준을 벗어나지 못하는 실정이다. 한국의 학생 1인에게 투자되는 연간 교육비는 8920달러로 OECD 평균 1만 2907달러의 69.1% 수준이다(〈표 8-2〉 참조).

(2) 전 세계적으로 가장 높은 국립대학 등록금

고등교육에 대한 국가의 재정 지원 부족으로 한국 국립대학의 등록금 수준은 다른 나라의 국립대학에 비해 절대 액수가 높은 편이다. 국가 지원이 부족한 상황에서 한국 국립대학은 부족한 재원의 상당 비율을 학생들의 등록금에서 충당하고 있고, 그 결과 등록금이 비싼 것이다. 2006년 국립대학의 세입 실태를 분석한 결과에 따르면 등록금 및 회비 40.2%, 국고보조금 48.7%, 기

〈표 8-3〉 연도별 대학 등록금과 물가 상승률을 비교해 알아본 등록금 인상률

(단위: 천 원, %)

연도	국립대학 등록금 총액		사립대학 등록금 총액		물가 상승률 (C)	등록금과 물가와의 차이	
	금액	인상률(A)	금액	인상률(B)		국립대학 (A-C)	사립대학 (B-C)
2000	2,193	-	4,511	-	-	-	-
2001	2,300	4.9	4,799	5.9	4.1	0.8	1.8
2002	2,471	7.4	5,109	6.9	2.7	4.7	4.2
2003	2,654	7.4	5,452	6.7	3.6	3.8	3.1
2004	2,903	9.4	5,776	5.9	3.6	5.8	2.3
2005	3,115	7.3	6,068	5.1	3.1	4.2	2.0
2006	3,426	10.0	6,472	6.6	3.3	6.7	3.3
2007	3,836	9.7	6,917	6.9	2.5	7.2	4.3
2008	4,167	8.6	7,383	6.7	4.7	3.9	2.0
평균	2,872	8.1	5,728	6.3	3.5	4.6	2.9

자료: 반상진(2009).

타 11.1%로 구성되었다. 특히 전체 회계 절반이 대학이 자체 운영하는 기성회계이고, 기성회계 70.9%가 기성회비로서 국립대학에서 교육비 상당 부분을 학생과 학부모에게 전가하고 있다는 것을 짐작할 수 있다. 한국 국공립대학 등록금은 2008년 416만 7000원으로, 2007년 383만 6000원에 비해 8.6% 인상되었다(〈표 8-3〉 참조). 또한 계열에 따라 1000만 원이 넘는 대학도 생겨났다. 사립대학은 등록금이 전체 재원의 77.5%를 차지하고, 국립대학도 40~50% 정도를 차지한다. 미국 대학 38%, 일본 대학 40%와 비교하면 한국 대학의 등록금 의존율이 매우 높음을 알 수 있다. 이처럼 한국 국립대학의 등록금 부담이 크다는 사실은 고등교육이 특정 계층만을 위한 것이 아니라 전체 국민에게 삶의 질 향상의 기회를 제공하는 교육이 되어야 한다는 공공성 원칙이 엄청나게 훼손되어 있음을 의미한다.

(3) 교육의 질 저하

고등교육에 대한 국가의 재정 지원 부족은 고등교육의 질을 저하시키는 결과를 초래하기도 한다. 한국 고등교육의 질 저하를 보여주는 대표적 지표 가운데 하나는 대학 수업을 담당하는 전임교원 비중이다. 〈표 8-4〉에서 나타나듯이, 2008년 한국 4년제 대학에서 교원 1명당 학생 수는 31.2명으로 일본의 3배, 미국의 2배이다. 이는 다른 나라에 비해 한국 대학에서 전임교원 비중이 그만큼 적고, 그 결과 시간강사에 대한 의존도가 높음을 의미한다. 참고로 한국 대학에서 시간강사는 전체 수업의 36%를 담당하고 있다.

〈표 8-5〉는 한국 주요 국립대학의 계열별 전임교원 1인당 학생 수를 보여준다. 이 표에서 나타나듯이, 한국 국립대학 대부분에서 전임교원 1인당 학생

〈표 8-4〉 4년제 대학의 교원 1인당 학생 수 현황(명)

한국	프랑스	영국	핀란드	미국	호주	독일	일본	스웨덴
31.2	17.1	16.4	15.8	15.1	14.9	12.5	11.9	9.0

자료: OECD(2008).

〈표 8-5〉 주요 국립대학 계열별 전임교원 1인당 학생 수

학교	인문 계열	공학 계열	자연과학 계열
서울대	22.1	22.8	17.0
경북대	36.5	39.7	29.0
부산대	36.7	35.3	27.0
전남대	33.2	35.1	27.2
전북대	31.8	30.6	26.4
충남대	39.4	36.7	27.5
충북대	31.0	37.9	27.4
강원대	31.8	31.4	23.8

자료: 국민이설계하는대학(2011: 55).

수가 다른 나라에 비해 매우 높다. 서울대는 그나마 상황이 나은 편이지만, 그런 서울대마저도 전임교원 1인당 학생 수가 다른 나라보다 높다. 이는 한국 국립대학의 교육 여건이 열악하며, 그 결과 교육의 질이 저하될 가능성이 높다는 것을 의미한다. 이는 궁극적으로 한국 대학의 경쟁력을 떨어뜨리는 한 원인이다.

2) 지식 공동체의 파괴로 취약해진 학문 경쟁력

한국의 고등교육과 학문 국제 경쟁력은 높은 편이 아니다. 흔히 말하는 것처럼 한국 대학에는 아직까지 노벨상 수상자도 하나 없고, 국제적으로 인정받는 연구 성과가 많지도 않으며, 새로운 학문적 조류와 사상 체계를 제시한 학문 집단이 있는 것도 아니다. 하지만 필자는 대학의 학문 경쟁력이 SCI/SSCI[1] 급 학술지에 실린 논문 편수, 노벨상 수상자 수, 대학의 연구비 수주액 같은 표피적이고 성과주의적 업적과 지표 달성을 통해 결정되는 것이 아니라, 어떤 대학에서 혹은 어떤 국가의 대학 사회에서 건강한 "지식 공동체"와 "지식 생태계"가 살아 있는지, 그 지식 공동체가 얼마나 역동적인지와 같은 요소에 의해 결정되는 것이라는 점을 강조하고 싶다. 그리고 건강하고 지속 가능한 지식 공동체와 지식 생태계는 ① 기초학문과 응용학문의 조화로운 발전, ② 자생적 학문 재생산 구조의 확립 등을 필요로 한다. 이를 위해서는 건전한 아카데미즘을 기초로 ① 기초학문과 순수학문의 발달, ② 독창성과 자생력을 바탕으로 한 독자적 학문 체계 구축, ③ 대학원 활성화와 국내 박사의 취업 기회

---

1) 미국 톰슨사이언티픽은 1958년 설립된 학술정보 전문 민간 기관으로 매년 학술적 기여도가 높은 학술지를 엄선해 수록 논문의 색인 및 인용 정보를 데이터베이스화해 제공한다. SCI는 과학기술논문 인용 색인이고 SSCI는 사회과학논문 인용 색인이다.

확보를 통한 학문 재생산 구조의 확립, ④ 대학 간 균형 발전을 통한 지식 네트워크의 저변 확대 등이 요구된다. 즉, 대학의 경쟁력 향상은 학문 사회에서 건전한 아카데미즘이 확립되고 그를 통해 순수학문과 기초 연구가 활성화해 그 나라 학문의 자생력과 독창성이 강화될 때 비로소 가능한 것이다. 여기서 우리는 독일이나 프랑스가 세계 대학 순위 100위권에 드는 대학이 거의 없음에도 세계적 수준의 학문 세계를 꾸리고 있다는 데 유의할 필요가 있다.

그렇다면 한국의 대학 사회에서 건강한 '지식 공동체'와 '지식 생태계'의 성장과 발달을 저해하는 요인은 무엇인가? 먼저 "국가와 시장의 학문 자율성 침해로 인한 건전한 아카데미즘의 미성숙"을 들 수 있다. 특히 국가와 시장의 이중적 지배를 강화하는 현재의 학술 및 교육정책은 연구자들이 순수 학술 활동과 기초 연구보다는 국가를 지배하는 엘리트와 자본의 이해 및 필요에 부응하는 단편적이고 실용적인 연구에 내몰리도록 강요하는 중요한 요인이다. 1960년대 이후 국가가 주도하는 산업화 과정을 거치며 체계화하기 시작한 한국의 근대적 학문과 고등교육에서는 국가 관료의 이해와 필요에 부응하는 실용화가 강요되어왔고, 그 결과 한국의 학자 집단은 국가 관료가 떡고물처럼 던져주는 정부 용역 프로젝트에 길들여지면서 순수한 학술적 가치와 이상을 추구하는 아카데미즘 전통을 수립하지 못했다. 이 같은 척박한 학문 환경은 2000년대 들어 정부의 신자유주의적 학술·교육정책으로 더욱더 악화되고 있다. 특히 고등교육에 대한 국가 지원이 미비한 상태에서 많은 교수가 제자의 학자금과 생활비를 마련하기 위해 정부나 기업의 용역 프로젝트에 매달리는 현 상황은 한국 대학 사회에서 아카데미즘 이상에 기초한 '지식 공동체'의 성장을 저해하는 가장 큰 요인이다.

서울대를 비롯한 한국 대학 사회에서 건강하고 역동적인 '지식 공동체'와 '지식 생태계'가 발달하지 못한 또 다른 요인은 "대외 종속적 학문 발전에 따른 학문 재생산 구조의 미발달"이다. 현재 한국 고등교육과 학문에서 대미 종속성은 그 정도가 매우 심하다. 이는 서울대 교수 다수가 미국에서 박사학위를 받았다는 사실에서 잘 드러난다. 이 외에도 영국, 프랑스, 독일, 일본 등 외국에서 박사학위를 받은 교수가 서울대 교수진의 대부분을 차지한다. 그만큼 서울대를 비롯한 국내 대학에서 국내 박사학위로는 교수가 되기 힘들다는 말이다. 이러한 상황은 대학원생에게도 전해져서, 상당히 많은 이들이 석사 혹은 학부를 마친 다음 미국으로 유학 가서 박사학위를 받는다. 결국 국내에서 독자적인 학문 재생산 구조가 만들어지지 못하는 것이다.

3) 신자유주의적 국립대학 재편 정책

앞서 말한 문제점과 더불어, 지난 10여 년간 지속적으로 추진되어온 신자유주의적 고등교육 재편 정책은 한국 고등교육 공공성을 비롯해, 국립대학의 교육 여건과 학문 경쟁력을 더욱더 악화시키고 있다. 특히, 이명박 정권에서 이주호 교과부 장관이 적극적으로 추진한 국립대학 법인화 정책, 국립대학 재정회계법, 국립대학 선진화 방안 등은 국가 고등교육에 대한 재정 지원이 매우 부족한 환경에서, 그나마 고등교육 공공성을 지키는 최후의 보루로서 기능하던 국립대학을 경쟁과 시장의 힘 앞에 굴복하도록 내몰았다. 이러한 신자유주의적 국립대학 재편 정책은 그동안 고등교육 공공성을 지켜내고, 대학을 그나마 건강하고 민주적으로 만들어 학문 공동체와 지식 생태계 생존에 기여해온 국립대학의 역할을 부정하고, 국가 지원을 받다 보니 국공립대학이 비효율적이고 경쟁력 없는 기관이 되었다는 시장주의적 사고와 정부의 국공립대학 재정 지원은 부당한 특혜이기 때문에 국공립대학을 사립대학과 같은 지위로 민영화해 시장에서 똑같이 경쟁하게 만들어야 한다는 사립대학의 이해가 반영된 것이다. 여기서 신자유주의적 국립대학 재편 정책의 대표적 사례로 국립대학 법인화 정책의 문제점을 간단히 검토해보겠다.

(1) 법인화 추진 배경

국립대학 법인화 추진론자들은 법인화 추진 배경으로 국립대학 체제의 문제점을 지적한다. 즉, 현재 국립대학 체제가 인사, 재정, 조직 운영에서 경직성과 획일화 문제 때문에 글로벌한 무한경쟁 사회 변화에 제대로 적응하지 못해, 국가 전체의 경쟁력 수준과 비교했을 때 국립대학 경쟁력 수준이 낮다는 것이다(김응권, 2011). 이와 더불어 총장에 대한 교수직선제와 교수 중심의 의사결정 구조로 인한 총장 리더십 부재를 국립대학 체제의 또 다른 문제점으로 지적한다. 이 같은 문제의식 아래 법인화 추진론자들은 국공립대학 법인화의 핵심을 "자율화"로 규정하면서 구체적 내용으로 ① 인사, 예산, 재무, 조직 등에서 자율성 강화, ② 총장이 강력한 리더십을 발휘할 수 있도록 하는 "선진화"된 관리 체제 구축, ③ 성과 평가 체제 구축, ④ 법인에 대한 국가의 지속적 재정 지원 등을 제시한다(김응권, 2011).

즉, 법인화는 국립대학의 자율성을 제고하고 총장의 리더십을 높여 궁극적으로 국립대학의 경쟁력을 높이는 데 필요하다는 것이다.

(2) 국립대학 법인화의 문제점

① 대학 자율성 약화

법인화 추진론자들은 법인화를 "자율화"라고 강변하지만 이는 법인화의 통상적 영어 표현인 'corporatization'이 의미하듯이, 교육기관인 대학을 이윤 추구가 최고 목적인 기업처럼 만들어 운영하겠다는 것이 법인화의 본질임을 숨기고 호도하려는 말장난이다. 법인화의 핵심은 대학 지배 구조의 변경이다. 즉, 법인화란 국립대학이 자신이 가졌던 공법상 영조물(營造物)인 동시에 사단(社團)의 정체성을 포기하고 법인격 주체로 변모하는 것이며, 새롭게 구성된 법인격의 중심은 학내외 인사로 이루어진 이사회이다. 다시 말해, 법인화는 국가라는 정치적 공동체가 헌법상 재정과 운영을 책임지던 국립대학을 법인으로 전환시켜, 이사회라는 사적 조직에 운영의 책임과 권한을 넘기는 과정을 의미한다.

물론 이 과정을 통해 국가의 조정과 통제에서 벗어나, 기존 국립대학 체제에 비해(특히 인사, 재정, 조직) 상대적으로 자율성이 증대될 여지가 있다. 하지만 이와 동시에 법인화는 대학 사회에 시장 논리와 경쟁 논리를 극도로 강화시켜 대학이 지켜야 할 공공성 추구의 자율성을 심하게 훼손시킬 가능성이 크다. 국립대학의 공공성 추구라는 자율성이 지켜지기 위해서는 단순히 국가가 대학을 지원하는 데 그치는 것이 아니라, 고등교육과 학문이 돈과 권력에 흔들리지 않도록 재정과 제도를 통한 대학 운영의 책임을 헌법으로 보장해야 한다. 여기서 국가는 특정 정부나 정권을 의미하는 것이 아니라 한 사회의 구성원이 시민으로서 소속감을 가지고 민주적 참여를 통해 다 같이 만들어나가는 정치적 공동체를 의미한다. 즉, 모든 사회 구성원이 공동으로 책임을 진다는 전제가 헌법으로 보장되어야만 대학 공공성 추구라는 자율성이 지켜지는 것이다. 하지만 법인화는 국립대학에 대한 국가의 헌법 책임성을 매우 약화시킬 것이고, 그 반대급부로 대학 사회가 시장과 자본의 논리에 휘둘리게 만들 것이다.

② 교육 공공성 훼손

앞서 정부의 고등교육에 대한 재정 지원이 충분하지 않아 한국 고등교육 공공성이 엄청나게 약화되었음을 지적했다. 서울대를 비롯한 국립대학의 법인화는 이런 문제를 더욱 심화시키는 결과를 초래할 것이다. 법인화 추진론자들은 법인화를 통해 국립대학이 다양한 수익을 얻을 수 있는 가능성이 생겼다고 주장하지만 실상 연구비, 기부금, 수익 사업 수익금 등이 획기적으로 늘 가능성은 거의 없다. 이 같은 상황에서 국고 지원이 획기적으로 늘지 않는 이상 등록금 이외에 재원을 확보할 뾰족한 방안은 없다. 이미 서울대는 '2007~

2025 서울대 장기발전계획'에서 서울대 법인화를 계획하면서 "대폭적 등록금 인상에 대한 사회적·학내 합의를 이루기 위해 특단의 조치가 필요하다"고 스스로 언급한 바 있다. 결국 서울대를 비롯한 국립대학 법인화는 취약한 한국 고등교육 공공성을 더욱더 악화시킬 가능성이 크다.

최근 법인화 추진론자들은 국공립대학이 법인화하더라도 지속해서 재정 지원을 법적으로 보장할 것이기 때문에 등록금 인상과 같은 교육 공공성 훼손 현상은 일어나지 않을 것이라고 주장한다. 반가운 소리이긴 하지만 과연 그럴까. 먼저 국가가 국립대학 재정을 헌법에 따라 책임지는 것과 법률로 보장하는 것은 질적으로 다르다는 점을 지적할 필요가 있다. 법인화한 국립대학에 대한 국가 재정 지원이 법인화법으로 보장된다 하더라도, 이러한 법률상 보장은 정치사회적 환경과 세력 관계 변화에 의해 언제든지 쉽사리 수정되거나 삭제될 수 있는 것이어서, 5년이나 10년 이후에도 법인화한 국립대학에 국가 재정 지원이 계속될지는 누구도 장담할 수 없다.

둘째로 법인화 추진론자들이 주장하는 바와 같이 법인화를 통한 한국 국립대학의 국제 경쟁력 향상은 현재 국가가 실시하는 재정 지원 수준으로는 어림도 없다는 것을 알아야 한다. 2010년 서울대 재정 규모가 6745억 원이었는데, 2009년 미국의 대표 공립대학인 UCLA의 재정 규모는 4조 2749억 원, 위스콘신 주립대학은 2조 6688억 원에 달했다(반상진, 2011). 한국의 다른 국립대학의 재정 규모가 서울대의 30% 정도밖에 되지 않는다는 점을 감안하면, 한국 국립대학이 국제적으로 경쟁하기 위해서는 매우 많은 재정이 추가로 필요하다는 것을 쉽게 추측할 수 있다. 그런데 현재 수준에서 물가 상승률 정도로 인상된 재정 지원으로는 이런 수요를 충족할 수 있을지 의심하지 않을 수 없다. 따라서 국가가 지금과 비슷한 수준으로 재정 지원을 계속할 것이니 법인화하더라도 걱정하지 말라는 주장은 참으로 무책임하거나, 아니면 법인화를 통해 한국 국립대학의 국제적 경쟁력을 높이겠다는 주장이 전혀 진정성 있는 것이 아님을 알 수 있다.

③ 학문 경쟁력 약화

앞서 논의했듯이, 한국에는 학문 공동체와 지식 생태계가 미성숙해 대학의 학문 경쟁력이 취약하다. 그런데 이러한 상황 속에서 경쟁과 업적주의적 평가 압력을 강화할 법인화는 국립대학의 교수, 학생, 교직원 들을 학문과 교육 활동의 질적 향상을 위한 경쟁보다는 각종 재원을 끌어오기 위한 정치 로비 경쟁으로 내몰 가능성이 훨씬 크다. 이는 일본 법인화 사례에서도 잘 나타나는데, 법인화 이후 일본 대학교수들은 연구 활동보다 각종 보고서 및 서류 작성에 더 많은 시간을 낭비한다는 보고가 있다. 이처럼 법인화는 붕괴되고 있는 한국 대학의 지식 공동체를 더욱 가속해서 붕괴시키는 역할을 할 가능성이 크다. 새로운 지식을 만들고 혁신적 아이디어를 창출해야 하는 대학과 학문 사회는 다양한 생각과 지향점을 가진 구성원들이 자유롭게 사색하고 성찰할 때 그 조직의 효율성과 경쟁력을 극대화할 수 있다. 하지만 대학을 "강력한 리더십"으로 미화되는, 전제적 권력의 CEO형 총장 아래에서 일사불란하게 움직이는 조직으로 바꾸려는 시도는 마치 생태계의 보고인 아마존 열대우림을 바나나 플랜테이션으로 바꾸려는 것과 같은 행위이다.

법인화로 위축된 기초·순수학문은 한국 대학의 학문적 경쟁력을 약화시키는 또 다른 요인이 될 수 있다. 한국에서 국립대학은 그동안 기초·순수학문 성장의 버팀목 역할을 해왔다. 하지만 앞서 지적했던 국가 고등교육에 대한 미비한 재정 지원은 기초·순수학문이 제대로 성장하는 것을 저해하는 중요한 요인이었다. 2001년 한국의 총 연구 개발비는 125억 달러로 51개국 가운데 8위에 해당하며, 이는 GDP 대비 2.921%로 51개국 가운데 5위이다. 한국이 이룩한 산업화의 근거가 탄탄하다는 사실은 이 수치들이 잘 보여준다. 하지만 전체 연구 개발비 가운데 정부 부담, 곧 공공 재원 비율은 26%에 지나지 않아 여타 선진국에 비해서뿐만 아니라 대만에도 뒤지며, GDP 대비 연구개발예산의 비중 역시 일본을 제외하고 모든 선진국에 뒤진다.

대학 연구 능력과 관련해 중요한 것은 정부 연구개발예산 가운데 대학에 투자된 비율인데, 이 비율이 2001년 23.9%로 미국(35.1%), 영국(46.7%), 독일(43.9%), 프랑스(41.1%), 일본(37.8%)에 훨씬 못 미쳤다. 또한 연구 개발 주체별로 사용한 연구비 비중을 계산하면 한국이 OECD 국가 가운데 기업체 비율(76.2%)이 가장 높고 대학 비율(10.4%)은 가장 낮았다(나머지는 공공 연구 기관이 사용하는 13.4%). 참고로 총 연구 개발비 가운데 대학이 수혜받는 비율은 이탈리아(25.1%), 영국(20%), 독일(16.1%), 일본(14.8%), 미국(13.6%) 순이었다. 이상을 통해 알 수 있듯이 대학 연구 능력을 키우는 데 정부 지원이 빈약하므로 기초 연구 기반이 상대적으로 열악할 수밖에 없는 것이다. 이 역시 통계자료로 확인할 수 있는데, 연구 개발비 용처를 기초 연구, 응용 연구, 개발 연구로 구분할 때, 전체 개발 연구비에서 각각 비율은 12.6%, 24.3%, 63.1%인 반면, 대학 연구비만을 고려하면 각기 42.4%, 30.4%, 27.2%에 이른다. 이는 기초학문을 육성하려면 대학에 연구 지원을 늘려야 할 필요를 확인시켜주는 것이라 하겠다. 그리고 이것이 바로 국립대학의 존재 이유 중 하나이다.

이런 상황을 고려했을 때 국립대 법인화는 이미 취약한 기초·순수학문의 위기를 불러올 큰 사건이라 할 수 있다. 정부 재정 지원이 제약될 상황에서 법인화한 서울대와 다른 국립대학은 당장 대학 재정에 도움을 줄 수 없는 기초·순수학문보다는 응용학문 중심으로 대학 재정을 운용할 것이고, 이런 상황에서 외부 재원을 끌어오기에 더욱 힘든 처지에 있는 기초·순수학문은 고사 위기에 빠질 가능성이 크다. 이것은 파멸하고 있는 서울대를 비롯한 한국 대학 사회의 지식 공동체 붕괴를 더욱 촉진하는 계기가 될 것이며, 한국 고등교육 공공성 파괴와 더 나아가 대학 경쟁력의 급격한 약화를 초래하는 중요한 원인이 될 것이다.

3. 국공립대학 개혁 방안

앞서 언급한 국립대학의 문제점을 해결할 수 있는 정책 대안은 무엇인가? 고등교육 공공성을 높이고 국립대학과 학문의 경쟁력을 높일 수 있는 방안이 무엇인지 살펴보겠다.

1) 국공립대학 개혁의 기본 방향

(1) 신자유주의적 국립대학 재편 정책의 전면 철회

서울대를 비롯한 국립대학 법인화 정책, 국립대학 선진화 방안 등 시장주의적인 국립대학 재편 정책은 전면 철회되어야 한다. 국립대학의 자율성을 높여서 국제 경쟁력을 높인다는 이유로 추진되는 이들 정책은 그 의도와 정 반대로 대학 자율성 약화와 학문 경쟁력 저하를 야기할 가능성이 높을 뿐만 아니라 교육 공공성도 심각하게 훼손시킬 것으로 우려되는, 문제가 많은 정책이다. 게다가 서울대 법인화 추진 과정은 그 자체로 절차적 정당성이 결여되어 있다. 국민이 주인인 국립대학 체제로 바꾸려고 한다면 국민의 의견을 민주적으로 수렴해 전 국민의 공감대를 확보하는 것이 전제되어야 한다. 하지만 서울대법인화법은 그러한 노력이 전혀 이루어지지 않은 채 비민주적인 날치기 처리로 국회에서 통과되었다. 이는 법인화 정책 추진이 절차적 정당성뿐만 아니라 도덕적 정당성도 확보되지 않은 것임을 의미한다. 따라서 국회에서 날치기로 처리된 서울대법인화법은 즉각 폐기되어야 하고, 다른 국립대학에 대한 법인화 시도는 당장 중단되어야 한다. 또한 서울대 법인화 과정에서 촉발된 다양한 교육 주체의 법인화 반대 운동으로 여타 대학에서 법인화 시도가 힘들어지자 대안으로 추진되고 있는 국립대학 선진화 방안 역시 전면 철회되어야 한다. 특히, 총장직선제 폐지, 교수에 대한 성과연봉제, 업적주의와 시장주의에 기초한 국립대학평가제 등은 당장 철회되어야 한다. 하지만 시장주의적 국립대학 재편 정책에 대한 반대 주장을 지금처럼 문제가 많은 상태로 국공립대학을 방치해두자는 것으로 오해해서는 안 된다. 그렇다면 시장주의적 방식과는 달리 국립대학을 개혁해 교육 공공성과 국립대학의 학문적 경쟁력을 높일 수 있는 방안은 무엇인가?

(2) 공공적 대학 개편

한국 고등교육 공공성을 높이고 학문 발전을 이루려면 그동안 붕괴되었던 '지식 공동체'가 복원되어야 하고, 제대로 정립하지 못했던 순수한 아카데미즘 전통을 확립해야 한다. 이를 위해서는 현재 추진 중인 신자유주의적 대학 개편(국립대학 법인화가 대표격이라 할 수 있다) 대신에 공공적 대학 개편을 모색할 필요가 있다.

〈그림 8-1〉에서 나타나듯이, 신자유주의적 대학 개편 방향은 사립대학을 한층 더 기업화하고, 기존 국립대학은 법인화(민영화)를 통해 법인대학으로 전환시켜 대학과 학문이 자본과 시장의 논리에 더욱더 종속되도록 만드는 방식이다.

〈그림 8-1〉 대학 체제 개편의 두 가지 길

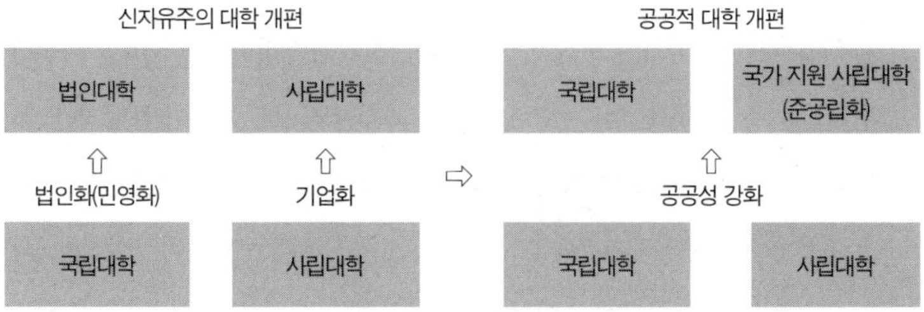

자료: 교육공공성 실현을 위한 전국도보대장정조직위원회(2011: 9).

반면 공공적 대학 개편 방향은 국립대학과 사립대학 모두에서 공공성을 강화해, 사립대학에는 정부 지원을 늘리되 준공립화해 사학재단이 제멋대로 학교를 운영하지 못하도록 만들고(이를 위해 사립학교법 개정과 부실사학 국공립화는 필수이다), 국립대학은 공공성을 더욱 공고히 하는 것이다. 후자의 방식으로 대학 개편이 이루어져야 한국의 교육 공공성과 학문 경쟁력이 강화될 수 있다. 공공적 대학 개편의 구체적 내용은 다음과 같다.

① 국공립대학의 비중 확대

한국은 다른 나라에 비해 고등교육에서 국공립대학에 대한 의존도가 매우 낮아 교육 공공성이 훼손되고 있다. 따라서 국공립대학 비중을 높이는 것은 매우 중요한 과업이다.

≫ 추가로 국공립대학을 신설하는 것은 불필요하지만, 기존 사립대학을 국공립대학으로 과감하게 전환하는 노력이 필요하다. 특히, 부실사학이나 재정적 어려움을 겪고 있는 사립대학은 정부 재정 지원 아래 국공립대학으로 전환할 수 있도록 유도할 필요가 있다.

≫ 완전히 국공립대학으로 전환하지 않는 사립대학이라도 국가의 적극적 지원 아래 학교 운영 방식과 거버넌스 구조를 공영화해 공공성이 강화될 수 있도록 만들어야 한다.

≫ 궁극적으로는 한국 고등교육이 "국립대학"과 준공영화한 "국가 지원 사립대학"이라는 두 가지 유형이 되도록 재편해 교육 공공성을 높여야 하겠지만, 이런 전환 과정이 당장 이루어지기 어렵다는 현실적 제약을 고려해 과도기 동안 준공영화에 동의하지 않는 사립대학은 "국가독립 사립대학"으로 남도록 하고, 이들 공공적 영역에 포함되지 않은 "국가독립 사립대학"에는 국가 재정 지원을 최소화한다.

② 국립대학과 국가 지원 사립대학의 유형별 특성화

공공 영역에 속한 국립대학과 국가 지원 사립대학은 대학 특성에 따라 "연구 중심 대학", "학부교육 중심 대학", "직업교육 중심 대학" 세 가지 유형으로 분류하고, 각 유형별 발전 전략을 수립한다.

• 연구 중심 대학

≫ 연구 역량과 지역별 대표성을 고려해 전국에 10여 개 내외의 "연구 중심 대학"을 선정하고, 이들 대학은 세계적 수준의 학문과 연구 경쟁력을 갖춘 대학원 중심 대학으로 집중 육성한다.

≫ 연구 중심 대학 중에서도 국립대학은 실용·응용학문보다는 기초·순수학문 중심으로 연구 역량을 키워나가게 하고, 국가 지원 사립대학은 실용·응용학문에 특화되도록 유도한다.

≫ 연구 중심 대학은 대학원 중심으로 운영해 학부교육을 최소화한다.

• 학부교육 중심 대학

≫ 학부교육 중심 대학은 학부교육을 중심으로 운영되도록 특성화한 대학으로 첫째, 미국 리버럴 아츠 칼리지(Liberal Arts College)처럼 인문학 교양과 과학 기초를 다지는 교육을 중심으로 운영되는 대학과 둘째, 지식 기반 사회가 요구하는 다양한 영역의 고급 수준 실무 전문가를 양성하는 데 초점을 맞춘 실용학문 중심 대학으로 구분할 수 있다.

≫ 학부교육 중심 대학은 해당 지역의 연구 중심 대학과 연계해 학생들이 필요로 하는 고급 학문 지식이나 연구 활동의 기회를 제공할 수 있다.

• 직업교육 중심 대학

≫ 직업교육 중심 대학은 지역 산업이나 국가가 필요로 하는 영역과 연계해 실

무 직업교육을 중심으로 준전문가 수준의 실무 기술 인력을 양성하고, 평생 직업교육 기능에 초점을 두는 대학이다.

③ 대학 네트워크화

유형별로 특성화한 대학들은 수평적·수직적 연계 체제를 구축해 교육과 연구에서 공동 협력, 학생과 교수의 자유로운 교류가 가능하도록 만들어 궁극적으로 국가 차원의 거대한 대학 체제를 구성하고, 대학 서열화를 극복하고, 고등교육 공공성을 높이고, 교육과 연구의 효율성과 경쟁력을 높이도록 한다.

• 연구 중심 대학 간 수평적 네트워크화

≫ 전국에 걸친 연구 중심 대학은 상호 간 수평적 네트워크망을 구축해 교육과 연구 활동을 통합적으로 수행한다.

≫ 신입생 선발 단위는 대학별·학과별이 아니라 전체 연구 중심 대학 네트워크 총 정원으로 한다.

≫ 연구 중심 대학 간 학생과 교수의 유연한 순환, 이동, 교류, 협력이 가능하도록 시스템을 만든다.

• 지역 거점의 연구 중심 대학을 중심으로 한 권역별 네트워크화

≫ 각 지역의 연구 중심 대학이 하나의 허브가 되어 그 권역의 학부교육 중심 대학, 직업교육 중심 대학을 연결해 교육과 연구 협력이 이루어지는 권역별 네트워크 체제를 구성한다.

≫ 특히, 연구 중심 대학 대학원에는 해당 권역의 학부교육 중심 대학, 직업교육 중심 대학 학생들이 일정 비율 이상 입학할 수 있도록 할당한다.

2) 현실적 정책 과제

앞서 제시한 공공적 대학 개편 방향은 앞으로 한국 고등교육이 지향해야 할 방향성을 보여주는 이상적 모델의 하나이다. 따라서 당장 현실에서 실현 가능성이 높지 않은 게 사실이다. 특히 기존의 서열화한 대학 체제에 기반을 둔 학벌적 기득권층, 사학재단, 귀족화한 교수 집단, 보수적 교육 관료 집단의 반발 때문에 현실에서 이 같은 방향의 개혁이 당장 이루어지기는 힘들다. 결국 실제로 의미 있는 정책 과제는 공공적 대학 개편이라는 궁극의 목표를 달성하기 위해 필요한 현실의 교두보를 확보하는 데 초점을 두어야 한다. 즉, 고등교육정책의 지향점이 신자유주의적인 것에서 벗어나 공공적 대학 개편의 방향으로 향할 수 있도록 하는 제도상 토대를 구축해야 한다는 것이다. 이 같은 문제의식 아래 앞서 제시된 국공립대학 개혁의 기본 방향을 현실화하려면 어떤 정책 과제가 필요한지 살펴보자.

(1) 고등교육 재정 확충

앞서 논의되었던 한국 고등교육 문제 가운데 대부분은 국가 고등교육에 대한 재정 지원이 부족해서 생긴 것이다. 특히, 신자유주의적 대학 개편 방안은 국가가 재정 지원은 늘리지 않으면서 대학 체제를 개편하고 학문 경쟁력을 높이려고 한 안일한 발상에서 비롯되었다. 따라서 고등교육 재정을 확충하는 일은 공공적 대학 개편을 위한 필수 전제 조건이라 할 수 있다.

- 고등교육 재정 GDP 대비 1.5% 이상 확충

≫ 현재 GDP의 0.6% 정도인 고등교육 재정 지원을 최소 1.5% 이상 획기적으로 늘려야 한다. 지식 경제 시대에 국가 경쟁력이 혁신적 지식 창출에 달려 있다는 사실을 염두에 둘 때, 지식 창출의 젖줄이라 할 수 있는 고등교육에 GDP

대비 1.5% 이상의 국가 재정(OECD 평균은 1.1%이다)을 투입하는 것은 전혀 낭비라고 할 수 없다.

• 고등교육재정교부금법 제정 필요

≫ 고등교육 재정을 획기적이고 안정적으로 확보하기 위해 고등교육재정교부금법 제정이 필요하다. 고등교육재정교부금법을 제정해 고등교육 투자의 최소 수준을 유지할 수 있고, 고등교육 재정 확보 과정에서 국가 재정의 여건 변화나 정치적 논리에 이끌리는 역기능적 요인을 제거할 수 있다. 일관성 있고 지속적인 대학 정책을 수립·집행하기 위해서는 고등교육 재원의 안정적 확보가 전제되어야 하는데, 이는 고등교육재정교부금법으로서 가능하다.

(2) 고등교육법 개정

법인화 추진론자들이 주장하는 바와 같이 현재 국립대학은 인사, 재정 등에서 정부의 세세한 간섭과 통제를 받고 있고, 이는 실제로 대학과 학문의 발전을 방해하는 요인이다. 따라서 대학의 운영, 조직, 재정 등에서 자율성을 높이는 것이 매우 중요하다. 하지만 그러한 자율성 증진이 법인화를 통해서만 가능한 것은 아니다. 그렇다면 국립대학을 통해 교육 공공성을 강화하고 학문 자유와 대학 자치를 확대함으로써 헌법상 보장된 국민의 균등한 교육받을 기회를 실현하기 위해서는 어떻게 해야 할 것인가?

현행 고등교육법을 개정해, 국립대학이 예산집행, 운영, 조직 구성 등에서 실제로 자율성을 확보할 수 있도록 제도상 개편을 단행해야 한다. 헌법으로 보장된 대학 자치 핵심은 "지원하되 개입하지 않는다"는 것이다. 다시 말해 국가는 헌법상 규정된 의무로서 국공립대학의 학문 자유와 교육 공공성 실현을 위해 필요한 행정적·재정적 지원은 하되 개입하지 않음으로써 대학 자율성을 보장해야 하는 것이다. 대학 문제는 정부 관료가 아니라 교육을 담당하는 당사자들이 스스로 결정해야 한다. 하지만 한국 국공립대학의 교육 현실을 돌이켜보면 행정적·재정적 지원은 물론, 인사·교육 및 대학 운영에 관한 여러 사항에 교육부 및 산업통상자원부 등 일부 정부 부처가 과도하게 개입하고 있다. 구체적인 예로, 현재 개별 사업과 품목별로 정부 예산을 지원받는 방식에서 포괄적인 재정 지원 방식으로만 바뀌어도 국립대학 자율성은 획기적으로 높아질 수 있고 이를 통해 같은 재원으로 훨씬 효율적인 대학 운영이 가능하다.

• 현행 고등교육법의 문제

≫ 현행 고등교육법은 국립대학의 법적 지위와 의무 조항은 물론, 대학 자치를 위한 기본 요소가 결여되어 있다. 고등교육법 제5조에 의하면, 모든 학교는 교과부 장관의 지도·감독을 받도록 되어 있다. 그리고 대학 재정과 관련한 국고금관리법은 국가기관 수입에 대해 기관이 직접 사용하지 못하고 국고에 납부하도록 되어 있어 대학 재정 주체성이 확립되어 있지 않다.

• 고등교육법 개정 및 신설 필요 조항

≫ '지도·감독'에 관한 제5조를 '학교 자율성과 감독'이란 제목 아래 개정

현행 고등교육법 제5조는, 모든 학교는 교과부 장관의 지도·감독을 받도록 정하고 있어 대학 자치라는 헌법상 요청과 충돌하고 있다. 따라서 교과부 장관의 '포괄적 지도·감독'에 관한 사항을 폐지하고 '법령 위반 여부에 대해서만' 감독을 받게 하여 학교의 자율성과 전문성을 최대한 존중하도록 개정해야 한다.

≫ '국립대학의 법적 지위와 의무'에 관한 조항 신설

현행 고등교육법은 국립대학의 법적 지위와 위상에 관한 개념 규정을 두지

않아 헌법이 추구하는 자율적 국립대학의 모습을 담고 있지 않다. 명실공히 헌법이 보장하는 대학 자치가 구현되기 위해서는 국립대학이 국가기관인 동시에 법적 주체여야 한다.

≫ 대학의 장 및 대학 자치 기구 등 '국립대학 운영 기관'에 관한 조항 신설

대학 자치를 위한 법적 근거를 마련하기 위해 고등교육법은 구성원 합의에 의한 총장 선출, 대학의 민주적 운영을 위한 대학 자치 기구 설치의 근거 규정을 두어야 한다. 다만, 총장 선출과 기구의 구체적인 구성 및 운영 방식은 대학 형편에 따라 학칙으로 정하도록 한다.

≫ '국립대학 재정 운영의 기본 원칙'에 관한 조항 신설

사립대학과 달리 국립대학은, 수익 사업을 통해 창출된 수입은 기관이 직접 사용하지 못하고 국고에 납부하게 되어 있다. 이는 국립대학에게 수익 사업 동기와 의욕 저하로 직결되고, 수입금을 대학 운영에 사용하기 위한 편법을 유발시키고 있다. 대학의 특수성과 자율성을 확보하기 위해서는 이러한 규제가 철폐됨으로써 국립대학의 재정 주체성이 확립될 필요가 있다.

≫ '학생 선발 방법'에 관한 고등교육법 제34조 개정

대학 입학전형에 관해 고등교육법 등 법률에는 전혀 구체적인 규정이 없고, 시행령에서 정하고 있다. 이런 백지위임식 규정은 이미 헌법재판소에 의해 위헌 결정을 받은 바 있다. 따라서 고등교육법 제34조를 개정해 대학 장에게 대학 입학계획 작성권을 부여함으로써 대학 자치 기능을 제고할 필요가 있다.

(3) 국립대학의 공적 책임성 강화

국가의 고등교육 재정 확충, 대학 자율성 확대는 고등교육 공공성 확대, 학

문 경쟁력 고양에 필수 요소이다. 그러나 대학에 대한 국가 재정 지원의 획기적 증가와 자율성 부여가 국민의 눈에는 대학 구성원에 대한 과도한 특혜나 배려로 보일 수도 있다. 특히 그동안 한국에 팽배해 있던 교수 집단과 대학 사회의 권위주의와 특권 의식, 여러 가지로 불투명하고 독선적인 대학 운영 방식은 국가가 대학에 과감하게 재정을 지원하고 적극적으로 자율성을 허용하는 데 국민이 쉽사리 동의하지 못하도록 만들고 있다. 따라서 고등교육에 대한 국가 재정 지원 확대와 대학 자율성 보장이 전 국민의 동의와 지지를 받기 위해서는 대학과 학문의 국가 공동체와 사회에 대한 공적 책임성을 강화하는 방향으로 대학 개혁이 이루어져야 한다.

· 다양한 구성원의 참여가 보장되는 "대학평의(원)회" 설치

≫ 고등교육과 학문의 공적 책임성 강화의 출발점은 대학 자치와 민주주의를 구현해 대학 운영의 민주적 투명성을 증진시키는 것이다. 대학이라는 지식 공동체의 생태적 질서는 다양한 대학 구성원의 민주적 합의와 자율적 견제 속에서만 건강하게 만들어질 수 있고, 이를 바탕으로 대학에서 이루어지는 교육과 학문의 공적 책임성이 강화될 수 있다. 이를 위해서 다양한 구성원의 참여가 보장되는 "대학평의(원)회"의 구성이 제도화해야 한다. 현재 한국 대학, 특히 국공립대학은 관료화해 폐쇄적으로 운영되고 있다. 총장과 본부의 일부 보직교수, 그리고 비민주적 방식으로 선출된 평의원들이 밀실에서 결정한 정책으로 대학 사회를 지배하고 있다 보니 대학의 의사결정이 사회적·도덕적·학문적 정당성을 확보하지 못하는 경우가 많고, 지식 공동체의 생태계적 건강성이 훼손되기도 한다. 이러한 문제를 해결하기 위해서는 정교수, 부교수, 조교수, 비전임교수, 연구교수 등과 같은 다양한 교수 집단과 직원, 학생이 적절한 비례에 의거해 골고루 참여하는 것이 보장된 "대학평의(원)회"를 구성하고, 이 평의(원)회에서 대학 운영을 위해 필요한 중요한 사안을 공개적으

로 논의하고 결정할 수 있도록 하는 민주적 거버넌스 구조를 구축해야 한다.

· 국립대학 등록금의 획기적 인하

≫ 지식 경제로 이행하는 것은 학력에 따른 소득 격차를 심화시키기 때문에, 이제 고등교육은 모든 국민에게 선택이 아니라 필수로 자리매김하고 있다. 이런 상황에서 양질의 고등교육을 받을 기회는 계급, 소득, 신분, 지역에 상관없이 전 국민에게 균등히 제공되어야 한다. 따라서 국가가 재정 책임을 지는 국공립대학은 국민 모두에게 균등한 접근권을 보장해야 한다. 이를 위해서 우선 국공립대학은 무상화에 가까운 등록금 인하를 통해, 부모의 소득수준에 상관없이 모든 학생이 국공립대학이 제공하는 양질의 교육을 받을 수 있는 기회를 보장해야 한다.

· 사립대학 국공립화를 통해 고등교육 공공성 제고

≫ 사립대학에 대한 높은 의존도는 한국 고등교육의 공공성을 떨어뜨리는 중요한 요인이다. 최근 논란인 반값등록금 문제도 사립대학 비중이 너무 높기 때문에 나타나는 현상이다. 현재 국공립대학 등록금은 사립대학의 절반 정도 수준으로 국공립대학 비중을 늘리는 것은 등록금 문제를 해결하는 유용한 수단이 될 수 있다. 국공립대학 비중을 늘리는 현실 방안 가운데 하나는 재정 어려움, 비리재단 문제로 고통을 겪는 사립대학을 적극 국공립화하는 것이다. 국공립대학 신설, 기존 국립대학 정원의 확충 등은 현재 대학생 수가 지나치게 많고, 또한 노동시장에 대학교 졸업자가 과잉 공급되는 현실을 고려했을 때 좋은 대안이 되지는 못한다. 오히려 기존 사립대학에 대한 적극적인 국공립화 유도가 좀 더 현실적인 방안일 것이다.

• 전임교원의 획기적 확충

≫ 현재 한국 대학에서는 비정규 교원의 강의 비중이 높아 학생들에게 양질의 교육이 균등하게 제공되지 못하고 있다. 이 문제를 해결하기 위해 국공립대학에서 우선 전임교원 비중을 획기적으로 높여 양질의 교육이 균등하게 제공될 수 있도록 해야 한다. 이는 한국 대학의 중요 문제 가운데 하나인 비정규 교수의 생존권 문제를 해결하는 차원에서도 필수인 정책이다.

(4) 공공적 대학 개편의 단계적 시행

앞서 논의했듯이, 국립대학과 준공영화한 국가 지원 사립대학을 중심으로 대학을 유형별로 특성화·네트워크화하여 통합 관리하는 것이 공공적 대학 개편의 기본 방향이다. 하지만 공공적 대학 개편에 대한 기득권층의 저항과 갖가지 부작용을 최소화하기 위해서는 앞서 제시된 정책을 실행함과 동시에 대학의 유형별 특성화와 네트워크화를 단계적으로 시행하는 것이 현실적인 방안이다. 또한 ① 네트워크화(학생 공동선발, 공동학위제, 학생과 교수의 교류 확대 등), ② 유형별 특성화, ③ 대학의 공적 책임성 강화[대학평의(원)회 설치, 등록금 인하, 전임교원 확충 등]에 동의하는 대학에 우선해서 국가 재정을 지원해 대학들이 자발적으로 공공적 대학 개편에 참여하도록 유도할 필요가 있다.

• 단계별 목표 설정

≫ 공공적 대학 개편을 위해 크게 3단계를 설정하고, 각 단계별로 공공적 대학 개편에 참여시킬 대학 수를 정하고 이를 위해 노력한다.

▸ 1단계(1~5년) 목표: 5개 연구 중심 대학, 15개 학부교육 중심 대학, 20개 직업교육 중심 대학.

▸ 2단계(5~10년) 목표: 10개 연구 중심 대학, 30개 학부교육 중심 대학, 40개 직업교육 중심 대학.

▸3단계(10년 이후) 목표: 15개 연구 중심 대학, 45개 학부교육 중심 대학, 60개 직업교육 중심 대학 → 전체 고등교육의 90% 이상 담당.

(5) 고등교육, 학문정책위원회 설치

공공적 대학 개편을 위한 대학의 네트워크화, 유형별 특성화 등을 전체적으로 관장·조직하며, 기초·순수학문의 진흥을 담당할 "고등교육, 학문정책위원회"를 국무총리실 산하에 설치할 필요가 있다. 현재 한국에서 고등교육과 학문의 위기는 매우 심각한 사회정치적 문제이다. 그와 동시에 고등교육과 학문의 발전은 21세기 지식 경제 사회에서 국가 경쟁력 향상을 위해 필수적인 부분이다. 그런데 기존 교과부 체제로는 이러한 문제를 제대로 다루기 힘들다. 특히, 사학의 영향에서 자유롭지 못한 교과부 관료들은 교육 공공성과 학문 발전을 위해 정책을 담당할 역량과 자율성을 갖추고 있지 못하다. 따라서 국무총리실 산하에 고등교육, 학문정책위원회를 설치하고 다양한 교육 주체를 참여시켜 고등교육과 학문 발전을 위한 방안을 논의하고 정책을 수립·집행하는 것이 필요하다. 특히, 공공적 대학 개편을 단계적으로 시행하기 위해서 필요한 정책적 리더십을 고등교육, 학문정책위원회가 발휘하는 것은 매우 중요하다.

(6) 서울대와 인천대 법인화 폐기

공공적 대학 개편이라는 궁극의 목표를 향해 나아가는 데서, 기존 신자유주의적 정책에 따라 무리하게 추진된 서울대와 인천대 법인화는 일단 무효화해야 한다. 혹자는 이미 법인으로 전환이 상당 정도 진척된 서울대 법인화를 무효화하는 것이 현실적으로 어려우니 서울대는 내버려두고 법인화하지 않은 다른 국립대학을 중심으로 국립대학 체제를 정비하자고 주장한다. 하지만 교육 공공성 강화, 학문 경쟁력 제고, 서열화한 대학 체제 정비라는 목적으로 국립대학 체제를 개편하려는 것이라면 이 같은 주장은 어불성설이다. 서울대는 반드시 국립대학 체제에 포함되어야 한다. 이미 서울대는 연세대, 고려대와 함께 소위 '스카이(SKY)'라고 불리는 특권적 대학 리그를 구성하고 있다. 그런데 그것이 법인화를 통해 민영화한 방식으로 운영된다면 스카이 리그의 특권적 지위와 학벌은 훨씬 더 강화될 것이고, 서울대가 제외된 국립대학 체제는 한국 고등교육의 마이너 리그 지위를 벗어나기 힘들 것이다. 즉, 국립대학의 위상 강화와 통합적 운영을 통해 공공적 대학 개편을 추진하려 한다면 서울대는 반드시 국립대학 체제 속에 머물러 있어야 하고, 이를 위해 서울대 법인화법 폐기는 필수이다. 이와 더불어 인천대 법인화도 중단되어야 하고, 완전한 국립화를 통해 인천대를 둘러싼 문제를 해결해야 한다.

참고문헌

교과부. 2010. 2010 고등교육재정투자 10개년 기본 계획(안).

교육공공성 실현을 위한 전국도보대장정조직위원회. 2011. 도보대장정 자료집.

국민이설계하는대학. 2011. 우리 자녀가 가고 싶은 대학 '혁신대학 100 Plan'.

김응권. 2011. 「국립대 법인화 정책 방향」. 『국립대 법인화, 최선입니까? 확실해요?』. 김유정 의원실 주최 국회정책토론회 자료집(2011.6.20).

반상진. 2009. 「대학재정과 등록금, 무엇이 문제인가」. ≪동향과 전망≫, 제77호.

______. 2011. 「국립대 법인화에 대한 토론」. 『국립대 법인화, 최선입니까? 확실해요?』. 김유정 의원실 주최 국회정책토론회 자료집(2011.6.20).

한국교육개발원. 2006. 2006 OECD 교육재정조사.

OECD. 2008. *Education at a Glance 2008: OECD Indicators*.

제9장

사학 민주화와 사학 개혁 과제

정대화 ‖ 상지대 교수

1. 문제 제기

사학은 한국 교육의 중심축이며 고등교육의 85%를 차지할 만큼 그 중요성이 크다. 이것은 해방 후 한국 교육사의 특수성이 반영된 결과이다(조상식, 2011: 39).[1] 격동의 한국 현대사가 요동치던 시절에 국민의 폭발적 교육 수요를 국가가 감당하지 못하여 공교육 일부를 사학에 위임한 결과 사학이 공교육의 한 축을 담당하게 되었다. 특히 초·중등교육과 달리 고등교육은 사학이 고등교육 대부분을 담당하는 사학 중심의 고등교육 체제로 형성되었다. 사학이 국가 공교육 일부가 아니라 그 대부분을 담당하는 사학 중심 체제로 발전한 것이다.

1) 구한말 사학의 등장, 해방 직후 사학의 확대, 토지개혁과 관련된 사학의 급속한 팽창 등 해방 전후 시기의 요인과 1990년대 이후 정부가 추진한 대학 설립 준칙주의 등이 작용했다.

〈표 9-1〉 학교별·설립별 상황

(단위: 개, %)

구분	초등학교	중학교	고등학교	대학
국공립	5,819(98.7)	2,508(79.3)	1,356(58.9)	55(15.7)
사립	76(1.3)	645(20.7)	947(41.1)	295(84.3)
합계	5,895(100)	3,162(100)	2,303(100)	350(100)

주: 대학은 4년제 대학, 전문대학, 산업대학, 방송대학, 기술대학, 교육대학, 각종 학교를 포함한 수치이다.
자료: 교육통계서비스(http://std.kedi.re.kr) 통계 재정리.

사학이 고등교육의 대부분을 차지한다는 것은 사학 비중이 그만큼 크고 사학의 성패가 고등교육의 성패를 좌우한다는 뜻이며, 나아가서는 고등교육이 초·중등교육에 끼치는 막대한 영향을 감안할 때 전체 교육의 성패를 좌우하는 요인이라는 것이다. 역으로 표현하면 고등교육 문제는 전체 교육 문제가 되며, 사학 문제는 고등교육 문제인 동시에 전체 교육 문제가 되는 셈이다. 결국, 사학 문제가 해결되지 않는 한 한국 교육의 미래를 보장하기 어려울 것이므로 정부와 교육계의 관심은 이 대목에 집중될 수밖에 없는 상황이다.

실제로 한국사회의 민주화가 시작된 이후 정부와 국회를 중심으로 한 교육 분야의 최대 쟁점은 사학 문제였고, 그중에서도 사학비리가 가장 중요한 현안으로 부각되었다. 사학비리에 따른 임시이사 파견 문제와 사학비리를 근절하기 위한 사립학교법 개정이 주된 흐름을 형성했다. 특히 노무현 정부에서 논란이 되었던 '4대 악법' 논쟁에 국가보안법 폐지와 함께 사립학교법 개정이 포함되었다는 사실이나, 그 시점에 한나라당이 사립학교법 개정 반대를 외치며 거리로 나섰다는 사실은 사학비리와 사학의 비민주적 운영을 둘러싼 사립학교법 개정이 가장 중요한 교육 현안이었음을 말해준다. 그러나 정치 영역에서 사학 문제가 뜨거운 쟁점으로 존재하고 있음에도 사학 문제를 해결하기 위한 전망은 밝은 편이 아니다.

첫째, 사학 운영자들에게 사학 개혁의 의지가 없다. 사학 전반이 민주적이고 투명한 운영 구조를 결여하고 있는 데다 사학 다수가 사학비리의 깊은 늪에 빠져 '사학비리 종합 백화점'이라는 비판을 받고 있음에도 이를 개선할 생각은 없다. 둘째, 역대 정부에서 교육개혁 논의를 다양하게 전개하고 있지만 사학 문제를 바로잡으려는 논의는 거의 하지 않는 편이다. 이는 어떤 정부는 사학 집단과 협조적이고 다른 정부는 사학 집단과 대립을 기피하기 때문이다. 셋째, 교육 문제를 전문적으로 다루는 교육계 역시 대체로 사학 문제를 기피하는 경향을 보인다. 그런 만큼 사학 문제에 정면으로 접근한 논의는 많지 않다. 넷째, 심각한 사학비리가 발생한 일부 대학을 중심으로 하는 문제 제기가 사학 영역 전반의 문제로 확산되지 못하는 실정이다.

그 결과 사학 문제는 한국사회의 뜨거운 쟁점이자 교육 영역에서 풀어야 할 가장 중요한 과제임에도 대체로 기피되는 경향을 나타내고 있으며, 사건이 발생할 경우 일시적 현안으로 거론되다가 소멸되어버리는 양상을 반복하고 있다. 그나마도 사학 문제가 현안으로 부각되는 경로는 사학 문제가 발생한 대학의 요구와 이에 대한 야당 반응에 의한 것이며, 이 경우마저도 정부는 언제나 수동적이고 방어적인 태도를 보였다.

이 같은 상황을 염두에 두고 이 글에서는 고등교육 영역의 사학에 초점을 맞추어 사학비리를 중심으로 문제를 분석하고 대안을 모색하기로 한다. 이를 위해 사학비리의 다양한 유형을 검토하고, 사학비리를 해결하는 과정에서 등장한 임시이사체제의 특징을 살펴보며, 이어서 임시이사체제를 무너뜨리고 사분위(사학분쟁조정위원회)를 통해 비리재단이 복귀하는 과정을 분석하고자 한다. 나아가 학령인구 감소로 촉발된 대학 구조조정이 사학에 미치는 영향도 살펴볼 것이다. 이런 점 때문에 이 글은 사학의 문제점을 진단하고 대안을 제시하는 현실 분석과 정책 제안의 성격을 띤다. 특히, 사학비리에 초점을 맞추어 사학비리로 퇴출되었던 사학비리 주범들이 사분위를 매개로 다시 교육 현장으로 되돌아오는 비리재단의 복귀 과정을 구체적으로 살펴보고자 한다.

2. 사학의 현실: 사학비리, 임시이사체제, 사분위와 비리재단 복귀, 대학 구조조정

1) 사학비리 유형

오늘날 모든 사람이 지식 기반 사회의 개념에 동의한다. 이런 사회의 토대가 대학이라는 사실에는 이론의 여지가 없다. 이 같은 상황에서 대학을 향한 폭발적인 교육열과 여기에 미치지 못하는 열악한 교육투자라는 상반된 모습을 대학 교육의 수수께끼(이현청, 2006: 22)라고 비판하면서 대학에 대한 국가의 재정투자를 촉구하는 흐름이 있다. 그러나 국가의 빈약한 재정투자를 지적하면서도 고등교육에서 사학이 차지하는 압도적 비율과 일상적으로 드러나는 사학의 엄청난 문제점을 지적하며 사학 지배 구조와 사학비리 등 사학 운영 실태에 대한 대책 마련을 촉구하는 의견은 많지 않다. 이것이야말로 극히 비정상적인 현상이다.

사학의 부패한 역사와 현실이 과거에는 은폐되어 드러나지 않았지만 1980년대 이후에는 상당히 드러났고 지금도 계속해서 드러나고 있다. 고전적 정치 평론의 개념을 차용해서 표현하면, 지금 대한민국 교육에는 사학과 관련된 두 유령이 떠돌고 있다. 부패사학이라는 유령[2]과 사분위라는 유령이 그것이

---

2) 김문기(상지대), 주명건(세종대), 손종국(경기대), 조원영(동덕여대), 박원국(덕성여대), 고은애(대구대), 박철웅(조선대), 백선엽·백인엽(인천대) 등이 대표적이다. 그 밖에도 이홍하(서남대, 한려대, 신경대 등), 전재욱(경동대, 동우대 등), 강신경(신흥대,

다. 사학비리를 자행하는 부패사학과 사학비리를 옹호하는 사분위는 모두 사학비리와 관련된 유령이며 이들이 사학을 비리와 부패와 족벌 경영으로 몰아갔다.

이명박 정부 시절, 대통령이 4대 토착 비리의 하나로 교육 비리 척결을 외치던 시점에도 명지대, 관동대, 성화대, 성결대, 명신대, 여주대, 수원대, 수원여대, 서남대, 신경대 등 대학은 물론이고 양천고, 진명여고, 충암고, 영훈고 등 수많은 초·중등학교에서 사학비리가 발생했다. 이러한 사학비리 창궐 현상은 영화 〈도가니〉를 통해서 국가 쟁점이 된 인화학교 문제나 1996년 부각되었던 에바다 사태와 결코 무관하지 않다. 한마디로 대한민국은 사학의 세상이자 사학비리 천국이며 전염병이 창궐하는 것처럼 사학비리가 유령이 되어 떠도는 양상이다.

한국사회에서 사학비리가 넘쳐난다는 사실을 실증할 수 있는 증거는 너무 많다. 작게는 교사와 관련된 촌지 등 소소한 비리부터 크게는 사학 운영자의 공금횡령과 입시 부정 같은 구조적 비리가 넘쳐난다. 교육계의 부패는 외국인의 눈에도 분명하게 포착되었다. 과거 한국의 부패상을 파악하기 위해 방한했던 국제투명성기구는 특별히 교육계와 법조계의 부패가 상당히 심각하다고 우려할 정도였다(≪한겨레≫, 1999년 8월 15일 자).

13년 전 자료이지만, 국회 의정 활동 과정에서 확인한 사학재단 비리 유형을 정리해보면, 공금횡령 및 회계 부정(한려대 등 19개 대학), 교수 임용 및 재임용 부정(중부대 등 18개 대학), 입시 및 편입학 부정(한국외대 등 9개 대학), 전횡과 부당한 학사 행정 간섭(덕성여대 등 15개 대학), 총장 선임을 둘러싼 학내 분규(대구대, 계명대 등 4개 대학)로 분류할 수 있다(이수인, 2000: 44~47 재정리).

학교 공금을 횡령하는 것은 사학비리의 가장 전형적인 수법에 해당한다.

김천대 등)과 같은 족벌 비리사학도 있다.

〈표 9-2〉에서 열거된 경우 외에도 사학비리가 발생한 대학 대부분이 공금횡령과 직간접적으로 연결되어 있다. 특히 이홍하는 2013년 1000억 원대 교비 횡령으로 다시 구속되었다.

교원을 새로 임용하는 과정에서 금품을 수수하는 등 대학을 돈벌이 수단으로 이용하면서 대학의 부실 운영을 비판하는 교수를 해임하거나 재임용에서 탈락시키는 것 역시 비리사학의 전형적 모습이다. 해임이나 파면이 여의치 않으면 대학의 징계권을 악용해서 비판에 재갈을 물리기도 한다. 그러나 〈표 9-3〉에서 드러난 인사 비리는 공금횡령 등 사학비리가 불거진 대학에 국한된 것일 뿐 족벌사학 상당수가 공공연하게 인사 비리를 자행하고 있다.

입시 비리는 인사 비리와 더불어 대학을 돈벌이 수단으로 악용하는 중요한 사례이다. 〈표 9-4〉에는 언급되지 않았지만 상지대 김문기 역시 입시 비리 업무방해로 구속되었다. 사실상 입시 비리는 국공립과 사립을 막론하고 여러 차원에서 다양하게 일어나는 교육 비리 유형이지만, 부패사학에서는 재단을 중심으로 조직적으로 일어난다.

공금횡령, 인사 비리, 입시 비리는 족벌 체제가 구축되어 재단이 학사 행정에 개입하는 등 전횡을 부리는 비민주적 사학에서 빈번히 발생한다. 족벌 체제는 사학비리의 배경이며 사학비리는 족벌 체제의 필연적 결과인 것이다.

족벌 체제는 사학비리의 배경이자 원인이지만 족벌 체제로 구축된 사학에서는 사학비리가 잘 드러나지 않는다. 족벌 체제의 강고한 통제 구조 때문이다. 그러나 사회 민주화 과정에서 총장직선제가 도입되거나 구성원이 총장직선제를 요구하는 과정에서 재단과 구성원 사이에 총장 선임을 둘러싼 갈등이 표면화하고 이 과정에서 분규가 폭발해 사학비리가 드러나기도 했다.

〈표 9-2〉~〈표 9-6〉은 2000년까지 자료이고 사학비리라는 빙산의 일각일 뿐이다. 사학비리를 옹호하는 교육부가 사학비리를 은폐하다가 더 이상 은폐하지 못하는 상황에서 드러난 것이 이상의 결과이다. 영화 〈두사부일체〉와

〈표 9-2〉 재단의 공금횡령 및 회계 부정

<table>
<tr><th>대학명</th><th>법인명</th><th>비리 및 부정 내역</th></tr>
<tr><td>광주예술대</td><td>하남학원</td><td rowspan="4">설립자 이홍하의 등록금과 국고보조금 426억 원 횡령, 교수 명의로 41억 원 부정 대출(한려대)</td></tr>
<tr><td>서남대</td><td>서남학원</td></tr>
<tr><td>한려대</td><td>서호학원</td></tr>
<tr><td>광양대</td><td>양남학원</td></tr>
<tr><td>청주대</td><td>청석학원</td><td>전 이사장 김준철의 153억 원대 학원 토지 횡령</td></tr>
<tr><td>경원대</td><td rowspan="2">경원학원</td><td rowspan="2">등록금 105억 원 횡령</td></tr>
<tr><td>경원전문대학</td></tr>
<tr><td>단국대</td><td>단국대학교</td><td>학교 등록금 1252억 원 불법 전용, 불법 차입금 1조 305억 원, 학교 부도 사태</td></tr>
<tr><td>한국외대</td><td>동원육영회</td><td>이사 박승준의 학교 공금 2억 5700만 원 유용</td></tr>
<tr><td>서원대</td><td>서원학원</td><td>차입금 4억 2000만 원 횡령, 이사장 출연금 날조, 법인 회계 및 교비 136억 원 등 불법 운용</td></tr>
<tr><td>동서대</td><td>동서학원</td><td>대학 운영비를 횡령해 비자금 55억 원 조성 및 유용</td></tr>
<tr><td>대구미래대학</td><td>애광학원</td><td>공사비 과다 계상 등으로 20억~30억 원 비자금 조성</td></tr>
<tr><td>한성대</td><td>한성학원</td><td>75억 원 비자금 조성 및 입학 기부금 6억 7600만 원 미편성</td></tr>
<tr><td>동신전문대학</td><td>후성학원</td><td>이사장이 법인 수익금 2억 5000만 원 횡령</td></tr>
<tr><td>동남보건전문대학</td><td>동남학원</td><td>이사장이 학교 공금 14억 원 횡령</td></tr>
<tr><td>상지대</td><td>상지학원</td><td>부정입학과 부동산 투기로 김문기 이사장 구속</td></tr>
<tr><td>대구산업정보대학</td><td>성요셉교육재단</td><td>교비 186억 9700만 원 횡령</td></tr>
<tr><td>경문대</td><td>청송학원</td><td>교비 36억 6200만 원 유용 및 뇌물 공여</td></tr>
</table>

〈표 9-3〉 교수 임용 및 재임용 비리

대학명	법인명	비리 및 부정 내역
광주예술대	하남학원	교수협의회 소속 교수 9명 재임용 탈락
동남보건전문대학	동남학원	교수협의회 소속 교수 10명 재임용 탈락
덕성여대	덕성학원	한상권 교수 재임용 탈락
서원대	서원학원	교수협의회 소속 교수 9명 해임 및 파면
동명정보대	동명문화학원	재단이 총장 반대를 무시하고 교수 4명 재임용 탈락
평택대	피어선기념학원	학교발전기금 모금에 비협조하는 교수 9명 면직 처리
계명대	계명기독학원	총장직선제 폐지에 반대한 교수 6명 직위 해제, 파면, 재임용 탈락

경원전문대학	경원학원	입시 부정 폭로한 교수 재임용 탈락
대구미래대학	애광학원	재단 비리에 항의한 교수 2명 파면
경산대	제한학원	신임교수 4명 불법 채용, 교수 채용 관련해 총장의 뇌물 수수
광주여대	송강학원	전임강사 10명에게 뇌물 수뢰
대불대	영신학원	교수 7명 채용 시 금품 수수
동신전문대학	후성학원	교수 채용 시 금품 수수
순천대	국립대학	교수 채용 과정에서 교수가 1억 2000만 원 수뢰
원광보건전문대학	원광학원	학장이 아들을 교수로 채용
대구산업정보대학	성요셉교육재단	교원 채용 시 금품 수수
중부대	중부학원	교원 채용 시 금품 수수

〈표 9-4〉 입시 및 편입학 부정

대학명	법인명	비리 및 부정 내역
한국외대	동원육영회	부정 편입학 9명, 대가로 2억 9000만 원 수수
인하대	인하학원	이사장 아들의 부정 편입학 의혹
서남대	서남학원	총장 측근이 대학원 입시에 불합격했으나 학과를 바꿔서 합격
단국대	단국대학교	대학원 박사 과정 2명의 입시 부정, 문제 유출 및 금품 수수
광운대	광운학원	입시 부정 72명, 70억 6000만 원 수수
경원대	경원학원	부정 합격 17명, 7억 2000만 원 수수
경기대	경기학원	문제 유출 부정입학, 1억 2000만 원 수수
동덕여대	동덕여학단	전산 조작 부정입학, 1000만 원 수수
동의대	동의학원	부정입학 6명, 7100만 원 수수

〈표 9-5〉 재단의 전횡, 족벌 체제 구축, 학사 행정 간섭

대학명	법인명	비리 및 부정 내역
덕성여대	덕성학원	이사장의 학사 행정, 교수 임용, 직원 인사, 수업 부당 간섭
광주예대	하남학원	구재단 측의 학교 정상화 방해 공작(2002년 폐교 조치)
서남대	서남학원	설립자 이홍하의 학생회장 매수 파문
한려대	서호학원	설립자 이홍하의 교수 폭행
서원대	서원학원	정관 임의 변경, 재단 비리 항의 학생 3명 제적, 40명 정학
대구대	영광학원	총장 직선 당선자 부당 해임, 구재단 측 복귀 기도

계명대	계명기독학원	총장직선제 폐지, 교수협의회 폐쇄, 재단의 인사권 남용
한성대	한성학원	이사회 불법 운영, 재단의 인사권 남용, 회계 업무의 부당 간섭
경산대	제한학원	총장 친인척이 주요 보직과 교수직 독차지
동강대	후성학원	이사장 친인척이 총장 등 주요 보직 차지
동남보건 전문대학	동남학원	이사장 아들이 교수 폭행, 공사 비리, 법인 경비 교비 유출
한국외대	동원육영회	이사의 학사 행정 부당 간섭, 이사회 회의록 위조
그리스도신학대	한국그리스도 의교회	교수 4명 재임용 탈락 등 학사 행정 부당 간섭
경복대	동성학원	교비에서 북서울대 설립 출연재산 185억 원 유용

〈표 9-6〉 총장 선임을 둘러싼 갈등

대학명	법인명	비리 및 부정 내역
대구대	영광학원	총작 직선 당선자 부당 해임
계명대	계명기독학원	총장직선제 일방적 폐기 및 재단 측 총장 임명
인하대	인하학원	재단이 교수협의회를 배제하고 총장추대위를 구성해 총장 임명
성신여대	성신학원	교수 직선 1위자 대신 2위자를 총장이 선임

주: 〈표 9-2〉~〈표 9-6〉은 이수인(2000: 44~47)을 참고해 재편집했다.

〈공공의 적 2〉의 모티브가 된 상문고 사례는 그나마 우회적으로 알려진 경우이다. 언론에 보도되거나 사회적으로 부각되지는 않은 사학비리는 이루 헤아릴 수 없이 많고 다양하다. 사학 중에서 비리사학을 찾는 것보다는 비리를 저지르지 않은 사학을 찾는 편이 훨씬 쉬울 것이다.

사학비리가 창궐하는 이유는 국가를 대신해 공교육을 담당하는 사학이 공교육의 본령을 외면하고 부정한 방법으로 영리를 추구하는 부패하고 비민주적 교육기관으로 전락해버렸기 때문이다. 여기에 더해 공교육 관점에서 사학을 관리 감독해야 할 국가가 부패사학과 유착해 부패를 방조하고 은폐하면서 사학비리를 조장하고 있기 때문이다. 즉, 국가와 사학의 부패 동거 체제가 형성되어버린 것이다. 이것이 한국 사학의 역사이며 부정할 수 없는 현실이다.

그러나 부패사학이 창궐한다고 해서 정부나 교육계가 모두 부패사학을 옹호하는 것은 아니다. 교과부 장관을 지낸 이주호는 정책 연구 논문(이주호·박정수·김승보, 2003)을 통해 지배 구조 관점에서 드러나는 사학의 문제점을 설립자 중심의 지배 구조, 주요 이해 당사자에게 개방되지 못한 구조, 투명성이 결여된 지배 구조로 요약했다. 사학을 포함한 비영리 공익 조직의 조건인 비분배 조건을 무시하고 이윤 추구에 동원되는 족벌 체제와 독단적 운영도 여기서 비롯되는 것으로 진단했다. 따라서 이주호는 "개발 연대의 정부 대리인"으로 출발한 사학은 사실상 '위장형 비영리 조직'이라고 비판했다. 박세일 역시 사학의 비분배 조건을 강조한다(박세일, 2009: 10). 따라서 이사회의 책무성과 대학 경영의 투명성을 강화해야 한다는 결론은 지극히 자연스러운 것이다.[3]

이주호는 이사회의 책무성을 강화하기 위해 이사회에 친족 참여 제한, 공익이사 확대, 기여이사제 도입을 제안한다. 이 제안은 대학 패러다임의 변화 과제 여덟 가지 가운데 폐쇄 체제에서 개방 체제로의 전환을 첫 번째 과제로 제시한 주장과 일맥상통하며(이현청, 2006: 18), 이런 점에서 미국 사립대학 이사회의 다양한 구성이 하나의 대안으로 강조된다(류지성, 2009: 83~84). 미국 사립대학 이사회는 기본적으로 규모가 커서 다양한 인사가 참여할 수 있다. 이사 대부분은 대학 구성원의 선거로 선출되며 주지사 등 지방정부 인사들도 참여한다. 그러나 설립자 몫은 최소한 수준에서 허용된다.

반면, 사학 문제를 시장주의 관점에서 파악하는 입장도 있다. 삼성경제연구소는 시장 수요와 경쟁의 관점에서 각 대학에 차별적으로 적용될 7대 유형

---

3) 이주호는 사학 설립자의 출연재산이나 전입금 등 기여도가 크지 않음에도 사학이 발전할 수 있었던 이유를 국가 보조금 외에도 전체 대학 예산의 70%를 충당해주는 학생과 학부모의 등록금 구조 때문이라고 진단한다(이주호·박정수·김승보, 2003: 194).

별 전략을 제시한다(류지성, 2009). 이 관점에서는 사학 공공성이나 사학에서 발생하는 사학비리 혹은 사학의 비민주적 운영은 논외의 문제가 된다. 대기업 관점에서 시장주의 확산을 추구하는 자유경제원은 공공연하게 사학을 사유재산의 관점에서 바라보며 공공성을 부정한다(안재욱, 1997). 이들은 교육이 공공재라는 개념을 부정하고 국가의 개입과 통제를 교육에 대한 가장 근본적 문제로 지적하면서 시장에서 사학이 경쟁하는 체제를 추구한다.

사학 문제점에 대한 정부나 교육계의 진단에도 불구하고 정책은 전혀 다른 방향으로 나타난다. 사학 정책이 교육부나 일부 전문가의 판단에 따라 결정되는 것이 아니기 때문이다. 그 결과 사학비리 등 사학 문제점은 해결책을 찾지 못하고 지속된다. 이런 상황에서 시장주의의 관점 아래 사학 경쟁력 강화를 주장하는 흐름이 대학 경영에 도입되면서 사학 문제가 경쟁력 문제로 치환되는 상황이 발생하고 있다. 이 같은 흐름 속에서 교육 공공성은 대학 경쟁력 논리에 밀려 약화되는 반면 사학비리를 포함한 사학의 비민주성은 오히려 대학 경쟁력 강화의 일부로 수용되면서 사학비리가 더욱 기승을 부리게 되는 것이다. 최근 복귀한 비리재단들도 대학 경쟁력 강화를 복귀 명분으로 제시하는 형국이다.

교육 관점에서 사학비리가 사학의 암적 존재라면 비리재단 복귀는 암의 재발과 같다. 암을 수술해야 할 정부가 암을 방치하고 암의 재발을 부추기는 상황이니 지금 우리 교육은 도둑 손에 있는 재화와 다를 것이 없다. 당연히 정부는 사학비리 처리는 물론 비리재단 복귀 이후의 학내 상황에도 무관심하다.[4]

4) 정부 당국자가 사학비리를 언급하는 경우는 거의 없다. 비리재단이 복귀하는 상황에서도 교육부 장관은 수수방관했다. 반면 이명박 대통령은 2010년 2월 23일 국무회의에서 이례적으로 교육 비리를 포함한 토착 비리의 척결을 강하게 주문했다. 그러나 이 시기에 모든 비리재단이 복귀했고 사학비리는 더욱 극성을 부렸다.

사학비리는 나날이 창궐하고, 정부가 앞장서서 비리재단 복귀를 추진하는 상황이니 사학 교육의 혼란과 퇴보가 결코 이상한 일이 아니다. 이 상황이 오늘날 사학 민주화의 후퇴와 사학 운영 체제의 악화로 나타나고 있다.

2) 임시이사체제의 등장과 특징

한국이 사학비리 천국인 것은 사학비리로 퇴출된 비리재단을 종전이사라는 이름으로 예외 없이 복귀시킨 사분위 역할로 입증된다. 사분위의 비리재단 복귀는 사분위와 더불어 사분위를 만든 정부와 정치권의 성격을 대변한다. 이런 상황은 법제도적 측면에서도 찾아볼 수 있다. 사학비리는 넘쳐나지만 사학비리를 정의한 규정은 없고 사학비리를 단죄할 수 있는 규정도 존재하지 않는다. 사학 운영을 포괄적으로 규정하는 사립학교법에는 사학비리 개념이 존재하지 않는다. 단지 임원 취임 승인 취소와 관련해서 "임원 간 분쟁·회계 부정 및 현저한 부당 등으로 인해 당해 학교 운영에 중대한 장애를 야기한 때"(사립학교법 제20조의2)라는 모호한 표현만 존재할 뿐이다.

이 조항은 모호할 뿐만 아니라 규정대로 시행되지도 않는다. 사학비리가 사회문제로 부각되고 학교 운영이 불가능한 상황에 이르러서야 어쩔 수 없이 임시이사를 파견하는 정도이다. 과거 사학비리는 물론 최근의 성화대나 서남대 사태에서 드러난 것처럼 사학비리가 발생한다고 임시이사를 파견하는 것은 아니다. 사학재단과 결탁한 교육 마피아가 교육 당국을 지배하는 상황[5]에서 교육 당국은 사학비리를 축소 은폐하는 경향이 있으며, 도저히 은폐할 수 없는 상황이 되어서야 마지못해 임시이사를 파견한다(이수인, 2000: 48~50).

---

5) 상지대 사건에 연루된 모영기 대학정책실장과 대구대 사건에 연루된 태칠도 감사관 등은 교육부와 사학의 부패성 유착 관계를 보여주는 대표적인 사례이다.

〈표 9-7〉 임시이사 선임 대학 현황

연도	1988	1989	1993	1994	1997	1998	1999	2000	2001
대학명	조선대	영남대	상지대	대구대	·광운대 ·한국외대 ·한성대	단국대	서원대	탐라대	덕성여대
							나주대학	·경인여자대학 ·대구미래대학 ·서일대학	
대학 수	1	1	1	1	2	1	2	4	1
연도	2002	2003	2004	2005	2006	2007	2008	2009	2010
대학명		·고신대 ·극동대	·경기대 ·대구예술대 ·대구외대 ·한중대	세종대	목원대	·대한신학대학원대 ·상지대		서원대	·동덕여대 ·서울불교대학원대
	강원관광대학		김포대학	영남외국어대학		동주대학	오산대학	·김포대학 ·서해대학	·경북과학대학 ·충청대학
대학 수	1	2	5	2	2	3	1	3	4

자료: 황희란(2011: 30).

〈표 9-7〉로 알 수 있듯이 임시이사를 본격적으로 파견한 것은 1988년 조선대 사태에서 시작되었다.[6] 그 이후 영남대, 상지대, 대구대를 거쳐 수많은 대

6) 임시이사 파견 관점에서 보면 조선대 사학비리가 먼저 등장한다. 그러나 사회적 주목을 받은 최초의 대규모 사학비리는 선인학원에서 발생했다. 군사정권 주역이었던 백선엽·백인엽 형제가 운영했던 선인학원은 1980년대 초부터 사학비리로 학내 분규를 겪었다. 1986년 학생들에 의해 학원 정상화 투쟁이 전개되고 1988년 교수협의회와 교사협의회가 창립되면서 1990년에는 학교 구성원과 인천시민사회가 연대한 범선인학원정상화추진위원회가 발족해 활동한 결과 문민정부 출범 직후인 1994년 선인학원 산하 14개 학교가 인천시립대와 공립 초·중등학교 등으로 공립화하면서 분규 상황이 종결되었다. 사학비리 역사에서 다른 대학과 달리 선인재단이 언급되지 않는 이유는 백씨 형제가 법적으로 선인재단을 포기하고 국가에 헌납해 공립화함으로써 학교 운영의

학에 임시이사가 파견되었으며 4년제 대학뿐만 아니라 전문대학과 초·중등 학교에도 임시이사가 파견되었다. 그 결과 2010년까지 20년 동안 한국 전체 대학의 10%가 넘는 40개 이상 대학에 임시이사가 파견되었다.

한국 교육사에서 1988년 이후 임시이사체제의 등장은 정치사회적 민주화 과정에서 촉발된 사학 민주화의 시작을 의미한다. 그러나 오랜 세월 강고하게 구축된 족벌사학 지배 구조를 법제도적 개혁을 통해 일거에 해결할 수 없는 상황에서 사학 민주화는 우선 문제가 된 비리재단을 축출하고 임시이사체제를 수립하는 대증요법 방식으로 진행되었다. 즉, 사회 민주화가 사학 민주화로 분출되어 대응이 불가피하다는 역사적 상황과 임시이사 파견을 제외하고는 사학 문제를 해결할 수 있는 장치가 전무하다는 법제도적 상황의 불일치가 임시이사체제라는 과도기적인 상황을 낳은 것이다.

따라서 임시이사체제는 부패한 과거 정이사의 지위가 부정되었음에도 불구하고 부패한 정이사를 대체할 수 있는 제도적 장치가 불비한 상황에서 부패한 정이사를 대신할 민주적 임시 체제로 등장했다. 그러므로 사학비리 관점에서 임시이사체제는 의의는 두 가지이다. 현실적 측면에서는 비리사학의 부패 고리를 끊는 장치라는 점에서 사학 민주화의 성과라 할 수 있으며, 미래 지향적 측면에서는 현재 부패사학을 건강한 사학으로 인도하는 연결 고리가 될 수 있다는 데서 완전한 사학 민주화로 나아가는 전환기 체제라 할 수 있다.

이런 점에서 임시이사체제는 사학 민주화의 해결책이 아니었다. 부패재단을 교육 현장에서 격리하고 임시이사를 파견한 것은 다행이지만 언제까지 임시이사를 파견할 것이며, 어떤 상황에서 정이사로 전환해 대학을 정상화할 것인가의 문제는 불확실한 과제로 남겨졌다. 이 문제는 사학비리를 최종적으로 해결하고 대학을 안정화하기 위한 매우 중요한 과제이며 반드시 법제도적으

주체 문제가 최종적으로 종결되었기 때문이다.

로 완결되어야 하는 것인데, 당시 상황에서 임시이사 파견 이상의 조치가 뒤따라주지 못한 채 임시이사체제가 장기화했다.

이 시기에 사립학교법 개정을 통해 임시이사체제를 법제도화할 수 있는 방안이 추진되었다. 임시이사체제에 대한 다양한 논의를 바탕으로 2005년 참여정부 당시 열린우리당은 전체 사학을 대상으로 이사 정수의 1/3을 개방이사로 하고 대학평의회나 학교운영위원회가 이사 후보를 추천하는 사립학교법 개정안을 제출했고, 야당인 한나라당은 열린우리당의 개방이사제에 대한 수정안으로 비리사학에 한해서 이사 정수의 1/3을 공영이사로 하는 공영이사제 도입을 제안했다.

개방이사와 공영이사 모두 학교 구성원에게 추천권이 있다는 점과 이사 정수의 1/3을 구성원이 추천한다는 점에서는 개혁적이었지만, 개방이사제가 전체 사학을 대상으로 한 것인 반면 공영이사제는 비리사학을 대상으로 한다는 점에서 차이가 있었다. 그러나 실제로 제도가 도입되는 과정에서 개혁성은 후퇴했다. 2005년 12월 사립학교법 개정에서는 열린우리당의 주장처럼 전체 사학을 대상으로 하되 구성비는 이사 정수의 1/4로 축소되었다. 이어 2007년 7월 재개정에서는 개방이사의 추천권이 개방이사추천위원회로 이관되고 재단 참여를 허용함으로써 개방이사제의 취지가 크게 훼손되었다.[7)]

더구나 개방이사제가 제한된 형태로 도입되었음에도 불구하고 그 입법 취지는 제대로 실현되지 못하고 있다. 연세대와 고려대 등 주요 사학은 정관을 변경하지 않아 개방이사제가 시행되지 못하고 있다. 사학 상당수가 형식적으

---

7) 제39차 일부개정 2007년 7월 27일 법률 제8545호. 개방이사 추천과 관련해 2005년에는 대학평의원회나 학교운영위원회에서 추천했지만 2007년에는 개방이사추천위원회에서 추천하도록 변경되었다. 개방이사추천위원회에는 1/2 범위 안에서 이사 참여가 가능해졌다. 결국 구성원이 담당하던 개방이사 추천 과정에 재단이 개입하게 되었다.

로 정관에 개방이사제를 적용했지만 실제로는 재단의 위력에 의해 개방이사제를 무력화하고 있다(조상식, 2011: 44). 과거 사학비리로 퇴출되었다가 최근 사분위가 복귀시킨 영남대와 세종대 구재단은 재단이 개방이사제를 간단히 무력화할 수 있다는 사실을 보여준 증거이다.

이러한 상황에서 2007년 5월 상지대 대법원 판결을 토대로 같은 해 7월 이루어진 사립학교법 개정에서 사분위를 설치한 것은 임시이사체제 장기화에 종지부를 찍은 사건이라 할 수 있다. 사분위 설치로 임시이사 파견은 교육부에서 사분위로 권한이 이관되었으며, 사분위는 임시이사체제를 종료하고 정이사를 선임할 수 있는 막강한 권한을 부여받았다. 이것은 법제도적 측면에서 커다란 변화였다.

그러나 사분위 출범과 이명박 정부 등장 이후 임시이사체제로 운영되어온 모든 학교에서 과거 축출되었던 비리재단이 예외 없이 복귀한 것은 사분위라는 법제도적 변화가 반(反)시대적인 것이며, 그로써 임시이사체제의 의미 두 가지 – 부패사학 단절과 건강한 사학으로 인도 – 가 정면으로 부정되었음을 말해준다. 이를 계기로 사학 민주화는 더욱 후퇴했다.

3) 사분위와 비리재단의 복귀

사학비리가 발생하는 것도 문제이지만 사학비리 주범이 교육 현장으로 복귀하는 것은 더 큰 문제이다. 더구나 사학분규를 해결하기 위해 설립된 정부 기구인 사분위가 사학비리를 공공연히 옹호하면서 학교를 비리 주범에게 돌려주는 창구 역할을 하는 것은 매우 심각한 문제이다. 그 결과 임시이사 체제에서 비리사학의 오명을 벗고 안정을 되찾아 건실하게 운영되던 수많은 사학이 다시 분규의 나락으로 떨어지는 퇴행적 상황이 곳곳에서 일어나고 있다.

〈표 9-8〉은 임시이사 파견 대학의 정이사 전환 현황을 정리한 것으로,

2008년 이전에는 교육부가 2008년 이후에는 사분위가 정상화했다. 사분위는 각 대학에 임시이사가 파견되었던 배경이나 임시이사 파견 이후 구성원들이 대학을 안정화하고 발전시킨 상황은 고려하지 않고, 더구나 비리 주범이 다시 복귀할 경우 학내 분규 등 대학 운영에 심각한 혼란이 재연될 것이라는 경고를 무시한 채 임시이사가 파견된 모든 학교에 예외 없이 비리 주범을 복귀시키는 결정을 내렸다.

〈표 9-9〉는 임시이사 파견 학교 중 정이사 전환 현황을 초중등, 전문대학, 대학교로 구분해 정리한 것이다. 이 표를 보면 사분위 출범 이후 54개 학교 가운데 28개 학교가 정이사로 전환되었으며, 여기에는 전문대학 5개와 대학교 8개가 포함되어 있다. 대학교에는 광운대, 세종대, 영남대, 상지대, 조선대 등이 있으며, 물론 예외 없이 비리재단이 복귀했다.

〈표 9-10〉은 사분위 출범 이후 2008년부터 3년간 사분위의 정상화 조치로 비리재단이 복귀한 사례를 대학별로 정리한 것이다. 모든 대학에 비리재단이 복귀했으며 몇몇 특수 사례를 제외하고 거의 모든 대학에서 비리재단이 이사

〈표 9-8〉 임시이사 선임 대학의 정이사 전환 현황

정이사 선임 연도	대학명
2004	극동대, 단국대, 상지대, 서원대, 한국외대
2006	한성대
2007	고신대/ 경인여자대학
2008	김포대학, 영남외국어대학
2009	대구예술대, 영남대, 조선대/ 나주대학, 서일대학
2010	상지대, 광운대, 세종대, 탐라대/ 강원관광대학
2011	대구대, 동덕여대, 대구미래대학
미선임	경기대, 대구외대, 덕성여대, 목원대, 서원대, 한중대, 대한신학대학원대, 서울불교대학원대/ 경북과학대학, 김포대학, 동주대학, 서해대학, 오산대학, 충청대학

자료: 황희란(2011: 31)에서 일부 수정.

〈표 9-9〉 임시이사 및 정이사 선임 법인 현황(2011.6.21)

구분	임시이사 선임 법인	정이사 선임 법인
초중등	건국학원(건국중·고) 동산육영회(동산중·고) 동성학원(사천여고) 동인학원(상문고) 명신학원(동명중) 복음아성학원(한국조리과학고) 송암학원(진흥고) 안용학원(안용중) 중앙학원(마산중앙고) 희용학원(용강중)	광문학원(광문고) 대명학원(대명중) 동암학원(부산동암학교) 녹색학원(간디학교) 삼일학숙(창녕고) 신성학원(신성고) 선덕학원(선덕고) 조양학원(영덕여중·고) 영석학원(영석고) 유성학원(세종고) 이화예술학원(서울예고·예원학교) 재성학원(철성고) 진명학원(진명여고) 춘당학원(여양중·고) 태화학원(홍명고)
	소계: 10	소계: 15
전문대학	경북과학대학(경북과학대학) 군산기독학원(서해대학) 김포대학(김포대학) 석파학원(동주대학) 애광학원(대구미래대학) 오산학원(오산대학) 충청학원(충청대학)	경북학원(영남외국어대학) 김포대학(김포대학) 분진학원(강원관광대학) 세방학원(서일대학) 아신학원(나주대학)
	소계: 7	소계: 5
대학	감리교학원(목원대) 경기학원(경기대) 경북교육재단(대구외국어대) 광희학원(한중대) 덕성학원(덕성여대) 동덕여학단(동덕여대) 보문학원(서울불교대학원대) 서원학원(서원대) 영광학원(대구대)	광운학원(광운대) 대양학원(세종대) 대한신학대학원(대한신학대학원대) 동원교육학원(탐라대) 영남학원(영남대) 유신학원(대구예술대) 상지학원(상지대) 조선대(조선대)
	소계: 9	소계: 8
합계	26	28

자료: 교과부(2011: 14).

〈표 9-10〉 2008년 이후 정이사 추천자 현황

대학명	의결 연도	추천자					비고
		구재단	학내	관할청	기타	계	
김포대학	2008	3	-	2	-	5	구재단: 전신용(설립자) 2, 전홍근(설립자의 아들) 2
영남외국어대학	2008	5	-	1	-	6	구재단: 장영아(이사장 처) 5
영남대	2009	4	3	-	-	7	구재단: 박근혜 4
나주대학	2009	3	2	2	-	7	-
대구예술대	2009	-	-	-	7	7	기타: 이희영(인수자)
서일대학	2009	4	1	2	-	7	-
조선대	2009	3	2	2	-	9	구재단: 정애리시 3, 강형룡 1, 이원구 1
	2010	2	-	-	-		
세종대	2010	7	-	-	-	7	구재단: 주영하(설립자) 2, 주명건(설립자의 아들) 5
강원관광대학	2010	4	-	2	1	7	구재단: 설립자 4
상지대	2010	5	2	2	-	9	구재단: 김문기 4(임시이사 1)
광운대	2010	4	2	1	-	7	-
탐라대	2010	3	2	3	-	8	-
대한신학대학원대	2011	8	-	2	-	10	구재단: 황만재(설립자) 6, 안태준(구재단) 2
대구대	2011	3	1	1	1	6	-
동덕여대	2011	5	2	2	-	9	-
대구미래대학	2011	4	1	2	-	7	-

자료: 황희란(2011: 32).

회 운영권을 장악할 수 있도록 과반수 이사를 확보했다. 이 단순한 사실만으로도 사분위가 사학 분쟁을 '조정'하는 기구가 아니라, 비리재단을 '복귀'시키고 이로써 사학 분쟁을 '조장'하는 기구임을 알 수 있다.

사분위의 문제점은 이 기구가 사립학교법상 교육부 장관에 소속된 기구임에도 불구하고 교육부 장관이 사분위 결정에 대한 집행 의무만 있을 뿐 어떤 역할도 할 수 없다는 것이다. 사분위는 교육을 관장하는 행정부 최고 책임자가 중요한 교육문제에 개입할 수 없도록 설계되었다. 더구나 국회가 사분위에 회의록을 요구해도 제출하지 않을 정도로 사분위의 위상이 높다.

참여정부 말기에 사립학교법 개정으로 만들어진 사분위는 3부 추천으로 대통령이 임명하는 위원 11명으로 구성되는데, 대통령이 3명, 국회의장이 3명, 대법원장이 5명을 추천한다. 중요한 국가기구는 3부 권력이 동수로 인원을 추천하는 것과 달리 대법원장이 5명을 추천하도록 한 것이나 교육 문제와 무관한 대법원장 추천 인사가 위원장을 맡는 것은 비정상적이다. 이 기형적 구조가 사분위를 누구의 통제도 받지 않는 무소불위 조직으로 만들었다.[8)]

이런 배경에는 사분위를 만들기 위한 사립학교법 개정이 당시 참여정부 최대 현안의 하나였던 로스쿨법안과 교환되었으며, 이 과정에서 집권 여당인 열린우리당 소속의 해당 상임위 국회의원들이 사분위 설치에 관한 사립학교법 개정법률안의 내용조차 알지 못한 채 법안이 통과되었다는 사실과 관련이 있다.[9)] 최근 상지대를 비롯해 수많은 대학이 치르고 있는 혼란과 고통은 비상식적으로 설립된 사분위의 필연적 결과이다(정대화, 2010).[10)]

---

8) 사법부 중심의 사분위를 구성해 사학 문제를 해결하고자 한 이유는 사학을 사유재산의 관점에서 접근해 사유재산권을 중시하는 사법부 특성을 이용하는 동시에 행정부에 비해 사법부가 국회 견제나 여론 간섭에서 상대적으로 자유롭다는 점을 감안한 것이라 할 수 있다. 실제로 사분위는 사유재산의 관점에서 사학 문제를 처리했으며 이 과정에서 제기된 국민 여론과 국회 비판에 철저하게 귀를 막았다.

9) 사분위 설치는 당시 야당인 한나라당의 요구를 수용한 것이다. 사학재단의 이해를 대변하는 한나라당은 당초 임시이사 문제를 법원에 맡기자고 주장하다가 사분위 설치로 변경했다. 로스쿨법안 통과에 골몰하던 열린우리당은 로스쿨법안과 사분위 설치를 교환하는 방식으로 통과시켰다.

10) 사분위의 문제점이 참여정부에서는 드러나지 않았다. 노무현 대통령 당시에는 사분

사분위의 문제점은 2007년 상지대 대법원 판결을 왜곡하는 것으로 시작되었다. 상지대 대법원 판결의 요지는 "종전이사는 이사회 결의 무효 확인을 구할 지위에 있다", "임시이사는 정이사를 선임할 권한이 없다"는 두 가지였다. 그러나 사분위는 상지대 대법원 판결을 왜곡해 "원칙적으로 종전이사에게 법인 경영권을 유지할 수 있는 최소한(과반수)의 이사 추천권을 부여"한다는 정상화 원칙을 수립했다. 이에 대해 당시 상지대 대법원 판결의 주심 재판관이었던 김황식 국무총리는 인사청문회에서 그 판결이 비리 구재단의 경영권 회복을 허용한 것은 아니라고 비판했다.

상지대 대법원 판결은 기존의 대법원 판례 두 가지를 무리하게 뒤집어 학계와 시민사회의 비판을 받았는데(박경신 외, 2006),[11] 사분위는 잘못된 대법원 판결을 더욱 왜곡했을 뿐만 아니라 김황식 주심 재판관의 비판에도 아랑곳하지 않고 비리재단 복귀를 추진했다. 나아가 사분위는 자신들이 만든 정상화 원칙까지도 무시했다. 2009년 9월 만들어진 사분위 정상화 원칙은 구재단에게 대학을 돌려줄 경우에도 "비리 도덕성, 학교 경영 능력 등 사회 상규와 국민의 법 감정에 비추어 도저히 용납할 수 없을 때는 예외"로 한다는 것이었다. 그러나 심각한 사학비리 전력의 비리재단 어디에도 이 기준은 적용되지 않았다. 더구나 비리 3관왕으로 지탄받던 상지대 비리 주범 김문기에게도 적용되지 않을 정도이니[12] 사실상 사문화한 기준일 뿐이다.

위원 인선이 어느 정도 균형을 이루어 상호 견제가 되었기 때문이다. 그러다가 이명박 정부 출범 후 제2기 사분위원들로 교체되면서 문제점이 드러나기 시작했다. 비정상적 조직이 인사권으로 균형을 유지하다가 인사권자가 교체되고 인사 균형이 허물어지면서 조직의 본성이 드러난 것이다.

11) 대법원은 임시이사 권한에는 제한이 없다는 판례와 구재단에는 소송의 법률적 이익이 없다는 판례를 뒤집었다.

12) 김문기는 상지대 사학비리 외에도 국회의원에게 불법 정치자금을 제공한 정치자금

사분위는 정상화 과정에서 구성원이나 종전이사의 의견을 존중하겠다고 했다. 구성원과 종전이사들이 비리재단 복귀를 찬성한 영남대에서는 그렇게 했다. 그러나 이 기준은 영남대에만 적용되었다. 사분위는 구성원 다수와 종전이사 2/3가 합의해 정상화 계획을 제출한 동덕여대의 요구는 거부했다. 실제로 모든 대학에서 구성원들이 합의된 정상화 계획을 제출했지만 사분위는 외면했다.

2013년 7월 사분위는 정상화 심의 원칙을 일부 개정했다. 대표적 비리사학 재단에게 대학을 모두 되돌려준 상황에서 뒤늦게 개정한 이유는 알 수 없지만, 개정 전후 내용을 비교한 〈표 9-11〉에 의하면 "사학비리 등으로 학교 경영에 중대하고 명백한 장애를 발생하게" 했을 때 정이사 추천권의 일부 혹은 전부를 제한할 수 있다는 다소 전향적인 내용이 포함되어 있다. 그럼에도 구재단에게 학교를 돌려준다는 대원칙에는 여전히 아무런 변화가 없다.

사분위의 문제점은 사분위원 개개인의 부도덕한 행태에서도 드러났다. 사학 분쟁을 다루는 사분위원들의 부도덕한 처신은 심의의 객관성을 떨어뜨리고 심의 결과를 신뢰할 수 없도록 만들었다. 특히, 일부 사분위원과 이들이 소속된 법무 법인이 소송 과정에서 구재단과 밀접한 관계를 맺고 있다는 사실이 확인되었을 뿐만 아니라 사분위에서 자기들이 결정한 사건에 반대하는 소송의 대리인을 자임하는 부도덕한 처신까지 하고 있어 도덕적 해이가 심각한 것으로 드러났다. 사분위원들이 사분위원 자격을 이용해 부도덕한 영리 행위를 한 것이다.

〈표 9-12〉에 열거된 사례는 드러난 몇몇 사실만을 예시한 것이다. 이 사실에 대해 사분위가 침묵하는 것은 자신들의 도덕적 해이를 스스로 인정하는

비리와 강원상호저축은행 자금을 횡령한 저축은행 비리를 저질렀다. 김문기는 이 비리로 중앙선거관리위원회와 금융감독원에 고발되었다.

〈표 9-11〉 정상화 심의 원칙의 수정 전후 대비표

수정 전	수정 후
① 합의 또는 합의에 준하는 이해관계자(구성원) 2/3 이상이 찬성할 경우 합의를 존중해 합의안대로 처리	① 합의 또는 합의에 준하는 이해관계자(구성원) 2/3 이상이 찬성하고 종전이사 과반수가 찬성할 경우 합의를 존중해 합의안대로 처리
② 합의가 이루어지지 않거나, 구성원 2/3 이상이 찬성하지 않는 경우 · 종전이사 측에 지배 구조의 큰 틀을 변경시키지 않는 최소한(과반수)의 정이사 추천권을 부여 · 다만, 사회 상규와 국민의 법 감정 등에 비추어 도저히 용납될 수 없는 경우는 제외* (* 제외 조항의 적용 예시: 파렴치범, 반인륜범, 강력범법 행위자 등) · 나머지(과반수 미만) 정이사는 중립적 인사를 추천해 사분위 검증 과정을 거쳐 선임	② 합의가 이루어지거나 합의에 준하는 경우가 아니면 종전이사 측에 지배 구조의 큰 틀을 변경시키지 않는 최소한(과반수)의 정이사 추천권을 부여하고, 나머지(과반수 미만) 정이사는 중립적 인사를 추천해 사분위 검증 과정을 거쳐 선임 ③ 사학 비리 등으로 학교 경영에 중대하고 명백한 장애를 발생하게 하거나 파렴치 범죄, 반인륜 범죄, 강력 범죄 등을 범한 종전이사는 비리의 정도 및 정상화를 위한 노력 등을 고려해 정이사 추천권을 전부 또는 일부 제한
③ 이상의 원칙을 준수하되, 대학별 사정 등을 종합해 "대학별 구체적 선임 방안" 마련	④ 이상의 원칙을 준수하되, 학교별 사정 등을 종합해 구체적 정이사 선임 방안 마련

주: 2013년 7월 11일 사분위 회의에서 수정 의결된 내용이다.

〈표 9-12〉 사분위원들의 직무상 부적정 사례

사분위원	직무상 부적정 사례
오세빈 사분위원장 (법무법인 동인 대표변호사)	· 오세빈 위원장과 법무법인 동인 대표변호사인 이철 변호사가 구재단 추천으로 2003년부터 2009년까지 동덕여대 임시이사 및 이사 역임 · 법무법인 동인이 재단 설립자 확인 소송에서 구재단을 위한 소송대리 · 법무법인 동인 소속 신상규 변호사가 구재단 추천으로 동덕여대 이사로 선임 · 오세빈 위원장을 포함한 법무법인 동인 소속 변호사 6명이 사분위가 심의 의결한 세종대 이사 선임 취소 소송대리인으로 선임(이우근 전 사분위원장 당시에 결정한 것을 오세빈 현 위원장이 부정하는 모순적 상황)

강훈 사분위원 (법무법인 바른 대표변호사)	· 학교법인 정선학원(전 브니엘학원) 구재단 측 소송대리 · 법무법인 바른이 비리로 임원 취임 승인이 취소된 상록학원(서울 양천고) 정금순 전 이사장 소송대리 · 법무법인 바른 소속 변호사 13명이 사분위가 심의 의결한 세종대 이사 선임 취소 소송대리인으로 선임 · 강훈 위원이 현 사립학교법 위헌 소송에서 학교법인 쪽을 대리해 소송대리를 하고, 사분위의 위헌 의견 제시
김성영 사분위원	· 성결대에서 총장 재직 중 횡령 및 뇌물 수수 혐의로 검찰 조사 중
고영주 전 사분위원 (법무법인 KCL 소속변호사)	· 사분위 심의 대상 학교였던 대구미래대학 구재단 법률자문역 역임 · 재단이 추천한 대구미래대학 이사(이근민)의 이사장 취임식에 축하 화환 보냄 · 고영주 변호사와 함께 대표적 공안검사 출신으로 KCL 소속인 함귀용 변호사, 고건호 변호사가 각각 대구대/대구미래대학 재단 추천으로 이사 선임
강민구 전 사분위원 (현 서울고등법원 부장판사)	· 작년에 상지학원 문제를 다루는 과정에서 구재단과 유착했다는 의혹 제기 · 강민구가 김문기 구재단 하수인을 교수에게 보내 의견 제시(양심선언)
정순영 전 사분위원	· 자신이 안건으로 심의한 조선대에서 구재단 추천으로 이사 선임 · 구재단의 주명건 씨가 복귀한 세종대에서 석좌교수로 초빙

것이며, 교육부가 이것을 사분위원 개인의 문제로 간주해 수수방관하는 것은 교육부의 무능함을 반영하는 것이다. 이것은 사분위 초기에 대통령과 국회의장이 추천한 진보 성향 사분위원들의 사소한 자격을 문제 삼아 사퇴를 강요했던 처리 방식을 감안할 때 대단히 이율배반적인 태도이다.

사분위의 이러한 문제점에서 위헌성 논란이 제기된다. 사분위는 헌법 제27조에 따른 공정한 재판을 받을 권리를 침해하고, 권력분립의 원칙과 직업공무원제도를 침해하고, 헌법 제31조 제4항 및 적법절차의 원칙을 위반하고 있다는 것이다. 그뿐만 아니라 '준사법적 분쟁 해결 기구'[13]로서 사분위의 위헌성은 물론 사분위의 정이사 선임 기준이 포괄적 위임입법 금지 원칙에도 위배

된다는 지적을 받고 있다(송상교, 2011). 이 같은 문제점 때문에 사분위에 의존해 사학비리를 척결하거나 비리재단 복귀를 차단하는 것은 불가능하다는 판단이며, 결국 사분위제도 자체를 폐지하는 방향으로 이 문제를 해결하는 것이 유일한 해결책이라는 주장이 설득력을 얻고 있다(임재홍, 2011).

사분위가 정상화라는 미명 아래 예외 없이 비리재단 복귀를 조장하는 것도 문제이지만 이 과정을 수수방관한 대통령과 교육부는 물론 새누리당 역시 책임을 면할 길이 없다. 2010년 7월 6일 당시 안병만 교과부 장관은 김문기에게 상지대를 돌려준 사분위의 결정은 잘못된 것이라고 비판하면서도 사분위의 결정을 존중한다고 말했다. 결정은 잘못되었지만 집행하겠다는 것이다. 안병만 장관의 뒤를 이은 이주호 장관은 국회 답변에서 사분위의 결정이 옳든 그르든 존중할 수밖에 없다고 말하면서 상지대 정상화 논의 과정에서 드러난 김문기의 추가 비리 두 건은 '개인 비리'에 지나지 않는다고 답했다.[14)]

---

13) 그러나 헌법재판소는 사분위가 준사법적 분쟁 해결 기구가 아니라 정부의 일반적 행정 기구라고 판결했다(2013년 5월 30일 2010헌바292). 헌법재판소의 결정 요지에 의하면 "사학분쟁조정위원회는 사법기관 또는 준사법기관이 아닌 행정기관에 해당한다. 따라서 조정위원회나 조정위원회의 위원은 헌법 제101조의 법원이나 헌법 제27조 제1항이 의미하는 헌법과 법률이 정한 법관에 해당하지 아니하며, 조정위원회의 심의 역시 재판에 해당하지 않는다". 그 이유는 "조정위원회의 심의 사항을 정함에 있어 분쟁의 양 당사자를 상정하지 않고, 심의 절차와 관련하여 대심적 심리 구조를 전제하지 아니하며, 조정위원회 의결 자체의 효력에 대해서 전혀 규정하지 않고 있"기 때문이다.

14) 이주호 장관의 지적처럼 김문기의 추가 비리 두 건은 당연히 개인 비리에 해당한다. 그러나 사학비리를 저질러 학교에서 쫓겨났으니 사학비리를 저지를 수 없고, 권력자가 아니니 권력형 비리를 저지를 수 없고, 공무원이 아니니 공직비리를 저지를 수 없는 상황에서 김문기가 개인비리 아닌 어떤 비리를 저지를 수 있는지 의문이다.

4) 대학 구조조정과 사학 개혁의 실종

2000년대까지 사학의 핵심 과제는 사학비리 청산이었으며 그 실천은 구재단 퇴진과 임시이사 파견 및 사립학교법 개정운동으로 전개되었다. 이 과정에서 수많은 학교에 임시이사가 파견되었고 여러 차례 사립학교법이 개정되었다. 특히 사학비리를 조장하는 족벌 체제를 차단하기 위해 이사회 구성에 제한을 가했다. 그러나 2005년 도입된 개방이사제는 2007년 사립학교법 개정 과정에서 크게 후퇴했으며, 특히 사분위가 설립되어 비리재단이 복귀하면서 사학비리를 차단하기 위한 사립학교법 취지는 유명무실해졌다.

이러한 상황에서 학령인구 감소로 대학대란이 예고되면서 사학 문제 쟁점은 사학비리 청산과 사립학교법 개정에서 벗어나 대학 구조조정으로 전환되고 있다. 대학대란은 이미 오래전부터 예고된 것이지만 현재 대학 입학정원을 전제로 하면 2018년부터 고등학교 졸업생 수가 대학 입학정원에 미달하는 미증유의 상황이 발생한다. 그로부터 5년 후에는 입학생이 무려 16만 명 부족해진다. 이에 정부는 임박한 대학대란에 대응하고자 대학 구조조정을 적극 추진하고 있다.

2000년대 들어 대학대란이 예고되면서 국민의 정부를 시작으로 역대 정부는 구조조정을 추진했고 이명박 정부가 사학 퇴출 정책을 구체적으로 추진하면서 대학 구조조정이 본격화했다(임재홍, 2013a). 박근혜 정부는 이명박 정부의 구조조정 방안을 더욱 강화된 형태로 승계했다. 출범 초기에는 이명박 정부의 구조조정 방안에 입학정원 감축을 추가하는 일부 강화된 구조조정을 추진했지만, 그 효과를 회의적으로 판단하면서 한층 강화된 구조조정을 예고하고 있다. 정부가 전체 대학을 다섯 개 그룹으로 구분해 최상위 그룹을 제외한 나머지 그룹에 속하는 대학의 입학정원을 강제로 감축하겠다는 것이다(대학구조개혁정책연구팀, 2013: 23).

대학대란이 예고된 상황에서 정부가 대학 설립 준칙주의를 폐지한 것은 늦었지만 당연한 결정이며[15] 대학 입학정원을 감축하는 것 역시 불가피한 측면이 있다. 그러나 정부가 추진하는 대학 구조조정은 대학을 사유재산으로 인식해 기업 구조조정 방식을 적용하는 문제, 대학 특성을 무시하고 획일적 잣대를 적용하는 문제, 결과적으로 지역대학을 고사시킬 가능성 등 수많은 문제점을 내포하고 있다. 무엇보다도 우려되는 문제는 정부가 사학의 건강한 발전이라는 목표를 전제하지 않고 대학대란에 즉자적으로 대응해 산술적·기계적 구조조정을 추진함으로써 사학 발전의 가능성이 근본적으로 차단되는 것은 물론 사학 상황이 전반적으로 왜곡될 것이라는 점이다. 이렇게 될 경우 사학비리를 포함한 사학의 비민주적 운영 구조는 온존될 것이며 사학 학문 구조는 기업적 관점으로 재편되고 형해화할 것이 명백하다.

3. 사학 민주화와 사학 개혁을 위한 과제

교육은 그 특성상 현실 수용적이기보다는 사회 비판적이고, 현실에 안주하기보다는 미래 지향적이며, 타협적이기보다는 원칙적이다. 반면 사학비리는 암처럼 구조화해 있고 전염병처럼 창궐하는 사학의 가장 위험한 질병이다.

---

15) 정부가 대학 설립 준칙주의를 폐지한 것은 당연한 결정이지만 그렇다고 비판으로부터 자유로운 것은 아니다. 첫째, 폐지 시기가 너무 늦었다. 10년 전부터 대학대란이 예고되었음에도 불구하고 지금까지 대학 설립 준칙주의를 유지한 것은 무사안일 행정의 결과이다. 둘째, 사실상 무의미한 결정이다. 임박한 대학대란 등으로 대학을 돈벌이 수단으로 삼기 어려운 상황에서 대학을 설립할 이유가 없다. 셋째, 정책 실패에 대한 책임 문제가 남는다. 대학 난립을 부추기고 비리사학과 부실사학을 양산한 책임을 누군가는 져야 한다.

그러므로 사학비리를 척결하지 않고 사학 정상화를 추구하는 것은 불가능하며 사학비리가 만연한 상황에서 교육 목적을 달성하는 것 또한 불가능하다. 특히 사학이 압도적 비중을 차지하는 고등교육에서 사학비리를 방치한 채 고등교육의 발전을 거론하거나 대학 구조조정을 추진하는 것은 본말이 전도된, 실현할 수 없는 정책이 아닐 수 없다.

사학에 만연한 부패와 비리를 척결하기 위해서는 사학이 개인의 이윤 추구를 목적으로 하는 사적 도구가 아니라 국가 공교육을 실현하기 위한 공공재산이라는 사실이 국민 공감대를 형성하고 법제도적으로 확립되어야 하며, 그 바탕 위에서 사학 운영의 철학과 방법론이 엄격하게 확립되어야 한다. 물론, 이에 앞서 필요한 것은 사학에 대한 정부의 분명한 정책 의지이다. 사학을 관리 감독하는 정부가 사학에 대한 정책 방향을 설정하고 사학비리를 용납하지 않겠다는 의지를 표방하는 것이 사학 문제를 해결하기 위한 출발점이다.

1) 인식 전환: 사학을 국가 공교육의 일부로 여길 것

정부와 사분위가 사학비리를 옹호하는 이면에는 사학을 국가 공교육을 담당하는 공공재로 인식하는 것이 아니라 사학 설립자나 운영자의 사유재산으로 간주하는 시대착오적 인식이 깔려 있다. 정부와 사학재단의 뿌리 깊은 부패 유착 구조도 여기서 비롯된다. 사학 운영자들이 철옹성 같은 족벌 체제를 구축해 사학비리를 자행하는 배경에도 이 유착 구조가 작동한다. 사학재단도 사학이 사유재산이 아니라는 사실을 잘 알고 있고, 적어도 겉으로는 사학이 공공재산이며 공공성 원칙을 존중한다고 말한다.[16]

---

16) 한국사학법인연합회의 사학 윤리 강령 가운데 공공성 항목에는 "우리는 사학 경영에 있어서 학원 내외의 개인이나 집단의 사사로운 이해관계를 초월해 공공성의 원칙을

사학이 정상적으로 제 기능을 수행하기 위해서는 사학을 공교육의 일부를 담당하는 공공재산으로 여기는 인식 전환이 시급하며, 이러한 인식 전환을 바탕으로 사학 운영의 틀을 새롭게 수립해야 한다. 이러한 인식 전환이 전제되어야 사학비리 발생을 막을 수 있고, 사학의 민주적 운영을 위한 법제도적 개선에 나설 수 있으며, 나아가서는 국공립과 사학을 망라한 새로운 교육 체제를 구축할 수 있을 것이다.

2) 사학 분규를 조장하는 등 설립 목적을 달성할 수 없는 사분위의 해체

사분위는 임시이사체제를 정이사체제로 전환해 사학을 안정시킬 목적으로 도입되었다. 사학을 안정화하기 위해서는 사학비리 청산이 불가피하다. 그러나 사분위는 사학비리 청산에 대한 요구를 외면하고 비리재단 복귀를 통해서 오히려 사학비리를 조장하고 있다. 그 결과 사학비리는 더욱 확산되었고 임시이사체제에서 안정을 찾았던 학교들은 사분위 정상화 이후 사학 분규가 재연되는 등 오히려 사학 불안정성이 더욱 심화되고 있다.

사분위가 사학비리를 청산할 수 없고 사학을 안정시킬 수 없다면 사분위를 도입한 애초 입법 취지는 달성할 수 없게 된 것이다. 또한 사분위는 자의적으로 '준사법적 분쟁 해결 기구'를 자처하며 사학 분쟁을 조정하는 중립적·공익적 역할에서 벗어나 사학비리를 옹호하고 비리재단이 학교로 복귀하는 통로 역할을 하는 등 사학분쟁을 조장하면서 사학비리 주범에게 면죄부를 발급하는 반교육적 기관으로 전락해버렸다. 따라서 존재 이유를 상실한 사분위를

존중함으로써 교육 복지 이념을 구현하는 데 최선을 다한다"고 하면서 "사학을 위해 제공된 재산은 국가 사회에 바쳐진 공공재산이다. 어떠한 경우에도 사유물같이 다루어져서는 아니 된다"고 강조한다. 그러나 최근 이 항목이 삭제되었다.

폐지하고 국민 합의를 거쳐 분규사학 문제를 사회 전체의 이익 차원에서 관리할 수 있는 새로운 제도를 도입해야 한다.

3) 공공성 강화: 사학 축소와 국공립 확대

교육통계서비스의 학교별 통계치에서 확인할 수 있는 것처럼 초등학교와 중학교가 국공립 중심으로 구성되어 있고 고등학교 전체에서 사립이 절반 이하인 것과 달리 대학 전체에서 국공립은 15% 수준일 뿐이다. 해방 이후 사학의 역할이 불가피했던 배경을 이해한다고 하더라도 급속한 경제 발전으로 OECD 대열에 합류한 상황에서까지 과도하게 사학에 의존하고 사학 비중이 계속 증가하는 것은 비정상적 현상이다.

더구나 사학 상당수가 국가 공교육을 담당하는 공공기관으로서 마땅히 해야 할 역할을 수행하고 있지 못할 뿐 아니라 사학비리가 만연한 부패 기관으로 전락해 있다는 사실 때문에 근본적 조치가 필요하다. 첫째, 사학 운영 측면에서 민주성과 투명성을 확대해 사학비리 발생을 차단하면서 민주적 운영을 제도화하는 것이 시급하다. 둘째, 설립 주체 측면에서 사학의 추가 설립을 엄격하게 제한하고 국공립대학을 우선 설립함으로써 사학의 과도한 비중을 낮춘다. 셋째, 운영상 문제를 안고 있는 부실대학이나 지방대학을 먼저 국공립화한다. 넷째, 국공립과 사학의 운영을 지역별로 통합하거나 네트워크 방식으로 운영해 공공성을 높인다.

4) 공익이사제 강화와 공영대학 모델 도입

사학 문제를 해결하기 위한 단기적 해결책은 사학에서 최고 의사결정기구인 이사회의 운영 민주성과 투명성을 확보하는 일이다. 공익이사제는 2005년 노무현 정부에서 개방이사제 방식으로 도입되었지만 2007년 사립학교법 재개정 과정에서 개악되었을 뿐만 아니라 사학재단의 비협조로 제 기능을 수행하지 못하고 있다. 이런 점을 감안해 공익이사제의 입법 취지를 회복한다는 차원으로 공익이사 추천에서 이사회 개입을 배제하고 공익이사 비율을 이사 정수의 1/3 이상으로 확대해야 한다.

중장기적 관점에서는 OECD의 '정부책임형 사립대학'(임재홍, 2013b: 21)을 우리 상황에 맞는 '공영대학'으로 적용하는 방안을 추진할 필요가 있다.[17] 추진 과정에서 과도기적 준공립화도 가능하다(이윤미, 2011: 16). 사학에 공익이사제를 도입하는 대신 국가가 사학에 대한 재정 지원을 대폭적으로 확대한다면 사학 발전과 사학의 투명성 확보가 동시에 실현될 수 있을 것이다. 정부가 국공립 어린이집과 민간 어린이집의 중간 형태인 '공공형 어린이집'을 도입한 맥락과 유사하며[18] 구재단 퇴진 이후 상지대가 추진해온 시민대학 역시 공영대학 모델의 하나로 간주될 수 있다.[19] 공영대학 모델이 도입될 경우 대학 체

---

17) 영국에서 '정부책임형 사립대학(government-dependent private higher education institutions)'은 국립대학이 법인화한 형태이지만 한국에서는 사립대학의 공익화 형태로 적용할 수 있을 것이다.

18) 박근혜 정부는 어린이집 운영과 관련한 부모들의 심각한 불만을 무마하기 위해 민간이 설립하되 정부가 책임지고 운영하는 '공공형 어린이집'을 확대하고 있는데, 이 방식을 사학에 적용하면 공영대학의 모델이 될 수 있다.

19) 상지대는 1993년 김문기 비리재단이 축출된 후 대학을 정상화하는 방안으로 공익적 대학 관점에서 대학의 위상과 목표를 '시민대학'으로 설정했으며, 시민대학의 재정적 토대를 마련하는 방법으로 상지대 유지재단 성격의 상지학원발전기금재단을 설립해 운영하는 등 공익적 대학 모델을 창출하기 위해 노력했다. 사분위가 김문기 비리재단을 복귀시키면서 이 실험은 일시적으로 난관에 봉착했지만 결코 끝난 것은 아니다. 앞으로 사분위가 폐지되고 비리재단 문제가 정리되면 다시 추진될 수 있을 뿐만 아니라 추가 연구를 통해 보편성을 획득할 경우 다른 대학에 적용할 수 있는 모델로 발전할 것이다.

제는 국공립과 사학 이원 체제에서 국공립, 공영대학, 사학 삼원 체제로 재편될 것이며, 여기서 국공립대학과 공영대학 네트워크를 바탕으로 한 고등교육 재편이 가능할 것이다.

5) 사학부패방지법 제정: 사학 부패를 제도적으로 차단

사학비리를 근원적으로 예방하고 사학의 투명성을 보장하기 위해서는 사학부패방지법을 제정해야 한다. 현재 사학 운영을 규정하는 법제는 사립학교법이 유일하다. 그러나 사립학교법은 사학의 설립과 운영을 중심으로 한 규정이어서 사학비리를 발본색원하는 데 한계가 있다. 더구나 부패방지법[20]에서 교육기관을 공공 기관으로 범주화하고 있음에도 불구하고 사학은 부패방지법 대상에서 제외되어 있으므로 국가 공교육을 담당하는 사학기관 부패를 방지할 제도 장치가 전무한 실정이다.

이런 점을 감안할 때 사학부패방지법을 제정해 사학비리를 근원적으로 예방하고 제도적으로 방지하는 것은 사학 발전을 위한 불가피한 요구이다. 다만 독립된 사학부패방지법을 제정하느냐, 아니면 사립학교법이나 부패방지법을 개정해 사학 부패와 관련된 항목을 추가하느냐 하는 문제는 사학부패방지법을 제정하는 입법 기술적 관점에서 탄력적으로 검토할 수 있을 것이다.

---

20) 이명박 정부 이후 국가청렴위원회, 국민고충처리위원회, 국무총리행정심판위원회가 통합되면서 부패방지법은 부패방지 및 국민권익위원회의 설치와 운영에 관한 법률로 바뀌었다.

6) 사학 발전 관점에서 대학 구조조정 방식의 개선

대학대란에 대한 대응과 관련해 정부는 두 가지 측면에서 오판하고 있다. 첫째, 대학 입학자원이 감소한다고 해서 대학 규모가 줄어들어야 할 이유는 없다. 둘째, 대학 입학자원 감소에 대해서는 모든 대학의 입학정원을 균등하게 감축하는 방식으로 대응할 수 있다. 적정한 대학 규모의 기준이 불명확한 상황에서 무조건 대학을 줄이는 것은 옳은 선택일 수 없다. 더구나 대학을 줄인다면 지방대학 다수가 표적이 될 것이므로 지역에서 고등교육을 받을 기회를 박탈하는 셈이고 지역의 교육 비용을 증가시키는 동시에 국가 균형 발전 관점에서 지역 발전에 심각한 걸림돌로 작용할 것이 분명하다.

대학 입학정원의 축소가 불가피하다면 전국 모든 대학의 정원을 동률로 감축하는 고통 분담이 선행되어야 한다. 이런 전제에서 서울대와 연세대, 고대 등 국내 명문대학을 글로벌 대학으로 발전시킨다는 목표 아래 이들 대학의 학부 정원을 대폭 감축하고 대학원 중심 대학으로 전환하는 것이 필요하다(윤지관, 2013: 35). 동일 법인의 대학과 전문대학을 통합하는 방안, 인접한 대학 간 합병과 협력을 추진하는 방안, 수도권대학에서 남용되는 정원 외 입학을 제한하는 방안 등도 충분히 가능하다. 특히, 사학비리를 저지르거나 대학을 비민주적으로 운영하거나 교육관계법이 정한 법적 규정을 준수하지 않는 대학에 대한 징벌적 규정을 강화함으로써 대학 구조조정이 사학 발전의 계기가 되도록 해야 할 것이다(김재훈, 2013: 49~50).

4. 결론

한국 사학은 역사적 전환기에 접어들었다. 사학비리가 발생하기 시작한

1980년대 이후에는 사학비리를 해결하는 것이 사학의 핵심 과제였지만, 지금은 대학 입학 학령인구가 근본적으로 감소해 대학대란이 예고된 새로운 국면으로 접어들었다. 무상급식과 반값등록금 논쟁을 계기로 교육 복지가 교육 의제로 부각되어 정부 정책에 반영되는 상황에 이르렀다. 더구나 글로벌 대학 교육이 요구되는 상황에서 사학 체제 혁신은 불가피한 상황이다. 따라서 사학은 사학비리 청산을 통한 사학 운영의 민주화와 투명화, 대학 입학정원 감축 등 긴급한 구조조정, 교육 복지 향상, 사학교육의 질적 향상이라는 네 가지 과제를 동시에 요구받고 있다. 하나하나가 쉽지 않은 것이지만 결코 회피할 수 없는 상황이다.

사학비리가 강조되던 시점에서 정부는 사학비리를 은폐하거나 마지못해 임시이사를 파견하는 최소한의 소극적 대처로 일관했다. 그러나 사학비리를 은폐하는 것만으로는 사학 문제를 해결할 수 없는 상황에 이르렀다. 게다가 그간의 단편적이고 일차원적 대응 방식으로는 교육에 대한 요구를 충족시킬 수 없을 뿐만 아니라 사학 문제를 해결하는 것 자체가 불가능해졌다. 시장 경쟁이 해답일 수도 없다. 따라서 근본적·종합적·다차원적 노력이 동시에 추진되어야 하며, 무엇보다도 사학에 대한 근본적 인식 전환과 더불어 국공립과 사학을 아우르는 종합적 교육 혁신의 관점에서 사학 문제에 접근해야 한다.

사학 문제를 해결하기 위해서는 최우선적으로 사학이 영리 목적의 사유재산이 아니라 국가 공교육을 위한 공공재산이라는 관점에서 출발해야 하며, 교육과정에서 사학비리가 개입되어서는 안 된다는 투명성의 관점과 민주적 운영 원리를 벗어나서는 안 된다는 민주성의 관점이 전제되어야 한다. 이런 바탕에서 사학이 국가 공교육의 일환이므로 사학에 대한 국가 재정 지원이 이루어져야 하고 당연히 사학은 이에 부합하는 수준의 공공성과 투명성을 보장해야 한다는 원칙이 확립되어야 한다. 이 원칙은 공익이사제 확대와 공영대학 모델로 실현될 수 있다. 이런 관점에서, 특히 고등교육은 국공립과 사학이라는 설립 주체별 구분을 넘어 고등교육의 재편과 혁신이라는 관점에서 접근되어야 한다.

그간 한국사회의 민주화로 정치 영역과 정부 영역에서 많은 변화가 있었다. 그러나 불행하게도 교육개혁은 아직 본격적으로 시작되지 못했고 교육의 양적 성장에 부합하는 질적 발전 또한 이루어지지 못했다. 우리가 이룩한 민주화와 경제 발전 단계를 감안할 때 이제 교육 분야에도 근본적 변화가 필요하다. 무엇보다 고등교육의 중심인 사학이 만연한 사학비리와 비효율적 교육체제로 인해 커다란 위기에 직면해 있는 만큼 사학이 국가 공교육을 담당하는 공공 기관으로서 제 역할을 수행하도록 개선·재편되는 것이야말로 교육혁신의 출발점이라 할 수 있다.

참고문헌

공제욱. 2010. “상지대 문제를 생각한다”. 창비주간논평(2010.7.21).

교과부. 2011. 분쟁사학 관련 진행상황 현안보고(2011.6.21).

교육철학회. 2006.『대학교육 개혁의 철학과 각국의 동향』. 서현사.

국회사무처. 2006.『대학위기의 시대, 대학구조개혁의 방향 모색』.

김명연. 2008.「사립학교법상 학교법인의 정상화에 있어 종전이사의 지위」. ≪민주법학≫, 제36호.

______. 2011.「사학분쟁조정위원회의 법적 지위와 학교법인의 정상화」. ≪법학논총≫, 제31집 제1호.

김재훈. 2013.「부정비리사학 처리문제와 구조조정」. 사학문제 해결을 위한 연구회 외.『박근혜 정부 대학구조개혁 방향과 대학체제 개편의 장기전망』.

대학구조개혁정책연구팀. 2013. 학령인구 감소 등 환경변화에 대비한 대학구조개혁 전략과 방안(2013.10.17).

대한민국정부. 2013. 이명박정부 국정백서: 교육개혁과 신고졸시대 개막.

류지성. 2009.「수요자 중심의 대학개혁」. 한국사학진흥재단.『우리나라 고등교육의 선진화 방향과 과제』.

박경신 외. 2006. 부정부패 눈감아 준 편협한 판결. 참여연대·시민의 신문 공동기획 좌담회(2006.3.27).

박병섭. 2007. 법관은 과연 양심에 따라 독립하여 판결하는가. 참여연대 판결비평.

박세일. 2009.「세계화 시대의 고등교육 선진화」. 한국사학진흥재단.『우리나라 고등교육의 선진화 방향과 과제』.

박세일·이주호·우천식. 2004.『자율과 책무의 대학개혁: 제2단계 개혁』. 한국개발연구원·한국직업능력개발원.

박원순. 2010. “사학분쟁 해결의 시금석, 상지대 사태”. ≪한겨레≫(2010.6.8).

배상훈. 2013.「박근혜 정부의 구조개혁 방안」. 사학문제 해결을 위한 연구회 외.『박근혜 정부 대학구조개혁 방향과 대학체제 개편의 장기전망』.

사학문제 해결을 위한 연구회 외. 2013.『박근혜 정부 대학구조개혁 방향과 대학체제 개편의 장기전망』.

송기춘. 2011. 사학분쟁조정위원회의 정상화 원칙의 불법성. 교수노조 외. 사학분쟁조정위원회의 폐지와 분규사학 정상화를 위한 토론회(2011.5.9).

송기춘·김명연. 2011.「사학분쟁조정위원회의 대법원 판례 해석과 정이사 선임원칙 등의 문제점: 상지학원 정이사 선임 사례를 중심으로」. ≪민주법학≫, 제46호.

송상교. 2011. 사분위 관련 사립학교법의 위헌법률심판청구 가능성. 사학비리척결과 비리재단복귀저지를 위한 국민행동. 사학분쟁조정위원회 비리재단복귀결정 과정상의 문제점과 위헌법률심판청구의 가능성 토론회(2011.9.22).

신현석. 2006.『한국의 고등교육 개혁정책』. 학지사.

심상용. 2011. 사학분쟁조정위원회의 정상화 심의의 문제. 교수노조 외. 사학분쟁조정위원회의 폐지와 분규사학 정상화를 위한 토론회(2011.5.9).

안민석. 2010. “[사립대 분쟁 도미노 기고 1] 사학분쟁 ‘조장’ 위원회가 된 사분위: 사분위 무엇이 문제인가”. 프레시안(2010.10.11).

안재욱. 1997.『한국의 사립대학교』. 자유기업센터.

윤지관. 2013.「대학 구조개혁의 장기전망」. 사학문제 해결을 위한 연구회 외.『박근혜 정부 대학구조개혁 방향과 대학체제 개편의 장기전망』.

이수인. 2000. 사학재단부정부패개혁백서(2000.5).

이윤미. 2011.「한국대학의 개혁: 문제의 진단과 제언」. 전국공무원노동조합.『대학체제 및 교육과정 개혁모델에 관한 연구』.

이주호·박정수·김승보. 2003.「사립대학의 지배구조 개혁」. 한국직업능력개발원.『지식기반사회의 고급인력 양성을 위한 고등교육 개혁방안』.

이현청. 2006.『전환기 대학교육 개혁론』. 문음사.
임재홍. 2006. 교육을 위해 기증된 공적 재산을 사유재산으로 환원시킨 판결. 참여연대 판결비평.
______. 2008.「사립학교법상 임시이사제도의 법적 성격」. ≪민주법학≫, 제36호.
______. 2011.「사학분쟁조정위원회의 위헌성과 그 개편방향」. ≪민주법학≫, 제46호.
______. 2013a.「사립대학 구조조정의 예측과 비평」. 미발표 논문.
______. 2013b.「한국 고등교육정책의 패러다임 전환을 위한 이론·법제·정책 연구」. 미발표 논문.
조상식. 2011.「사립대의 교육현실과 개혁방안」. ≪교육비평≫, 제29호, 39쪽.
전국공무원노동조합. 2011.『대학체제 및 교육과정 개혁모델에 관한 연구』.
정대화. 2010. "정권이 바뀌었으니 '부패재단' 복귀하시오?". 오마이뉴스(2010.7.26).
______. 2011a. "'괴물 사분위'는 제도·인물의 기형". ≪미디어오늘≫(2011.5.19).
______. 2011b. "사분위, 견제받지 않는 기형적 권력". ≪교수신문≫(2011.6.7).
______. 2011c. "사학비리 척결 첫 단추는 '사분위' 폐지". ≪경향신문≫(2011.6.21).
한국사학진흥재단. 2009.『우리나라 고등교육의 선진화 방향과 과제』.
한국직업능력개발원. 2003.『지식기반사회의 고급인력 양성을 위한 고등교육 개혁방안』.
한상희. 2010. "대법원의 식민지가 된 사학분쟁조정위원회: 상지대 사태와 법치라는 환상". 프레시안(2010.7.29).
홍성태. 2007. 다수의 대법관들, 사학비리에 눈감다. 참여연대 판결비평.
황희란. 2011. 이명박 정부 비리재단 복귀 현황 및 문제점. 사학비리척결과 비리재단복귀저지를 위한 국민행동. 사학분쟁조정위원회 비리재단복귀결정 과정상의 문제점과 위헌법률심판청구의 가능성 토론회(2011.9.22).

제10장

전문대학 혁신 방안

홍성학 ‖ 충북보건과학대 교수

1. 서론

한국에는 현재 135개가 넘는 전문대학이 있다. 고등직업교육기관으로서 산업대학, 기술대학, 폴리텍대학도 있지만 산업대학 2개교, 기술대학 1개교, 폴리텍대학은 34개 캠퍼스에 지나지 않아 전문대학이 고등직업교육기관의 절대다수를 차지한다(교육부, 2013c: 2).[1] 한국의 전문대학은 1950년대 초급대학으로 출발해 전문학교를 거쳐 1979년 전문대학으로 승격 개편된 이후 30여 년간 약 520만 명의 중견 기술인을 양성했다(교육부, 2013c: 2). 전문대학 학생 정원이 2004년에는 61만 6675명에 달했고, 2010년에는 49만 5718명으로

1) 2013년 교육부 전문대학 육성 방안 자료에는 전문대학이 139개교(사립대학이 131개교로 94%)로서 고등교육기관의 41%(입학정원 기준 37.5%)를 차지했는데, 2014년 전문대교육협의회 자료에는 전문대학이 137개교이다. 2005년 158개교에 이르렀다가 구조개혁 일환으로 실시된 전문대학과 일반대학 통폐합 및 4년제 대학으로의 개편으로 전문대학 수가 지속적으로 감소해 139개교에 이른다.

줄어들긴 했지만 대학 입학생 40% 정도가 입학하고 있다. 이렇듯 전문대학은 고등직업교육기관으로서 큰 비중을 차지하고 맡은 바 역할을 했지만, 현재 어려움에 처해 있다. 지방 전문대학의 사정은 더욱 좋지 않다.

이 같은 전문대학의 어려움은 학령인구 감소로 대학 입학생 수가 줄어들고 있는 것이 한 원인이기도 하지만, 근본적으로는 한국 전체 대학의 정체성 혼돈에서 비롯된다. 수도권대학과 지방대학, 일반대학과 전문대학으로 나누어져 수도권부터 대학이 서열화하고 각 대학의 분명한 정체성이 상실된 상황에서 전문대학은 대학 서열의 낮은 순위에 자리 잡고 있다. 여기에 평생교육원, 학점은행제, 사이버대학 등 다양한 학점 취득 경로가 등장해 전문대학 정체성의 혼돈을 가중시켰다. 이런 가운데 전문대학의 존재 가치가 흔들리고 있다.

특히 이명박 정부에서는 그동안 전문대학의 핵심 교육 목표였던 산학협력, 평생직업교육, 취업교육 관련 정책 및 사업 등에 일반대학이 주류로 참여하게 해서 전문대학의 역할 영역을 침범했다. 정부 지원도 서열화해 2010년 전문대학은 일반대학의 13.6%인 2965억 원을 지원받았다. 전문대학 학생 1인당 정부 재정 지원은 4년제 대학 학생의 절반에도 못 미치는 46.0%였다. 또한 마이스터고 및 특성화고에 집중 투자하면서 선취업 후진학 정책을 도입했지만, 후진학 정책의 초점이 고등 단계 직업교육기관인 전문대학과 연계되기보다는 일반대학에 맞추어졌다.

2013년 2월 출범한 박근혜 정부는 3월 28일 전문대학을 고등직업교육 중심기관으로 집중 육성한다는 개괄적 정책 방향을 발표한 데 이어, 6월 10일 '전문대학 육성 방안(시안)'과 7월 18일 최종 확정된 '전문대학 육성 방안'을 발표했다. 이 글에서는 박근혜 정부의 전문대학 정책 내용과 문제점을 살펴보고 전문대학의 존재 가치를 향상시키는 방안을 제안하고자 한다.

2. 박근혜 정부의 전문대학 정책과 문제점

1) 박근혜 정부의 문제 인식과 전문대학 정책

(1) 박근혜 정부의 문제 인식과 추진 배경[2)]

전문대학은 1950년대 초급대학으로 출발해 전문학교를 거쳐 1979년 전문대학으로 승격 개편된 이후 산업인력 약 520만 명을 양성해 대한민국 근대화와 국가 산업 발전에 중추 역할을 해왔으나 산업구조 및 기술 고도화와 더불어 전문대학에 대한 국가 재정 지원 부족, 수업연한 제한(2~3년), 산업인력 양성 불일치(미스매치), 학벌 중심 사회구조로 전문직업인력 양성 체제에 한계가 오고 고등직업교육이 위기에 직면했다.

박근혜 정부는 이런 인식 아래 교육 환경 변화에 따른 당면 과제로 산업 수요에 맞는 전문직업인 양성, 수업연한 제한 완화, 고숙련 기술인 양성 체제 마련, 평생직업능력개발 체제 구축, 글로벌 역량 강화를 들었다. 그리고 국가직무능력표준(NCS: National Competency Standards)[3)]에 의한 교육과정 운영 및 현장성 높은 지역 산업과 연계된 지식 기반 산업 및 창조경제 핵심 전문직업인을 양성하고자, 전문대학 육성 방안을 마련하게 되었다고 밝혔다.

(2) 박근혜 정부의 전문대학 정책

2013년 7월 18일 최종 확정된 전문대학 육성 방안에 따르면 박근혜 정부의 전문대학 육성 방안 비전은 〈표 10-1〉과 같이 '지식 기반 산업 및 창조경제의

---

2) 이 문단은 교육부(2013c: 1, 2~4)를 참고해 재정리한 것이다.

3) 산업 현장에서 직무를 성공적으로 수행하기 위해 요구되는 능력(지식, 기, 태도)을 도출하여 국가 차원에서 표준화한 것이다.

〈표 10-1〉 박근혜 정부의 전문대학 육성 방안

비전	지식 기반 산업 및 창조경제의 핵심 전문직업인 양성
목표	전문대학을 고등직업교육 중심 기관으로 육성

〈표 10-2〉 박근혜 정부의 전문대학 정책(핵심과제)

핵심 과제	주요 특징	목표
수업연한 다양화	· 국가직무능력표준 기반 및 산업 수요에 따라 수업연한을 1~4년까지 다양화 _ 조기 입직을 촉진하고 재직자 계속교육을 위한 선순환 직업교육 체제 확충	· 지식 기반 산업에서 요구하는 핵심 전문직업인 양성 체제 구축 · 1~4년제
특성화 전문대학 100개교 육성	· 대학별·학과별 강점 분야에 대한 집중 투자를 통해 창조경제의 핵심 인재를 양성하는 전문대학 특성화 지원 · 특성화 모형: 대학 단위, 복합 분야, 프로그램, 평생직업교육	· 지식 기반 산업 및 창조경제의 핵심 산업인력 연간 15만 명 양성 * 2014년 70개교 내외 → 2015년 80개교 내외 → 2016년 90개교 내외 → 2017년 100개교(취업률 61% → 80% 이상)
산업기술명장 대학원 과정 신설	· 명장을 체계적으로 양성하는 특수대학원 설치 _ 숙련 기능인력·국제 올림픽 입상자 등을 명장으로 육성 _ 마이스터고 졸업자의 고숙련 기술 습득을 위한 계속교육 기회 확대	· 고숙련 명장 연간 100명 양성 * 4개 권역별로 1개 대학원씩 시범적으로 설립·운영한 후 확대 여부 결정
평생직업교육 대학 육성	· 비학위과정과 학위과정 통합 운영 · 국가직무능력표준 기반 성인 중심의 100% 실무형 모듈식 교육과정 통합 운영 · 평생직업교육 기회 확대 · 교육 대상자 중 전직자, 재직자 비중 확대	· 산업체 수요 맞춤형 전문직업인 연간 3만 명 양성 * 시도별 1개교씩 육성: 2014년 8개교 → 2015년 16개교
세계로 프로젝트 (가칭)	· 전문대학 학생 맞춤형 해외 취업 프로그램 운영 · 외국인 유학생(교포 포함) 맞춤형 취업 프로그램 운영 · 해외 한국 산업체 근로자 맞춤형 교육 프로그램 운영	· 해외 진출 국내 산업체가 필요로 하는 인재 연간 600명 양성 * 2014년 15개교 → 2015년 20개교

〈표 10-3〉 박근혜 정부의 전문대학 정책(추진 기반)

추진 기반	내용
대학의 자율적 성장 기반 구축	대학이 자율적으로 대학의 강점 분야에 부합하는 특성화를 선택해, 대학의 자율적 성장 기반 및 구조개혁 유도
현장 중심 국가직무능력표준 교육과정 운영	국가직무능력표준 기반 교육과정을 운영해 직무 수행 완성도가 높은 현장 중심형 인재 양성
선순환적 고등직업교육 체제 확충	산업기술 고도화와 다양한 인력 수요에 대응해 전문대학 학제를 확충하고 평생직업교육 생태계 구축

핵심 전문직업인 양성'이고, 목표는 '전문대학을 고등직업교육 중심 기관으로 육성'하는 것이다(교육부, 2013c: 6).

그리고 〈표 10-2〉에서 알 수 있듯이 주요 핵심 과제는 수업연한 다양화, 특성화 전문대학 100개교 육성, 산업기술명장대학원 과정 신설, 평생직업교육대학, 세계로 프로젝트(가칭)이다. 이런 5개 과제는 〈표 10-3〉에 정리한 것처럼 대학의 자율적 성장 기반 구축, 현장 중심 국가직무능력표준 교육과정 운영, 선순환적 고등직업교육 체제 확충을 추진 기반으로 한다(교육부, 2013c).[4]

① 특성화 전문대학 100개교 선정 육성

대학별·학과별 특성화 강점 분야에 집중 투자하는 특성화 전문대학을 2017년까지 100개교 육성한다. 2013년 3월 28일 교육부 발표에서는 2014년까지 50개교를 선정하고, 2015년까지 70개교, 2016년까지 100개교로 늘려간다는 계획이었으나, 7월 18일 교육부 최종 확정안에서는 2014년까지 70개교

4) 최종 확정된 전문대학 육성 방안의 핵심 과제 중 '평생직업교육대학 육성'은 16개교를 선정하는 것이면서, 특성화 전문대학 100개교 육성 핵심 과제 가운데 평생직업교육대학 모형 16개교 선정 내용이 들어 있어서 중복되는데, 이 모형을 뺀 특성화 전문대학은 3개 모형 84개교이다.

내외, 2015년까지 80개교 내외, 2016년까지 90개교 내외, 2017년까지 100개교를 육성한다고 했다. 현재 139개 전문대학이 있는데 71.9% 정도를 특성화 전문대학으로 선정해 육성하겠다는 셈이다.[5)]

특성화 모형은 〈표 10-4〉에서 보듯이 대학 단위 특성화, 복합 분야 특성화, 프로그램 특성화, 평생직업교육대학 특성화로 나뉜다. 대학이 자율로 4개 유

〈표 10-4〉 특성화 모형별 특징 비교

구분	대학 단위 특성화	복합 분야 특성화	프로그램 특성화	평생직업교육대학 특성화
특성화 방향	국가·지역 연계산업 육성 (단일 산업)	국가·지역 연계산업 육성	특성화 프로그램 육성	새로운 형태의 평생고등직업교육기관 육성
특성화 단위	대학 전체	대학 전체	대학 전체 또는 일부 (특정 프로그램 단위)	대학 전체 (비학위·학위과정 통합 운영)
신청 자격	단일 주력 계열 (편제 정원) 70% 이상	2개 주력 계열 (편제 정원) 70% 이상	모든 계열	모든 계열
육성 목표	20개교 내외	44개교 내외	20개교 내외	16개교 내외
지원 기간	5(2+3)년 단위로 지원(연차 평가를 통해 성과 관리)			
비고	신청 자격은 2015년도 기준, 단일 주력 계열(편제 정원) 70% 이상 전문대학(단, 2014년도는 대학의 자체 구조개혁 추진 계획 등을 고려해 60% 이상도 신청 가능) ※ 주력 계열: 대학이 육성하고자 하는 강점 계열(공학, 인문사회, 자연, 예체능) ※ 편제 정원: 전문대학의 신입생 입학정원에 수업연한을 곱한 총 학생 수			

5) 교육부 최종 확정안(2013년 7월 18일)에 따르면 특성화 모형별 목표 수는 추가 설문조사(2013년 8월) 등에 따라 변경될 수 있다. 평생직업교육대학 모형은 별도의 평생교육대학 육성 핵심 과제와 중복되므로 3개 모형 84개교라고 할 수 있다.

형 특성화 분야 가운데 강점 분야 1개를 선택해 신청하면 정량평가(교육 여건)와 정성평가(사업 계획 심사)를 거쳐 선정한다.

② 수업연한 다양화

박근혜 정부는 2~3년제로 제한된 수업연한 규제를 완화해 1~4년으로 다양화해 나가겠다고 했다. 이 발언은 수업연한이 일률적(2~3년)으로 제한된 상황에서 전문직업인력을 배출하기가 곤란하다는 판단에 따른 것이다(고도화한 산업사회는 창의력과 융복합 지식·기술을 요구하기 때문이다). 더욱이 4년제 산업대학 대다수가 일반대학으로 전환되어 재직자 및 선취업 후진학자의 계속교육과 직무능력을 향상시키기 위한 고등직업교육 기회가 부족하다고 보았다(교육부, 2013c: 16).[6]

또한 급속한 기술 변화에 따른 재직자, 전직자를 위한 평생직업교육 기회가 확대되어야 하고, 이를 위해서는 1년 이상 단기 교육과정이 필요하다는 것이다.

그리고 한 학과에 2~3년 전문 학사, 4년 학사과정(전공심화 과정) 등이 각각 혼재하게 해서 학위과정 간 연계를 통한 효율적 학제 운영 시스템을 마련하는 것이 필요하다고 보았다.

이명박 정부에서도 '총장 명칭 및 대학교 명칭 사용'과 더불어 '수업연한 다양화 추진' 등이 이루어졌다. 즉, 2011년 4월 29일 고등교육법 제18조 제2항 등 일부를 개정해 전문대학은 대학 또는 대학교라는 명칭을 사용할 수 있게 되었고, 실제 2012년 1월 3일 자로 전문대학 60개교가 대학교 명칭을 사용할 수 있도록 정관 변경 인가가 이루어졌다.[7] 그리고 2011년 4월 29일 고등교육

6) 산업대학 수는 2000년 19개교에서 2010년 11개교, 2013년 2개교로 줄었다.

7) 2011년 4월 29일 제299회 국회 제8차 본회의 통과. 고등교육법 제18조(학교 명칭) 제

법 제50조의3을 신설하고 의료인을 양성하기 위해 전문대학에 개설된 학과의 수업연한을 4년으로 하고 학사학위를 수여할 수 있도록 했다.[8] 그리고 고등교육법 제50조의2 제4항을 신설하고 대통령이 정하는 학과의 전공심화 과정에 한해 관련 분야에서 재직한 경력이 없는 자도 대통령령이 정하는 요건에 따라 전공심화 과정에 입학할 수 있게 되었다.[9] 이에 따라 2012학년도에 42개 대학 179개 모집 단위에서 산업체 경력이 없는 전공심화 과정 4245명을 선발할 수 있게 되었다.

박근혜 정부는 수업연한을 4년제로 확대하는 데 그치지 않고, 1년제에서 4년제로 더욱 다양화하겠다는 것이다. 그리고 의료인 양성을 위한 학과뿐만 아니라 그 밖의 학과에 대해서도 학과 특성에 따라 수업연한을 4년으로 할 수 있도록 규제를 완화해가겠다고 했다(≪한국대학신문≫, 2013년 4월 9일 자).[10]

이러한 '수업연한 다양화 추진'을 위한 방안으로 국가직무능력표준에 따라 학과별·전공별 수업연한을 결정하는 것, 그리고 한 학과에 개별 과정 여러 개

2항을 "제1항에 따라 명칭을 정할 때 제2조에 따른 학교의 종류와 다르게 대학 또는 대학교라는 명칭을 사용할 수 있다"로 개정.

8) 고등교육법 제50조의3(의료인 양성을 위한 과의 수업연한 및 학위에 관한 특례) 제1항 "제48조 제1항에도 불구하고 의료법 제2조 제1항에 따른 의료인을 양성하기 위하여 전문대학에 개설된 과의 수업연한은 4년으로 할 수 있다.", 고등교육법 제50조의3 제4항 "제50조 제1항에도 불구하고 제1항의 과에서 학칙으로 정하는 4년의 과정을 이수한 사람에 대하여는 학사학위를 수여한다."〈본조 신설 2011.5.19〉

9) 고등교육법 제50조의2(전공심화 과정에 대한 학위 수여) 제4항 "제3항에도 불구하고 대통령령으로 정하는 과의 전공심화 과정에 한하여 관련 분야에서 재직한 경력이 없는 사람도 대통령령으로 정하는 요건을 갖춘 경우에는 전공심화 과정에 입학할 수 있다."〈본조 신설 2011.5.19〉

10) 나승일 차관은 교육기자단과의 간담회에서도 "현재 전문대학 체제는 1979년에 만들어졌는데, 지금과 그 당시 산업 체제가 다르기 때문에 창조경제를 위해서도 지금 형태(2~3년제)로 배출되는 인력으로는 안 되겠다는 것"이라고 설명했다.

로 운영되는 교육과정을 국가직무능력표준 기반 모듈식 과정으로 통합 개편하는 것을 제시했다.

③ 산업기술명장대학원 과정 신설

2013년 7월 18일 교육부는 국제기능올림픽 입상자, 기능장 등 전문 분야의 숙련 기술 보유자를 산업기술명장으로 양성하는 특수대학원을 전문대학에 설치해 연간 산업기술명장 100명을 양성하겠다고 했다. 이와 관련한 내용은 2013년 3월 28일 교육부 발표는 물론, 4월 9일 나승일 교육부 차관과 교육기자단의 간담회에서도 나왔다(≪한국대학신문≫, 2013년 4월 9일 자).[11]

산업기술명장대학원 과정을 신설해야 하는 이유로, 먼저 산업 현장의 고숙련 인력 충원을 꼽을 수 있다. 베이비부머 퇴직으로 발생하는 산업기술명장 공동화 문제를 해소하고, 산업체 재직자의 지속적 직무능력 향상과 경력 개발을 이루어낼 수 있는 교육과정이 필요하다는 것이다.

숙련 기술 보유자의 계속교육 기회를 확대할 필요가 있다는 것도 또 하나의 이유이다. 학문·연구 분야 위주인 기존 대학원과 차별화해 최신 직무 지식 및 고숙련 기술을 교육하는 실무 중심의 대학원이 필요하다. 특히 앞서 언급했듯이 전문·특수대학원을 설치할 수 있었던 산업대학이 대부분 일반대학으로 전환되어 석사 수준의 산업인력을 양성하기가 어려워진바, 전문대학에 실무 중심의 대학원 과정을 신설할 필요가 생겼다.

그리고 직업교육기관에서 실무 중심 대학원을 개설하는 선진국 추세에 맞추어 고등직업교육의 국제적 통용성을 확보하고 경쟁력을 강화하는 것, 최고의 숙련 기술 보유자가 관련 이론을 보완해 해당 기술의 계승과 발전에 기여

11) 나승일 교육부 차관은 교육기자단과의 간담회에서 "선진국은 이미 고등직업교육을 대학원 단계까지 확장해 운영하고 있다"고 말했다.

하고 능력에 따라 대우받는 사회적 풍토를 조성하는 것도 산업기술명장대학원 과정의 신설이 필요한 이유이다.

4개 권역별로 1개 대학원씩 시범 설립·운영하고 성과에 따라 확대 여부를 결정한다(교육부, 2013c: 13).[12] 대학원당 25명씩 매년 명장 100명을 양성하고 소정의 과정을 이수한 졸업생에게는 산업명장(가칭) 석사학위를 수여한다는 계획이다.

④ 평생직업교육대학 육성

일터에서 언제든 원하면 최신 직업 지식 및 기술을 습득할 수 있도록 평생직업교육대학(LEAD: Lifelong Vocational Education Advancement College)[13]을 육성한다는 계획이다.

평생직업교육대학을 육성해야 할 이유로는, 빠르게 변화하는 기술 및 지식을 학습하기 위한 재교육 및 계속교육 등 평생교육 수요는 급속히 증가하는 데 반해, 재직자·미취업자·퇴직자·창업 희망자·신규 취업 희망자 등 성인 학습자를 위한 평생직업교육 지원은 미흡하다는 점을 들 수 있다.

평생직업교육대학을 육성하기 위해서는 일부 전문대학을 '평생직업교육대학'으로 전환해 학위·비학위과정을 국가직무능력표준 기반의 100% 실무형 모듈[14]식 교육과정으로 통합 운영하게 된다. 기존에는 대학 정규 과정과 평생교육원의 평생교육이 이원화해 있었을 뿐만 아니라 평생교육이 공급자 중심의 교양 수준 정도였으며, 전문대학 정규 과정과 연계한 성인 학습자 대상

12) 4개 권역은 수도권, 충청권, 호남·제주권, 영남권을 가리킨다.

13) 2013년 3월 28일 교육부 발표 때는 '평생직업능력 선도 대학'이라고 했다가 명칭을 바꾸었다.

14) 국가직무능력표준의 능력 단위(unit) 조합으로 개별 교육과정을 구성할 수 있는 학습 단위이다.

의 직업교육 시스템이 부족했다. 그 결과 직무능력을 고(高)수준으로 향상시키기 위한 직업교육이 미흡했다고 판단한 것이다.

평생직업교육대학은 국가직무능력표준에 기반을 둔 직업교육과정의 수업연한을 1~4년으로 신축적으로 편성·운영하고 재직자, 전직자 및 실직자, 미취업자, 퇴직자 등을 위한 진·출입이 자유롭고 수업연한이 다양한 직업교육과정을 개설한다.

2014년에 8개교, 2015년에 8개교를 선정해 전국 시·도 총 16개교를 선정한다는 계획이다. 이는 139개 전문대학 중 11.5%에 해당한다. 2013년 3월 28일 교육부 발표 때는 특성화 전문대학 100개교와 평생직업교육대학을 별개로 선정할 것이라는 견해도 있었지만, 7월 18일 교육부 최종 확정안에서는 특성화 전문대학 100개교 모형 가운데 평생직업교육대학 포함 여부가 분명해졌다.

⑤ 세계로 프로젝트

세계로 프로젝트는 전문대학 학생의 글로벌 취업 역량을 강화하고 해외로 진출한 국내 산업체에 우수 인력을 양성·공급하는 과제로서 〈표 10-5〉와 같

〈표 10-5〉 세계로 프로젝트 유형

유형	교육 대상	교육 내용
1유형	국내 전문대학 학생	· 해외 산업체 맞춤형 전공교육 · 외국어·문화 체험교육 · 현지 기업 적응 체험교육 · 해외 산업체 현장 실습 및 취업 지원
2유형	외국인 유학생(교포 포함)	· 해외 산업체 맞춤형 전공교육 · 한국어·문화 체험교육, 생활 적응 지도 · 해외 산업체 현장 실습 및 취업 지원
3유형	해외 한국 산업체 근로자 (재외 국민·교포 포함)	· 맞춤형 전공교육 · 한국어·문화 체험교육

이 세 가지 유형이 추진된다.

1유형은 국내 전문대학 학생을 대상으로 한 해외 취업 맞춤형 교육이다. 즉, 외국 산업체, 한국 산업체의 해외 지사, 해외 한국인(교포 포함) 산업체 등 해외 산업체와 맞춤형 교육 협약을 체결하고, 해당 산업체 수요를 반영한 주문식 교육 프로그램이다. 2유형은 외국인 유학생(교포 포함) 맞춤형 해외 취업 프로그램이다. 즉, 외국인(교포 포함) 유학생을 대상으로 한국 산업체 해외 지사, 해외 한국인(교포 포함) 산업체, 외국 대학 등 산업체에 맞춘 맞춤형 교육을 실시한다. 3유형은 해외 한국 산업체 근로자 맞춤형 교육 프로그램이다. 즉, 해외에 진출한 한국 산업체의 수요에 부응하는 외국인(재외 국민, 교포 포함) 근로자를 대상으로 한 교육이다.

세계로 프로젝트 핵심 과제는 2014년 15개교를 선정하고 2015년 이후 20개교로 늘려간다는 계획이다.

2) 박근혜 정부의 전문대학 정책 문제점

박근혜 정부가 2013년 3월 28일 전문대학에 대한 정책 방향을 제시할 때는 물론이고, 7월 18일 교육부 최종 확정안을 발표할 때도 일관되게 전문대학을 고등직업교육 중심 기관으로 육성하겠다는 목표를 제시한 것은 긍정적으로 평가할 수 있다. 그러나 전문대학 육성 방안이 과연 전문대학의 존재 가치를 향상시켜 전문대학을 고등직업교육 중심 기관으로 제대로 육성할 수 있을지 의문이다. 제시한 목표와는 달리 오히려 전문대학 구조조정이 본격화할 것이라는 견해가 나오고 있다(≪교수신문≫, 2013년 6월 17일 자).

(1) '고등직업교육 중심 기관 육성' 목표 제시의 반신뢰성

박근혜 정부는 2013년 3월 28일 교육부의 전문대학 정책 방향 발표 때부터 전문대학을 고등직업교육 중심 기관으로 육성하겠다고 했다. 현재 고등직업교육기관으로는 전문대학 외에 산업대학, 기술대학, 폴리텍대학도 있다. 그러나 산업대학은 2개교, 기술대학은 1개교, 폴리텍대학은 34개 캠퍼스에 지나지 않는 반면, 전문대학은 139개교로서 고등직업교육기관의 절대다수를 차지하고 있고, 대학 입학생이 40% 정도이지만 학령인구 감소로 전문대학 입학생 수가 줄고 있고, 수도권대학과 지방대학, 일반대학과 전문대학으로 나뉘어 수도권부터 대학 서열화가 이루어지며 각 대학의 분명한 정체성이 상실된 상황에서 전문대학이 대학 서열의 낮은 순위에 자리 잡고 있는바 전문대학의 존재 가치가 흔들리는 어려운 상황임을 고려할 때, 전문대학을 고등직업교육 중심 기관으로 육성하겠다는 정부의 목표는 당연한 것이라고 할 수 있다.

고등직업교육 육성을 강조하는 것은 OECD 국가들의 직업교육정책과도 일치한다. 즉, 지식 기반 경제와 노동시장의 변화에 대응해 OECD 국가들은 직업교육의 축을 고등교육 단계로 전환해 대학 진학 수요를 취업과 연계하는 정책을 펼치고 있다(이정표, 2012: 72). OECD 보고서에 따르면 전문대학은 일반대학보다 낮은 학비, 지역적 접근성, 취업 중심의 실용 교육, 산업체와 사회 간 연계성 등의 특징이 있다. 그래서 많은 OECD 국가 가운데 고등교육 단계에서 전문대학의 2009년도 입학률을 보면 칠레 57%, 뉴질랜드 50%, 벨기에 39% 순이고, 한국은 36%로 4위이다(교과부, 2011c).

2013년 7월 18일 교육부 최종 확정안에 나오는 현황과 문제 분석에 따르면 2005년부터 구조개혁 일환으로 전문대학과 대학의 통폐합 및 4년제 대학으로의 개편에 따라 전문대학 수가 지속적으로 감소해 2005년 158개교였던 것이 현재 139개교가 되었고, 〈표 10-6〉과 같이 연도별 학생 정원이 계속 줄어들고 있다(교육부, 2013c: 2).

이러한 현황과 문제 분석을 바탕으로 전문대학을 고등직업교육 중심 기관으로 육성하겠다는 목표 제시는 바람직하다.

〈표 10-6〉 연도별 전문대학 학생 정원

연도	1998	2000	2002	2004	2006	2008	2010
학생 수(명)	542,610	602,005	602,609	616,675	555,327	514,677	495,716

〈표 10-7〉 2013학년도 학교 수 및 입학정원

구분	일반대학	전문대학
학교 수(개)	189(57.6%)	139(42.4%)
입학정원(명)	343,652(63.3%)	199,559(36.7%)

주: 교육부 자체 집계(2013년 5월 20일 기준).

그러나 박근혜 정부의 전문대학 육성 정책은 고등직업교육 중심 기관을 육성하겠다는 표방과 달리 오히려 전문대학에 대한 구조조정을 촉진하는 것으로 보인다. 즉, 핵심 과제 가운데서도 최고 핵심이라 할 수 있는 '특성화 전문대학 100개교 선정 육성' 과제는 139개 전문대학에서 100개교를 선정하는 것이어서 여기에 선정되지 못하는 전문대학은 자연스럽게 구조조정 대상으로 압박을 받을 것이다. 더욱이 특성화 전문대학 100개교에서 '평생직업교육대학 육성' 모형으로 16개교를 선정하도록 되어 있는데, 이 모형은 학위·비학위 과정 통합 운영 모형으로서 이를 제외하면 실질적 특성화 전문대학은 84개교이다. 〈표 10-7〉에서 보듯이 전문대학은 139개로 전체 대학의 42.4%를 차지하는데, 이를 84개교로 줄여 선택과 집중 방식으로 지원해 고등직업교육 중심 기관으로 육성하겠다는 것은 결국 대학 구조조정을 추진하겠다는 뜻이다(교육부, 2013c: 45).

이렇듯 전문대학의 구조조정이 촉진된다면 이는 전문대학을 고등직업교육 중심 기관으로 육성해 전문직업인 양성을 위한 직업교육을 강화하고 능력 중심 사회의 기반을 구축하겠다고 하는 박근혜 정부의 정책 목표와 실현 방법이 서로 맞지 않는다는 비판을 받을 것이다.

(2) 일반대학과 전문대학 사이의 정체성 실현 방안 부재

전문대학의 정체성 문제는 단지 전문대학만의 문제가 아니고, 일반대학의 정체성과 관련된 문제이기도 하다. 앞에서도 지적했듯이 학령인구 감소로 대학 입학생 수가 줄어들고 수도권대학과 지방대학, 일반대학과 전문대학으로 나뉘어 수도권부터 대학 서열화가 이루어지며 각 대학의 분명한 정체성이 상실된 상황에서, 전문대학은 대학 서열의 낮은 순위에 자리 잡고 있어서 전문대학의 존재 가치가 흔들리고 어려움에 처해 있다. 즉, 그동안 고등교육정책을 되돌아보았을 때 정부의 대학 구조조정으로 일반대학이 늘어나면서, 학과 신설 과정이나 교육과정에서 전문대학 영역을 침범하는 등 일반대학의 정체성 상실과 혼돈이 전문대학을 어렵게 만든 것이다. 그런데도 2013년 7월 18일 최종 확정된 전문대학 육성 방안에는 이에 대한 지적과 더불어 일반대학과 전문대학 간의 정체성 실현 방안이 명확하게 제시되지 않았다.

① 대학 서열화와 대학 구조조정의 문제점

대학 서열화 영향으로 많은 전문대학과 산업대학이 일반대학으로 통합되고, 일반대학은 고등교육법에 명시된 일반대학의 목적을 상실하고 실용학문과 취업률 제고에 열중하는 모순을 보인다. 즉, 일반대학화는 산업인력 수요에 맞추어 이루어진 것이 아니라, 일반대학-산업대학-전문대학 간 대학 서열화가 고착화한 한국 상황에서 일반대학으로 전환하는 것이 입학 자원을 끌어들이는 데 유리하다는 인식 아래 이루어진 것이라 할 수 있다.[15] 대학 본연의

15) 2009년 충주산업대학교가, 2012년 3월 5일 한밭대학교가 일반대학으로 전환하면서 대학에 큰 발전이 이루어진 것으로 홍보했다.

기능과 존재 가치는 뒷전이 되어버린 셈이고, 결국 대학의 질을 저하시키는 결과를 초래했다.

이런 현상은 참여정부에서 두드러졌고 이명박 정부로 이어져 2008년 9월 23일 '교육 환경과 시대 변화에 따라 산업대학의 필요성이 약화'되었다는 이유로 정부가 일정한 요건만 갖추면 산업대학을 일반대학으로 전환할 수 있도록 대학설립·운영 규정에 특례를 신설하고 산업대학이 하던 역할을 일반대학에 허용하기까지 했는데(유기홍, 2013: 90), 박근혜 정부는 이에 대한 분명한 문제의식이 없는 듯하다. 다만 2013년 7월 18일 최종 확정된 「전문대학 육성 방안」에서 전문·특수대학원 설치가 가능했던 산업대학이 대부분 일반대학으로 전환되어 현재 2개교에 지나지 않는바, 석사 수준의 산업인력을 양성하기 어려워져 전문대학에 실무 중심의 대학원 과정을 신설할 필요가 있다고만 할 뿐, 산업대학과 전문대학을 일반대학으로 무분별하게 전환시키지 말았어야 했다는 것에 대한 성찰은 없어 보인다(교육부, 2013c: 16, 20).

〈표 10-8〉과 〈표 10-9〉에서 알 수 있듯이 전문대학과 산업대학이 일반대학으로 전환하고, 정부가 펼친 대학 통폐합 결과로 고등직업교육의 중심을 담당해왔던 전문대학과 산업대학이 상당수 줄어들고 일반대학이 늘었다(이경숙, 2006: 86; 교과부, 2011b). 2000~2010년 전문대학은 13개교가 줄었지만, 4년제 대학은 오히려 18개교가 늘었다(≪한국대학신문≫, 2011년 6월 8일 자). 2011년 9월 26일에는 한국철도대학이 충주대학과 통합되어 한국교통대학이 되었고,[16)]

---

16) 2006년 충주대학은 보건 계열 중심인 청주과학대학과 통합되고 2011년 다시 한국철도대학과 통합되면서 한국교통대학으로 교명이 바뀌었는데, 바뀐 교명으로 봐서는 청주과학대학과 통합이 의미가 없는 듯하다. 교과부는 2011년 9월 26일 자 보도자료를 통해 충주캠퍼스는 교통 물류 등 녹색 신성장 동력, 의왕캠퍼스는 철도 교통, 증평캠퍼스는 보건·의료·생명 분야로 학사 조직을 재배치했다고 발표했지만 단순 통합이라고 해야 할 것이다.

2011년도에 송원대학이 일반대학으로 전환되었으며, 제주산업정보대학과 탐라대학이 합쳐져 제주국제대학이 되었고, 적십자간호대학이 중앙대학교 의과대학 간호학과와 통합해 2012년 3월부터 중앙대학교 적십자 간호대학으로 새롭게 출발했다.

이러한 대학 구조조정으로 일반대학 수는 늘어난 반면 고등직업교육을 담

〈표 10-8〉 1997년 이후 산업대학, 전문대학의 일반대학 전환 및 통폐합 현황

	전환 연도	대학명 (전환 이전)	대학명 (전환 이후)	전환 내용
일반대학 전환	1997	경북산업대	경일대	산업대 → 일반대
		광주여자전문대학	광주여대	전문대 → 일반대
		한라공업전문대학	한라대	전문대 → 일반대
	1998	동원산업대	탐라대	산업대 → 일반대
	2000	동해대학	동해대	전문대 → 일반대
		성신간호대학	목포가대	전문대 → 일반대
	2003	예수간호대학	예수간호대	전문대 → 일반대
		진주전문대학	진주국제대	전문대 → 일반대
	2004	광주대	광주대	산업대 → 일반대
	2006	안동정보대학	건동대	전문대 → 일반대
		영산대	영산대	산업대 → 일반대
	통합 연도	통폐합 대상	통합 후 학교명	통합 형태
대학 통폐합	2001	공주문화대학+공주대	공주대	전문대+일반대 → 일반대
	2003	성심외국어대학+영산대	영산대	전문대+산업대 → 일반대
	2005	천안공업대학+공주대	공주대	전문대+일반대 → 일반대
		동명정보대+동명대학	동명정보대	산업대+전문대 → 일반대
	2006	청주과학대학+충주대	충주대	전문대+산업대 → 일반대
		가천길대학+가천의대	가천의대	전문대+일반대 → 일반대
		삼육의명대학+삼육대	삼육대	전문대+일반대 → 일반대
		고대병설보건대학+고려대	고려대	전문대+일반대 → 일반대
		서울보건대학+을지의대	을지의대	전문대+일반대 → 일반대
		밀양대+부산대	부산대	산업대+일반대 → 일반대
		삼척대+강원대	강원대	산업대+일반대 → 일반대
		경원전문대학+경원대	경원대	전문대+일반대 → 일반대

자료: 교육인적자원부(2003년, 2006년 국정감사 제출 자료).

〈표 10-9〉 2007~2011년 사립대학 통폐합 현황

통합 연도	통폐합 대상	통합 후 학교명	통합 형태
2007	원주대학+강릉대	강릉대	전문대+일반대 → 일반대
2008	우송공업대+우송대	우송대	전문대+일반대 → 일반대
2011	가천의과대+경원대	가천대	일반대+일반대 → 일반대
	제주산업정보대+탐라대	제주국제대	전문대+일반대 → 일반대

〈표 10-10〉 1995~2010년 대학 수의 증감 변화

(단위: 대학 수, %)

연도	국공립대학						사립대학					합계
	일반	교육	산업	전문	소계	비율	일반	산업	전문	소계	비율	
1995	26	11	9	8	54	17.8	105	8	137	250	82.2	304
2000	26	11	8	16	61	17.5	135	11	142	288	82.5	349
2005	26	11	8	14	59	16.4	147	10	144	301	83.6	360
2010	27	10	4	9	50	14.5	152	7	136	295	85.5	345
증감	1	-1	-5	1	-4	-	47	-1	-1	45	-	41
비율	3.8	-9.1	-55.6	12.5	-7.4	-	44.8	-12.5	-0.7	18.0	-	13.5

자료: 교과부·한국교육개발원(각 연도 교육통계연보).

당하는 대학은 오히려 숫자가 줄었다(〈표 10-10〉 참조).[17] 사립대학 비중이 80%를 차지하고 국립대학이 적은 상황에서 국립대학 비중을 높여가야 하고, 산업인력 수요에 맞추어 고등직업교육을 담당하는 산업대학과 전문대학의 존재를 중요시했어야 함에도 반대 정책을 펼쳤던 것이다.

그리고 일반대학으로 전환한 대학 중 상당수는 고등교육법 제28조에 "대학은 인격을 도야하고, 국가와 인류 사회 발전에 필요한 심오한 학술 이론과 그 응용 방법을 가르치고 연구하며, 국가와 인류 사회에 이바지함을 목적으로 한

17) 18개까지 있었던 산업대학은 현재 호원대와 청운대 2곳뿐이다(≪한국대학신문≫, 2012년 6월 27일 자).

다"라고 규정된 대학의 목적을 실현하지 않고 교육부의 방기 아래 소위 '무늬만 일반대학'이면서 일반대학의 지위를 누렸다. 대학 서열화를 타파하기 위해서는 기존의 잘못된 대학 구조조정에 대한 분명한 인식이 있어야 한다.

② 대학평가와 재정 지원 사업에 대한 개선안 부재

앞서 보았듯이 일반대학은 고등교육법 제28조에 규정된 일반대학의 목적, 전문대학은 동법 제47조에 규정된 전문대학의 목적에 맞게 평가되어야 하는데, 기존 정부에서는 이와 동떨어진 획일적 방식으로 평가하고 재정을 지원해 대학 간 정체성 혼돈을 부추겼다. 더욱이 이명박 정부에서는 대학평가지표에 취업률과 재학생 충원율 비중을 높게 두면서 일반대학이 더욱 전문대학 영역을 침범하고 정체성을 상실하게 했다(〈표 10-11〉 참조). 즉, 일반대학이나 전문대학을 평가하는 지표 항목이 거의 동일하고, 교육의 질 평가와는 무관한 취업률과 재학생 충원율 지표 비율이 연구 중심인 일반대학과 직업교육 중심인

〈표 10-11〉 2013학년도와 2014학년도 대학평가지표

구분	4년제 대학			전문대학		
	2013학년도	2014학년도	증감	2013학년도	2014학년도	증감
취업률	20%	15%	△5%	20%	20%	-
재학생 충원율	30%	25%	△5%	30%	25%	△5%
전임교원 확보율	7.5%	10%	2.5%	7.5%	7.5%	-
교육비 환원율	7.5%	12.5%	5%	7.5%	10%	2.5%
학사 관리 및 교육과정	10%	12.5%	2.5%	10%	12.5%	2.5%
장학금 지급률	10%	10%	-	7.5%	7.5%	-
등록금 부담 완화	10%	10%	-	7.5%	7.5%	-
법인지표	5%	5%	-	5%	5%	-
산학협력 수익률	-	-	-	5%	5%	-

주: 교과부는 2010년 처음 평가지표를 적용했고, 2012년 2월 9일과 12월 6일에 각 평가지표의 비중을 조정했지만 큰 틀은 유지했다. 이 표는 12월 6일에 수정된 평가지표이다.
자료: 교과부(2012e).

〈표 10-12〉 박근혜 정부 대학평가의 공통 지표와 특성화 지표

공통 지표	대학 발전 계획, 학사 운영, 교직원, 학생 선발 및 지원, 교육 시설, 대학(법인) 운영, 사회 공헌, 교육 성과 등 영역별로 구성
특성화 지표	교육, 연구, 사회봉사, 평생교육, 산학협력, 국제화 등 각 대학의 강점 분야를 중심으로 한 특성화 성과 및 계획

자료: 교육부(2014b).

전문대학 모두 매우 높고, 교육의 질 평가와 관련한 전임교원 확보율, 학사 관리, 교육비 환원율 지표 비율이 낮다. 이 같은 평가지표 때문에 일반대학과 전문대학 둘 다 정체성을 상실하고, 일반대학과 전문대학의 대학 서열화만 부추기는 셈이 되었다.

박근혜 정부는 이런 이명박 정부의 평가 방식에 대한 비판적 견해를 수용하면서 새로운 평가 방식을 내놓겠다고 했고(교육부, 2014b), 대학 구조개혁 추진계획에서는 정량평가 외에 정성평가를 도입하고 절대평가로 전환하겠다고 했다. 또한 일반대학과 전문대학의 평가지표를 별도로 설정하고, 평가 영역 및 내용은 대학 운영과 교육과정 전반을 대상으로 하며 평가지표는 공통 지표와 특성화 지표로 구분하는데, 평가지표와 지표별 반영 비율은 향후 국내외 대학평가지표 분석, 의견 수렴 등을 거쳐 초안을 마련하고 대학구조개혁위원회의 심의를 거쳐 확정할 계획이라고 했다(〈표 10-12〉 참조).

이렇듯 이명박 정부와 달리 일반대학과 전문대학 평가 방식이 다양해졌지만, 여전히 정량평가에서 취업률과 재학생 충원율 비중이 높고, 따라서 각 대학에서 학과 구조조정을 단행할 때 이 두 평가지표를 중요한 판단 기준으로 삼고 있는 것이 현실이다. 전문대학 육성 방안에서 핵심 과제마다 다양한 평가 방식이 도입될 수 있다고 했지만 정부가 핵심 과제를 선정해, 주어진 핵심 과제 평가 방식 내에서의 다양화에 그치는 한계가 있다. 곽병선 전 인수위 간사가 제시한 것처럼 정부 개입 없이 대학 자율로 개별 대학이 고유한 사명을

정하고 그것을 달성하기 위해 어떤 프로그램을 설계하고 얼마나 효과적으로 운영하는지, 그 결과 정말 대학이 목표로 했던 인물을 배출하는지, 자발적으로 대학의 질을 높이기 위해 얼마나 노력했는지 평가하는 다양한 평가 방식은 될 수 없을 것으로 보인다(≪교수신문≫. 2013년 3월 18일 자).

한편 평가지표에 따른 재정 지원 사업의 경우 그동안 전문대학 등 고등직업교육기관의 교육 목표이자 기능이었던 산학협력, 취업교육 지원, 평생교육 활성화를 일반대학에도 동일하게 적용해 정체성을 혼란시켰는데, 박근혜 정부는 이에 대한 지적이 없었다.

이명박 정부 당시 2012학년도부터 시행된 '산학협력 선도 대학(LINC: Leaders in INdustry-university Cooperation) 육성 사업'과 '산학협력 선도 전문대학(LINC: Leaders in INdustry-college Cooperation) 육성 사업'이 대표적인 예이다.

이러한 육성 사업 내용은 고등직업교육을 담당하는 산업대학이나 전문대학에 더 적합한 것이라 하겠다. 실제 "산학협력 분야에서는 전문대학이 4년제 대학에 비해 강점이 있다"는 목소리가 나오기도 했다(≪한국대학신문≫, 2012년 3월 28일 자). 그리고 일반대학에서는 "교과부는 대학을 '이공계 취직을 위한 취업 준비 학원'으로 만드는 것이 대학 발전인 줄 믿고 있다. 특성화를 말하지만 기존 연구·교육 중심 대학의 특성화 구조조차 해체하는 방향으로 가고 있다"고 우려를 표하기도 했다(≪교수신문≫, 2012년 4월 23일 자). 그럼에도 이명박 정부의 교과부는 이 사업에 일반대학의 특정 학부(과)가 아닌 모든 대학이 참여하게 만들어 대학 전체의 체질을 산학협력 친화형으로 개편할 수 있도록 추진하겠다는 입장을 밝혔다(교과부, 2011a).

③ 일반대학이 전문대학과 유사한 학과를 신설하는 문제점

〈표 10-13〉과 〈표 10-14〉에서 보듯이 그동안 일반대학 상당수가 취업률을 높이려고 전문대학의 '취업 위주 인기과'를 본뜬 학과를 앞다투어 개설한다거

〈표 10-13〉 일반대학에서 전문대학 유사 학과의 신설 현황

연도	1990년 이전	1991~1995년	1996~2000년	2001~2005년	2006~2010년	합계
신설 수	5	4	35	54	94	201

주: 204곳 중 신설 연도를 알 수 없는 3곳은 제외한다.
자료: 한국대학교육연구소.

〈표 10-14〉 2006년 일반대학에서 전문대학 유사 학과의 설치 사례

대학명	신설 학과(부) 및 전공명
가야대	안경광학과
강남대	실버산업학부(노인보건학 전공, 실버산업경영학 전공)
건양대	방사선학과/ 치위생학과
경동대	작업치료학과/ 안경광학과
광주여대	실버케어학과
남부대	인테리어학과
남서울대	물리치료학과
대구가대	물리치료학과/ 방사선학과
대전대	물리치료학과
동신대	방사선학과/ 작업치료학과/ 실용음악학과
백석대	관광학부
성결대	뷰티디자인학부
신라대	물리치료학과
아주대	스포츠레저학부(스포츠레저학 전공)
우석대	재활복지학과/ 한방화장품미용학과/ 동물건강관리학과/ 스포츠의학과
전주대	물리치료학과/ 방사선학과/ 재활학과/ 산업디자인학부(실내가구코디네이션 및 섬유패션주얼리디자인 전공)
초당대	치위생학과
한라대	예체능학부(스포츠건강관리학, 패션뷰티학)
호원대	식품외식조리학부(외식조리학, 바이오식품학)/ 만화캐릭터광고디자인학부(이벤트산업디자인)/ 방송연예학부[방송연기, 연예기획(매니저), 대중음악]/ 방송영상학부(방송영상)/ 스포츠레저학부(스포츠지도자, 스포츠레저, 경혈지압)/ 요가학과/ 관광개발학부(관광리조트, 카지노산업)/ 중국문화관광학부(중국문화관광학)/ 응급구조학과/ 작업치료학과

나 실용학문을 지나치게 표방하고 있는데, 이에 대한 문제점이 분석되어 있지 않다(이경숙, 2006: 84; 안민석, 2011b).

수업연한이 1~4년으로 다양해져 학과에 따라서는 일반대학과 같이 4년제가 될 수 있게 된 만큼 더욱 일반대학과 전문대학 간 정체성을 분명히 할 방안이 필요한데, 이러한 방안이 제시되지 않은 상황에서 일반대학과 전문대학의 갈등이 일어나고 있다(≪한국대학신문≫, 2013년 4월 11일 자).

이 같은 갈등을 없애기 위해서는 일반대학과 전문대학의 학과 특성을 분명히 하고 개설하도록 해야 하는데, 현 정부의 발표 자료에는 이에 대한 문제 인식이 나타나 있지 않다. 박근혜 정부는 전문대학의 교육 질을 높이고 지식 기반 산업 및 창조경제의 핵심 전문직업인을 양성하고자 국가직무능력표준에 따른 교육과정을 운영하는 계획안을 발표했다. 그러나 이것만으로는 전문대학의 학과 특성을 분명히 할 수 없음을 인식해야 한다.

(3) 낮은 재정 지원과 지원 방식에 대해 미비한 개선안

2013년 7월 18일 최종 확정된 전문대학 육성 방안에 의하면, 전문대학은 국가의 재정 지원이 부족해 강좌당 학생 수가 과밀하고, 기자재·교원이 모자라 양질의 전문인력을 양성하는 데 한계가 있다는 문제점이 지적되었다. 그리고 〈표 10-15〉, 〈표 10-16〉, 〈표 10-17〉에서 알 수 있듯이 2011년 교과부 사립대학 재정 지원액 2.36조 원에서 사립대학에는 1.9조 원(80.4%)이 지원되지만 사립 전문대학 지원액은 4600억 원(19.6%)에 지나지 않았다.[18)]

또한 〈표 10-18〉에 나타나듯이 교과부 외 타 정부 부처의 재정 지원은 일반대학, 특수대학, 기능대학에 집중되어 총 3조 8583억 7300만 원 중 94.2%인

---

18) 2011년도 전문대학 145개교에서 국공립은 10개교, 사립은 135개교였고, 2013년도 전문대학 139개교에서는 사립이 131개교로 사립 전문대학이 절대다수를 차지한다.

〈표 10-15〉 전체 대학 대비 일반대학의 재정 지원 현황

연도	전체 대학 지원액 (백만 원)	일반대학(국·공·사립 전체)		사립 일반대학	
		지원액 (백만 원)	전체 대학 대비 지원 비율(%)	지원액 (백만 원)	전체 대학 대비 지원 비율(%)
2011	6,726,833	6,233,864	92.67	1,897,430	28.21
2010	5,618,357	4,317,424	76.84	1,438,009	25.59
2009	5,446,474	4,235,157	77.76	1,274,286	23.40
2008	4,517,366	3,589,923	79.47	1,019,775	22.57
2007	3,795,031	3,173,792	83.63	846,487	22.31

주: 전체 대학은 대학, 대학원대학, 전문대학, 사이버대학, 특수대학 등(해외 대학, 평생교육원 및 학점은행제 제외).

〈표 10-16〉 전체 대학 대비 전문대학의 재정 지원 현황

연도	전체 대학 지원액 (백만 원)	전문대학(국·공·사립 전체)		사립 전문대학	
		지원액 (백만 원)	전체 대학 대비 지원 비율(%)	지원액 (백만 원)	전체 대학 대비 지원 비율(%)
2011	6,726,833	492,785	7.32	461,659	6.86
2010	5,618,357	393,765	7.01	361,159	6.43
2009	5,446,474	375,170	6.89	344,582	6.33
2008	4,517,366	291,934	6.46	257,783	5.71
2007	3,795,031	210,169	5.54	179,611	4.73

주: 2011년 사립 전문대학 지원액(4589억 원), 교육 역량 강화(2600억 원), 장학금(1484억 원), LINC(76억 원), 학교기업 지원(53억 원), 글로벌 현장학습 프로그램(48억 원) 등.

〈표 10-17〉 사립 일반대학 대비 사립 전문대학의 지원 비율

연도	사립 일반대학(백만 원)	사립 전문대학(백만 원)	비율(%)*
2011	1,897,430	461,659	19.6
2010	1,438,009	361,159	20.1
2009	1,274,286	344,582	21.3
2008	1,019,775	257,783	20.2
2007	846,487	179,611	17.5

주: * 전체 사립대학 지원금 가운데 사립 전문대학 지원금이 차지하는 비율.

〈표 10-18〉 교과부 외 타 정부 부처의 전문대학 재정 지원 현황

연도	정부 타 부처(교과부 제외)의 재정 지원(백만 원)				
	총액	일반대학, 특수대학, 기능대학		전문대학	
2010	1,011,479	939,564	92.9%	44,694	4.4%
2009	1,087,654	1,035,429	95.2%	30,545	2.8%
2008	961,385	907,554	94.4%	34,517	3.6%
2007	797,855	752,803	94.4%	26,196	3.3%
4년 누적 합계	3,858,373	3,635,350	94.2%	135,952	3.5%

〈표 10-19〉 교과부 및 정부 타 부처의 재학생 1인당 재정 지원액(2010년)

설립	학교 종류	재학생 수	재정 지원(백만 원)			재학생 1인당 지원액(천 원)		
			교과부	타 부처	총 지원액	교과부	타 부처	총 지원액
국립	일반대학	276,418	2,859,456	253,507	3,112,962	10,345	917	11,262
	전문대학	1,024	12,658	1,875	14,533	12,361	1,831	14,192
	기능대학	927	-	864	864	-	932	932
	소계	278,369	2,872,114	256,246	3,128,359	10,318	921	11,238
공립	일반대학	17,327	25,711	6,868	32,579	1,484	396	1,880
	전문대학	7,726	19,948	552	20,500	2,582	71	2,653
	소계	25,053	45,659	7420	53,079	1,823	296	2,119
사립	일반대학	1,098,123	1,437,985	477,078	1,915,063	1,309	434	1,744
	전문대학	481,104	361,172	42,267	403,439	751	88	839
	기능대학	14,943	1,643	85,179	86,823	110	5,700	5,810
	소계	1,594,170	1,800,800	604,524	2,405,324	1,130	379	1,509
총 합계		1,897,592	4,718,573	868,190	5,586,763	2,487	458	2,944

주: 1) 재학생 1인당 지원액은 정원 내 재학생과 정원 외 재학생 포함한 1인당 지원액이다.
2) 재학생 수는 대학원대학을 제외하고는 대학원 재학생을 포함하지 않는다.
3) 정부 재정 지원은 대학원대학을 제외하고는 대학원(일반대학원/전문대학원/특수대학원) 지원을 별도로 구분하지 않는다.

〈표 10-20〉 2010년 대학 및 전문대학 국고보조금 비교

(단위: 천 원, %, 명)

구분	국고보조금 비율			학생 1인당 국고보조금	
	국고보조금(A)	수입 총액(B)	비율(A/B)	학생 수(C)	금액(A/C)
대학	2,677,470,742	20,428,229,653	1.31	1,259,968	2,125
전문대학	479,018,508	5,003,332,101	9.57	481,104	996

주: 1) 대상은 사립 일반대학(자료 미비대학 제외) 및 사립 전문대학.
2) 교비회계 및 산학협력단회계 합산 금액(내부 거래 미제거).
3) 대학 재학생 수는 학부와 대학원 학생 수 합산(재학생 기준)한 수치이며, 전문대학은 정원 내와 정원 외 재학생 수.

〈표 10-21〉 산학협력 선도 전문대학의 육성 사업 개요

2011년			2012년		
구분	사업비	지원 규모	구분	사업비	지원 규모
산학협력 중심 전문대학 육성 사업	80억 원	13개교	산학협력 선도 전문대학 육성 사업	120억 원	30개교

〈표 10-22〉 산학협력 선도 대학의 육성 사업 개요

2011년			2012년		
구분	사업비	지원 규모	구분	사업비	지원 규모
광역권 선도 산업 인재 양성	1,000억 원	20개교	산학협력 선도 대학 육성 사업	1,700억 원	51개교
산학협력 중심 대학	310억 원*	17개교			
지역거점 연구단	145억 원	7개교			
계	1,455억 원*	44개교**			

주: * 지식경제부 예산 130억 원 포함.
** 대학 중복 고려 시 36개교.

3조 6353억 5000만 원이 지원되고, 전문대학에는 3.5%인 1359억 5200만 원이 지원되었다.

〈표 10-19〉에 나타나 있듯이 정부의 재학생 1인당 재정 지원액은 국립대학과 사립대학 간에도 차이가 있지만, 일반 사립대학과 사립 전문대학 간에도

차이가 있어 사립 전문대학은 83만 9000원으로 고등교육기관의 평균 지원액 294만 4000원의 28.5%에 지나지 않는다.

또한 〈표 10-20〉에서 알 수 있듯이 2010년 일반대학과 전문대학의 국고보조금 수입액은 일반대학이 2조 6774억 7000만 원, 전문대학은 4790억 1800만 원이고 수입 총액 대비 비율은 일반대학 13.1%, 전문대학 9.57%로 일반대학의 국고보조금이 월등히 높다. 학생 1인당으로 환산해보면 일반대학은 212만 5000원이고, 전문대학은 99만 6000원으로 2배 이상 차이 난다(안민석, 2011b).

이명박 정부의 산학협력 분야에서는 전문대학이 4년제 대학에 비해 강점이 있는데도 '산학협력 선도 대학 육성 사업'과 '산학협력 선도 전문대학 육성 사업' 간 지원액에서 큰 차이가 나 전문대학의 불만이 터져 나왔다(≪한국대학신문≫, 2012년 3월 28일 자). 〈표 10-21〉에 나타나 있듯이 산학협력 선도 전문대학 육성 사업은 2012년 연간 120억 원을 30개교에 지원해 대학당 평균 4억 원을 지원했는데, 산학협력 선도형에는 대학별로 5억~6억 원을, 현장 실습형에는 1억~3억 원을 지원했다. 이에 반해 4년제 대학을 대상으로 하는 산학협력 선도 대학 육성 사업은 〈표 10-22〉와 같이 2012년 연간 1700억 원을 51개 대학에 지원해 대학당 평균 33억 원을 받았다. 기술혁신형에 선정된 대학은 30억~50억 원을, 현장 밀착형에 선정된 대학은 20억~40억 원을 지원받았다. 즉, 총예산 규모는 14배, 평균 금액은 8배 차이가 나는 상황이다. 더욱이 4년제 대학과 유사한 형태의 사업서를 내고도 지원 규모에서는 크게 차이가 나타났다(≪교수신문≫, 2012년 4월 17일 자).

이렇듯 박근혜 정부는 전문대학이 일반대학에 비해 매우 낮은 재정 지원을 받았다는 것을 지적했지만, 2014년 1월 13일 교육부가 발표한 2014년 고등교육예산에 따르면 재정 지원액에서 큰 차이가 없음을 알 수 있다. 일부 사업은 오히려 지원액이 줄어들기까지 했다(교육부, 2014a).

2014년도 고등교육예산은 8조 6520억 원으로 2013년도 7조 5647억 원에 비해 1조 874억 원, 14.4% 정도 증액되었다. 그러나 평생·직업교육은 7433억 원에서 5384억 원으로 2050억 원 정도(27.6%) 줄었다. 특성화고 장학금 2010억 원의 지방비 이관 등에 따라 전년보다 감액되었다고 하나 이를 제외하더라도 2013년도에 비해 줄었다(교육부, 2014a).[19)]

박근혜 정부의 핵심 과제인 특성화 전문대학 100개교 육성 사업에서 2014년도 사업비는 2696억 원이었는데, 이명박 정부의 전문대학 교육역량 강화사업에 책정했던 예산을 이 사업이 종료되면서 명칭을 변경하고 사업 개편에 따라 조정한 것으로 156억 원 증액되는 데 그쳤다. 반면 일반대학을 대상으로 하는 지방대학 특성화 사업 비용은 2031억 원으로 2013년도 1437억 원에서 594억 원이 증액되었다(교육부, 2014c).[20)] 세계로 프로젝트 사업에 31억 원을 책정했는데, 이명박 정부의 해외 산업체 연계 교육선도 전문대학 육성사업이 종료되어 17억 원에서 늘어났다.

그러나 산학협력 선도 전문대학 육성사업의 경우, 250억 원에서 195억 원으로 55억 원이 감액되었는데, 일반대학을 대상으로 하는 산학협력 선도대학 육성사업이 2459.6억 원에서 2466.6억 원으로 7억 원 정도 늘어난 것과 대비된다(교육부, 2014a: 24, 53, 76).

이렇듯 박근혜 정부에 들어서도 평생·직업교육과 전문대학에 대한 재정 지원이 크게 개선되지 않고 사업명이 바뀌면서 사업비 이합 집산이 중심을 이

---

19) 교육부는 2013년 9월 26일 2014년도 교육부소관예산안 및 기금운영계획안 개요 보도자료에서 고등직업교육과 직접 관계가 없는 특성화고 경쟁력 강화 지원이 종료되면서 2010억 원이 삭감된 것이라고 했다.

20) 2014년도 교육부 예산 보도자료에 따르면 지방대학 교육역량강화사업이 지방대학 특성화 사업으로 명칭이 변경되었다. 지방대학 특성화 사업과 별도로 수도권대학 특성화 사업은 2013년도 544억 원에서 2014년도 546억 원으로 2억 원 늘었다. 수도권 역시 대학교육역량강화사업이 수도권 특성화 사업으로 전환된 것이다.

루고 있어, 앞에서 살펴보았듯이 교육부가 2013년 7월 18일 전문대학 육성 방안 자료에서 전문대학에 대한 국가 재정 지원 부족으로 강좌당 과밀한 학생 수, 기자재·교원 부족 문제를 초래해 양질의 전문인력을 양성하는 데 한계가 있다고 스스로 지적한 점이 그저 문제 제기로 끝나고 있음을 보여준다.

특히 '특성화 전문대학 100개교 육성'을 내세우면서 교육부 스스로 기존 정부의 사업 변경이라고 하고 재정 지원에는 획기적 전환이 없는데, 결국 전문대학을 고등직업교육의 중심 기관으로 육성하겠다는 것은 표방이고, 실제는 전문대학 감축 구조조정의 일환이라는 것을 반증한다.

3. 전문대학의 존재 가치를 향상하는 방안

2013년 7월 18일 최종 확정된 전문대학 육성 방안은 전문대학을 고등직업교육 중심 기관으로 육성하겠다는 박근혜 정부의 목표가 제시된 것으로, 그 목표 자체에 대해서는 긍정적으로 평가할 수 있으나 목표 제시에 대한 반신뢰성, 일반대학과 전문대학 간 정체성 확보 방안의 부재, 재정 지원 확대와 지원 방식에 대한 개선 방안 미비 등을 문제점으로 꼽을 수 있다.

이 같은 문제점에 대한 명확한 해결 방안 없이 이루어지는 고등직업교육 중심 기관 육성은 본래 취지와 달리 제대로 실현될 수 없다. 특히 특성화 전문대학 100개교 선정 육성 과제는 전문대학 구조조정으로 비치고 박근혜 정부 임기 내 사업으로 인식될 것이다. 그러므로 전문대학을 고등직업교육 중심 기관으로 육성하기 위해서는 먼저 전체 대학에서 전문대학이 차지하는 비중을 높이고, 일반대학과 전문대학 간 정체성을 분명히 하는 가운데 전문대학의 정체성을 확보하고, 전문대학에 대한 재정 지원 확대 및 지원 방식에 대한 개선이 필요하다.

1) 전문대학에 대한 비중 확대

앞서 살펴보았듯이 2013년 7월 18일 최종 확정된 전문대학 육성 방안에서는 전문대학을 고등직업교육 중심 기관으로 육성하겠다고 했지만 전체 대학 가운데 전문대학 비중을 높이겠다는 방안은 없었다. 오히려 핵심 과제인 '특성화 전문대학 100개교 선정 육성' 과제를 통해 현재 139개인 전문대학에서 100개교만 선택하고 지원해 구조조정을 촉진하려는 것으로 보인다. 결국 전체 대학의 42.4%를 차지하는 전문대학 139개를 100개로 줄이고 선택과 집중 방식으로 지원해 고등직업교육 중심 기관으로 육성하겠다는 것이다.

그러나 전문대학을 고등직업교육 중심 기관으로 육성하고자 한다면 전문대학 수를 늘려 전문대학 비중을 높이든지, 적어도 전문대학 수를 유지하면서 일반대학에 대한 전문대학 비중을 높이든지 해야 할 것이다. 그러면서 일부 전문대학이 아니라 모든 전문대학을 특성화 대학 대상으로 지원하는 것이 바람직하다.

앞서 살펴보았듯이 OECD 보고서에 따르면 전문대학은 일반대학보다 낮은 학비, 지역적 접근성, 취업 중심의 실용 교육, 산업체와 사회의 연계성 같은 특징이 있다. 그래서 지식 기반 경제와 노동시장의 변화에 대응해 OECD 국가들은 직업교육의 축을 고등교육 단계로 전환해 대학 진학 수요를 취업과 연계하는 정책을 펼치고 있다. 실제로 많은 OECD 국가들의 고등교육 단계에서 전문대학 입학률이 높아지고 있다. 2009년도 입학률을 보면 칠레 57%, 뉴질랜드 50%, 벨기에 39% 순이었고 한국은 36%로 4위였다(한국은 2013년도에도 입학률 36.7%를 기록했다).

이러한 OECD 국가들의 추세를 고려하더라도 고등직업교육기관으로서 전문대학 비중을 높여가야 한다. 그래야만 전문대학을 고등직업교육 중심 기관으로 육성해 전문직업인을 양성하기 위한 직업교육을 강화하고 능력 중심 사회의 기반을 구축할 수 있다.

2) 전문대학의 정체성 확보

전문대학을 고등직업교육 중심 기관으로 육성하기 위해서는 전문대학에 대한 정체성을 확보해야 하는데, 이는 전문대학의 노력만으로 되는 것이 아니라 일반대학과 전문대학의 정체성을 분명히 하는 가운데 이루어낼 수 있다. 특히 그동안 일반대학이 정체성을 상실하고 전문대학의 영역을 침범하는 경우가 많았는데, 이런 점에서 일반대학의 정체성을 분명히 하여 전문대학의 정체성을 확보해야 한다.

이를 위해서는 교육부의 철저한 관리 감독, 고유 목적에 맞는 평가지표 설정, 학과 심의 기구의 설치, 무분별한 대학 통폐합 방지, 정체성에 맞는 재정 지원 사업, 선취업 후진학 정책의 개선 등이 필요하다.

(1) 교육부의 철저한 관리 감독

고등교육법 제28조에는 "대학은 인격을 도야하고, 국가와 인류 사회의 발전에 필요한 심오한 학술 이론과 그 응용 방법을 가르치고 연구하며, 국가와 인류 사회에 이바지함을 목적으로 한다"고, 동법 제47조에는 "전문대학은 사회 각 분야에 관한 전문적 지식과 이론을 가르치고 연구하며 재능을 연마해 국가 사회의 발전에 필요한 전문직업인 양성을 목적으로 한다"고 각각 명시되어 있다. 2013년 7월 18일 최종 확정된 전문대학 육성 방안은 동법 제47조를 개정해 전문대학 교육 목적에 평생교육 기능을 반영하도록 하는 안을 제시한다(교육부, 2013c: 18).[21] 즉, 일반대학은 '연구인력 양성', 전문대학은 '산

21) 고등교육법 제47조(목적) 개정안(밑줄 친 부분이 추가됨): "전문대학은 사회 각 분야

업인력 양성'에서 그 정체성을 찾을 수 있다.

그러나 그간 교육부는 고등교육법에 명시된 대학의 고유한 목적을 지키며 대학의 존재 가치를 높여갈 수 있도록 여건을 조성하고 관리 감독해야 함에도, 오히려 방기하고 정체성 혼란을 부추겼다. 나중에도 살펴보겠지만 교육부는 일반대학의 정체성을 반영하지 않는 부실한 평가지표로 일반대학을 평가하는가 하면, 산업대학이 하던 역할을 일반대학이 할 수 있도록 하고, 일반대학의 정체성과 맞지 않는 학과 개설을 방기하는 등 스스로 고등교육법을 어기고 각 대학의 고유 목적을 저버리는 행위를 조장했다.

교육부는 먼저 자기반성 후에, 교육 관계 법령을 어기고 대학 정체성을 상실한 채 수도권을 필두로 서열화한 상황에 안주하려는 일반대학을 철저히 관리 감독해야 할 것이다. 일반대학으로서 정체성을 유지하지 못하는 대학에 대해서는 고등직업교육기관인 산업대학이나 전문대학으로의 전환을 검토해야 한다.

(2) 고유 목적에 맞는 평가지표 설정과 재정 지원

고등교육법에 명시되어 있듯이 일반대학과 전문대학은 목적이 다르다. 그러나 앞서 언급했듯이 이명박 정부에서는 취업률, 재학생 충원율, 전임교원 확보율, 학사 관리, 장학금 지급률, 교육비 환원율, 상환율, 등록금 인상 수준, 산학협력 수익률 등의 평가지표를 일반대학과 전문대학에 적용해 획일적으로 평가했다. 이러한 평가지표가 대학의 정체성을 상실시키고, 대학 서열화를 더욱 부추겼다.

박근혜 정부는 이명박 정부의 평가지표에 대한 비판적 견해를 수용해 정량

에 관한 전문적인 지식·이론·기술을 가르치고 연구해 전문직업인을 양성하고, 평생직업교육을 통해 국가와 사회 발전에 이바지함을 목적으로 한다.

평가뿐만 아니라 정성평가를 함께 적용하는 등 새로운 평가지표를 제시하겠다고 했다. 하지만 정책 일관성을 내세우면서 이명박 정부의 정량평가지표를 활용하고 정성평가지표를 추가해 근본적으로 구별된 새로운 평가지표를 내놓지 못했다.

새로운 평가지표는 적어도 각 대학의 고유 목적과 다양한 특성화, 그리고 특성화의 지속성 평가라는 조건을 만족시켜야 한다. 획일적 기준으로 정부재정지원대학과 부실대학을 선정하기 위해 대학 서열을 매긴다는 기존 관념으로부터 벗어나야 한다.

앞서 살펴보았듯이 박근혜 정부의 고등교육정책 밑그림을 그린 것으로 알려진 곽병선 전 인수위 간사는 개별 대학이 고유한 사명을 정하고 그것을 달성하기 위해 어떤 프로그램을 설계하고 얼마나 효과적으로 운영하는지, 그 결과 정말 대학이 목표로 했던 인물을 배출하는지, 자발적으로 대학의 질을 높이기 위해 얼마나 노력했는지 평가하자고 했는데 이에 대한 검토가 필요해 보인다.

이 경우 다양한 특성화에 대한 평가와 더불어 각 대학의 특성화가 장기적이고 지속적으로 추진되는지를 평가할 수 있어야 하고, 특성화에 대한 평가는 하되 재정은 모든 전문대학에 지원해야 한다. 역대 정부에서 이루어진 각 대학의 특성화는 시대 흐름에 편승한 인기 학과 중심의 단기적이고 획일적인 특성화, 특정 정권 기간 동안 유지되다가 새로 들어서는 정부의 재정 지원 정책에 따라 특성화한, 사실상 무늬만 특성화이고 변신인 경우도 많았다. 이에 대해서는 특정 정권 기간에 실적 쌓기식 특성화 사업을 추진한 정부의 책임이 크다.

또한 부실대학이란 '정체성을 상실한 대학', '존재 가치를 저하시킨 대학'이라는 인식, 각 대학의 고유 목적을 제대로 평가하지 못하는 부실평가가 부실대학을 만들어낸다는 문제의식 아래 평가지표를 설정해야 한다.

(3) 학과 심의 기구의 설치

앞서 살펴보았듯이 일반대학 상당수가 취업률을 높이려고 전문대학의 '취업 위주 인기 학과'를 본뜬 학과를 앞다투어 개설한다거나 실용학문을 지나치게 표방하고 있다. 이를 방지하기 위해 일반대학과 전문대학에 개설할 수 있는 '학과 심의 기구'의 설치를 검토하는 것이 바람직하다.

이명박 정부 들어 그동안 전문대학 관계자들이 지속적으로 주장해왔던, 의료인 양성을 위한 전문대학의 일부 학과 수업연한이 4년이 되었을 뿐만 아니라 전문대학 수업연한이 1~4년으로 다양화함에 따라 지금과 같이 단지 4년제 대학과 2년제 대학으로 분류하는 것은 점차 의미가 없어지고 있다. 이럴수록 일반대학과 전문대학 간에 차별화하고 정체성이 맞는 학과 설치가 더욱 요구되므로 '학과 심의 기구'의 설치가 필요하다. 학과 심의뿐만 아니라 직업교육 전반에 대해 논의하는 국가직업교육위원회 설치를 적극 검토할 필요가 있다.

(4) 무분별한 대학 통폐합 방지

그동안 무분별한 대학 통폐합 과정에서 많은 전문대학과 산업대학이 일반대학으로 통합되고, 일반대학은 고등교육법에 명시된 일반대학의 목적을 상실하고 실용학문과 취업률 제고에 열중하는 모순을 보였다. 앞서 살펴보았듯이 일반대학화는 산업인력 수요에 맞추어 이루어진 것이 아니라, 일반대학-산업대학-전문대학 간 대학 서열화가 고착화한 한국의 상황에서 일반대학으로 전환하는 편이 입학 자원을 끌어들이는 데 유리하다는 인식 아래 이루어진 것이다. 고등교육법상 일반대학의 고유 목적을 실현하지 않고 일반대학의 명목상 위상을 누리면서 전문대학이나 산업대학의 교육을 모방하는 경우가 많았다. 현재 산업대학은 2개교에 지나지 않고 전문대학은 139개교로 줄어들었다. 이런 현상이 학벌 중심 사회를 강화하고 산업인력 양성의 불일치(미스매치)를 가져오는 주요인 가운데 하나가 되었다고 할 수 있다(교육부, 2013c: 2).[22]

그러므로 더 이상 이 같은 방식의 전환이나 통폐합은 중단되어야 하고, 반대로 일반대학을 줄이고 고등직업교육기관을 늘리는 것이 바람직하다고 할 수 있다. 학생들의 진로와 산업인력 수요를 감안한다면 일반대학을 축소하고 산업대학과 전문대학을 늘리는 것이 오히려 타당하다.

(5) 선취업 후진학 정책의 개선

이명박 정부에서 도입된 고등학교 직업교육 선진화 정책, 선취업 후진학 정책은 특성화고 및 마이스터고에 집중 지원해 고등 단계 직업교육을 선진화한 측면에서는 바람직하지만, 후진학 정책으로 일반대학과 연계되어 전문대학과의 연계성을 약화시킨 단점도 있다.

교과부는 2012년 1월 11일 자 보도자료 '산학협력 선도 대학(LINC) 육성 사업의 목표 및 중점 추진 방향'에서 "특성화고 졸업자 등이 취업 후에도 계속 공부할 수 있도록 후진학 지원을 강화한다"는 내용을 분명히 했다. 구체적으로는 50개 선도대학 가운데 후진학 지원 계획이 우수한 대학 10개교(권역별 2개교)를 '후진학 선도 대학'으로 지정해 지원한다고 했다. 재직자 특별 전형, 후진학 지원을 위한 학과·교육과정 개설, 주말반·야간반, 산업체 현장 경력의 학점 인정, 산학협력 학·석사 통합 과정(5년제) 등 학사 운영, 온라인 교육과정을 운영하도록 한다는 것이었다(교과부, 2012a). 또한 일과 학습을 병행하는 선취업 후진학 생태계를 조성하고 사이버대학 경쟁력을 강화하기 위해 '사이버대학 특성화 지원 사업'을 추진하기로 했다. 즉, 특성화고 및 마이스터고 졸업자들의 교육 수요를 반영한 사이버대학의 특성 학과 신설 및 교육과정 개편으로 선취업 후진학자의 선택 폭을 확대하기로 하고, 2012년 5월 2일 사이

---

22) 산업구조와 기술이 고도화했음에도 전문대학 수업연한의 제한(2~3년)이 산업 현장 수요에 맞는 인력 배출을 곤란하게 만들고 있다고 한다.

버대학 선취업 후진학 특성화 사업 지원 대학을 발표했다(교과부, 2012b, 2012d).

그동안의 선취업 후진학 정책을 개선해 고등직업교육기관인 전문대학과 연계성을 강화시켜나가야 한다.

3) 재정 지원 확대 및 지원 방식 개선

2013년 7월 18일 최종 확정된 전문대학 육성 방안에 의하면, 전문대학은 국가의 재정 지원 부족으로 강좌당 학생 수가 과밀하고, 기자재·교원이 부족해 양질의 전문인력을 양성하는 데 한계가 있다는 문제점이 지적되었다.

그리고 2011년 교과부 사립대학 재정 지원액 2.36조 원 가운데 사립대학에는 1.9조 원(80.4%)이 지원되었으나, 사립 전문대학에는 4600억 원(19.6%)밖에 지원되지 않았다. 전문대학에 대한 재정 지원액 정도가 드러난 것은 다행이지만 전문대학에 대한 재정 지원액을 얼마만큼 증액하겠다는 확실한 약속도 없는 상황이다.

교육부는 2013년 7월 26일 '특성화 전문대학 100개교 육성' 핵심 과제에서 2014년 3000억 원, 2015년 2000억 원 등 모두 5000억 원을 기재부에 신청해 줄다리기를 하고 있다고 밝혔는데, 전문대학에 대한 재정 지원이 미약한 상태에서 이마저도 줄다리기를 하고 있다는 것은 전문대학에 대한 재정 지원 확대가 공염불일 수 있겠다는 관측을 낳기에 충분하다. 박근혜 정부는 이러한 견해를 불식시키기 위한 방편으로 전문대학에 대한 재정 지원 확대를 분명히 해야 할 것이다.

재정 지원 확대와 더불어 지원 방식도 변해야 한다. 이명박 정부의 포뮬러 지원 방식으로 일반대학과 전문대학 간 평가가 획일화하고, 일반대학 재정 지원 사업에서는 전문대학 사업 성격을 띠면서 지원금은 더 큰 경우도 있었다. 또한 재정 지원 사업 대부분이 동일하거나 유사한 교육 여건 지표와 성과 지표가 적용되어 선정 대상이 집중화한 결과 대학 간 부익부 빈익빈 현상이 두드러졌던 점도 지적 대상이다. 포뮬러 지표에 근거하는 데서 수식 공정성, 형평성에 대한 논란, 개별 대학의 특수성이나 다양성이 무시된다는 문제도 지적된다.

이 같은 평가와 지원 방식은 전문대학 전체의 교육 역량을 끌어올리겠다는 것보다 정부 정책에 따른 단기 실적 내기로 보인다. 다른 나라 사례를 보더라도 한국과 같이 편중 지원하거나 정부 정책 중심으로 지원하는 비중은 높지 않다(≪한국대학신문≫, 2008년 9월 22일 자).[23]

따라서 박근혜 정부는 이명박 정부와 같은 획일적 포뮬러 펀딩 방식을 지양하고 고등교육법에 명시된 각 대학의 목적과 부합한 평가지표를 만들고, 재정 지원이 특정 대학에 지나치게 치우치는 것을 지양하는 지원 방식을 제시해야 한다.

---

23) 일본은 대학 유형과 관계없이 학습자 1인당 정부 지원금이 거의 비슷하다. 경상비 지원을 학생 수로 환산해보면 4년제 대학과 2년제 대학 모두 유사하다. 한국처럼 재정 지원 사업이 있기는 하지만 그 숫자가 많지 않고 특별 보조 형태로 지원하며 예산 비중이 일반 지원에 비해 크지 않다. 특별 보조금 지원액도 학교 간 차이가 크지 않다. 미국은 재정 지원 대부분이 장학금, 대부 등 학생들의 학습비 지원이다. 저소득층 등 소외 계층에 대한 학습 지원에 치중된 것이 특징이다. 포뮬러 지원 방식은 주로 중등 단계에서 적용한다. 영국에서는 고등교육과 직업교육 예산 배분을 정부가 하지 않고, '잉글랜드 고등교육기금위원회(HEFCE)'와 '학습·기술위원회(LSC)'라는 독립 기구가 담당한다. 고등교육 예산의 60% 이상을 교육 분야에 집중하며 포뮬러 펀딩 방식에 의해 총액 교부금으로 배분한다. 재정 지원 사업은 경쟁입찰 방식을 적용하지 않고 가능한 한 모든 대학에 골고루 지원한다.

4) 국공립 전문대학과 정부책임형 사립 전문대학 확대

OECD에서 발표한 2011년 교육 지표에 따르면, 대다수 OECD 국가의 대학생은 국공립대학에 다닌다. 사립대학에 다니더라도 영국이나 벨기에와 같이 정부가 대학 재정의 절반 이상을 지원하는 정부책임형 사립대학에서 공부한다. 즉, 대학 재정의 50% 이상을 정부 재정으로 충당하고 있다. 따라서 학생이 부담해야 하는 등록금이 저렴할 수밖에 없다. 이들 국가 가운데 스웨덴, 핀란드, 덴마크는 수업료가 전혀 없다(안민석, 2011a).

그러나 2014년 전문대학교육협의회 자료에 따르면 137개 전문대학이 있고, 이 중에서 국립 1개교, 공립 7개교, 사립 129개교로 사립 전문대학이 절대다수를 차지한다. 전문대학에는 일반대학보다 상대적으로 소득수준이 낮은 학생이 많이 입학하므로 등록금 부담이 적은 국공립대학을 늘렸어야 하는데 오히려 줄어들어 8개교뿐인 상황이다.

OECD 보고서에 따르면 전문대학 특징은 일반대학보다 낮은 학비, 지역적 접근성, 취업 중심의 실용 교육, 산업체와 사회의 연계성 등이다. 이런 점을 고려해 정부는 국공립 전문대학과 정부책임형 사립대학을 늘려 교육 공공성 강화 방안을 적극 검토해야 한다. 국립대학을 신설하려면 기본 시설과 설비를 갖추는 데 투여해야 할 재원 부담이 크므로 '부실' 사립대학을 인수해 정부책임형 사립 전문대학으로 전환하는 방법이 있다. 사립 전문대학에서 먼저 지방 사립 전문대학부터 정부 재정 지원을 확대하고 정부책임형 사립 전문대학으로 전환하는 것이 서민의 교육 복지를 높이고 해당 지역의 지지도를 얻어낼 수 있는 정책이 될 것이다(≪한국대학신문≫, 2008년 9월 22일 자).[24]

---

24) 폴리텍대학의 기능은 전문대학과 비슷하지만 연간 총예산의 92.1%를 국고로 지원받고 등록금도 전문대학의 1/3 수준이다.

4. 결론

박근혜 정부는 2013년 3월 28일 첫 발표에 이어 2013년 7월 18일 전문대학 육성 방안을 최종적으로 확정 발표했다. 현재 139개교로 고등직업교육기관의 절대다수를 차지하는 전문대학을 고등직업교육 중심 기관으로 집중 육성하겠다는 것이다. 이를 위해 수업연한 다양화, 특성화 전문대학 100개교 육성, 산업기술명장대학원 과정 신설, 일부 대학의 평생직업능력 선도 대학 전환, 세계로 프로젝트 등의 정책을 펼치겠다고 했다.

일단 전문대학을 고등직업교육 중심 기관으로 육성하겠다는 의지를 표방한 것 자체는 긍정적으로 평가할 수 있다. 그러나 목표 제시와 달리 전문대학 구조조정이 될 것이라는 반신뢰성, 일반대학과 전문대학 간 정체성 확보 방안의 부재, 재정 지원 및 확대와 지원 방식에 대한 개선 방안의 미비 등 여러 문제점을 안고 있다.

따라서 전문대학의 존재 가치를 높이는 육성 방안이 되려면 먼저 전문대학에 대한 구조조정이 아니라는 확신을 주어야 하고, 그러기 위해서는 전체 대학에서 전문대학이 차지하는 비중을 높여야 한다. 또한 일반대학과 전문대학의 정체성을 분명히 하는 가운데 전문대학의 정체성을 확보해야 한다. 일반대학이 전문대학 영역을 침투하는 상황에서 일반대학의 정체성을 살리는 것이 전문대학의 정체성을 살리는 길이기 때문이다. 그리고 일반대학을 늘리는 무분별한 통폐합을 금지하고 전문대학 등 고등직업교육기관을 늘리고 활성화하는 것도 필요하다. 국가직업교육위원회와 학과 심의 기구를 설치하고 전문대학에 맞는 학과를 심의해 일반대학이 함부로 전문대학 학과를 개설하지 못하게 만들어 '산업인력 양성 중심 대학'으로서 전문대학의 정체성 확보 방안을 다각도로 모색하는 것도 빼놓아서는 안 된다.

재정 지원 확대 및 지원 방식의 개선 방안으로 대학 간 '빈익빈 부익부' 현상과 대학 서열화를 심화시키고 각 대학의 정체성과 특성을 무시한 포퓰러 펀딩 방식을 지양하고, 각 대학의 정체성과 다양한 특성화를 평가하되 '전문대학 육성 정책'에 걸맞게 재정 지원을 늘려 모든 대학에 지원할 수 있도록 해야 한다. 교육 공공성을 강화하고 교육 복지를 확대하는 방안으로 국공립 전문대학과 정부책임형 사립 전문대학의 육성을 적극 검토해야 할 것이다.

참고문헌

교과부. 2011a. 산학협력 선도대학 육성사업 Q&A(2011.5).

_____. 2011b. 교과부, 탐라대·제주산업정보대 통·폐합 승인(2011.7.19).

_____. 2011c. 2011년 OECD 교육지표 조사결과 발표(2011.9.14).

_____. 2012a. '산학협력 선도대학(LINC) 육성사업' 확정·공고(2012.1.11).

_____. 2012b. 사이버대학, 선취업-후진학 모델로 거듭나다(2012.3.15).

_____. 2012c. 산학협력 선도대학(LINC) 51개교 선정(2012.3.21).

_____. 2012d. 2012년 사이버대학 '선취업-후진학 특성화 사업' 지원 대학 발표(2012.5.3).

_____. 2012e. 정부재정지원제한대학 등 대학평가지표 개선안 발표(2012.12.6).

_____. 2013. 산학협력 선도 전문대학(LINC) 30개교 선정(2013.3.28).

교육부. 2013a. 교육부 2013년 국정과제 실천계획 발표(2013.3.28).

_____. 2013b. 전문대학 육성 방안(시안)(2013.6.11).

_____. 2013c.「전문대학 육성 방안」최종 확정, 질의 응답(2013.7.18).

_____. 2014a. 2014년도 교육부 예산 보도자료(2014.1.13).

_____. 2014b. 대학 구조개혁 추진계획 발표(2014.1.28)

_____. 2014c. 대학 특성화 사업 시행계획 발표(2014.2.5)

안민석. 2011a. 이명박 정부 사립대 정책, 문제점과 개선방안: 공공성 관련 정책을 중심으로. 2011 국정감사정책자료집.

_____. 2011b. 통계로 본 대학의 변화: 1995년 5·31교육개혁안 이후부터 2010년까지. 2011 국정감사정책자료집.

유기홍. 2013. 대학구조개혁 정책평가와 전환. 2013 국정감사정책자료집(2013.10).

윤여송·이성주·권춘우. 2011.『지표분석을 통한 전문대학 교육현황(재정)』. 한국전문대학교육협의회.
이경숙. 2006. 기로에선 산업대학과 전문대학, 해법은 없는가. 2006 국정감사정책자료집.
이정표. 2012. 『MB정부의 전문대학 정책과 과제』. 한국전문대학교육연구학회.

≪교수신문≫. 2010.11.15. "현장중심 '직업교육' 강화 …… 마이스터 대학으로 특성 살린다".
_____. 2010.11.15. "[정부 교육정책은 '전문대학 홀대'] 재정지원 불균형 지속 …… 4년제大13.6% 수준".
_____. 2012.4.17. "LINC 확대, 편입학 축소 …… "지역대학 시대" 올까".
_____. 2012.4.23. "의도 좋지만 방향 맞나 …… '취업준비학원화' 우려".
_____. 2013.3.18. "재정지원 평가 따로 인증평가 따로 가서는 안 된다".
_____. 2013.6.17. "특성화 전문대 100곳 육성 '지방대 구조조정 신호탄?'".
≪한국대학신문≫. 2008.9.22. "전문대학 성장 엔진 필요하다](3)재정불이익".
_____. 2012.3.28. "전문대학 LINC사업 선정돼도 불만".
_____. 2013.4.9. "나승일 차관 '전문대학 수업연한 풀어야'".
_____. 2013.4.14. "2030년 되면 전문대학생 57% 줄어든다".
_____. 2013.4.14. "[2013이슈진단] 대학vs전문대학 수업연한 갈등 증폭".

제11장

시간강사법의 문제점과 대안*

임순광 ‖ 전국민주노동조합총연맹 한국비정규교수노동조합 전 위원장

1. 서론

2011년 12월 30일 오후 5시 10분경 국회에서는 대학교수 사회를 근본적으로 뒤흔들 법안 하나가 통과되었다. 소위 '시간강사법'[1])으로 지칭되는 고등교육법 일부개정법률안이 그것이다. 표결 처리 전 그 흔한 몸싸움도 고성도 욕설도 없었다. 침묵하는 대다수 여야 의원들 앞에서 "제17대 국회에서 비정규

* 이 글은 ≪안과밖≫ 2011년 상반기호와 하반기호, ≪진보평론≫ 2012년 여름호, ≪레디앙≫(2013년 6~7월)에 각각 실었던 글을 편집하고 최근 자료(2014년 한국비정규교수노동조합의 대의원대회 결과 등)를 보완해 재구성한 것이다.

1) 시간강사를 포함한 각종 비전임교원을 조직 대상으로 하는 노동조합의 위원장이었던 필자는 비정규 교수라는 용어 사용을 선호하지만 독자의 이해를 돕기 위해 부득이 '시간강사법'과 '강사'라는 표현을 쓴다. 2011년 12월 30일 국회에서 통과된 고등교육법 일부개정법은 첫째, 시간강사에 관한 법이라는 점에서, 둘째, 임금 지급 방식과 기준 등을 사실상 대학에 위임했기 때문에 시급을 받는 강사제(시간강사제)를 폐지한 것이 아니라는 점에서 '강사법'이 아닌 '시간강사법'이라고 부르는 것이 타당하다.

악법을 통과시킨 우(憂)를 제18대 국회에서 다시 범해서는 안 된다. 대학 판 비정규 악법을 막아야 한다"고 호소하는 권영길 의원의 목소리만 연단에서 잠시 울려 퍼졌다. 표결 처리 결과 찬성 128표, 반대 31표, 기권 53표로 법안이 통과되어 2013년 1월 1일부터 시행하는 것으로 결정되었다. 이 법의 통과를 위해 2011년 6월부터 국회에 거의 상주한 교육부(교과부)는 2012년 8월 8일에 시간강사법 시행령 공청회를 개최하려 시도했다. 하지만 이 공청회는 비정규교수노조(한국비정규교수노동조합)의 옥쇄 점거 농성으로 무산되었다. 그럼에도 교과부는 8월 31일에 공청회도 없이 시간강사법 시행령 입법 예고를 했고 10월 하순에 국무회의에서 의결 공포를 준비했다. 비정규교수노조는 위원장 삭발 후 동화면세점 앞 농성 투쟁에 돌입했고 대통령 선거 후보 일부를 압박하는 등 다방면에 걸친 활동으로, 결국 시간강사법 시행 1년 유예법안을 국회에서 통과시켰다. 그리고 2013년 겨울에도 시간강사법 시행 2년 유예 법안을 통과시켜, 시간강사법은 아무리 빨라도 2016년 1월 1일 시행 예정이다. 이렇듯 시간강사법은 비정규교수노조 등 당사자의 반발이 커서 다시 유예되거나, 아니면 아예 폐기 혹은 대체 입법될 가능성도 적지 않다.

최근 동향을 보면 비용 절감에 혈안이 된 정부와 보수 정치권, 그리고 사학재단 측은 대체로 이 법에 우호적이다. 법 시행만 된다면 1~2년 안에 정년을 보장받는 전임교원 대신 시급을 주어도 되는 강사로 교원 확보율을 채울 수 있을 것이기 때문이다. 강사에 대한 채용 절차가 간단해지고 해고 요건만 완화된다면 법정교원(기존에는 정년이 보장되는 전임교원이었으나 최근에는 정년이 보장되지 않아도 재계약과 사학연금이 적용되는 등 일정한 요건을 갖춘 전임교원까지 포괄) 확보율[2)]이나 교원 확보율이 낮은 대학들에게 이 법은 구세주와 같을

---

2) 예전에는 법정교원이, 정년이 보장되는 트랙에 배치된 교원을 의미했지만, 최근 교육부의 대학 구조조정 정책에 따르면 정년이 보장되지 않는 비정년트랙 교수도 계약 횟

것이다.

한편, 비정규 교수 단체들은 시간강사법에 대해 반대 입장을 강하게 표명하고 있다. 특히 비정규교수노조를 비롯해 비정규 교수를 조직 대상으로 하거나 이들과 연대하는 단체들은 이전부터 이 법에 대한 반대 입장을 분명히 했다. 한마디로 좋은 일자리가 사라지는 데다가 다수가 해고당하는 악법이라는 것이다. "미래를 팔아 오늘을 잠시 살 순 없다. 전임교원을 100% 충원하라", "시간강사법은 6개월 외거노비제를 1년 솔거노비제로 바꾼 꼼수이다", "시간강사법은 강의 몰아주기로 대규모 구조조정을 야기하는 해고 촉진법이다", "시간강사법은 정규 교수를 비정규 교수로 대체하는 비정규직 양산 악법이다"라는 것이 비정규교수노조의 주요 주장이다.

몇 년 째 수시로 농성을 하거나 국회에서 올바른 법 개정을 위해 투쟁하던 비정규교수노조는 2012년 스승의 날을 맞이해 교과부 앞에서 '시간강사법 폐기, 관련 시행령 제정 중단 촉구 기자회견'을 하고 주간 농성을 했다. 2012년 6월 14일에도 시간강사법 폐기 촉구 집회를 한 뒤 6월 말까지 농성을 했다. 9월 중에도 교과부 앞 농성을 재개하고 각 대학에서 '비정규직 철폐, 시간강사법 폐기' 촛불 문화제와 선전전을 진행했다. 10월 중순에는 국정감사장(경북대, 전남대, 부산대 등)을 쫓아다니며 미온적인 국회의원들을 성토했다. 10월 하순에는 위원장 삭발 투쟁을 비롯해 국회 안팎에서 강도 높은 설득 작업을 벌였다. 결국 10월 말에 "시간강사법이 많은 문제가 있어 대체 입법을 하기 위해 시행을 3년간 유예하는 법(부칙 개정)"이 발의되었고, 긴박한 논의 끝에

수에 제한이 없고 사학연금을 적용받으면 법정교원 확보율에 포함된다. 더 나아가 2014년 11월 11월 대전 한밭대에서 발표된 교육부(안)에 따르면 일정한 물적 급부를 받는 사람도 교원 확보율에 포함될 수 있도록 해서 편법과 탈법이 더욱 기승을 부릴 것으로 예상된다.

'1년 유예법안'으로 바뀌어 11월 23일 국회 본회의를 통과했다. 진보 진영 사람들 대부분이 예상치 못했던 성과였다. 하지만 대통령 선거가 박근혜 후보의 승리로 끝나면서 시간강사법을 폐기하고 올바른 대체 입법을 쟁취하는 것은 더욱 어려워졌다. 국회에서는 야당 의원들이 갈피를 잡지 못하고 책임을 회피한 탓에 2013년 9월 중순까지 대체 입법 발의조차 되지 않았다. 대체 입법 작업이 지지부진하자 교육부는 대교협(한국대학교육협의회)의 요구를 받아들여 시간강사법 시행령 입법 예고안을 2013년 9월 11일에 다시 발표했다. 강사의 진입 자격 요건을 2년으로 더 낮추고 채용과 해고 요건을 완화하면서 교원 확보율에서도 제외하는 방식으로 말이다. 이에 비정규교수노조는 9월 16일 교육부 앞에서 교육부 발표를 규탄하는 기자회견을 열었다.

시간강사법의 입법 취지가 '시간강사에게 교원으로서의 법적 지위를 부여하고 고용 안정과 신분 보장을 강화'하는 것임에도 정작 시간강사 당사자들은 어째서 이 법의 시행에 그토록 반대하는 것일까? 신문과 방송 보도만 보면 시간강사 문제가 거의 다 해결된 것 같은데 왜 현실은 전혀 그렇지 않을까? 이 글은 비정규교수노조가 시간강사법을 반대하는 이유가 무엇인지, 대학교수 노동시장의 현실은 어떠한지, 노조와 진보 진영의 대안은 무엇인지, 그것의 실현은 어떻게 가능한지에 대해 다룬다. 그 전에 먼저 시간강사법과 같은 문제 법안이 어떻게 국회를 통과하게 되었는지 그 근원적 배경이 되는 대학의 기업화에 대해 간단히 살펴보자.

2. 대학의 기업화와 불안정 노동

1) 미국의 대학 기업화

미국에서 대학의 기업화는 매우 오래전에 시작되었지만 대학의 우열 순위를 정하자는 바람이 본격적으로 분 것은 로널드 레이건(Ronald Reagan) 대통령의 보수주의가 극명하던 1980년대 중반이었다. 미국의 시사 주간지 ≪유에스뉴스 앤 월드리포트(U.S. News & World Report)≫는 ≪타임(Time)≫이나 ≪뉴스위크(Newsweek)≫보다 판매 부수가 적고 보수적인 매체였다. 그런데 이 잡지는 1984년도에 처음 미국 대학의 순위를 전체/학과별로 매겨 보도함으로써 큰 인기를 끌었다. 최근까지도 이 잡지에서 매년 대학 순위를 다룬 호는 가장 많이 팔리고 있다(서보명, 2011).

순위 경쟁은 대학 체제를 평가와 성장 위주로 변형시켰다. 특히 순위 경쟁에서 대학 자산의 액수와 학생들의 만족도 여부가 큰 비중을 차지하기 때문에 대학들은 몸집 부풀리기와 학생 만족도 높이기 경쟁에 몰두하고 있다. 교육을 상품으로 보고 대학을 기업처럼 간주하기에 '품질 관리'와 '품질 보증(Quality Assurance)'을 내세우며 효율과 경쟁을 극단적으로 추구하고 있는 것이다. 이에 따라 대학의 교육과 행정 체계를 국제 기준에 맞추어 효율성 있게 바꾸어준다는 전문가 단체 역시 증가하고 있다. 이와 같은 흐름이 생긴 것은 학비, 기부금, 연구 지원금 등 천문학적인 자금을 활용해 대학을 기업으로 전환시키려는 신자유주의적 정책 때문이다(서보명, 2011).

미국 대학교교수협의회 회장 C. 넬슨(C. Nelson)은 1997년 「정년을 보장받은 진보 교수의 선언」에서 학문 공동체 진영, 특히 대학원생, 시간강사, 캠퍼스 노동자들의 개량화를 개탄했고 미국 대학의 기업화를 비판하면서 조교의 노조 결성을 지지한 바 있다. 2년 뒤 넬슨은 S. 와트(S. Watt)와 함께 풍자적이

〈표 11-1〉 기업형 대학의 특징과 지배 원리

특징	지배 원리
· 기업들을 위하여 계약 임무를 수행 · 교육과정과 학위 프로그램들을 기업의 채용 요구에 맞도록 설계 · 이윤 추구적인 기업의 가치관, 기업식 경영과 회계 기법 채택 · 교수/직원 노동의 산물을 팔기 위해 기업들과 계약 · 학생과 직원들에게 기업 문화 주입 · 기업의 경영 간부들이 이사회 지배	· 학생 소비자는 항상 옳으므로 계약교수진은 언제나 쾌활하고 친절한 품행을 유지해야 하고 학생들을 당황시켜서는 안 된다 · 교수진 노동의 모든 생산물은 기업의 재산이다. 교수진이 무반응하거나 불복할 경우, 경고 없이 계약 종료도 가능하다 · 교수의 수는 과잉 상태에 있으므로 그들에 대한 보상은 학기마다 재평가한다. · 이 원칙을 수용하는 교수는 학문의 자유를 누리고 그렇지 않은 자는 사직하라

고 냉소적이며 비판적 사전인 『아카데믹 키워드(Academic Keyword)』를 출간했다. 그들은 그 책에서 '기업형 대학교(Corporate University)'의 특징과 대학의 지배 원리를 거론하고 있는데(박거용, 2011), 그중 몇 가지를 열거하면 〈표 11-1〉과 같다.

넬슨과 와트는 가까운 미래에 미국의 대학들이 영리를 목적으로 설립된 '피닉스 대학교'처럼 될 것이라 예측했다. 1976년 설립된 이 대학교는 미국 39개 주에 산재해 있는데, 캠퍼스(강의실) 200여 개에 학부생 32만 5000여 명이 있다. 이 대학 교수진의 95%는 시간강사이며 학생을 위한 도서관, 기숙사, 체육 시설은 없다. '비용은 최소화하고 매출은 최대화한다'는 목표 아래 마치 완제품을 판매하는 것처럼 캠퍼스 200여 개에서 동일한 강의를 하고 있다(박거용, 2011). 피닉스 대학교의 주식은 증권시장에서 거래되기까지 한다(서보명, 2011). S. 아로노비츠(S. Aronowitz)는 '기업형 대학교'를 해체하지 못한다면 의사결정이 중앙 집중화한 '영리 목적 대학(For-Profit University)'이 될 것이라고 경고했다(박거용, 2011). 피닉스 대학교는 아로노비츠의 표현을 빌리자면 대표적인 '지식 공장(The Knowledge Factory)'이다. 지식 공장에서 교원과 노동자는 일반 기업의 노동자처럼 착취되고 분할 지배를 당할 수밖에 없다.

2) 한국 대학의 기업화와 불안정 노동 확산

한국에서 대학의 기업화는 1990년대 중반부터 본격화했다. 대학의 기업화는 대학의 상업화, 기업식 대학 경영의 만연, 기업의 직접적 대학 지배, 기업 문화의 창궐이라는 네 가지 차원으로 살펴볼 수 있다. 특히 한국에서 기업의 대학 지배는 미국과는 비교가 안 될 정도로 심하다. 기업 총수가 '교주'를 자처하면서 직접 대학 운영에 개입하는 것처럼, 대학 기업화의 '원조'인 미국에서조차 상상할 수 없는 일이 버젓이 벌어지고 있다(김누리, 2010).

A. 캘리니코스(Callinicos, 2010)나 강수돌(2010)에 따르면 대학은 '일종의 교육 회사'이다. J. 워시번(J. Washburn)은 대학을 아예 '주식회사'라고 부르고 있다. 두산, 삼성, 포철, 현대 등은 이미 대학 설립과 운영에 개입하고 있다. 성균관대와 서울대에는 계약학과, 즉 학생 선발부터 커리큘럼 개발 및 강사진 운영과 졸업생 채용에 이르는 모든 과정을 기업과 대학이 공동으로 기획 운영하는 '기업을 위한 학과'가 설치되었다. 대학은 대학기술지주회사를 설립함으로써 스스로 '산업자본'이 되기도 한다. 대학기술지주회사의 목표는 대학이 보유한 기술로 자본금의 50% 이상을 출자해 대학 안에 기업을 설립하고 수익을 내는 것이다. 2008년 2월 산업교육진흥 및 산학협력촉진에 관한 법률이 통과된 이후 한양대, 서울대, 서강대, 고려대 등 여러 대학에서 대학기술지주회사를 설립하고 있다(김태정, 2010).

기업화한 대학에서 교육과정 자체와 그것을 통해 학생이 획득하는 상징적 자산(졸업장을 포함한 각종 인증 문서와 학벌 등의 학력 자본)은 대학이 제공하는 '상품'이다. 그 상품을 만드는 이가 '교원'이다. 대학은 교원 역할을 하는 다양한 형태의 교육 노동자를 활용하여 교육 서비스를 제공하는 대가로 학생들로부터 '등록금'을 받고, 대학을 법인체로 하여 각종 수익 사업을 한다. 고등학생의 80% 이상이 대학에 진학하는 한국에서 대학들은 고액의 등록금과 수익사업비 일부를 용처가 불분명한 적립금으로 쌓아두고 있다(임순광, 2011a).[3]

사립대학의 적립금 일부는 펀드 투자 등에 활용된다. 정부가 대학의 일부 자금을 학문 이외의 목적으로도 투자할 수 있게 해줌으로써 적립금의 일부가 일종의 '금융자본'으로 운동하는 것이다. 권영길 의원의 2010년 국정감사 자료에 따르면 고려대는 적립금의 30% 이상을 펀드에 투자했다. 대구가톨릭대는 펀드에 투자했다가 30억 원 이상의 손실을 입기도 했다. 이제 대학에서 자산을 불리기 위한 위험한 투자(혹은 투기)는 일상이 되어버렸다. 정부로부터 보증받고 일부 자금도 지원받으며, 학생들의 돈으로 운영되지만(사립대학의 경우 운영자금의 70% 이상이 등록금이다) 정작 국민과 학생에게는 별다른 책임을 지지 않는 '이상한 기업'이 21세기 한국의 대학이다.

대학은 다른 방식으로도 자산을 늘린다. 사립대학들의 '입시 전형료' 수입은 2013년 한 해에만 1531억 원 이상이었다. 대학 내에 쇼핑센터를 짓고 영화관을 들이거나 가게를 입점시키면서 돈을 벌기도 하고, 아예 목이 좋은 땅에 대학의 시설을 두었다가 이전해 목돈을 만들기도 한다. '학교 이전'이나 '학교 부지 일부 판매'라는 명목으로 부동산 사업을 하는 것이다. '교육은 산업'이라고 믿는 정부가 수십 가지 영리사업을 허용해준 덕분에 대학은 그야말로 술집과 여관 빼고[4] 어지간한 사업은 다 할 수 있는 일종의 '지주회사'가 되어가고 있다.

---

3) 2013년 기준 총 10조 원 이상의 규모이고 매년 5000억 원 가까이 적립되고 있다.

4) 사실 요즘 대학은 술집이나 여관을 운영한다고도 볼 수 있다. 민간 자본 유치를 핑계로 기숙사에 맥주를 파는 치킨집이 들어와 미성년 대학생들이 술을 마시고 방값과 식비를 지불하고 있으니 말이다. 최근에는 학교 주변의 원룸도 기숙사 용도라며 사들이고 있다.

2012년 8월 27일 교육부(교과부)는 국무총리 주재로 제11차 교육개혁협의회를 열어 대학자율화추진계획을 추가 발표했다. 이 조치에 따라 사립대학이 교육용 기본 재산을 수익용으로 바꾸는 것이 한결 쉬워졌고, 수익용 기본 재산을 처분할 때 사전 허가를 받을 필요가 없어졌다. 건축 규제가 대폭 완화되어 대학 안에 호텔 등 관광 숙박 시설은 물론 초고층 빌딩도 지을 수 있게 되었다. 학교 외부에 만든 기숙사도 교지·교사로 인정되었다. 학과 통폐합으로 총 정원 안에서 정원을 조정할 때 지금처럼 교원 확보율을 맞추지 않아도 된다. 4년을 넘길 수 없었던 총장의 임기 제한도 폐지되었다. 이는 대학들에게 '규제를 풀어줄 테니 마음껏 장사하고 교원을 구조조정하며, 재단 측이 직접 총장을 선임하면서 종신 집권하라'고 권하는 것과 다름없다. 2014년 1월 교육부는 대학구조개혁추진계획을 발표해 정부가 직접 평가를 하면서 대학들을 시장형 자율화로 내모는 정책을 펴고 있다.

대학 병원은 오래전에 거대한 의료 자본이 되었다. 서울대병원, 전남대병원, 경북대병원 등 대학 병원은 공적 의료 기관이라기보다 의료 회사의 성격을 더욱 강화하고 있다. 의료 부문 외 투자를 할 수 없으니 부채 비율이 전국 최악 수준이어도 병원을 추가로 지어 자산을 증식하기도 한다.[5] 새 병원을 개원하거나 기존의 병원을 구조조정하면서 환자 식당이나 전기 관리 등 상당 부분의 업무를 '외주화'하여 사용자의 책임성을 회피하는 한편, 환자들에게는 특진비나 검사료를 올려서 부과하고 있다. 인건비 절감과 상품 가격 인상(의료비)에 기초한 자본축적을 하고 있는 것이다. 대구의 동산병원(사실상 계명대병원)은 심지어 환자 식당을 '재외주화'하기도 했다. 모 대학의 암 전문 병원은

5) 2014년 10월 말부터 11월 중순까지 지역 방송사들은 경북대병원이 전국 2위의 부채 비율에도 불구하고 건립을 추진하고 있는 분만실 없는 제3병원, 고비용 장례식장의 문제점을 지적한 바 있다.

특정 요일, 특정 시간대에 병실이 모자라 암 환자끼리 몇 시간씩 얼굴을 마주 보며 치료액을 맞도록 하는 비인간적인 운영을 하기도 했다. 오늘날 삼성병원, 아산병원, 성모병원 등을 의료 자본이 아니라고 보는 국민은 없을 것이다.

입시 전형료, 등록금, 병원 운영 수익, 각종 영리사업을 통해 가용되는 한국 전체 대학의 연간 재정 규모는 36조 원 이상(2009년 기준)이다. 이는 주요 대학별로 수조 원에 달하는 각종 자산(특히 학교 건물과 각종 부동산)을 뺀 금액이다.[6] 2014년 정부 예산이 약 357조 원임을 감안할 때 국가예산의 1/10을 훌쩍 넘기는 한국의 연간 대학 재정 규모는 대단히 거대하다고 할 수 있다.

대학이 기업의 성격을 강화하면 할수록 인건비 절감 욕구는 '흡혈귀의 유혹처럼' 다가온다. 인건비를 줄이는 가장 확실한 방법은 교원지위법정주의라는 헌법 정신에 따라 안정적 지위를 보장해야 하고 교원 우대에 관한 특별법에 따라 상대적으로 고액을 주어야 하는 법정교원(정규직 학문교육 노동자)의 숫자를 줄이는 것이다. 그러한 연유로 2013년 적립금이 7868억 원이나 되는 이화여대의 법정교원 확보율도 그리 높진 않다.[7] 전임교원의 수를 줄이기 힘든 경우에는 교원에게 일을 더 많이 맡기거나 생산성을 높이는 방법을 택하기도 한다. 전임교원의 담당강의시수를 늘리거나 전임·비전임교원의 수강 인원을 늘리거나 연구 업적 평가를 강화하는 방식으로 말이다. 평가를 통한 성

---

6) 김태년 의원의 국정감사 보도자료(2014.10.7)에 따르면 최근 10년(2003~2013년) 동안 사립(전문)대학의 자산은 자그마치 12조 원이나 증가했다.

7) 이화여대의 홈페이지에 공시된 2014년 법정교원 확보율은 83.7%이다. 하지만 정년이 보장되는 트랙에 배치된 법정교원 확보율은 훨씬 더 낮을 것이다. 비정년트랙 교수들이 다수 법정교원 확보율에 포함되었을 것이기 때문이다. 전임교원의 강의 담당 비율은 55.2%에 머물렀고 전임교원 1인당 학생 수는 25.5명이나 되었다(OECD 평균은 15명 내외). 한국에서 가장 많은 적립금을 보유한 대학에서조차 대학 설립 운영의 기본인 법정교원 확보율 100%를 채우지 않는 이유는 무엇일까. 비용 절감 말고는 다른 답을 찾기 어렵다.

과급제, 교수연봉제 등은 노동 통제와 노동강도를 강화하기 위한 고리이다. 대학을 자본화하여 이득을 취하려는 입장에서는 전임교원과 직원들에 대한 구조조정이 쉽고 등록금 인상이 용이한 국립대학 법인화가 더욱 구미가 당기는 정책일 것이다.

많은 대학이 인건비 절감을 위해 환경 미화, 시설 관리, 음식 조리, 어학교육원 강의 등에 종사하는 사람들을 간접 고용하고 있다. 2011년 초반에 사회적 이슈가 된 홍익대, 고려대, 이화여대 등에서의 청소 노동자 투쟁은 대학이 기업화하고 과도하게 인건비를 절감하는 과정에서 발생한 것이다. 대학 병원에서도 외주화는 상당히 진행되었다. 간병인 등 '돌봄' 노동에 종사하는 사람들은 아예 노동자성도 인정받기 힘들다. 2011년 경북대는 어학교육원 직접고용 강사의 노동자성을 부정하기 위해 부당해고를 한 바 있다. 중앙노동위원회로부터 부당해고 판정을 받아도 경북대는 이에 불복해 행정법원에 사건을 올렸고 다시 고등법원에서 대법원까지 3년 이상을 끌고 가는 중이다. 2012년 초에 경북대는 어학교육원 강사들과 개별 사업자 계약까지 맺어 그들의 노동자성을 완전히 박탈했다. 이런 일을 하는 곳이 어디 경북대뿐이겠는가. 경북대는 빙산의 일각이다. 상황이 이러함에도 우리는 대학이 악덕 기업처럼 노동자를 착취하며 탄압하고 있다는 사실에 너무나 둔감하다.

앞으로 대학이 교원 역할을 하는 사람들을 외주 업체를 통해 고용하지 않는다고 장담할 수는 없다. 아직까지 비정규 교수가 파견근로자 보호 등에 관한 법률의 적용을 받고 있지는 않으나 향후 교원이 파견되지 않는다는 보장은 없다.[8] 한국에서 '교육은 산업이고 대학은 기업'이라는 인식을 지닌 사람들

---

8) 현재 파견근로자 보호 등에 관한 법률에 따라 사관학교의 시간강사는 파견이 가능하다. 만일 이 파견근로자 보호 등에 관한 법률이 개정되면 시간강사를 일반 대학에 '파견' 형태로 공급하는 상황이 벌어지지 않으리란 보장은 없다.

이 '국가고용전략 2020'[9]처럼 일자리 매개 업체를 전면화[10]함으로써 현장에 기반을 두고 존재하던 사용자성과 노동자성을 애매하게 할지도 모른다. 어느 순간 대규모의 대학 시간강사 파견 업체가 등장할 수도 있는 것이다(임순광, 2011a). 더욱이 시간제 일자리를 대폭 확산하는 데 사활을 걸고 있는 박근혜 정권 아래에서 정규직의 계약직화, 계약직의 시간직화는 계속 추진될 것이다. 이명박 정권이 추진하던 시간제 공무원제는 박근혜 정권 들어서 시간제 교사제로까지 확대되었고 많은 반대에도 불구하고 시행을 앞두고 있다. 정규직이 될 수 있다고, 차별도 없게 하겠다고 사탕발림으로 시작하겠지만 종국에는 많은 이들이 시간강사처럼 차별받고 배제당할 공산이 크다. 이렇게 될 경우 대학 시간강사제의 문제점은 마치 암세포처럼 여기저기로 전이되어 비정규교수 문제를 더욱 악화시키고 문제 해결은 요원해질지 모른다. '악화가 양화를 구축'해버리기 때문이다.

3) 분단된 교수 노동시장

앞에서 언급한 '사용자성 부정'이나 '노동강도 강화' 못지않게 인건비를 절감하는 효과적인 방법은 처음부터 교육 노동자들을 '분할 지배'하는 것이다. 정규직과 비정규직, 교원과 비교원으로 노동시장을 분단함으로써 말이다. 비정규 교수는 모두 기간제 교수인데 크게 시급을 받는 시간강사와 월급을 받

---

9) 이명박 정부가 2010년 10월 12일에 내놓은 정책으로 임금과 근로시간의 유연화를 주요 목적으로 한다.

10) '국가고용전략 2020'의 핵심 법안은 직업안정법 개정안이다. 2010년 9월 고용노동부가 입법 예고한 직업안정법 전부개정안에 대해 노동계 등은 "민간인력 중개 산업을 확대함으로써 파견 노동자를 대량 양산하고 중간착취를 제도화하는 내용을 담고 있다"며 2011년 2월 국회에서 반대 기자회견을 열었다.

는 기간제 교수로 구분된다. 시간강사는 전업 강사와 비전업 강사로 나뉜다.

비전업 강사는 시간강사 이외의 직업이 있어 일정 정도 소득을 올리고 있다고 '간주'되는 강사이다. 2001년 교육인적자원부에 의해 고안되어 2002년부터 국공립대학에 도입되었다. 이후 많은 사립대학들도 이 악습을 받아들여 인건비를 절감하고 있다. 과거에는 대학강사 대부분이 전업 강사로 간주되었으나 최근 몇 년간 전업 강사에 대한 인건비가 인상되자 각 대학은 비용 절감을 위해 비전업 강사의 수를 급증시켰다. 그리하여 지금은 전업 강사와 비전업 강사의 수가 각각 4만 명 정도로 비슷하다.

그런데 최근 급증한 비전업 강사 상당수는 과거에는 전업 강사로 간주되던 사람들이다. 통상적으로는 4대보험을 적용받는 직장이 있어야 비전업 강사로 분류되지만 학교에 따라 기준이 조금씩 다르다. 대학과 국민연금공단은 직장 건강보험 가입 여부, 국민연금 납부 수준, 소득 중 강의료 이외 소득 대비 강의료 비율 등을 감안하여 일부 전업 강사를 비전업 강사로 간주하고 있다. 부산대는 총장이 발령을 내는 '학내 연구소 근무자는 비전업 강사로 본다'는 업무 지침을 만들어 저임금에 4대보험 적용이 안 되어도 비전업 강사로 보는 근거를 마련하기도 했다. 교육부(교과부)는 한술 더 떠 2011년 2월 각 국립대학으로 공문을 보내 '강의료 이외의 소득이 많거나 해당 대학의 전임강사 연봉의 절반이 넘으면 비전업 강사로 간주한다'는 사실상의 지침을 내렸다. 대학, 국민연금공단, 교과부의 이러한 조치는 모두 비용 절감을 위한 것이다. 왜냐하면 2014년 현재 국립대학 전업 강사의 강의료는 8만 원이지만 비전업 강사의 강의료는 3만 원에 지나지 않기 때문이다.

월급을 받는 기간제 교수도 중기 계약기간제 교수(예: 통상 2~3년 단위로 수차례 재계약이 가능한 비정년트랙 교수, HK연구교수, 의과대학의 기금교수 등)와 단기 계약기간제 교수(예: 보통 1년 단위의 강의전담교수, 초빙교수, 겸임교수 등)로 나뉘는데, 이렇게 비정규 교수들이 위계적으로 배열되면 정규직이 아니라는 본질은 같음에도 미묘한 우월 의식에 사로잡혀 서로 경쟁하고 견제하게 된다.

정규/비정규 교수와 교원/비교원을 비교하는 주요 항목으로는 법률적 지위, 채용 및 퇴직(혹은 계약 종료) 절차, 근속 기간(혹은 계약 기간), 임금·부가급여·사회보험의 내용 및 수준과 그 결정 방식, 수행할 직무의 결정 방식, 승진 및 경력 경로, 퇴직(혹은 계약 종료) 후 관계, 사회적 평판과 이와 관련된 권력과 부가 수입 등을 들 수 있다. 이 항목들은 대부분 '교원성'에 따라 정규 교수와 비정규 교수 간에 상이하게 채워져 있다(조정재, 2007).

몇 년 전까지는 법적으로 교원인 사람(고등교육법 제14조 제2항의 교원 범주에 포함되었던 교수, 부교수, 조교수, 전임강사)만이 '진짜' 교원이고 '정규' 교수로 간주되었다. 하지만 2011년 통과된 시간강사법은 강사가 진짜 교원인지, 그 교원의 지위가 온전한 것인지 논란을 불러일으키기에 충분하다. 강사와 고등교육법상 교원이 아니면서 정년도 보장받지 못하는 계약교수인 비정년트랙 교수, 그리고 최근 급증한 겸임교수, 초빙교수, 산학협력교수들의 법적·행정적 관계에 대해서는 제3절에서 좀 더 다룰 것이다.

4) 시간강사의 규모와 강의 담당 비중

건국 초였던 1949년 교육법 제73조에 교원은 '학생을 직접 지도하고 교육하는 자'였고, 제75조에 '대학 교원으로 총·학장, 교수, 부교수, 강사, 조교를 둔다'고 되어 있어 강사는 교원이자 교육공무원에 다름없었다. 하지만 군부쿠데타가 일어난 뒤부터 강사의 지위는 급락했다.

1962년에 박정희 군사정권은 국공립대학 및 전문대학 강사료 지급 규정을 만들었다. 제3조 제2항에 '시간강사료는 시간 강의를 담당한 자에게 실제로 강의한 시간 수에 의하여 지급한다'고 되어 있어 시간강사제가 '이때' 만들어졌다고 할 수 있다. 군사정권은 1963년에 교육공무원법 제27조를 손질하여 교육공무원에 들어가는 강사의 범위는 예전대로 두고 총·학장이 임면하는 강사를 전임강사로만 국한시켰다. 10월 유신을 단행한 뒤 박정희 정권은 1972년 12월 16일, 교육공무원법의 교육공무원 정의에 전임강사란 단서를 달았다. 이후 1977년 12월 31일, 교육법 제75조에서 교원에 포함되었던 강사를 전임강사로 바꾸어 '강사의 교원 지위를 완전히 박탈'했다(홍영경, 2003). 결국 대학 시간강사제를 고안하고 정착시킨 장본인은 박정희 군사정권이었다.

1980년대 들어 전두환·노태우 정권은 중산층의 교육 욕구와 신분 상승 욕망을 정권 유지에 활용하고자 대학과 대학생 수를 대폭 늘렸다. 그들은 이 과정에서 학생 수를 크게 증가시키면서 전임교원을 별로 충원하지 않아도 대학을 운영할 수 있게 해주었다. 그 결과 교원 1인당 학생 수가 상당히 늘어났다.

대학들은 비용 절감을 위해 전임교원보다 시간강사 채용을 선호했고 〈표 11-2〉에서 알 수 있듯이, 결국 정규 교수인 전임교원보다 비정규 교수인 시간강사의 수가 급증했다. 좋은 일자리를 만들어야 하는 공공 부문에서 비용 절감을 이유로 매우 좋지 않은 일자리가 대량 양산된 것이다. 대학 상당수는 이제 교육의 1/3 이상을 시간강사에게 의존하고 있다. 겸임교수와 초빙교수도 사실상 시간강사제의 변형에 지나지 않는 경우가 많아[11] 이들까지 포함할 경우 교원으로서의 법적 지위를 갖지 못한 채 일하는 비전임교원들의 수업 담당 비율은 절반에 가깝다.

---

10) 겸임교수제는 원래 타 대학의 교수나 공무원 또는 변호사가 잠시 겸직하는 제도이다. 겸임교수는 비전임교원이자 법적으로는 '비교원'이다. 초빙교수는 '특수한 교과목' 담당자를 의미하는데 역시 법적으로는 '비교원'이다. 비교원을 교원 확보율에 포함시키는 편법을 고안한 곳은 교육부(교과부)이다. 이 때문에 겸임교수제와 초빙교수제는 상당수 대학에서 원래 취지와는 다르게 운영되고 있다. 아류 시간강사제로 활용되고 있는 것이다.

〈표 11-2〉 고등교육기관과 학생, 교원, 시간강사 수

(단위: 개, 명)

연도	2년제				4년제			
	학교 수	학생 수	교원 수	시간강사 수	학교 수	학생 수	교원 수	시간강사 수
1980	128	165,051	5,488	-	109	448,515	15,174	-
1985	120	242,117	6,406	-	142	1,141,002	27,077	-
1990	117	323,825	7,382	5,799	148	1,280,693	35,529	21,943
1995	149	574,239	10,502	12,298	178	1,655,819	48,475	29,240
2000	159	914,397	11,713	20,180	196	2,219,715	45,190	46,378
2005	161	856,564	12,053	22,793	224	2,409,939	53,136	58,315
2010	149	772,509	12,573	23,412	222	2,555,016	59,381	66,289
2013	-	-	12,880	21,860	-	-	62,864	57,920

주: 1) 학교 수에서 대학원은 제외.
2) 학생 수는 재적 학생 수.
3) 교원은 총(학)장, 교수, 부교수, 조교수, 전임강사.
4) 2년제 중 전문대학에는 학사학위 전공심화 과정의 학생 현황 포함.
5) 시간강사 수는 1988년부터 조사되었으므로 1980년과 1985년 통계치는 없음. 시간강사 수는 중복 인원도 포함.
6) 1980~2010년 수치는 2010 교육통계연보(14~19쪽, 179쪽) 재구성.
7) 2013년 수치는 2013 교육통계연보(15-6. 직위별 교원 수) 참고. 이때 2년제는 전문대학만 반영했고 4년제는 대학교만 포함해 이 표의 인원이 실제 수보다 더 적을 수는 있음. 2013년부터 전임강사제가 폐지되었으므로 2013년 교원 수에는 교수, 부교수, 조교수만 포함.

〈표 11-3〉 시간강사 강의 분담 현황(2009년/2013년)

(단위: 시간, %)

구분	주당 총 시간 수	비전임교원						전임교원	
		시간강사		겸임·초빙교수		기타			
		담당 시간 수	담당 비율	담당 시간 수	담당 비율	담당 시간 수	담당 비율	담당 시간 수	담당 비율
전공	987,289	315,024	31.9	121,411	12.3	11,313	1.2	539,541	54.6
교양	260,782	133,514	51.2	25,023	9.6	8,737	3.4	93,508	35.9
합계	1,248,071	448,538	36.0	146,434	11.7	20,050	1.6	633,049	50.7

주: 1) 강의시수는 학부과정 1학기 기준.
2) 2009년 자료는 2010년 9월 교과부 보도자료 재구성, 2013년 자료는 2014년 1월 13일 자 ≪교수신문≫ "2년 새 시간강사 강의 시간 17% 감소 …… 비정년트랙은 32% 증가" 참고.[12)]

〈표 11-4〉 직위별 교원의 주당 수업 시간 수(2010)[13]

구분	전문대학	대학
전체	12.8	9.1
교수	12.4	8.8
부교수	12.8	8.6
조교수	13.1	9.1
전임강사	12.8	11.6

주: 1) 직위별 교원의 주당 수업 시간 수=직위별 교원의 주당 총 수업 시간 수/직위별 교원 수
2) 휴직 교원은 제외.
3) 2010 교육통계연보(175쪽) 재구성.

전임교원들이 일을 적게 해서 이런 결과가 나왔다고 말할 수도 있지만 〈표 11-4〉를 보면 그와 같은 주장의 부당함을 쉽게 알 수 있다. 전임교원들이 법정 강의시수인 주당 9시간 이상, 특히 전문대학 전임교원들은 주당 12시간 이상을 담당해도 전체 수업의 절반밖에 소화하지 못한다. 왜냐하면 대학이 학교를 정상적으로 운영하는 데 필요한 전임교원을 제대로 뽑지 않기 때문이다.

12) 박인숙 의원의 '2011년 이후 대학 교원별 강의 담당 현황' 자료를 보면 2010년에 비해 2013년 시간강사 수가 크게 줄어든 이유로 2011년부터 2013년에 정년트랙 전임교원(5.7% 증가), 비정년트랙 전임교원(31.6% 증가), 겸임교원(11.6%), 초빙교원(82.3%)의 강의 시간 수가 증가한 것을 들 수 있다. 시간강사법이 통과되기 직전인 2011년 1학기와 통과된 이후인 2013년 1학기를 비교한 자료(전국 126개 4년제 대학 조사 결과)에 따르면 2011년에 비해 2013년 총 강의 시간은 약 1% 증가했는데 앞의 다른 교원들은 강의 담당 시간이 상당히 늘었음에도 불구하고 같은 기간 시간강사 강의 시간 수는 16.5% 감소했다. 〈표 11-3〉에서 2010년 시간강사의 강의 담당 비율은 36%였지만 2013년에는 26% 수준에 머물렀다. 시간강사 대량 해고가 현실이 된 것이다.

13) 각주 12를 보면 2010년에 비해 전임교원의 주당 담당강의시수가 더 증가했음을 유추할 수 있다.

3. 시간강사법의 부정적 효과와 당사자들의 반응

1) 늘어나는 반쪽짜리 교원들

제18대 국회에서 민주당은 이명박 정권과 합의[14]해 교원에 관한 각종 고등교육법 개악안을 통과시켰다. 〈표 11-5〉는 그 핵심 내용과 문제점을 정리한 것이다.

2011년 6월 29일 고등교육법 제15조 제2항이 통과됨으로써 대학에서 기간제 교원이 급속도로 양산되고 있다. 교육지도교원, 교육전담교원, 산학협력교원이 그들이다. 교육부(교과부)는 2008년부터 이 법의 통과를 시도해왔지만 비정규교수노조의 반대에 부딪혀 뜻을 이루지 못했다. 특히 조선대에서 서정민 교수가 자결한 2010년, 비정규교수노조는 9~10월에 교과부 앞에서 노상농성을 하면서 교과부, 사통위(사회통합위원회), 청와대 등을 압박했다. 그 결과 10월 25일에 현 시간강사법의 모태가 된 사통위 안이 발표[15]되고, 10월 26일에는 이주호 교과부 장관이 비정규교수노조와의 공개 면담에서 기간제강의전담교수제 추진을 철회한다고 약속했다.

하지만 2011년에 6월 29일에 관련 악법들은 '조용하게' 통과되었다. ≪교수

14) 민주당이 한나라당과 합의한 배경은 두 가지로 추정된다. 민주당은 2011년 4월에 그동안 자신들이 추진해오던 등록금심의위원회 학생의 참여 비율을 높이는 과정에서 한나라당이 추진한 시간강사법을 국회교육과학기술위원회 안건으로 다루게 했다. 또한 같은 해 12월 28일에는 인천대법인화 법안을 통과시키면서 시간강사법도 국회교육과학기술위원회를 통과하게 해주었다.

15) 비정규교수노조는 사통위 안에 대해 즉각 반대 입장을 표명했다. 비정규교수노조는 처음부터 권영길 의원실과 함께 연구강의교수제를 준비하여 사통위 안이 발표되는 날 그 법이 발의되도록 했다.

〈표 11-5〉 2011년 개악된 교원 관련 고등교육법 일부개정법률들의 문제점

고등교육법	법의 내용(바뀐 곳은 밑줄)	문제점
제15조 제2항 (2011.6.29 통과) *시행 중	교원은 학생을 교육·지도하고 학문을 연구하되, 필요한 경우 학칙 또는 정관으로 정하는 바에 따라 교육·지도, 학문 연구 또는 산업교육진흥 및 산학협력촉진에 관한 법률 제2조 제5호에 따른 산학협력만을 전담하게 할 수 있다.	1. 교원의 기능을 분절시켜 교육교원(강의전담교수), 연구교원(연구원), 산학협력교원 등의 반쪽짜리 교원을 양산함. 2. 특히 산학협력교원은 기업체 자문만 해도 되는 존재로 대학의 기업화를 더욱 부추김.
제14조 제2항 (2011.12.30 통과) *시행은 2016.1.1	학교에 두는 교원은 제1항에 따른 총장이나 학장 외에 교수·부교수·조교수 및 강사로 구분한다.	1. 강사를 교원 확보율이나 전임교원 확보율에 포함시킬 경우 향후 전임교원을 충원하는 대신 비정규 교수로 대체할 것임. 교원의 비정규직화. 2. 조교수(정년트랙)와 다른 '비정규'트랙에 강사 배치. 3. 교수가 아닌 강사로 차별
제14조의2 (2011.12.30 통과) *시행은 2016.1.1	① …… 강사는 학칙 또는 학교법인의 정관으로 정하는 바에 따라 계약으로 임용하며, 임용 기간은 1년 이상 …… . ② 강사는 교육공무원법, 사립학교법 및 사립학교교직원 연금법을 적용할 때에는 교원으로 보지 아니한다 …… . ③ 제1항 및 제2항에서 정한 사항 외에 강사의 임용·재임용 절차 및 그 밖에 필요한 사항은 대통령령으로 정하는 기준에 따라 학칙 또는 학교법인의 정관으로 정한다.	1. 법이 아니라 학교 규정으로 교원을 임용하고 임금 및 근로조건을 결정하기에 개선의 폭이 적어 기존 교원에 비해 크게 차별받음. 2. ②에서 강사를 교원으로 안 보기 때문에 차별을 법제화한 법임. 다만, 정년이 보장되는 전임교원 100% 선이행을 의무화하고, 강사가 전임교원에 포함되지 않는 조건의 단서 조항이라면 수용을 고려할 수도 있음. 3. 사실상 1년 단위 계약이므로 재임용 과정에서 전임교원보다 교육/연구 성과를 더 쥐어짬.

신문≫에 따르면 2012년 1학기에 1000명 이상 뽑힌 신규 교원 중 산학협력교원 수는 50명에 달하고 있다. 이들은 산학협력단에 주로 소속되어 있다. 앞으

로 이들도 정규 교수와 같은 전임교원처럼 간주될 공산이 크다. 시간강사법에 따른 강사제가 시행되면 강사와 함께 기존의 초빙교수나 강의전담교수도 교육전담교원으로 전환될 것이다. 이들은 이전의 전임교원과 달리 특정한 기능만 담당하는 대표적 '반쪽짜리 교원'이다. 교육중점교원이나 교책객원교수로 불리는, 사실상 강의전담 비정년트랙 교수의 채용도 이 악법에 의해 전면화했다. 법정교원 확보율에 포함될 수 있기 때문이다. 1~2년 단위로 계약하고 강의 개설권도 제대로 없으며 연봉 3000만 원 내외를 받고 1주일에 최소 12~18시간을 강의해야 하는 비정년트랙 전임교원제 아래에서 학문의 성숙이나 고등교육의 질적 발전을 기대하기는 어려울 것이다. 하지만 대학들은 비용을 절감하기 위해 신임교수 절반 이상을 이들로 채우고 있다.[16] 국립대학들은 '기금교수'도 법정교원 확보율에 포함될 수 있기 때문에 이들 수의 확대를 고려하고 있다.

앞으로 협력병원이나 그 외 병원에 '겸직' 근무하는 의사가 전임교원의 지위를 갖게 되면 교수 노동시장에 상당한 변화가 일어날 것이다. 2012년 4월 교육부(교과부)가 주도한 모임에서 발표된 '사립의대 교원 협력병원 겸직기준 마련을 위한 연구'(이하 '연구')에는 7개 대학 1818명의 협력병원 전임교원에 대한 대법원 판결과 감사원 처분[17]을 사실상 부정하는 내용들이 담겨 있다. 즉, 2012년 1월 26일 자 사립학교법 개정을 통해 교원이 병원을 겸직할 수 있는 방법이 마련되었다. '연구' 내용은 '임상 교육의 특수성이 타 계열에 비해

---

16) 유은혜 의원이 2013년 국정감사 때 76개 4년제 사립대학으로부터 받은 자료를 보면 신임교수 중 비정년트랙 비율은 2010년 35%에서 2013년 51%로 급증했다. 2014년 3월 17일 자 ≪교수신문≫ "예산절감·대학평가 대비책은 비정년트랙 우선?" 참고.

17) 협력병원에 근무하는 의사는 전임교원의 실질을 갖추었다고 보기 어려우므로 전임교원으로서의 임용 계약을 해지하고 국가가 부담한 사학연금과 건강보험료를 국고로 환수하라는 내용이다.

남다르며, 서울대의 대학 병원 겸직교수 인정 규정도 있으므로 지금은 대법원의 결정과 감사원의 처분에 따라 당사자들의 전임교원 신분을 해지하지만, 몇 개월 뒤 겸직교수로 전임교원 신분을 부여하는 방안을 준비하겠다'는 것이다. 만일 이런 겸직교수들이 전임교원 확보율에 포함되면 인문사회 계열과 기초학문 분야에서 지금보다 전임교원을 더 충원할 가능성은 거의 사라진다. 다른 계열에서도 각종 사업체에 근무하면서 잠시 교육을 하러 오는 사람들을 전임교원으로 인정하라는 요구가 빗발칠 것이기 때문이다.[18] 이렇게 되었을 때 대학이 지식 생태계나 학문 공동체로 존재하는 것이 매우 어려워진다. 그렇기에 고등교육 정상화를 위해서는 '계열별로 편중되지 않는 정년트랙 전임교원 100% 충원'과 '겸직 제한' 규정의 강제가 대단히 중요하다.

2) 시간강사법의 부정적 효과

2011년 12월 30일 통과된 고등교육법 제14조 제2항과 제14조의2는 대학의 교육 환경과 학문 탐구 환경에 재앙을 가져올 것이다. 먼저 교수의 비정규직화와 '교수 사회의 서열화'(기존 교수에 대한 연봉제와 계약제의 전면화, 비전업 시간강사와 전업 시간강사 간의 차별, 겸임·초빙교수의 시간강사화, 강사-전임교원 간

---

18) 의과대학의 특수성을 강조한다면 사고가 빈발하거나 밥 먹듯이 밤샘 작업을 하는 자연 계열과 공학 계열의 특수성은 어떻게 할 것인지의 문제가 생긴다. 또한 만일 대학이 자회사를 만들어 로펌이나 여론조사 기관에 변호사나 통계분석가를 데려와 겸직을 시킨다면 어쩔 것인가? '전임'교원이 되기 위해 인문 계열이나 사회 계열의 대학원생들이 투여해야만 하는 노동시간과 대기 기간은 이공 계열보다 길면 길었지 결코 짧지 않다. 전임교원을 뽑을 때 가장 중요한 기준은 '교육과 학문 탐구(또는 연구)의 역량과 자격'이지 다른 것이 우선해서는 안 될 것이다. 현재의 겸임교원제나 연구교수 형태로도 겸직이 필요한 부분은 충분히 채울 수 있고 연구강의교수로도 이들 모두를 대체할 수 있다.

의 서열화와 차별 등)가 촉진되는 문제가 있다. 강사를 교원 확보율에 포함시키면 사립대학들이 전임교원 충원을 더욱 안 할 것이기 때문에 정규 교수가 되어야 할 사람들이 계속 비정규 교수로 남게 된다. 비정규 교수로 수년 간 있어본 사람은 잘 알겠지만 시간이 지날수록 생계 문제와 시간 부족으로 학문 탐구에 집중하는 것이 어려워지고 이는 교육의 질 하락과 연구 성과의 부진으로 이어지기 십상이다. 교육부나 사용자 단체는 당장 시간강사법을 시행하기 위해, (한동안은) 강사를 교원 확보율에 포함시키지 않을 것이라며 연막 작전을 펼 수 있다. 하지만 지난 몇 년간 국회 공청회나 교육부 입법 예고안과 설명 자료들을 분석해보면, 강사는 처음에는 교원 확보율에 포함되지 않아도 몇 년 안에 전임교원 확보율에 포함될 공산이 매우 크다.

온전한 교원이 아닌데도 교원 확보율에는 포함되는 강사제는 오래지 않아 초·중등학교로도 파급될 것이다. 박정희가 군부 쿠데타 직후 1962년에 만든 시간강사제는 이미 오래전부터 초·중등 부문에 암세포처럼 퍼져 있다. 4만 명이 넘는 기간제 교사에 관한 교육공무원법은 대학 시간강사와 관련된 규정[19]을 거의 베껴 만든 것이다. 초·중등학교 시간강사 수도 벌써 수만 명에 달한다. 시간강사법이 시행되면 기간제 교사 수가 대폭 증가하거나 특정 업무를 담당하는 교사제가 도입될 수도 있다. 공공 부문의 시간제공무원제도 지금의 10%보다 확대되어 시행될 공산이 크다. 박근혜 정권은 고용률 70%를 위해 공공 부문에 시간제 일자리를 대폭 확대한다고 한다. 결국 강사제는 학교와 공공 부문 모두의 기능을 약화시킬 것이다.

---

19) 2001년 4월 교육인적자원부가 대통령에게 보고한 대학 시간강사 문제의 해소 대책에 따르면, 시간강사는 "특수한 교과목 운영, 담당교수 휴직 및 해외 파견 등으로 인한 공백을 보충하기 위한 존재"로 규정되어 있다.

3) 교과부 시행령의 문제점

교육부(교과부)는 2012년 4월 대구에서 주요 대학의 교무 업무 담당자들을 모아놓고 워크숍을 했다. 이 자리에서 교과부는 '대학 교원 관련 정책'(이하 '교원 정책')을 발표했는데 그 핵심 내용은 강사 중복 임용 여부, 강사의 전임교원 확보율 포함 여부와 비율, 소청심사 제기의 허용 여부, 강사의 계약 기간과 보수 지급 방식, 퇴직금 지급 여부, 사립대 추가 지원 여부 등이었다. 교과부는 '교원 정책'을 바탕으로 시행령 초안을 만들어 8월 8일에 공청회를 열려고 했다. '교원 정책'과 2012년 8월 8일 자 강사 관련 고등교육법 개정에 따른 시행령 제정 및 대학의 운영 방향 탐색(이하 '시행령 탐색')은 8월 31일 입법 예고된 시간강사법 시행령의 모태가 되었다. 8월 31일에 입법 예고된 시행령의 핵심 문제점은 다음과 같다(2013년 9월 11일에 변형된 시행령이 입법 예고되었지만 그 본질은 같다).

(1) 향후 전임교원 대신 비정규 교수 양산과 대학 구조조정

제15조 제2항과 제14조 제2항 및 제14조의2 때문에 앞으로 강의만 담당하거나 기업체 자문만 잠시 하며 연봉을 조금 받는 1년짜리 '무늬만 교수'가 양산된다. 강사를 포함한 비정규 교수를 교원 확보율에 넣는 순간 정규 교수로 뽑힐 사람들이 비정규직으로 뽑히게 되고 점차 정규 교수의 숫자가 줄어들 것이다. 정규직의 비정규직화가 급속히 진행되는 것이다. 2012년 8월 27일의 대학 자율화 조치처럼 점차 교원 확보율에도 구애받지 않는 상황이 오면 이제 학과의 통폐합이 자주 일어날 것이다. 교원 지위를 올바로 부여하고 처우 개선 및 권리 보장을 해주기 전까지 강사를 포함한 모든 비전임교원은 법정(전임)교원 확보율뿐 아니라 교원 확보율에도 포함시켜서는 안 된다. 법정교원 확보율이 아닌 교원 확보율은 폐지되어야 한다.

(2) 전임교원의 고충 증대와 교육·연구 환경 저하 및 학생의 수업권 박탈

고등교육 재정의 확충 없이 시간강사법이 진행되므로 전임교원 담당강의 시수 증가, 전체 교과목 수 축소, 강좌당 수강 인원 증가, 폐강 기준 강화, 수업일수 단축(한 학기 16주→15주), 졸업 이수학점 축소, 교수 연구 지원 축소 등으로 이어질 것이다. 이는 대부분의 대학에서 이미 벌어지고 있다.

(3) 기존 전임교원과 강사 간 차별이 법으로 제도화

강사는 교육공무원도 아닐뿐더러 연금 적용도 못 받고 계약 기간도 짧으며 연봉도 적다. 고등교육법에는 '제14조' 말고도 '제14조의2'라는 조항이 별도로 있는데, 거기에 강사는 '교육공무원법, 사립학교법, 사립학교교직원연금법 적용을 받지 않는다'라고 명시되어 있다. 곧, 강사는 고등교육법 제14조 제2항에 들어가는 교원이지만 차별이 법으로 명시된 '무늬만 교원'인 것이다. 특히 강사의 급여나 각종 노동조건도 법령이 아니라 개별 대학에서 학칙이나 약관으로 정하게 되어 있어 기존 전임교원의 그것보다 훨씬 열악할 수밖에 없다. 이런 시간강사법이 시행되면 다른 교육 현장에 있는 교원 간의 차별 또한 법제화하지 않는다고 장담할 수 없다. 각종 비전임교원을 전임교원처럼 가장하는 일도 더 생길 것이다. 이를 막기 위해서는 강사를 비롯한 비정규 교수에게 교원 지위는 부여하되, 차라리 이들이 비정규직이면서 비전임이라는 점을 명시하는 것이 오히려 필요하다. 그리고 이들을 전임교원으로 간주하려면 적어도 정년트랙 전임교원과 동일한 대우를 법적으로 보장한다고 법제화해야 편법과 탈법을 막을 수 있다. 더 급한 것은 비정규 교수들이 정년트랙 전임교원이 될 수 있도록 법으로 정한 교원 확보율(법정교원 확보율) 100% 달성을 하루 빨리 이루어내는 것이다.[20]

---

20) 계약 기간이 6개월도 안 되고 근로계약서도 없어 법적 보호를 받지 못하는 각종 비정

(4) 비정규 교수 대량 해고

일부 강사에게 강의 몰아주기를 할 것이 분명하므로 수많은 사람들이 대량 해고될 것이다. 강사 혜택도 못 받는 비전업 강사도 대량 양산된다. 강사로 임용되지 못하는 비정규 교수는 겸임교수나 초빙교수가 되지만 이들의 일자리가 과거처럼 보장될지는 매우 불투명하다. 일정 수준의 교원 확보율을 높이기 위해 주당 9시간 이상 강의를 담당하는 전업 강사들에게 강의 몰아주기가 이루어져 1차 대량 해고가 발생하고, 그 강사들이 다른 대학으로 가서 일자리를 추가로 차지하는 바람에 2차 해고 대란이 터질 것이기 때문이다. 이 일은 거의 동시에 일어날 것으로 보인다. 전국 시간강사가 8만 명 정도이고 이들이 한 대학에서 1주당 평균 4.5시간 강의('시행령 탐색' 7쪽에는 연간 9.5학점을 담당한다고 진술)하고 있다는 점을 감안할 때 최대 4만 명이 해고될 거라 예상할 수 있다. 비록 교과목별 특성, 교원 확보율 반영률, 특정 강사에게 강의 몰아주기 정도, 비정규 교수들의 겸임·초빙교수로의 유입, 대학 내부의 저항 등을 고려할 때 그것보다 좀 더 적은 사람들이 일자리를 잃겠지만 그 수가 1만 명 이상 되지 않을까 우려된다.

(5) 대학원 붕괴

시간강사법이 시행되면 일단 기존 강사가 줄어들고 현재 대학원생들이 새로 강사가 될 수 있는 통로도 상당 부분 막히게 된다. 대학원생들은 불안한 미

규 교수(시간강사 포함)들을, 다년 계약 평가를 통해 횟수 제한 없이 재계약되도록 하고 법적 보호를 어느 정도 받을 수 있도록 만들면서 정규 교원 추가 확보를 병행하자는 주장이다. 이런 주장에 대해 '비정규직을 양산한다고 비난'하는 것은 사실을 호도하는 것이고 부당한 처사이다. 정규직을 더 뽑고 시간제 노동자 다수를 그 정규직이 되도록 하고 나머지 시간제 노동자를 기간제로 바꾸면서 권리를 더 보장해주자는 대안이 개악안이라고 평가되어서는 안 될 것이다.

래에 대해 동요할 수밖에 없다. 더 나아가 강사로 전임교원이 대체되는 현실이 고착화하면 대학원에 진학하는 사람들의 수가 급감할 것이다. 이 일은 지방대학에서부터 시작될 것이다. 평생 공부해서 2000만 원 정도밖에 못 받는 1년짜리 비정규직 강사가 되는데, 학문 탐구에 인생을 걸 사람은 거의 없을 것이다. 2013년 시행령 입법 예고안에서는 강사를 교원 확보율에 반영하지 않겠다고 했지만 지난 10여 년간 교육부가 보여온 모습을 감안할 때 법이 시행되면 오래되지 않아 정부 입장이 바뀔 것으로 예상된다. 지방 사립대학들의 로비가 만만찮을 것이고, 법률에 별도 장치를 마련하지 않는 한(예: 강사는 아예 비전임교원이라고 못 박는 것도 정부와 사학재단의 꼼수를 막기 위한 방법이다) 현행 법 체계에서 시간강사를 교원 확보율에서 제외하기가 어렵기 때문이다. 만일 강사의 교원 확보율 반영 비율이 40% 정도까지 확대된다면 대학원 붕괴 가설은 현실이 될 것이다. 교육부(교과부)는 2011년 6월 국회교육과학기술위회의에서, "강사는 전임교원이므로 교원 확보율이 아니라 전임교원 확보율에 전부 포함시키는 게 옳다"는 입장을 분명히 피력하기도 했다. 시간강사를 전임교원처럼 대우하지 않으면서 전임교원같이 포장만 하는 시간강사법은 대학원이 없는 대학, 미래가 없는 대학을 만들 것이다.

(6) 시간강사 문제가 겸임·초빙교원 및 비정년트랙 교수에게 이전

교육부는 대학이 교육과정 편성 시 종전처럼 전임교원 강좌 배정 이후 남은 강좌를 시간강사에게 배정하는 방식에서 탈피해, 강사가 담당하는 과목을 미리 고려해 교육과정을 편성함으로써 최소 2과목 이상 강의할 능력이 있는 강사를 채용하라고 강조하고 있다. 하지만 그러면서도 '불가피하게 교원의 연구년, 파견 등으로 1년 미만의 강사가 필요할 경우 겸임·초빙교원을 활용하여 운영하라'고 하고 있다. 이와 같은 교육부의 입장은 그야말로 꼼수이다. 겸임·초빙교원은 그 목적에 맞게 선발되어야지 1년짜리 강사의 대타로 활용되어서는 안 된다. 그렇게 될 경우 겸임·초빙교원은 기존의 시간강사와 다를 바가 없기 때문이다. 현재와 같은 방식은 결국 옷만 바꿔 입을 뿐 시간강사제, 6개월 이하의 단기간교원제를 그대로 유지하는 것이다. 그럼에도 교육부가 마치 모든 시간강사가 '시간강사법에 따른 강사'가 되거나 신분이 상승하거나 처우가 개선되는 것처럼 호도하는 것은 국민을 기만하는 것이다. 겸임교원제나 초빙교원제는 사실상 일종의 비전업강사제이다. 강사에게 교원 지위를 줄 때 '전업'을 기준으로 한다면 절반에 가까운 강사들이 갈 곳을 잃거나 겸임·초빙교원의 형태로 흡수될 것이다. 그런데 이들 겸임·초빙교원은 교원이 아니므로 이번 조치를 통해 얻는 이득이 없다. 겸임·초빙교원제가 존재해온 사실상의 이유는 교원 확보율 계산을 할 때 20%까지 반영되었기 때문이다. 그렇기 때문에 일부 사립대학은 겸임교원을 100명 이상 두기도 했다. 대구대의 경우 겸임교수가 100명이 넘었다. 사실상 시간강사임에도 교원 확보율을 높이기 위해 겸임교수제가 남용되고 있었던 것이다. 초빙교원제도 역시 마찬가지이다. 국립대학의 경우 다수 대학이 이미 초빙교원 수십 명을 두고 있다. 원래 특수한 교과목을 담당하기로 되어 있는 초빙교원은 현재 전혀 특수하지 않은 교과목(글쓰기, 수학, 경제학이 어찌 특수한 교과목이라 하겠는가!)을 상당수 담당하면서 교원 확보율을 형식적으로 높이는 데 이용되고 있다. 사립대학에서 비정년트랙 교수의 채용을 늘린 것도 교육부에서 교원 확보율을 산정할 때 인정해주기 때문이다. 2006년 국정감사 자료를 보면 4년제 대학의 50%에 달하는 99곳이 비정년트랙교원제를 도입한 것으로 나타난다. 최근에도 연봉 3000만~3600만 원 정도의 대우를 해주면서 비정년 강의전담교원을 뽑는 대학이 늘었다. 일부 대학에서 '교원인 강사' 역시 타 대학으로 강의를 가게 되면 겸임이나 초빙으로 취급되도록 한 것은 그렇기에 문제가 된다. 국립대학의 경우 강사는 2014년에도 전임강사 연봉의 절반도 못 받는데, 그들이 A대학 강사가 되면 B대학에서는 그보다 훨씬 적은 강의료를 받으며 교육 활동을 하게 될 가능성이 크다. 결국 이번 교육부의 입법 예고안이 그대로 통과될 경우 전업 강사의 일부는 향후 '반쪽짜리 교원 강사'가 될 수 있을지 모르지만 절반 정도의 비전업 강사는 과거보다 처우가 열악해진 겸임·초빙교원으로 흡수되거나 아예 해고될 공산이 크다.

(7) 정부의 책임 회피와 편법 방조

강사에 대한 보수 지급 방식을 대학이 자율적으로 결정하라는 것과 사립대학에 관련 재정 지원을 하지 않는다는 것은, 곧 강사에 대한 처우 개선을 하지 않겠다는 말과 같다. 지금까지 강사의 처우와 근로조건이 최악의 상태였던 것은 국가가 교원에 대한 지원을 제대로 하지 않고 대학에만 맡겼기 때문이다. 지금처럼 보수 지급 방식(시급/월급), 방학 중 보수 지급 등을 계속 대학 자율에 맡긴다면 대학은 기존 방식을 고수할 것이다. 간혹 비용 부담을 이유로 해고 위협을 할 것이고 실제 교육 환경을 좀 더 나쁘게 만들 수도 있다. 그러므로 비용 문제와 임금 지급 방식을 대학 자율에 맡긴다면 처우 개선과 신분 보장이라는 당초의 입법 취지를 달성할 수 없기 때문에 법 시행의 근거 자체가 박약하다. 정부의 재정 지원 없이 대학 자율에 맡기면 강사는 시급과 최저생계비를 벗어나기 힘들다. 교원의 경제적 지위를 우대하도록 하고 있는 점을 감안해, 방학을 포함하여 월급제(각종 수당 포함)로 지급하도록 규정하는 것이 타당하다. 교육부는 강사의 경우 전일제 근무를 원칙으로 하고 있지 않기에 일괄적으로 월급제로 하기보다 대학 자율에 맡긴다고 하고 있다. 그렇지만 한 대학에 소속된 강사가 왜 전일제가 아닌지 교육부 주장의 근거가 없다. 짧은 시간을 강의하기 때문이라면 주당 6시간을 강의하는 전임교원은 왜 전일제인지 대답해야 할 것이다. 정규 교수가 아니라서 그렇다면 강사 이외의 다른 비정규 교수에게는 왜 월급을 지급하는지 따져봐야 한다. 강사에게도 그와 같은 규정이 적용되도록 하는 것이 정부의 역할이다. 얼마든지 전일제로 간주할 수 있는 강사를 전일제가 아니라고 처음부터 규정하는 것 자체가 문제 해결의 의지가 없다는 증거이다.

이 외에도 여러 비판 사항이 더 있지만, 이 정도로도 시간강사법 자체가 잘못되었음을 충분히 알 수 있다. 잘못된 법을 폐기해 올바른 법을 만들지 않고 시행령만 잘 만들 수는 없다. '악법에서 선한 시행령이 나올 수 없는 것'이다. 교육부가 입법 예고한 시행령 자체의 모순점도 많다. 그렇기에 시간강사법은 국회에서 즉각 폐기되어야 하고 올바른 방향으로 대체 입법되어야 한다.

4) 악어의 눈물을 흘리는 대학

시간강사법 통과 직후에 사립대학들은 대체로 반대 입장을 표명했다. "강사의 처우를 개선하라고 하면서 정부가 재정 지원(특히 4대보험료 사용자 분)을 안 한다면 강사를 해고할 수밖에 없다"는 것이 그들의 핵심 주장이었다. 하지만 이는 상당히 기만적인 것이다. 시간강사법에 따르면 사립대학 강사에 대한 임금수준과 지급 방식 등은 전적으로 대학 자율이라 강제성이 없다. 퇴직금 정도만 추가 부담하면 되기에 돈을 별로 더 들이지 않아도 된다. 국립대학은 그 돈마저 정부로부터 지원받는다.

엄밀히 따져보면 사립대학의 관심사는 철저하게 비용 절감과 노동 및 지식인 통제에 있다. 사립대학들은 비용 절감을 위해 항상 값싼 교육 노동자를 고용해왔기 때문에 저임금 강사를 집단 해고해서 얻을 이득이 별로 없다. 심지어 관련 시행령이 강사가 아닌 다른 비정규교수제를 활용할 수 있도록 제정된다면 더욱 그렇다.[21]

---

21) 교육부(교과부)의 전국대학교교무행정관리자협의회 세미나 자료(앞서 언급한 '교원

전임교원들이 비정규 교수가 하던 일을 가로채 '잔업수당'[22]을 더 챙기겠다고 자청하거나 학교 측의 압박에 굴복하여 더 많은 강의를 하게 될 경우 비정규 교수의 일자리가 줄어들 수는 있겠지만, 그것은 굳이 이 법이 아니더라도 일어날 수 있거나 지금까지 일어났던 일이다. 그렇기에 사립대학들의 '과장된 엄살'은 정부 지원금을 더 타내기 위해, 더 나아가 강사를 교원 확보율에 포함시켜 대학평가 점수를 높이고 정부 지원을 더 쉽게 받고자 흘리는 '악어의 눈물'일 뿐이다.

2010년 10월 25일 사통위의 권고와 교육부(교과부)의 방침에 의해 2013년까지 시간강사의 강의료를 조금씩 더 지원받게 되는 국립대학들은 처음에는 별다른 반응을 안 보였다. 그러다가 강사가 전임교원 확보율에 포함될 수 있고 기존 전임교원처럼 교원인사위원회를 구성해 공개 채용해야 하며 소청심사도 받을 수 있다는 사실을 알고 난 다음부터는 부정적 의견을 표출하기 시작했다.

국립대학 입장에서는 강사가 전임교원 확보율에 포함되지 않고 강사에 대

정책')에는 1년 미만의 강의 담당자가 필요할 경우 겸임교수제나 초빙교수제를 활용할 수 있도록 명시되어 있다.

22) 전임교원이 책임시수를 넘겨 강의했을 때 받는 초과 강의료를 의미한다. 대학마다 초과 강의료 규모에 차이가 있지만 대체로 사립대학 금액이 국립대학보다 많다. 성공회대에서는 전임교원들이 비정규 교수 강의료에 근접하는 초과 강의료를 받으며 많은 강의를 담당하고 있다. 최근에는 전임교원이 강의를 많이 해야 나중에 연금을 많이 받을 수 있다고 하는데, 이 또한 잔업수당의 일종이라고 볼 수 있다. 필자로서는 정규 교수가 이에 저항하지 않는 게 납득이 되지 않는다. 가정을 해보자면 현대자동차 정규직 노동자가 자기 퇴직금을 더 받으려고 비정규직 노동자를 해고시켜가며 일을 더 하는 상황이나 다를 바 없기 때문이다. 정규직이 비정규직의 일을 빼앗아 자신의 급여를 더 채우는 상황에서 비정규직을 위해 행동할 것이라고 기대하는 것은 난센스이다.

한 채용과 해고 절차가 복잡하지만 않다면 이 법을 반대할 이유가 없다. 강사가 전임교원 확보율에 포함될 경우 국립대학들은 그동안 당연하게 교육공무원으로 배정받았던 교원의 수가 이후 줄어들어 대학 경쟁에서 불리해질 것이라 생각하고 반대 의견을 표명하고 있다. 그렇지만 교육부가 강사를 전임교원 확보율이 아닌 교원 확보율에만 포함시킨다면 국립대학 역시 별다른 조치를 하지 않아도 정부의 재정 지원을 받는 데 유리하므로 현재의 정부 방침에 동조할 공산이 크다. 부산대처럼 50명 정도의 강의전담교수(또는 전임대우강사)를 뽑는 대학들은 이 법이 시행될 경우 10% 내외의 수준에서 교원 확보율을 높이기 위한 목적 아래 관련 조치를 취할 것으로 보인다.

5) 불안과 분노에 휩싸인 비정규 교수들

2012년도에 비정규교수노조는 전국불안정노동철폐연대와 공동으로 비정규 교수 의식의 실태를 조사했다. 학술단체협의회 등의 교수·학술 단체도 협조한 이 조사는 4월 22일부터 5월 10일까지 전국 342명의 강사를 대상으로 실시되었다. 세부적인 조사 결과는 2012년 하반기에 토론회 형식으로 발표되었는데 그 내용 중 일부를 소개하면 다음과 같다.[23)]

(가) 2012년 12월 30일에 통과된 '시간강사법(고등교육법)'에 대한 반대 비율이 노동조합 구성원이든 노조와 상관없는 강사이든 90%에 육박했다. 응답자 중 법안에 반대하는 비율은 91.2%에 달했다. 법이 개악되기 전인 2011년 5월 ≪교수신문≫이 조사했을 때는 응답자의 66%가 반대했었는데 지금은 반대 비율이 훨씬 높다.

---

23) 이 조사 결과를 요약한 사항은 2012년 5월 14일 자 ≪한국대학신문≫에 실렸다.

(나) 응답자 중 찬성한 사람은 '계약 기간의 연장'을 주요 이유로 들고 있지만 그 수는 극도로 적다. 반면 절대다수를 이루는 반대 응답자들은 이 조치가 '구조조정의 위협'을 가져올 것이라 느끼고 예산 배정이 없는 정부의 꼼수(기만책)라 보고 있으며 전임교원이라는 좋은 일자리가 사라지는 부정적 측면에 주목하고 있다. 계약 기간이 6개월이든 1년이든 고용이 불안하기는 마찬가지이며 대학의 80%를 차지하는 사립대학 대책이 없는 점도 반대 이유로 꼽혔다.

(다) 강사 대부분은 신분 불안(80.1%)과 전망 부재(81.6%)에 답답해하고 있다. 학생들을 잘 가르쳐야 한다는 사명감(81.8%)은 높지만, 생활고(69.0%)와 여건 부족(78.7%)으로 교육자로서의 자부심(60.2%)이나 학문 연구자로서의 자부심(56.7%)은 사명감에 비해 낮다.

(라) 강의하는 대학에 대한 소속감은 20.2%만 느끼고 있었다. 대부분이 그 이유로 '신분이 불안정하고 의사결정권이 없기 때문'을 꼽았다.

비정규 교수 상당수는 시간강사법이 '강의 몰아주기식 구조조정'을 가져올 것이기 때문에 반대하고 있다. 이 불안의 근거는 상당한 편이다. 교육부(교과부)는 자체 워크숍 자료에서 '교원 확보율에 포함되는 강사는 주당 9시간 이상 강의하는 사람'으로 보고 있다. 1주일에 9시간 미만 강의하는 강사는 교원 확보율 2%를 먼저 포함시킨다고 한다.

계산의 편의를 위해 한국 대학의 전임교원 확보율을 50%라 치고 전임교수의 수는 8만 명이며 이들이 평균 9시간을 강의하고 있다고 가정해보자.[24] 시간강사는 평균 4.5시간 정도 강의하고 그 수가 전국적으로 8만 명이라고 하면

---

24) 사실 이 수치는 실제와 매주 가까운 것이다.

이런 셈법이 나온다. 9시간 담당하는 강사를 교원 확보율에 5% 반영하려면 4000명을 뽑아야 하는데 그렇게 하려면 딱 그 인원만큼 4.5시간씩 담당하던 시간강사를 '잘라야' 한다. 10%를 반영하려면 8000명을 뽑고 그 수만큼의 강사와 계약을 해지해야 한다. 만약 A대학에 1000명의 강사가 1인당 평균 4.5시간을 강의하고 있다면 10%의 교원 확보율을 높이기 위해 기존의 시간강사를 최소 100명 이상 해고해야 하는 것이다. 교원 확보율에 일부 포함되지 않더라도 모든 시간강사는 강사가 되어야 하고 그 강사는 9시간 이상 담당해야 한다고 강제된다면 A대학에서 해고될 사람은 500명이 될 수도 있다.

물론 이건 하나의 가정일 뿐이다. 실제 2년이나 4년 단위로 교과과정이 바뀌는 각 대학에서 1년짜리 강사에게 전공과목을 다 맡기기도 어렵고 다양한 교과목을 9시간씩 담당하게 하는 것도 현실적으로 쉽지 않다. 글쓰기, 수학, 어학, 철학, 한국사, 사회학 등 기초학문 분야에서는 어느 정도 몰아주기가 가능하겠지만 모든 계열에서 전 방위적으로 강사를 뽑기는 어려울 것이다. 그렇기에 기존의 겸임교수와 초빙교수도 최대 20%까지 교원 확보율에 반영될 수 있었지만 실제로는 10% 내외만 활용되어왔다. 9시간 이상 담당하는 강사가 차지하는 비율도 크게 다르지는 않다. 그렇지만 강사를 10%만 교원 확보율에 반영하는 방식으로 강의 몰아주기가 이루어져도 전국적으로 8000명 이상의 강사가 해고될 수 있기에 그 충격은 상당하다. 2009년에도 비(非)박사가 전국적으로 1000명 이상 해고되었는데 이번 시간강사법의 충격은 그 몇 배에 달할 것으로 예상된다. 그래서 비정규 교수들이 시간강사법에 대해 반대 의견을 강하게 표출하는 것이다. 2013년 ≪교수신문≫ 조사 결과에서도 80% 정도가 시간강사법 시행에 반대했고, 대교협이 시간강사 1만 명을 대상으로 실시한 의견 조사에서도 70% 정도가 현행 시간강사법의 시행을 거부했다.

4. 진보 진영의 대안들

1) 기만적 교원 확보율과 편법적 법정교원 확보율 산정 방식 폐기

교육부(교육인적자원부)는 약 10년 전에도 시간강사 3명을 쓰면 교원 1명으로 계산하는 편법을 쓴 바 있다. 비정규교수노조와 여러 교원 단체들의 항의가 이어지자 교육부(교과부)는 겸임교수와 초빙교수 등을 교원 확보율에 포함(4년제 대학은 20% 이내의 범위이지만 2년제 대학은 조금 더 반영)시키는 편법을 개발했다.

그런데 한국에서 '교원'은 고등교육법과 교육공무원법에서 볼 때 분명 '정년이 보장되는 전임교원'을 의미한다. 고등교육법 제14조 제2항에 그 범주(교수, 부교수, 조교수)가 분명히 명시되어 있다. 국립대학의 전임교원은 정년이 보장되는 공무원이다. 또한 2007년부터 교육역량강화사업 및 대학평가의 중요한 지표로 사용되는 교원 확보율 산출식에도 전임교원이라고 기재되어 있다. 교육부에서 발간하는 각종 통계자료에서 교원은 교수, 부교수, 조교수, 전임강사 등의 전임교원만을 의미한다.[25] 그래서 전임교원이 아닌 겸임교수와 초빙교수를 교원 확보율에 포함시키는 〈표 11-6〉과 같은 정부 규정은 근본적으로 문제가 있다. 더욱이 신분 보장과 물적 급부 및 권리에서 정년트랙 교수에 비해 상당한 차별을 받고 있는 비정년트랙 교수를 '전임교원'으로 간주하는 것은 큰 잘못이다.

학문의 자주성과 전문성을 담보하고 고등교육의 질을 높이기 위해서는 정규 교원의 수가 많아져야 하고 이들이 담당하는 학생 수가 적어야 한다. 그렇기 때문에 각종 교육역량강화사업 및 대학평가의 주요한 지표로 법정교원 확

---

25) 2013년부터 전임강사가 폐지되어 전임강사는 통계치에 포함되지 않는다.

〈표 11-6〉 교원 확보율에 겸임교원과 초빙교원을 포함시킨 정부 규정

대학설립·운영규정(대통령령)
제6조(교원) ① 대학(교육대학을 제외한다)은 편제완성연도를 기준으로 한 계열별 학생 정원을 별표 5에 의한 교원 1인당 학생 수로 나눈 수의 교원(조교를 제외한다. 이하 같다)을 확보하여야 한다. ②·③ (생략) ④ 제1항의 규정에 의하여 확보하여야 하는 교원에는 겸임교원 등이 포함될 수 있다. 이 경우 대학(산업대학, 전문대학, 전문대학원으로서의 대학원대학 및 이에 준하는 각종 학교를 제외한다)의 경우에는 그 정원의 1/5(대학에 두는 전문대학원은 1/3), 전문대학원으로서의 대학원대학의 경우에는 그 정원의 1/3, 산업대학·전문대학 및 이에 준하는 각종 학교의 경우에는 그 정원의 1/2 범위 안에서 이를 둘 수 있으며, 겸임 및 초빙교원 등에 관한 산정 기준은 교과부령으로 정한다.
대학설립·운영규정 시행규칙(교과부령)
제9조(겸임교원 등 산정 기준) 영 제6조 제4항의 규정에 의한 겸임교원 및 초빙교원 등의 수는 각각 계열별로 겸임교원 및 초빙교원 등이 담당하는 주당 교수시간을 합산한 시간 수를 9시간으로 나누어 산정한다. 이 경우 소수점 이하는 이를 버린다.

〈표 11-7〉 대학설립·운영규정 제6조 제1항의 별표 5

(단위: 명)

계열	인문사회	자연과학	공학	의학	예체능
교원 1인당 학생 수	25	20	20	8	20

보율을 사용해야지 교원 확보율[26]을 이용하면 안 된다. 또한 법정교원 확보율은 제대로 대우를 받는 정년트랙 교수 수로만 산출해야지 비정년트랙 교수

26) 2010년부터 2012년까지 4년제 대학의 교원 확보율은 61%를 넘겨야 하고, 산업대학과 전문대학의 그것은 50%를 넘겨야 한다. 그런데 교원 확보율은 법정교원 확보율로 하여 100% 달성이 기본 조건이다. 그렇기에 이 최소한의 책무를 다하지 못하는 대학을 비호하고자 교육부(교과부)가 60%대나 50%대의 기준점을 잡아준 것은 직무 유기에 다름없다는 비판을 면할 길이 없다.

나 그들보다 더 열악한 처지에 있는 사람들에게 교원 지위만 덧칠해서 산정해서는 안 될 것이다. 2014년 11월 11일 교육부가 주도한 대학 구조개혁 지표 공청회의 자료집에는 법정교원 확보율 만점을 100% 확보가 아니라 전국 평균으로 잡아 고등교육의 질 하락을 부추기고, 법정교원 확보율에 기존 정년트랙 교수나 비정년트랙 교수만이 아니라 일정한 요건을 갖춘 신종 교원도 포함시키려는 시도가 엿보여 편법 조장의 우려가 제기된다.

법정교원 확보율은 전임교원 수를 교원 법정정원으로 나누어 계산하는데, 교원 법정정원은 대학설립·운영규정 제6조 제1항의 '별표 5'에 의한 교원 1인당 학생 수로 나누어 산출한다. 이것은 1996년 미국 주립대학 수준을 기준으로 만든 것이다(김봉억, 2010).

연도별·설립별 전문대학과 대학의 교원 확보율은 〈표 11-8〉과 같다. 그런데 필자는 이 수치에 대해 '상당한' 의구심이 든다. 교원 확보율을 재적생이 아닌 재학생 기준으로 산출했기 때문이다. 그러면서 교원 수에는 휴직자도 포함시켰다. 2010년 한국 4년제 대학 학생들의 휴학 비율은 수도권은 29.9%, 비수도권은 32.3%이다(교과부·한국교육개발원, 2010: 152 참고).[27] 만일 재적생을 기준으로 삼는다면 교원 확보율은 〈표 11-8〉보다는 분명히 10% 이상 더 떨어질 것이다. 또한 교원 확보율에 전임교원이 아닌 사람, 예를 들어 겸임교수, 초빙교수, 비정년트랙 교수 등이 상당수 포함되어 있기 때문에 실제 정년이 보장되는 전임교원 확보율은 훨씬 더 낮다.

재학생을 기준으로 할 때와 재적생을 기준으로 할 때 교원 1인당 학생 수가 얼마나 차이가 나는지도 한 번 살펴보자. 〈표 11-9〉는 한국의 전문대학과 대학에서 〈표 11-7〉에 언급된 대학설립·운영규정을 얼마나 위반하고 있는지, 또한 대학의 교육 환경이 얼마나 열악한지를 잘 보여준다.

---

21) 전문대학 학생들의 휴학률은 35% 내외이다.

〈표 11-8〉 연도별·설립별 전문대학, 대학의 교원 확보율

(단위: %)

연도	전문대학				대학			
	계	국립	공립	사립	계	국립	공립	사립
2007	48.1	106.0	52.0	47.7	69.2	75.2	61.9	67.5
2010	53.7	96.0	59.0	53.4	73.2	78.1	153.3	71.7

주: 1) 교원 확보율=전임교원 수/교원 법정정원(재학생 기준).
2) 교원 확보율은 2007년부터 산출.
3) 전문대학은 전문대학 교육과정의 고등교육기관 모두 포함된 수치.
4) 전문대학의 교원 확보율은 위탁생이 포함.
5) 대학은 학부와 부설 대학원을 모두 포함.
자료: 교과부·한국교육개발원(2010: 171).

〈표 11-9〉 연도별·설립별 교원 1인당 학생 수

(단위: 명)

연도	전문대학				대학			
	계	국립	공립	사립	계	국립	공립	사립
2000	78.0 (51.2)	40.5 (28.5)	60.9 (38.5)	79.9 (52.4)	39.7 (27.6)	32.4 (22.9)	41.0 (28.2)	42.3 (29.3)
2005	70.9 (44.1)	45.9 (26.0)	63.4 (38.5)	71.8 (44.7)	37.8 (25.7)	30.4 (20.9)	39.9 (26.5)	40.3 (27.3)
2010	61.2 (39.4)	22.5 (13.5)	86.3 (41.3)	61.0 (39.5)	36.2 (24.9)	31.1 (21.3)	32.2 (22.2)	37.9 (26.0)

주: 1) 교원 1인당 학생 수=재적생 수/전임교원 수.
2) ( ) 안의 값은 재학생 수를 사용해 산출한 수치.
3) 교원에서 조교 및 비전임교원은 제외.
자료: 교과부·한국교육개발원(2010: 167~168) 재구성.

한국의 전문대학은 재적생 수를 기준으로 할 경우 교원 법정정원의 절반도 못 채우고 있다. 4년제 대학도 사립대학의 경우 교원 1인당 학생 수가 38명에 육박해 교육 환경이 대단히 열악함을 알 수 있다. 〈표 11-10〉은 OECD 주요국의 4년제 대학 교원 1인당 학생 수이다. 기준이 약간 다르긴 하지만 얼핏 보아도 한국의 교원 1인당 학생 수가 OECD 주요국의 2배에 가까움을 알 수

〈표 11-10〉 2006년 OECD 주요국의 4년제 대학 교원 1인당 학생 수(명)

한국	프랑스	영국	핀란드	미국	호주	독일	일본	스웨덴
31.2	17.1	16.4	15.8	15.1	14.9	12.5	11.9	9.0

주: A유형 고등교육 및 전문 연구 프로그램.
자료: 전국공무원노동조합(2011: 98) 참고.

〈표 11-11〉 2010년 계열별 전임교원 1인당 학생 수(명)

계열	전문대학	대학
인문사회	58.6	48.9
자연과학	55.4	33.2
공학	72.2	48.4
의학	-	3.4
예체능	56.8	49.2
계	61.9	38.2

주: 1) 교원 1인당 학생 수=재적생 수/전임교원 수.
2) 전문대학의 교원 1인당 학생 수는 위탁생이 포함된 재학생 기준.
3) 전문대학은 전문대학 교육과정의 고등교육기관이 모두 포함.
4) 전문대학은 의학 계열이 없음.
5) 대학의 계열별 전임교원 1인당 학생 수는 학부와 부설 대학원을 모두 포함.
자료: 교과부·한국교육개발원(2010: 169) 참고.

있다. 이러한 상황에서 앞으로 학생 수가 줄어들기 때문에 전임교원을 더 뽑기 어렵다는 주장은 한국의 고등교육 환경을 계속 OECD 꼴찌 수준으로 유지하겠다는 말과 같다.

의과대학 비중이 큰 일부 소규모 대학이나 재학생 수가 현저히 적은 신설 대학 일부에서는 교원 1인당 학생 수가 OECD 평균보다 적은 경우도 있다. 하지만 학부 재학생이 1만 5000명 이상인 대규모 대학 가운데 교원 1인당 학생 수가 OECD 평균 수준보다 적은 대학은 한 곳도 없다. 서울대 교원 1인당 학생 수도 18.4명이나 된다(김봉억, 2010).

〈표 11-11〉은 교원 확보가 의학 계열에 편중되어 진행되기 때문에 나머지 계열에서 교원 1인당 학생 수가 중·고등학교의 그것보다 더 많은 사실을 알려준다. 교원 확보율이 비교적 높은 대학들도 큰 돈벌이가 되는, 대학 병원에 투입될 교원을 확보하는 데는 관심을 보이지만 다른 계열에는 소홀하기 십상이다. 학문의 균등한 발전을 위한 교원 확보 기준의 재정립이 요구된다.

가장 중요한 고등교육 지표인 법정(전임)교원 확보율과 교원 1인당 학생 수를 보면 시간강사 문제의 본질과 해결 방향을 알 수 있다. 즉, 시간강사 문제는 전임교원을 필요한 만큼 뽑지 않아서 발생했고, 가장 바람직한 해결 방향은 시간강사들에 대한 평가를 거쳐 법정교원 확보율 100%를 달성하는 것이다. 이를 위해 그동안 각종 편법을 난무하게 만든 '교원 확보율' 제도를 폐지하고, '법정 정년보장 전임교원 확보율'을 '영(令)'이 아니라 '법률'로 제정하는 혁신적 조치가 필요하다.

2) 근본적 대안: 비정규직 철폐, OECD 평균 수준의 정규직 전임교원 충원

2011년 3월 22일 자 교육부(교과부) 보도자료에 따르면 전임교원 수는 7만 7000명이다. 일단 이 수치가 맞다고 가정해보자. 그리고 실제 법정교원 확보율(정년보장트랙에 배치된 전임교원 확보율)이 50%를 겨우 넘기고 교원 1인당 학생 수가 OECD 평균의 2배에 이르는 현실을 감안해 이런 질문들을 해보면 어떨까.

Q. OECD 평균 수준에 맞추려면 7만 명 이상의 전임교원을 더 뽑아야 하는 게 아닌가? 즉, 전임교원 확보율이 100%가 되려면 당장 지금 전임교원 수만큼 전임교원을 더 뽑아야 하는 게 아닌가?

Q. 현재 대학 시간강사가 7만 7000명이고 이 중 절반이 다른 직업이 있는 비전업 강사라고 가정한다면, 전업 강사들을 평가를 통해 전임교원으로 신규 채용하고 비전업 강사 중 상당수를 역시 전임교원트랙으로 편입시켜야 교원 확보율 100%를 달성하고 양질의 고등교육 환경(OECD 평균 수준의 교원 1인당 학생 수)을 만들 수 있지 않을까?

Q. 정부가 이러한 조치에 소요되는 비용을 부담하고, 문제가 있는 대학에 대해서는 강도 높게 개입해야 하지 않을까?

계속 강조해왔지만 비정규 교수 문제의 올바른 해법은, 즉각 법정 전임교원 확보율 100% 달성을 위해 정부가 재원을 투입하여 현재의 비정규 교수나 앞으로 비정규 교수가 될 사람들을 빠른 시일 내에 (평가를 거쳐) 전임교원으로 충원하는 것이다. 기준과 수치를 조작하여 부풀리지[28] 않고 진짜 법정 전임교원 확보율 100%를 달성하려면 당장 5만 명 이상의 전임교원을 더 뽑아야 한다. 이는 2011년의 전업 강사 4만 4000여 명을 모두 수용하고도 남는 숫자이다. 더 나아가 한국 대학의 교원 1인당 학생 수를 OECD 가입국 평균 수준(약 15명)에 맞추려면 최소 7만 명 이상의 전임교원이 더 필요하다(임순광, 2011b).

---

28) 2011년 9월 민주노동당 권영길 의원은 국정감사를 통해 교과부가 법정 전임교원 정원(교원 1인당 학생 수) 수를 필요 법정 전임교원 수보다 2만 명쯤 줄이는 수법으로 교원 확보율을 17% 가까이 부풀려왔음을 밝혔다. 필요 법정 전임교원 수(2011년 12만 1689명)를 기준으로 할 경우 한국 대학들의 교원 확보율은 정부가 주장하는 72%가 아니라 55% 수준에 지나지 않는다. 교원 확보율 100% 달성을 위해 당장 더 뽑아야 할 전임교원 수는 5만 4622명에 달한다(참세상, 2011.9.20).

3) 중·장기적 대안 중 하나: 국가연구교수제

국가가 직접 연구교수를 뽑아 대학에 파견하자는 제안도 있다. 교수노조(전국교수노동조합)와 민교협(민주화를위한전국교수협의회)의 '국가연구교수제'가 그것이다. 국가가 대학 소속 교원이 아닌 국가 소속 교원으로 최대 3만 명 정도의 국가연구교수를 순차적으로 뽑아(첫해 1만 명을 뽑고 둘째 해에 1만 명을 추가로 더 뽑아 총 2만 명, 셋째 해에는 2만 명에 1만 명을 더해 총 3만 명 선발) 1인당 연봉 2400만~3000만 원 정도를 보장해주고, 요청이 들어오는 대학(특히 대학 체제를 개편하면서 건설될 국립교양대학들)에서 그들이 강의할 수 있도록 하자는 것이다.

국가연구교수 계약은 2년 단위로 하고, 평가는 강의평가 결과와 연구 실적을 바탕으로 한다. 이때의 연구 실적 기준으로는 학술연구재단 등재지 1편(1년당) 정도를 제시하고 있다. 국가연구교수는 전임교원 확보율에는 포함되지 않는다. 국가연구교수에 대한 평가와 계약의 기본 틀은 앞으로 소개할 비정규교수노조의 연구강의교수제와 유사한 편이다.[29]

4) 비정규교수노조의 대안: 정년이 보장되는 전임교원 계열별 100% 충원과 시간강사제를 비롯한 각종 비정규교수제를 통합한 연구강의교수제 도입

국가연구교수제 도입은 중·장기적으로 볼 때 교육 공공성을 강화하는 데

---

29) 비정규교수노조는 2004년에 프랑스 방식을 참고한 국립고등학술원(가칭)을 만들어 '연구교수'를 국가가 관장하는 방안에 대하여 수차례 내부 워크숍에서 토론하고 그 결과물을 '교육혁신위원회'에 전달한 바 있다. 하지만 노무현 정권에서 바뀐 건 전혀 없었다.

〈그림 11-1〉 연구강의교수제의 기본 원리

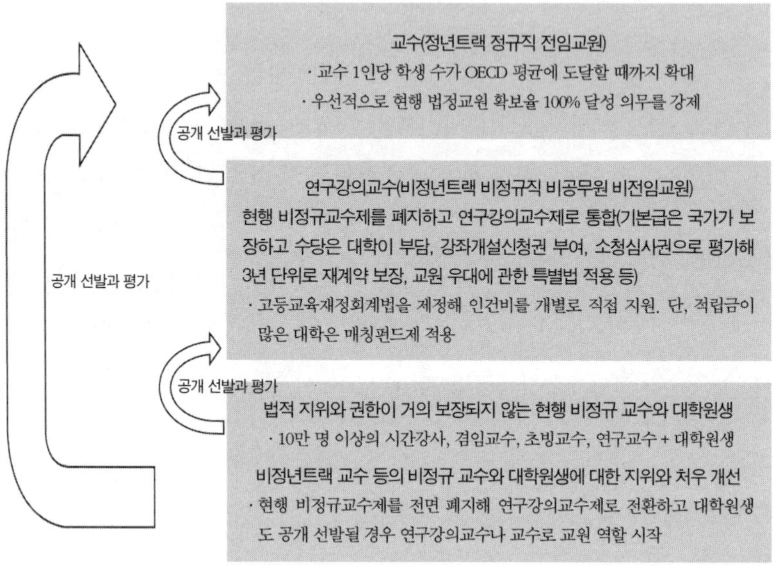

상당한 의미가 있다. 하지만 국가연구교수제를 도입하기 위해서는 상당히 큰 변화(교양대학 설치 등의 교육 체제 개편, 대학평준화와 대학공동학위제 도입 등)가 필요하기 때문에 그것이 실현될 때까지 마냥 기다릴 수는 없는 노릇이다. 또한 선발 주체가 당대 정권의 영향으로부터 자유로울 수 있을지도 의문이다. 그래서 비정규교수노조는 최대한 빨리 비정규 교수들의 고통을 덜어주고자 고등교육법을 약간 바꾸고, 정부가 예산을 확보해 비정규 교수의 인건비를 직접 지원하는 방식의 중·단기적 대안을 2004년부터 제시해왔다. '즉각적인 시간강사제 폐지와 연구강의교수제 도입'이 그것이다. 2010년 10월 25일에 민주노동당 권영길 의원은 비정규교수노조의 입장이 상당 부분 반영된 연구강의교수제를 국회에 발의했다.

비정규교수노조가 주장하는 연구강의교수제[30)]의 골자는 고등교육법 제14조 제2항 교원의 범주에 강사 대신 연구강의교수를 삽입하고 나머지 각종 비전임교원에 대한 언급을 법령에서 모두 삭제하는 것이다. 연구강의교수제의 기본 원리를 도식화하면 〈그림 11-1〉과 같다.

비정규교수노조가 2014년 9월 20일 임시대의원대회에서 기존 안(노조가 2012년에 국회의원들에게 제출한 안)을 일부 수정해 확정한 고등교육법 개정안은 다음과 같다.[31] 기존 안과 바뀐 점은 계약 기간을 2년에서 3년으로 한다는 것과 정년트랙 전임교원 100%가 확보되기 전까지는 비정규 교수에게 비정규직 교육공무원의 굴레를 씌우는 어떤 시도도 거부한다는 것을 명확히 한 점이다. 또한 2012년 노조 안에 있던 법정교원 확보율 기준과 교원 교수 시간 9시간 이내 규정을 조금 더 전면에 드러낸 점, 대학설립·운영규정 준수를 강조한 점 등도 눈에 띈다.

1. 고등교육법 제14조에 ③항과 ④항을 다음과 같이 '신설'해 정년트랙 정규 교수 100% 확보 의무를 법제화하고, 모든 교수의 노동강도를 약화시켜 학문 탐구와

---

30) 연구는 일반 강의 준비, 논문 준비, 교재 개발, 번역, 저술 등이 모두 포함된 개념인데도, 최근 교육부(교과부)에서 연구만 전담하는 산학협력교원, 강의만 전담하는 교육전담교원을 구분하여 도입하려 하기에 부득이 연구와 강의를 모두 언급하는 용어를 사용하게 되었다. 2004년까지 비정규교수노조의 공식 입장은 연구교수제였다.

31) 비정규교수노동조합은 노조안을 확정하기 위해 정책위원회 토론회, 분회별 순회 토론회, 중앙위원회, 대의원대회 등을 거쳐 논의를 심화시켜왔다. 2012년의 연구강의교수제도 그 산물이고, 2014년 연구강의교수제도 마찬가지이다. 이번에 확정된 연구강의교수제의 핵심 원리와 얼개는 2012년과 같지만 약간의 변화는 있다. 이는 공식적으로 전개된 치열한 논쟁과 설득의 산물이다. 노동조합의 공식 입장은 학회 발표자의 논문 하나와 같을 수 없다. 노동조합 민주주의를 거쳐야 하기 때문이다. 한두 사람의 의견을 마치 노동조합의 공식 입장인 양 처리해서는 안 될 것이라 생각하기에, 2014년 10월 비정규교수노조 이상룡 정책위원장이 정리한 자료를 중심으로 연구강의교수제를 소개할 것이다.

교육력 증진에 매진할 수 있도록 한다.

제14조 ③ 대학의 장은 다음 각 호의 기준에 따른 교원을 확보해야 한다. 이때의 교원 확보율에는 정년이 보장되는 트랙에 배치된 교수, 부교수, 조교수만 포함시킨다.

1. 인문사회 계열: 학생 25명당 교원 1명
2. 자연과학 계열: 학생 20명당 교원 1명
3. 공학 계열: 학생 20명당 교원 1명
4. 예·체능 계열: 학생 20명당 교원 1명
5. 의학 계열: 학생 8명당 교원 1명

④ 교원(총장 제외)의 교수 시간은 매 학년도 30주를 기준으로 매주 9시간 이내로 한다.

그런데 이와 같은 조치는 시간강사를 비롯한 비정규 교수 문제를 해결하기 위한 출발점이지 종착지는 아니다. 이런 조치를 취하더라도 시간강사 문제는 상당 부분 남기 때문이다. 예를 들어 인문 계열의 법정교원 확보율 100%를 채워도 수많은 시간강사는 대학 내에 갈 곳이 없을 수 있다. 다른 계열로 눈을 돌리면 그 규모가 상당함을 알 수 있다. 또한 정년트랙 전임교원이 아닌 비정년트랙 전임교원제를 없애지 못하면 실제로 개선되는 게 없는데도 법정교원 확보율만 치솟을 수 있다. 일반적 교원 확보율 또한 마찬가지이다. 그렇기에 정년트랙 전임교원 100% 확보를 강제하면서 동시에 모든 비정규교수제를 비정년트랙 비전임교원인 연구강의교수제로 통합하고 이들에게 일정 정도 신분 보장과 물적 급부 및 권리 보장을 해주는 것이 중요하다. 이를 위해 고등교육법은 다음과 같이 몇 가지가 더 바뀌어야 한다.

〈표 11-12〉 고등교육법 추가 개정 내용

조항	현행 법	비정규교수노조의 개정안
제14조(교직원의 구분)	② 학교에 두는 교원은 제1항에 따른 총장이나 학장 외에 교수·부교수·조교수 및 강사로 구분한다.	② 학교에 두는 교원은 제1항에 따른 총장이나 학장 외에 교수·부교수·조교수 및 연구강의교수로 구분한다.
제15조(교직원의 임무)	② 교원은 학생을 교육·지도하고 학문을 연구하되, 필요한 경우 학칙 또는 정관으로 정하는 바에 따라 교육·지도, 학문연구 또는 산학교육진흥 및 산학협력촉진에 관한 법률 제2조 제5호에 따른 산학협력만을 전담할 수 있다.	② 교원은 학생을 교육·지도하고 학문을 연구한다.
제17조(겸임교원 등)	학교에는 대통령령으로 정하는 바에 따라 제14조 제2항의 교원 외에 겸임교원 및 명예교수 등을 두어 교육이나 연구를 담당하게 할 수 있다.	학교에는 대통령령으로 정하는 바에 따라 제14조 제2항의 교원 외에 명예교수를 두어 교육이나 연구를 담당하게 할 수 있다.

2. 고등교육법 제14조와 제15조 및 제17조를 〈표 11-12〉와 같이 개정해 반쪽짜리 교원, 가짜 전임교원의 양산을 막고 이쪽 문제가 저쪽 문제로 이전되는 풍선 효과를 방지한다.

3. 고등교육법 제14조 제2항 밑에 제14조의2를 두어 연구강의교수제의 얼개를 법에 구체적으로 명시한다. 연구강의교수는 비록 3년 단위 계약직이지만 일정 요건만 갖추면 횟수의 제한 없이 재임용을 보장하므로 내실 없는 무기계약직보다 고용이 더 불안정하다고 할 수는 없다. 또한 연구강의교수는 비정규직이긴 하지만 교원이기 때문에 소청심사권을 비롯한 교원 지위 향상을 위한 특별법 적용을 받아야 할 것이다. 연구강의교수의 보수는 한국 사회가 수용할 수 있는 적정한

수준으로 설계하되, 그 비용은 국가와 대학이 함께 부담하면 될 것이다.

> 제14조의2(연구강의교수) ① 연구강의교수는 대학 교원 자격 기준 등에 관한 규정의 '교원 및 조교의 자격 기준'에서 연구 실적 연수와 교육 경력 연수의 합계가 2년 이상인 사람 중에서 선발하고, 임용 기간은 3년 이상으로 해야 한다.
> ② 대학의 장은 연구강의교수에 대한 평가 결과 점수가 소속 대학의 계열별 교원평가 결과 평균 점수의 100의 80 이상일 경우에는 해당 연구강의교수와 재계약해야 한다.
> ③ 연구강의교수의 보수는 기본급과 수당으로 하고, 국공립대학과 사립대학의 연구강의교수에 대한 기본급과 연구실 확보 비용은 전액 정부가 지원한다. 단, 국공립대학의 수당은 정부가 지급하고 사립대학의 수당은 각 대학이 지급한다.

비정규교수노조가 주장하는 연구강의교수제의 해설과 구체적 부칙 및 재정 추계 등 상세한 내용을 이 지면에서 다 언급할 수는 없기 때문에 몇 가지 사항만 더 언급하고 소개를 마치려 한다.

연구강의교수는 교육공무원이 아니어야 한다. 정년이 보장되는 교육공무원을 먼저 100% 뽑지 않고 연구강의교수를 교육공무원으로 만들어버린다면, 앞으로 대학들은 정규 교수를 뽑지 않을 것이다. 비정규직을 위한다면서 좋은 일자리인 정규직을 비정규직으로 만들어버리려는 국가와 자본의 시도를 단호히 거부해야 한다.

연구강의교수에게 담당강의시수의무제 적용(1주일에 최소 몇 시간 이상의 강의를 의무화한 것)을 해서는 안 되고 연구강의교수를 (법정)교원 확보율에 포함시켜서도 안 된다. 그렇게 될 경우 비정규 교수에 대한 대량 해고를 피할 수 없다. 비정규 교수를 위한 제도가 오히려 비정규 교수를 사회적으로 살인하는 칼날이 되어서는 안 될 것이다.

연구강의교수에 대한 기본 정보 관리(주민등록번호, 학위, 논문 실적, 담당강의시수 등)는 현시점을 기준으로, 각 대학이 아니라 한국연구재단에 인력을 충원해 일괄적으로 담당하게 하는 것이 바람직하다.

연구강의교수는 3개 대학 이내에서 중복 소속될 수 있도록 하고, 합계 강의시간이 9시간을 초과하지 않도록 관리할 필요가 있다. 다만 기본급과 수당이 생활임금에 도달하기 전까지는 이 규정을 적용하는 데 약간의 유연성을 둘 수 있을 것이다.

5. 결론

연구강의교수제나 국가연구교수제가 도입된다면 시간강사를 비롯한 비정규 교수의 교권 신장과 처우 개선뿐 아니라 기존 전임교원의 신분 보장과 처우 향상에도 큰 도움이 될 것이다. 학생들의 수업권 보장과 고등교육의 질 향상 또한 기대할 수 있다. 안정적으로 교육과 학문 활동에 전념할 수 있는 교원의 수가 대폭 증가한다면 이는 학문 공동체와 지식 생태계 활성화에도 기여할 것이 확실하다. 고등교육의 올바른 개혁을 위한 중요 조건 중 하나가 충족되는 것이다.

하지만 교육 공공성 확보와 고등교육의 올바른 개혁에는 관심이 없고 지식인 통제와 대학 자본 축적에 혈안이 된 정당들이 집권하고 국회에서 다수를 이루고 있다면 시간강사 문제나 등록금 문제가 해결될 가능성은 거의 없다. 주지하다시피 시간강사제의 문제점은 박정희 정권에서 비롯되었고 박근혜 정권은 이미 등록금 문제도 대학 구조조정의 문제로 변질시키고 있다. 대학 자본 역시 스스로 시간강사제를 폐지할 가능성은 없다.

사립대학은 자신들의 통제력을 벗어날 수 있는 국가연구교수제에 대해 반대 의견을 결집할 가능성이 크다. 국공립대학은 정부가 인건비를 직접 지원하지 않는 이상 연구강의교수제에 찬성하지 않을 것이다. 대학 자본은 강의전담교수제나 그 아류 제도조차 시간강사제보다 비용이 더 들기 때문에 쉽게 확대하지 않는 것이 현실이기 때문이다.

문제 해결은 정치권의 올바른 대안 입법 발의(연구강의교수제, 국가연구교수제 등), 악법 시행 저지(시간강사법 시행 중단 또는 폐기), 잘못된 규정 폐기(교원확보율 등)와 더불어 교육·노동 주체의 조직과 단결 및 연대와 투쟁에 달려 있다. 아래로부터의 강력한 교육 공공성 쟁취 투쟁이 필요하다. 그런 노력 없이 각종 선거에서 교육 공공성을 확보할 수 있는 의지와 실천력을 갖지 않은 그 누구와 제휴하고 투표해도 문제 해결은 요원하다.

비정규교수노조는 현재 투쟁과 연대, 협상을 병행하고 있다. 그렇지만 엄밀히 말하면 이 세 가지는 병렬적 관계가 아니다. 비정규 교수 스스로 문제 해결 주체로서의 자신을 자각하고 실천 투쟁에 나서는 것이 최우선이다. 문제 해결을 가로막는 세력에 대해서는 과감히 적대적 입장을 견지해야 한다. 권리 찾기에 게으른 자들에게 목숨을 바쳐 희생할 사람은 없다. 교육자이면서 학자이고 그와 동시에 노동자라는 계급의식을 갖고 계급투쟁에 전면적으로 나설 때, 비정규 교수는 스스로 노예의 사슬을 끊어버리는 해방의 주체로, 새로운 세상을 여는 역사의 주체로 자리매김할 수 있다. 문제 해결의 열쇠는 내부에 있는 것이다.

참고문헌

강수돌. 2010. 「대학자본 재생산의 비밀과 사회적 책임」. 김동애 외 지음. 『지식사회 대학을 말한다』. 서울: 선인.

교과부. 2010. 고등교육법 일부개정법률안 제출 보도자료(2010.11.12).

교과부·한국교육개발원. 2010. 2010 교육통계분석 자료집.

______. 2010. 2010 교육통계연보.

______. 2013. 2013 교육통계연보.

교육혁명공동행동 연구위원회. 2012. 『대한민국 교육혁명: 교육패러다임의 혁명적 전환, 미룰 수 없다』. 서울: 살림터.

교육혁명대장정 조직위원회. 2014. 2014교육혁명대장정 자료집.

김누리. 2010. 「영혼을 팔아버린 대학: 대학의 기업화와 학문공동체의 위기 2」. 영미문학연구회. ≪안과밖: 영미문학연구≫, 제28호.

김태정. 2010. 대학개혁의 상과 경로. 대학공공성실현방안 모색을 위한 교육·사회단체 활동가 및 연구자 워크숍.

로드, 데버러 L.(Deborah L. Rhode). 2011. 『대학이 말해 주지 않는 그들만의 진실』. 윤재원 옮김. 파주: 알마.

바로우, 클라이드 W.(Clyde W. Barrow). 2011. 『대학과 자본주의 국가: 기업자유주의와 미국 고등교육의 개조, 1894~1928』. 박거용 옮김. 서울: 문화과학사.

베일리(Michael Bailey)·프리드먼(Des Freedman) 엮음. 2012. 『대학에 저항하라』. 민영진 옮김. 서울: 시드페이퍼.

서보명. 2011. 『대학의 몰락: 자본에 함몰된 대학에 대한 성찰』. 서울: 동연.

신은정. 2012. 『하버드, 그들만의 진실: 하버드는 어떻게 세계를 지배해 왔는가』. 서울: 시대의창.

워시번, 제니퍼(Jennifer Washburn). 2011. 『대학 주식회사: 대학의 상업화에 대한 심층 탐사 르포』. 김주연 옮김. 서울: 후마니타스.
이상룡. 2014. 「연구강의교수제」. 교수노조 월간웹진 창간준비3호.
임순광. 2011a. 「대학 시간강사제는 사라질 것인가」. 영미문학연구회. ≪안과밖: 영미문학연구≫, 제30호.
______. 2011b. 「대학 시간강사제는 사라질 것인가 II」. 영미문학연구회. ≪안과밖: 영미문학연구≫, 제31호.
______. 2012. 「대학의 기업화와 시간강사법」. ≪진보평론≫, 제52호.
______. 2013. 「같은 사용자 다른 노동자, 대산별노조 건설이 해답인가?」. ≪레프트대구≫, 제7호.
전국공무원노동조합. 2011. 「대학체제 및 교육과정 개혁모델에 관한 연구」(연구보고서).
조정재. 2007. 「한국 대학교수노동시장구조: 분단노동시장이론의 관점으로 본 현실과 전망」. 비정규교수노조 대구경북지부 학술편집위원회 엮음. 『비정규 교수의 삶과 노동』. 고양: 인간사랑.
캘리니코스, 알렉스(Alex Callinicos) 외. 2010. 「신자유주의와 대학 구조조정」. ≪마르크스21≫, 제6호(2010년 여름호).

≪교수신문≫. 2011.3.27. "시간강사 교원 지위 얻는 것 맞나?".
______. 2014.1.13. "2년 새 시간강사 강의 시간 17% 감소……비정년트랙은 32% 증가".
______. 2014.3.17. "예산절감 · 대학평가 대비책은 비정년트랙 우선?".
참세상. 2011.9.20. "정부, 대학 교원 확보율 부풀려 시간강사 양산".

엮은이

민주화를위한전국교수협의회

민주화를위한전국교수협의회는 6월 민주화 항쟁의 열기가 최고조에 달한 1987년 6월 26일 창립되었다. 진보적 교수들의 '집합적 지성'의 대변체로서, 소속 대학과 전공의 차이를 뛰어넘어 한국사회의 민주와 진보를 위해 활동하고 있다.

지은이(가나다순)

강내희

중앙대학교 교수로, 영문학과와 대학원 협동과정 문화연구학과에서 셰익스피어, 현대이론과 문화, 문화기호학, 인지과학과 서사, 공간의 정치경제학 등을 강의해왔다. 민주화를위한전국교수협의회 공동의장, 진보네트워크센터 대표, 인문정책연구위원, 문화재위원, 미국 코넬 대학교 인문학연구소 초빙연구원, 문화이론 전문지 ≪문화/과학≫ 발행인을 역임했고 지금은 문화연대 공동대표, 맑스코뮤날레 공동대표, 지식순환협동조합 대안대학 학장으로 활동하고 있다.

대표 저서에 『신자유주의 금융화와 문화정치경제』(2014), 『신자유주의 시대 한국문화와 코뮌주의』(2008), 『문학의 힘, 문학의 가치』(2003), 『교육개혁의 학문전략』(2003), 『신자유주의와 문화』(2000), 『지식생산, 학문전략, 대학개혁』(1998) 등이 있다.

박배균

서울대학교 지리학과에서 석사학위를, 미국 오하이오 주립대학에서 박사학위를 받았다. 정치지리와 경제지리를 전공하고 한국의 지역정치, 세계화와 신자유주의의 지리, 국가의 공간성, 동아시아의 발전주의 도시화 등을 연구하고 있다. 현재 서울대학교 지리교육과 교수이다.

대표 저·역서에 『산업경관의 탄생』(2014, 공저), 『위험한 동거: 강요된 핵발전과 위험경관의 탄생』(2014, 공저), 『영역』(2013), 『국가와 지역』(2013, 공저), *Locating Neoliberalism in East Asia*(2012, 공저), 『지구·지방화와 다문화 공간』(2011, 공저) 등이 있다.

박정원

강원대학교 경제학 박사학위를 받았다. 현재 상지대학교 경제학과 교수이다.

대표 논문에 「대학등록금정책 비교연구」(2014), 「정부 대학구조조정정책안의 문제점과 대안」(2014), 「공존을 위한 사학 거버넌스의 개혁」(2012), 「한국사학의 빛과 그림자」(2011), 「부실대학 퇴출방식의 문제점과 개선방안」(2011), 「한국고등교육 개혁방안」(2009), 「시장지향적 고등교육정책에 대한 비판」(2007) 등이 있다.

손우정

현재 성공회대학교 외래교수이며, 오마이뉴스 칼럼니스트로 활동하고 있다. 새로운사회를여는연구원 상임연구원, 새세상연구소 상임연구위원을 지냈다.

대표 저·역서에 『반란을 꿈꾸는 민주주의』(2013), 『연대성의 정치학』(2011, 공저), 『추첨민주주의』(2011, 공역), 『시련과 발돋움의 남북현대사』(2009, 공저), 『새로운 사회를 여는 희망의 조건』(2008, 공저), 『베네수엘라, 혁명의 역사를 다시 쓰다』(2007, 공저) 등이 있다.

심광현

서울대학교 인문대학원에서 석사학위를 받았고 박사과정을 수료했다. 현재 한국예술종합학교 영상원 영상이론과 교수이다. 1992~2012년에 계간 문화이론 전문지 ≪문화/과학≫ 편집인을, 2011~2014년에 한국문화연구학회 2대 회장을 지냈다.

대표 논저에 『유비쿼터스 시대의 지식생산과 문화정치』(2009), 『흥~한민국』(2005), 『프랙탈』(2005), 『문화사회와 문화정치』(2003), 『탈근대문화정치와 문화연구』(1998), 「인지과학과 이미지의 문화정치」(2013) 등이 있다.

이도흠

한양대학교 국어국문학과를 졸업했다. 현재 한양대학교 국어국문학과 교수, 정의평화불교연대 공동대표, 지식순환협동조합 대안대학 이사장이다. 민주화를위한전국교수협의회 상임의장, 계간 ≪문학과 경계≫ 주간, 한국학연구소 소장 등을 지냈다.

대표 저·역서에 『엄마』(2009), 『신화/탈신화와 우리』(2009), 『신라인의 마음으로 삼국유사를 읽는다』(2000), 『화쟁기호학, 이론과 실제: 원효의 화쟁사상을 통한 형식주의와 맑시즘의 종합』(1999) 등이 있다.

임순광

경북대학교 사회학과 박사과정을 수료했다. 경북대학교 비정규교수(강사), 전국민주노동조합총연맹 한국비정규교수노동조합 위원장, 전국민주노동조합총연맹 대구지역본부 운영위원(10월항쟁특별위원장)을 지냈다.

대표 논문에 「같은 사용자 다른 노동자, 대산별노조 건설이 해답인가?」(2013), 「대학 시간강사제도는 사라질 것인가? 1·2」(2011), 「사회적 위기 관리의 희생양, 홈리스」(1999) 등이 있다.

임재홍

서울대학교 법과대학 및 동 대학교 대학원을 졸업했고, 인하대학교 대학원에서 박사학위를 받았다. 현재 방송통신대학교 법학과 교수이고, 2000~2011년 영남대학교 법과대학 및 법학전문대학원 교수를 지냈다.

대표 논저에 『인권법』(2013, 공저), 『사학문제의 해법을 모색한다』(2012, 공저), 『한국사회 교육신화 비판』(2007, 공저), 「대학 구조조정에 대한 공교육적 접근」(2014), 「이명박 정부 교육정책에 대한 평가와 과제」(2012), 「반값등록금과 고등교육재정교부금법의 필요성」(2012), 「고등교육과 교육공공성의 확장」(2012), 「공교육과 무상교육」(2011), 「학력에 의한 차별과 구제」(2008), "The National Security Law and Anticommunist Ideology in Korean Society" (2006), 「신자유주의대학정책과 교육공공성」(2003), 「사립학교법의 위헌성과 교육개혁의 방향」(2002) 등이 있다.

정경훈

버팔로 소재 뉴욕 주립대학에서 영문학 박사학위를 받았다. 현재 아주대학교 영문학과/문화콘텐츠학과 교수이자 인문대학장이며, 민주화를위한전국교수협의회 대학교육위원장을 맡고 있다.

대표 논문에 「대학교육 개혁 로드맵: 국립교양대학과 대학통합네트워크 안을 중심으로」(2014), 「타자에게 열리는 주체: 영화 〈시〉와 〈피에타〉 그리고 철학담론에 나타난 윤리감성 연구」(2013), 「외모문화와 시대욕망: 라깡의 〈욕망의 그래프〉와 외모욕망에 대한 정신분석」(2011), 「욕망의 미학: 주체, 대타자, 향유, 심미적 가치 평가, 그리고 〈디워〉 논쟁」(2008), 「대상, 주체, 그리고 심미적인 것: 칸트와 라깡의 미학」(2006) 등이 있다.

정대화

서울대학교에서 정치학 박사학위를 받았다. 현재 상지대학교 인문사회과학대학 교수이다. 오랫동안 참여연대와 미래넷을 중심으로 시민운동과 정치개혁운동을 전개했으며 그 일환으로 방송토론, 정치시평, 칼럼 등의 활동을 병행했다. 사학분쟁조정위원회가 발족한 이후에는 사학비리재단의 복귀를 비판하는 활동에 주력해 국민행동 상임대표를 역임했고, 지금은 사학개혁국본 공동대표를 맡고 있다. 대표 저서에 『포스트 양김시대의 한국정치』(2002), 『김대중개혁 대해부』(1998, 공저), 『한국민주주의와 지방자치』(1998, 공저) 등이 있다.

홍성학

건국대학교 산업공학과를 졸업했고, 동 대학교 대학원에서 산업공학 석사·박사학위를 받았다. 현재 충북보건과학대학교 산업경영과 교수이며 전국교수노동조합 수석부위원장을 맡고 있다.

대표 저서에 『사학문제의 해법을 모색한다』(2012, 공저) 등이 있다.

한울아카데미 1731

입시·사교육 없는 대학 체제

대학 개혁의 방향과 쟁점

엮은이 | 민주화를위한전국교수협의회
지은이 | 강내희·박배균·박정원·손우정·심광현·이도흠·임순광·임재홍·정경훈·정대화·홍성학
펴낸이 | 김종수
펴낸곳 | 도서출판 한울
편 집 | 배유진

초판 1쇄 인쇄 | 2014년 12월 22일
초판 1쇄 발행 | 2015년 1월 5일

주소 | 413-120 경기도 파주시 광인사길 153 한울시소빌딩 3층
전화 | 031-955-0655
팩스 | 031-955-0656
홈페이지 | www.hanulbooks.co.kr
등록번호 | 제406-2003-000051호

Printed in Korea.
ISBN 978-89-460-5731-9 93370 (양장)
ISBN 978-89-460-4944-4 93370 (학생판)

* 책값은 겉표지에 표시되어 있습니다.
* 이 도서는 강의를 위한 학생판 교재를 따로 준비했습니다.
  강의 교재로 사용하실 때는 본사로 연락해주십시오.